Studien und Materialien
zum Straf- und Maßregelvollzug

herausgegeben von
Friedrich Lösel, Gerhard Rehn und Michael Walter

BAND 15

Funktion und Entwicklungsperspektiven ambulanter Sanktionen

Ein Rechtsvergleich zwischen England/Wales und Deutschland

Anna Zabeck

Centaurus Verlag & Media UG 2001

Die Autorin, geb. 1972, absolvierte ein Studium der Rechtswissenschaft in Köln und Paris. 2000 Promotion an der Universität zu Köln.

Die Deutsche Bibliothek – CIP-Einheitsaufnahme

Zabeck, Anna:
Funktion und Entwicklungsperspektiven ambulanter Sanktionen :
ein Rechtsvergleich zwischen England/Wales und Deutschland /
Anna Zabeck. – Herbolzheim : Centaurus-Verl.-GmbH & Co. KG, 2001
  (Studien und Materialien zum Straf- und Maßregelvollzug ; Bd. 15)
Zugl.: Köln, Univ., Diss., 2000

  ISBN 978-3-8255-0334-5   ISBN 978-3-86226-405-6 (eBook)
  DOI 10.1007/978-3-86226-405-6

ISSN 0944-887X

© CENTAURUS Verlags-GmbH & Co. KG, Herbolzheim 2001

Satz: Vorlage der Autorin
Umschlaggestaltung: DTP-Studio, A. Walter, Lenzkirch

Vorwort

Die vorliegende Arbeit wurde im Sommersemester 2000 von der Rechtswissenschaftlichen Fakultät der Universität zu Köln als Dissertation angenommen.

Mein herzlicher Dank gebührt meinem Doktorvater Prof. Dr. Michael Walter, der mich bei der Entstehung dieser Arbeit unterstützt und gefördert hat. Darüber hinaus trug er zur Verwirklichung weiterer Projekte bei, die meinen Lebensweg entscheidend geprägt haben.

Großer Dank gebührt ferner meinem Vater, der mir mit unermüdlicher Geduld und konstruktiver Kritik bei der sprachlichen Gestaltung und Strukturierung der Arbeit hilfreich zur Seite stand.

Bei den Herausgebern bedanke ich mich für die Aufnahme der Arbeit in ihre Schriftenreihe.

Köln, im März 2001

INHALTSVERZEICHNIS

X

XIV

TABELLENVERZEICHNIS

XIX

Einleitung

Der Begriff der „ambulanten Sanktionen" beschrieb noch vor hundert Jahren den kaum existenten Bereich zwischen völliger Straflosigkeit einerseits und der Freiheitsstrafe andererseits.[1] Während damals die verschiedenen Formen der Freiheitsstrafe (Haft, Gefängnis, Einschließung, Zuchthaus) die Bandbreite der Strafsanktionen ausfüllten, ist die vollstreckbare Freiheitsstrafe in Deutschland heute eher der Ausnahme- denn der Regelfall: 1996 lauteten nur 5, 4 Prozent der gerichtlich verhängten Strafen auf sofortigen Freiheitsentzug.[2] Bezieht man die fast 232.531 Verfahrenseinstellungen unter Auflagen nach § 153a StPO in die Gesamtzahl der strafrechtlichen Rechtsfolgen ein,[3] so ergibt sich ein Anteil ambulanter Sanktionen von 96 Prozent.[4]

Diskutiert werden seit einiger Zeit, zum Teil angeregt durch ausländische Erfahrungen, neue Formen ambulanter Sanktionen. Eine Vorreiterrolle im Bereich des Sanktionsrechts hatte in der Vergangenheit vor allem das anglo-amerikanische Recht. Beispielsweise orientierte sich die deutsche Rechtswissenschaft bei der anfänglichen Strafaussetzung und der Strafrestaussetzung zur Bewährung unter anderem am Vorbild der *probation* in den USA und England/ Wales.[5] In der aktuellen Diskussion um die gemeinnützige Arbeit als eigenständige Sanktion wird oft auf die Erfahrungen mit der *community service order* in England/Wales verwiesen.[6] Auch richtet sich der Blick auf den anglo-amerikanischen Rechtsbereich im Zusammenhang mit der Erprobung der *curfew order* mit *electronic monitoring*, also des „elektronisch über-

---

[1]   Weigend, Sanktionen ohne Freiheitsentzug, 1992, S. 345
[2]   Statistisches Bundesamt, Rechtspflege, Fachserie 10, Reihe 3: Strafverfolgung; 1996; eigene Berechnungen
[3]   Statistisches Bundesamt, Staatsanwaltschaften, 1996; eigene Berechnungen
[4]   Vgl. auch Weigend, Sanktionen ohne Freiheitsentzug, 1992, S. 345
[5]   Dazu ausführlich im Kapitel über die Bewährungssanktionen im deutschen Recht, siehe unter 2. Teil B.III. 1. Erste Impulse aus dem Ausland im 19. Jahrhundert: Die anglo-amerikanische *probation* und das franko-belgische Modell des *sursis*
[6]   Vgl. Schädler, Das Projekt „Gemeinnützige Arbeit" – die nicht nur theoretische Chance des Art. 293 EGStGB, 1983, S. 5 (S. 6); Albrecht, Ansätze und Perspektiven für die gemeinnützige Arbeit in der Strafrechtspflege, 1995, S. 121 (S. 122); Pfohl, Gemeinnützige Arbeit als strafrechtliche Sanktion, 1983, S. 122 ff.

1

wachten Hausarrestes". In Konkurrenz dazu ist freilich vor allem das schwedische Modell getreten.

Eine neue Dynamik hin zum vermehrten Einsatz und zur Fortentwicklung ambulanter Sanktionen ist in England und Wales seit dem Criminal Justice Act 1991 zu beobachten, der mit den neu eingeführten *community sentences* eine breite Palette verschiedener nicht freiheitsentziehender, eigenständiger Maßnahmen anbietet. Für die deutsche Kriminalpolitik ist numehr von theoretischem Interesse, wie sich diese Sanktionen bewährt haben, welche Probleme sie aufwerfen und inwiefern sie für die deutsche Reformbewegung wegweisend sein könnten. Dabei werden im wesentlichen die Entwicklungen bis Mitte der 90er Jahre berücksichtigt.

Im Folgenden sollen schwerpunktmäßig die drei Hauptformen ambulanter strafrechtlicher Maßnahmen im englischen/walisischen Recht vorgestellt und diskutiert werden:[7] die *probation order* (Bewährungsanordnung), die *community service order* (Anordnung, gemeinnützige Arbeit zu leisten) und die *curfew order* mit *electronic monitoring* (Hausarrest mit elektronischer Überwachung). Erläutert werden ihre rechtliche Ausgestaltung, die historischen und kriminalpolitischen Hintergründe ihrer Einführung, die mit ihnen verfolgten Ziele sowie rechtliche oder praktische Probleme. Am Rande mitbehandelt werden darüber hinaus die *combination order* (Kombination aus Bewährung und gemeinnütziger Arbeit), die *attendance centre order* (Anordnung, ein Bewährungszentrum zu besuchen) und die *supervision order* (Betreuungsanordnung). Diese sind ebenso als *community sentences* im Criminal Justice Act 1991 enthalten. Sie sollen jedoch nicht detailliert untersucht werden. Die *attendance centre order* und die *supervision order* sind im englischen Jugendstrafrecht verwurzelt. Eine eingehende Behandlung würde den Rahmen dieser Arbeit sprengen. Die *combination order* stellt eine Kombination zwischen *community service order* und *probation order* dar. Insofern sei auf die Ausführungen zu diesen Sanktionen verwiesen.

---

[7] Die vorliegende Arbeit befaßt sich nicht mit der Rechtslage in ganz Großbritannien, sondern beschränkt sich auf England und Wales. Das liegt daran, daß die Vorschriften und Organisationsstrukturen im Bereich des Strafrechts und seiner Institutionen in Schottland und Nordirland häufig stark abweichen.

Im deutschen Recht beschränkt sich die Arbeit auf die den englischen Sanktionen am nächsten kommenden Maßnahmen[8] und vergleicht sie hinsichtlich ihrer rechtliche Ausgestaltung, Aufgaben und Ziele, Problembereiche und Reformforderungen. Beim elektronisch überwachten Hausarrest beschränkt sich die Darstellung auf die Diskussion um die Einführung der Sanktion. Unterschiede und Gemeinsamkeiten zwischen der Entwicklung und Situation in England/Wales und Deutschland sowie deren Ursachen sollen aufgezeigt und in einer zusammenfassenden Schlußbetrachtung gewürdigt werden. Dabei konzentriert sich der Strafrechtsvergleich nicht nur auf die Analyse der rechtsdogmatischen Lösungswege. Erfaßt werden vielmehr auch soziale, politische und historische Hintergründe der untersuchten Rechtsinstitute ohne jedoch alle Aspekte dabei ausleuchten zu können. Es soll gleichwohl deutlich werden, daß eine Übertragung von im Ausland erprobten und unter Umständen bewährten sanktionsrechtlichen Lösungen im Bereich der Alternativen zur Freiheitsstrafe aufgrund der Einbettung in einen unterschiedlichen historischen und kulturellen Kontext nur bedingt möglich und mit kritischer Distanz zu werten ist.

Tabelle 1 Untersuchte ambulante Sanktionen in England/Wales und der BRD.

Ambulante Sanktionen in England und Wales	Ambulante Sanktionen in der Bundesrepublik
Probation Order	Strafaussetzung zur Bewährung
Community Service Order	Gemeinnützige Arbeit als Strafe
Combination Order	
Curfew Order mit Electronic Eonitoring	Elektronisch überwachter Hausarrest
Supervision Order	
Attendance Centre Order	

---

[8] Entsprechend der Schwerpunktsetzung im englisch/walisischen Recht soll dabei auch im deutschen Teil der große Bereich des Jugendrechts nur gestreift werden. Ebenso sollen die umfangreichen Erfahrungen und Entwicklungen auf dem Gebiet des Täter-Opfer-Ausgleichs nicht mitbehandelt werden.

1.Teil - Neuere Entwicklungen im Bereich der ambulanten Sanktionen in England und Wales

A. **Die Entwicklungen in der Sanktionspolitik und Strafpraxis und die Entstehung ambulanter Strafsanktionen**

Die Entwicklungen der letzten 100 Jahre auf dem Gebiet der strafrechtlichen Sozialkontrolle in England und Wales werden geprägt durch die sich ständig wandelnden Strafzwecktheorien und Sanktionsphilosophien sowie durch den ständigen Kampf gegen die steigenden Häftlings-zahlen und die durch die Überfüllung der Gefängnisse verursachte Kapazitätskrise im Straf-vollzug. So reflektieren die gegenwärtige Sanktionspolitik und Verurteilungspraxis fast hun-dert Jahre Präzedenzfälle, Forschung und Lehre sowie die Auffassungen und Strategien der aufeinanderfolgenden Regierungen. Vielleicht mehr als in irgend einem anderen Rechtsgebiet haben sich die Regelungen der Strafzumessung und Sanktionsfindung sowie ihre praktische Umsetzung langsam entwickelt, so daß die verschiedenen Reformbestrebungen und die mit ihnen verknüpften Motive und Problematiken nur verstanden werden können, wenn man sie in ihrem geschichtlichen Kontext sieht und die Hintergründe ihrer Entstehung kennt.

Heute steht den englischen Gerichten eine größere Auswahl an Sanktionen zur Verfügung als noch vor hundert Jahren. Anfang dieses Jahrhunderts waren die einzigen Strafen, die einen über 17jährigen Straftäter treffen konnten, die Todesstrafe, die Gefängnisstrafe, Zuchthaus und die Geldstrafe. Hinzu trat die Maßnahme der *binding over powers*[9] aus dem *common*

---

[9] *Binding over powers* ermöglichten dem Richter, von einer Strafe abzusehen und eine Bewährungsfrist zu verhängen. Näheres dazu unter dem Kapitel zur Bewährungsanordnung. Auch heute noch werden binding over powers von manchen Gerichten angewandt. Diese Option kann als Alternative zur *conditional dis-charge*, also dem bedingten Strafverzicht gesehen werden. Dabei wird beispielsweise auf die Ermächtigung aus dem Justice of the Peace Act von 1361 zurückgegriffen. Eine neuere Formulierung der binding over po-wers findet sich in section 1(7) des Justices of the Peace Act 1968. Vgl. Ashworth, Criminal Litigation and Sentencing, 1996/97, para. 13.3, S. 217 und para. 18.4, S. 264

4

law[10]. Die Strafenpalette wurde erst erweitert, nachdem eine Neuorientierung im Bereich der verfolgten Strafzwecke und der diese ergänzenden Vollzugsziele stattgefunden hatte.

I. Ende des 19. Jahrhunderts: Abschreckung und Vergeltung

Seit dem Prison Act 1877 bestand die Hauptaufgabe des Strafrechts in der allgemeinen wie individuellen Abschreckung, die durch „Leiden als Bestrafung für die Tat und Furcht vor deren Wiederholung" verwirklicht wurde.[11] Das System der angedrohten Freiheitsstrafen,[12] die Länge der verhängten Strafen[13] sowie der mit großer Strenge durchgeführte Abschreckungsstrafvollzug, der seit dem Prison Act von 1865 die auf Besserung ausgerichteten Ziele der Freiheitsstrafe in den Hintergrund gedrängt hatte, waren zum Ende des 19. Jahrhunderts immer häufiger das Ziel vielfältiger Kritik. Diese entzündete sich insbesondere an dem weiten Ermessensspielraum der Gerichte bei der Strafzumessung und an den Zuständen der Vollzugspraxis.[14]

Der pönologische Wandel wurde durch den »Gladstone Report on Prisons« eingeleitet, der 1895 als Ergebnis einer Untersuchung der Strafvollzugsverhältnisse erschien.[15] Die Kommission distanzierte sich vom reinen Abschreckungsprinzip und maß der Besserung als Ziel des Strafvollzugs gleichwertigen Rang bei.[16] Diese bewußt pragmatische Reaktion auf erkannte

---

[10] *Common law* bezeichnet das in Fällen überlieferte Recht im Gegensatz zum gesetzten Recht (*statute law*).

[11] Fox, The English Prison and Borstal System, 1952, S. 48; Du Cane, Punishment and Prevention of Crime, London 1885, S. 99

[12] Die große Lücke zwischen der Höchstdauer der Gefängnisstrafe (zwei Jahre) und dem Mindestmaß der Zuchthausstrafe (fünf Jahre) wurde durch den *Penal Servitude Act 1891* dahingehend geschlossen, daß auch Zuchthausstrafen von drei Jahren verhängt werden durften, so daß nunmehr eine lückenlose Strafskala zur Verfügung stand.

[13] Zur Kritik an der Praxis der als lang empfundenen Freiheitsstrafen siehe Du Cane, The Duration of Penal Sentences, 1883, S. 850 ff.. Ausführlich zur Kampagne gegen zu langen Freiheitsentzug und die Versuche der Vereinheitlichung der Rechtsprechung: Radzinowicz/Hood, Judicial Discretion and Sentencing Standards, 1979, 1313 ff.

[14] Zu Einzelheiten der Vollzugspraxis siehe Fox, The English Prison and Borstal System, 1952, 48 ff.

[15] Home Office, Gladstone Report, 1895

[16] „...prison discipline and treatment should be more effectually designed to maintain, stimulate, or awaken the higher susceptibility of prisoners, to develop the moral instincts, to train them in orderly and industrial habits, and whenever possible to turn them out of prison better man and women both physically and morally, than when they came in", Gladstone Report, 1895, § 25

Mißstände hatte zunächst die Abschaffung der Tretmühle und anderer Formen harter Arbeit sowie die Lockerung der Isolation der Strafgefangenen zur Folge,[17] um bessere Bedingungen für die *rehabilitation*[18] zu schaffen. Im übrigen orientierte sich die Strafverhängungs- und Vollzugspraxis jedoch noch bis in die zwanziger Jahre an der hergebrachten Reihenfolge der Strafziele: Vergeltung, Abschreckung und erst zuletzt Besserung.

Was die Strafzumessung anbetraf, so versuchte man, die Länge der Strafsanktion bereits durch den Straftatbestand zu bestimmen. An den höheren Gerichten schrieben die Richter bestimmte Längen der Gefängnisstrafen oder der Zwangsarbeitperioden für den „typischen" Fall vor (zum Beispiel für den „typischen Diebstahl").[19] Die Strafzumessung bestand darin, eine sogenannte *tariff*-Strafe zu verhängen, die – ausgerichtet an der begangenen Straftat, der Schwere der Tat und der Schuld des Verurteilten (es wurden gegebenenfalls mildernde Umstände miteinbezogen) – sühnenden und abschreckenden Zielen diente.

II. Die erste Hälfte des 20. Jahrhunderts: Resozialisierung und Reform

Erst als sich Anfang des 20. Jahrhunderts der Gedanke durchsetzte, daß der Freiheitsentzug als solcher die Strafe bildet, nicht aber zusätzliche Unannehmlichkeiten während des Vollzugs die Strafe darstellen,[20] wurde der Vollzug stärker auf die resozialisierenden Aufgaben ausgerichtet und der geistigen, körperlichen und moralischen Erziehung als Vorbereitung auf das Leben in Freiheit mehr Beachtung geschenkt.[21]

Rascher als im Vollzug ließen sich die Forderungen des Gladstone Committee nach größerer Elastizität des Strafensystems und Individualisierung der Strafe in der Strafgesetzgebung

---

[17] Realisiert wurde dies durch den Prison Act 1898

[18] Im Englischen wird der auf Resozialisierung ausgerichtete Umgang mit Straffälligen in der Regel als „*Rehabilitation*" bezeichnet.

[19] Ashworth, Criminal Litigation and Sentencing, 1996/97, para. 15.5.1, S. 240

[20] „The offender comes to prison as a punishment, not for punishment", siehe Fox, The English Prison and Borstal System, 1952, S. 66 ff.; Cross, Punishment, Prison and the Public, 1971, S. 29 ff.

[21] Zu Einzelheiten des Vollzugs unter dem Gesichtspunkt des *personal approach* siehe Grünhut, Penal Reform, 1948; betreffend Gefängnisarbeit: Kap. X, S. 232, 237

6

durchsetzen: Der Prevention of Crime Act 1908 (Part I) und der Children Act 1908 schufen Sonderregelungen für das Strafverfahren und den Vollzug an Jugendlichen und Heranwachsenden. Der Probation of Offenders Act 1907 führte die *probation*[22] ein. Statt zu Freiheitsstrafe konnten Ersttäter und Bagatelltäter sowie andere sozial benachteiligte Angeklagte unter Bewährungsaufsicht gestellt werden.[23] Die Bewährungsanordnung war danach die vorherrschende, auf Resozialisierung abzielende Maßnahme, die dazu diente, den Straftäter durch soziales Training und Beaufsichtigung zu bessern. Diese auf Reform ausgerichtete Bewegung gedieh vor allem in den 20er und 30er Jahren. „Aktive Intervention" nannte man die Methode, mit der im Straftäter größere soziale und moralische Verantwortung geweckt werden sollte. Die Arbeit des Bewährungshelfers zielte darauf ab, im Rahmen einer Einzelfallarbeit Hilfestellung zu geben und individuelle Probleme zu lösen.[24]

III. Die Nachkriegszeit: Strafe und Therapie

Die Grundlage des modernen Strafensystems schaffte schließlich der unter der Labour Regierung erlassene Criminal Justice Act 1948.[25] Dieses Gesetz ist als späte Frucht des Gladstone Berichts weiter vom therapeutischen Gedanken beherrscht, obwohl auch Ansätze zu einer stärker strafenden Einstellung gegenüber Jugendlichen erkennbar sind.

Wesentliche Merkmale dieses Gesetzes waren die Einführung der Einheitsfreiheitsstrafe,[26] die Vermeidung kurzer Freiheitsstrafen durch die Alternativen der *absolute* und *conditional*

---

[22] Bewährung
[23] Mit diesem Gesetz wurde die bereits seit dem Ende des 19. Jahrhunderts praktizierte freiwillige Gerichtshilfe (die Police Court Mission) gesetzlich verankert und der Probation Service geschaffen. Der Criminal Justice Act 1925 und der Criminal Justice Act 1948 ergänzten die erste Regelung. Vgl. Home Office, The Probation Service, 1964, S. 1 f.; von Caemmerer, Probation – Praxis und Aufbau des englischen Systems der Bewährungshilfe, S. 13 f.; Ausführlich dazu weiter unten unter B. Die Probation Order
[24] Ashworth, Criminal Litigation and Sentencing, 1996/97, para. 15.5.2, S. 241
[25] Vgl. Morrison/Hughes, Criminal Justice Act 1948, 1952; Tudor Rees/Graham, Criminal Justice Act 1948, 1949
[26] Die englische Rechtsfolgenstruktur folgt heute dem monistischen System, nachdem mit dem Criminal Justice Act 1948 die seit dem Prevention of Crime Act 1908 angewendete zweispurige Kumulation von fest bestimmter, ethisch mißbilligender Schuldstrafe mit nachfolgender wertfreier und unbestimmter Sicherungsverwahrung nach dem Maß der Gefährlichkeit des Täters beseitigt wurde (siehe Criminal Justice Act 1948, section 21; zur historischen Entwicklung der Sicherungsverwahrung siehe Geisler, Die Sicherungsverwahrung

discharge,[27] Bewährung und Geldstrafe sowie die Betonung der erzieherischen und ausbildenden Funktionen der Freiheitsstrafe. Für Straftäter unter 21 Jahren standen nun *detention centre*[28] und *attendance centre*[29] zur Verfügung, die verschiedene Arten des Trainings für solche jugendlichen Täter bereitstellten, die die damals übliche freiheitsentziehende Sanktion des *borstal*[30] nicht verdienten. Die Institution der Bewährungsstrafe wurde verfestigt und ausgebaut, und das Gericht mußte bei der Verhängung der Strafe die Umstände, insbesondere die Natur der Straftat und den Charakter des Täters würdigen, bevor eine Verurteilung zu einer Bewährungsstrafe in Betracht kam. Die Bedingung einer zwölfmonatigen therapeutischen Behandlung konnte nunmehr hinzugefügt werden, wenn der Straftäter in die Bewährungsstrafe einwilligte und wenn zwei medizinische Gutachten dies befürworteten.

Die Richterschaft sah die Aufgabe der Strafbemessung angesichts der größeren Bandbreite an strafrechtlichen Sanktionen und der Zugrundelegung neuer Strafphilosophien als erschwert an. 1948 wurde daher anerkannt, daß die Richter mehr Informationen über den Straftäter und dessen Tat benötigten, bevor sie ein Urteil verhängen konnten. Dem Bewährungsdienst wurde daher die Aufgabe übertragen, über die Umstände der Straftat Gutachten zu erstellen, die heute als *pre-sentence reports*[31] bezeichnet werden. Auch wurden in besonderen Fällen medizinische Gutachten für erforderlich gehalten. Den Vertretern der Verteidigung sollten diese Berichte die Grundlage für ihr Plädoyer auf Milderung der Strafe liefern.[32] So entwickelte sich das Plädoyer für Strafmilderung von einer rhetorischen Bitte um Gnade zu seiner gegenwärti-

---

im englischen und deutschen Strafrecht, 1967, S. 33 ff.). Die überwiegend als Doppelbestrafung des Gewohnheitsverbrechers angesehene Sicherungsverwahrung war nicht nur auf wenig Gegenliebe bei der Justiz, die sie im Laufe der Zeit immer weniger verwendete, sondern auch auf grundsätzliche Kritik in der Lehre gestoßen, welche die Doppelspurigkeit, das »double-track system«, als künstlich und metaphysisch ablehnte; Walker, Sentencing in a Rational Society, 1969, S. 132 f.

[27]   Absoluter und bedingter Strafverzicht; dazu ausführlicher weiter unten unter 1. Teil C II. 3. Absolute und Conditional Discharge
[28]   Besserungsanstalt
[29]   Dazu weiter unten unter 1. Teil H. Die Attendance Centre Order
[30]   Siehe Glossar unter B. Borstal
[31]   Dazu ausführlicher weiter unten unter 1. Teil C. IV. 2. a) Der Pre-Sentence Report
[32]   Sogenannter *plea in mitigation*

gen Form der argumentativ aufgebauten Überzeugungsleistung, die auf Informationen über die Straftat und den Täter basiert.

IV. Der Anstieg der Gefangenenzahlen und die Kapazitätskrise der Haftanstalten

Obwohl schon Anfang des Jahrhunderts die Anwendung der Freiheitsstrafe insbesondere für Jugendliche, aber auch für andere Tätergruppen (Bagatelltäter, Ersttäter)[33] durch Einführung der probation, der discharge und die vermehrte Verhängung der Geldstrafe eingeschränkt wurde, und diese Bemühungen durch den Criminal Justice Act 1948 weitergeführt wurden,[34] stieg die Zahl der zu vollstreckbaren Freiheitsstrafen Verurteilten in den Nachkriegsjahren sprunghaft an. Die durchschnittliche tägliche Gefängnispopulation betrug 1945: 14.708, 1950: 20.474, 1955: 21.010, 1960: 27.099, 1965: 30.421, 1970: 39.028, 1975: 39.820 und 1980: 42.246.[35] Dies bedeutet, daß sich die Gefängnispopulation in der Zeit von 1945 bis 1980 fast verdreifachte (vgl. Tabelle 2). Dabei blieb die Zahl der weiblichen Gefängnisinsassen zwischen 1946 und 1975 mit durchschnittlich etwa 1.000 Gefangenen fast konstant (vgl. Tabelle 3). Ähnlich sah es hinsichtlich der weiblichen Gefangenenrate aus. Diese bewegte sich stets zwischen 4,8 und 7,0 pro 100.000 Einwohner. Die männliche Gefangenenrate pro 100.000 Einwohner hingegen stieg in der Zeit zwischen 1946 und 1975 von 92 Insassen auf 209 Insassen an (vgl. Tabelle 3). Die Explosion der Gefangenenzahlen führte zu einer Überfüllung der Haftanstalten. Immer mehr Insassen mußten zusammengelegt werden, um der ständig wachsenden Nachfrage gerecht zu werden.

---

[33] Vgl. Prevention of Crimes Act 1908; Probation of Offenders Act 1907

[34] Section 17 des Criminal Justice Act 1948 schränkte die Verwendung der Gefängnisstrafe für Jugendliche erheblich ein: Magistrates' Courts durften keine Gefängnisstrafe für Jugendliche unter 17 Jahren, die höheren Gerichte keine für Jugendliche unter 15 Jahren verhängen. Heranwachsende bis zum Alter von 21 Jahren sollten nur dann zu einer Gefängnisstrafe verurteilt werden, wenn keine andere Möglichkeit der Einwirkung auf den Täter mehr bestand (section 17(2)). Das Gericht mußte seine Strafwahl begründen. Das Gesetz sah außerdem die Erweiterung des Anwendungsbereichs der Geldstrafe vor (section 13).

[35] siehe Home Office, Prisons and the Prisoner, 1977, Appendix C, S. 156

9

Tabelle 2 Jahresdurchschnitt der täglichen Gesamtpopulation in Prison Service Establishments.[36]

Jahr	Jahresdurchschnitt der Gesamtpopulation in Prison Service Establishments	Jahr	Jahresdurchschnitt der Gesamtpopulation in Prison Service Establishments	Jahr	Jahresdurchschnitt der Gesamtpopulation in Prison Service Establishments
1944	12.915	1962	31.063	1980	42.246
1945	14.708	1963	30.896	1981	43.311
1946	15.789	1964	29.600	1982	43.707
1947	17.101	1965	30.421	1983	43.462
1948	19.765	1966	33.086	1/84-3/85[37]	43.618
1949	19.879	1967	35.009	4/85-3/86	46.597
1950	20.474	1968	32.461	4/86-3/87	48.910
1951	21.780	1969	34.667	4/87-3/88	48.550
1952	23.670	1970	39.028	4/88-3/89	50.630
1953	23.567	1971	39.708	4/89-3/90	47.879
1954	22.303	1972	38.328	4/90-3/91	44.350
1955	21.010	1973	36.774	4/91-3/92	45.162
1956	20.642	1974	36.867	4/92-3/93	43.903
1957	22.368	1975	39.820	4/93-3/94	45.819
1958	25.108	1976	41.443	4/94-3/95	49.314
1959	26.623	1977	41.570	4/95-3/96	51.616
1960	27.099	1978	41.796	4/96-3/97	56.683
1961	29.025	1979	42.220		

Zwischen 1966 und 1980 stieg die Zahl der Personen, die zu mehreren (zu zweit oder zu dritt) in Einzelzellen untergebracht waren, von 8.700 auf 17.787, also von 26 Prozent auf 40 Prozent der Gesamtgefängnispopulation (vgl. Tabelle 4). Die Zahl der zu dritt untergebrachten Häftlinge hatte sich innerhalb dieses Zeitraumes sogar verachtfacht. Die Zellen stammten häufig aus der viktorianischen Zeit und befanden sich in keinem guten Zustand.

---

[36] Quellen: Home Office, Report of the Commissioners of Prisons für die Jahre 1945-1962; Home Office, Report of the Work of the Prison Department für die Jahre 1963-1980, Home Office, Prison Statistics, England and Wales für die Jahre 1980-1983; Home Office, Report on the Work of the Prison Service für die Jahre 1984/85-1996/97.

[37] 1984 wurde der Berechnungszeitraum vom Kalenderjahr auf das Finanzjahr umgestellt, um Erhebungen bezüglich Budget und Kosten zu ermöglichen; das Berechnungsjahr 1984/85 umfaßt daher 15 Monate; ab 1985/86 reicht der Berechnungszeitraum jeweils von April bis März.

Tabelle 3 Jahresdurchschnitt der täglichen männlichen und weiblichen Gesamtpopulation in Prison Service Establishments und Zahl der männlichen und weiblichen Gefängnispopulation pro 100.000 der Gesamtpopulation in England und Wales.[38]

	Männer		Frauen			Männer		Frauen	
Jahr	Anzahl	pro 100.000	Anzahl	pro 100.000	Jahr	Anzahl	pro 100.000	Anzahl	pro 100.000
1946	14.556	92	1.233	7,0	1961	28.094	162	931	5,1
1947	15.986	100	1.081	6,1	1962	30.066	171	997	5,4
1948	18.621	116	1.144	6,5	1963	29.925	169	971	5,2
1949	18.783	117	1.096	6,2	1964	28.718	161	882	4,7
1950	19.367	120	1.107	6,3	1965	29.580	165	841	4,5
1951	20.687	126	1.093	6,2	1966	32.127	178	959	5,1
1952	22.568	138	1.112	6,3	1967	34.056	189	953	4,8
1953	22.473	137	1.137	6,4	1968	31.656	175	805	4,2
1954	21.337	129	1.084	6,1	1969	33.814	186	853	4,5
1955	20.156	122	978	5,5	1970	38.040	211	988	5,1
1956	19.941	120	866	4,8	1971	38.673	213	1.035	5,4
1957	21.742	130	860	4,8	1972	37.348	205	980	5,1
1958	24.459	146	920	5,1	1973	35.747	195	1.027	5,3
1959	25.727	152	896	4,9	1974	35.823	194	1.044	5,4
1960	26.198	154	901	4,9	1975	38.601	209	1.219	6,3

Schließlich erhöhte sich der Anteil der sofort vollziehbaren Freiheitsstrafen für Täter, die wegen sogenannter anklagbarer Delikte (*indictable offences*[39] im Gegensatz zu *summary offences*[40]) vor Gericht standen, von 1974 bis 1980 von 9 Prozent auf 14 Prozent. Für diese Entwicklung gab es zwei mögliche Lösungen: Zum einen die nicht unbeträchtliche Erweiterung der Anstaltsplätze, zum anderen eine Änderung in der Verurteilungspraxis mit der Folge eines reduzierten Gefängniszulaufs.

---

[38] Quelle: Für 1946-1962 siehe Home Office, Report of the Commissioners of Prisons; für die Jahre 1963-1971 siehe Home Office, Report of the Work of the Prison Department; für die Jahre 1972-1975 siehe Home Office, Prisons and the Prisoner, 1977, S. 163

[39] Indictable offences sind Straftaten die vor dem Crown Court angeklagt werden können; es handelt sich hierbei entweder um *offences on indictment* oder um *triable-either-way offences*; siehe Glossar unter E. Offences on Indictment und G. Triable-either-way Offences

[40] Siehe Glossar unter F. Summary Offences

Tabelle 4   Gesamtpopulation in Prison Service Establishments und Belegung von Einzelzellen.[41]

Jahr	Prison Service Establishments	Zwei oder Drei in einer Einzelzelle	Zwei in einer Einzelzelle	Drei in einer Einzelzelle
1966	33.086	8.700	1.494	7.206
1967	35.009	7.888	1.546	6.342
1968	32.461	6.889	1.804	5.085
1969	34.667	10.241	2.570	7.671
1970	39.028	13.548	8.592	4.956
1971	39.708	12.879	6.384	6.495
1972	38.328	12.682	7.984	4.698
1973	36.774	11.671	8.890	2.781
1974	36.867	14.146	10.024	4.122
1975	39.820	15.640	10.342	5.298
1976	41.443	16.435	10.726	5.709
1977	41.570	15.990	11.040	4.950
1978	41.796	16.098	11.016	5.082
1979	42.220	16.585	11.752	4.833
1980	42.246	17.787	11.940	5.847
1981	43.311	16.904	11.294	5.610
1982	43.707	16.751	12.374	4.377
1983	43.462	17.055	12.084	4.971
1/84-/85[42]	43.618	17.236	13.108	4.128
4/85-3/86	46.597	18.544	13.414	5.130
4/86-3/87	48.910	--	--	--
4/87-3/88	48.550	18.983	13.892	5.091
4/88-3/89	50.630	17.674	12.616	5.058
4/89-3/90	47.879	15.477	11.988	3.489
4/90-3/91	44.350	13.098	11.286	1.812
4/91-3/92	45.162	10.432	9.160	1.272

Der erste Ausweg schied in erster Linie aus Gründen finanzieller Engpässe aus. Groß ange-
legte Neubaupläne aus den Jahren 1969/71 fielen beispielsweise den wegen der immer

---

[41] Quelle: Home Office, Report on the Work of the Prison Department (ab 85/86: Home Office, Report on the Work of the Prison Service); Jahresdurchschnitt/Gefängnispopulation: 1980-83, Home Office, Prison Statistics England and Wales; sowie eigene Berechnungen; Zahlen zur Zellenbelegung 86/87 nicht erhältlich

[42] 1984 wurde der Berechnungszeitraum vom Kalenderjahr auf das Finanzjahr umgestellt, um Erhebungen bezüglich Budget und Kosten zu ermöglichen; das Berechnungsjahr 1984/85 umfaßt daher 15 Monate; ab 1985/86 reicht der Berechnungszeitraum jeweils von April bis März.

schlechter werdenden Wirtschaftslage notwendigen Einsparungen zum Opfer.[43] Zudem wurde die Haftstrafe für den Straftäter als schädlich angesehen. Man war der Auffassung, daß das Leben in der Strafanstalt kriminelles Verhalten eher förderte als verringerte.[44] Aus diesen Gründen konzentrierten sich die Bemühungen vor allem auf die Vermeidung der Freiheitsstrafe.

V. Die Vermeidung der Gefängnisstrafe

Die Notwendigkeit, die Anwendung der Freiheitsstrafe einzuschränken, brachte zunächst im Jahre 1958 den First Offenders Act, der eine Beschränkung der Gefängnisstrafe für erwachsene Ersttäter vorsah. Sie sollten nur dann zu einer Freiheitsstrafe verurteilt werden, wenn wirklich keine andere Sanktion gerechtfertigt war.[45] Aber auch dieses Gesetz konnte das Problem der Überfüllung nicht lösen. Mitte der 60er Jahre überschritt die Gefängnispopulation in den lokalen (allgemeinen) Gefängnissen die Kapazitätsgrenzen um 40 Prozent, und über 6000 Gefangene mußten über Nacht jeweils zu dritt in Einzelzellen untergebracht werden.[46] So wurden weitere Anstrengungen unternommen, das Sanktionensystem flexibler zu gestalten und Strafen zu schaffen, die außerhalb der Gefängnisse zu verbüßen waren.[47] Der nächste Versuch erweiterte das englische Strafensystem um die dem kontinentalen Vorbild nachgebildete *suspended sentence*[48] und die nach amerikanischem Muster gestaltete *parole*.[49]

Die Parlamentsdebatte zum Entwurf des Criminal Justice Act 1967, der diese beiden Neuerungen enthielt, zeigt, welche Ziele die Regierung mit ihren Vorschlägen verfolgte: Da die

---

[43] Home Office, Prisons and the Prisoner, 1977, § 195 ff., S. 113 ff. So sind auch zwischen 1914 und 1980 nur acht Anstalten neu errichtet worden.

[44] Ashworth, Criminal Litigation and Sentencing, 1996/97, para. 15.5.2, S. 241

[45] Section 1 First Offenders Act 1958

[46] Sparks, The Use of Suspended Sentence, 1971, S. 385 (384)

[47] In England/Wales ist in der Regel von „non-custodial sentences", also nichtkustodialen Strafen die Rede. In Deutschland wird meistens der Begriff „ambulante Sanktionen" gebraucht.

[48] Strafaussetzung zur Bewährung: Heute ist sie geregelt im Powers of Criminal Courts Act 1973, sections 22 bis 25. Ausführlich dazu: Bottoms, The Suspended Sentence in England, 1981, S. 1-26; weitere Ausführungen folgen unter 1. Teil C. II. 1. Suspended Sentence

[49] Vorzeitige Haftentlassung: Dazu siehe weiter unten unter 1. Teil C. II. 2. Parole

Überfüllung der Strafanstalten zu unhaltbaren Belastungen des Personals führte und insbesondere die kurzen Freiheitsstrafen einen großen administrativen Aufwand erforderten, sollte in erster Linie für diesen Bereich eine Alternative gefunden werden.[50] Die Strafaussetzung (suspended sentence) bot sich an, obwohl sie in ihrer Konstruktion der englischen Kriminalpolitik nicht entsprach.[51] Bisher war es stets das Ziel der Reformer gewesen, die *Verhängung* einer Gefängnisstrafe zu verhindern. Diesen Zweck erfüllten die probation[52] und die conditional discharge.[53] So war die Strafaussetzung, die lediglich den Vollzug der Strafe verhindert, bis dahin in den kriminalpolitischen Diskussionen als „prinzipiell falsch und in der Anwendung unpraktisch" abgelehnt worden.[54] Schließlich führte man sie aber doch im Jahre 1967 aus Gründen der eskalierenden Gefängnispopulation ein. Mit der Einrichtung der vorzeitigen Freilassung (parole[55]) wurde eine Verkürzung der individuellen Verbüßungszeiten angestrebt. Dieses wurde mit Resozialisierungszielen begründet,[56] hatte aber letztlich auch die Entlastung der Strafanstalten im Auge[57].

Der Erfolg der neuen Maßnahmen war beschränkt. Eine kurzfristige Entlastung der Gefängnisanstalten wurde durch erneutes starkes Ansteigen der Population abgelöst, so daß bald die Zustände wiederum unerträglich wurden. Die Gerichte hatten die neue Sanktion suspended sentence nur bei etwa der Hälfte der Verurteilungen an die Stelle der sofort vollziehbaren Freiheitsstrafe gesetzt. Überdies wurde die Sanktion auf Kosten der Geldstrafe oder der Bewährungsanordnung verhängt und zudem nicht selten eine längere ausgesetzte Freiheitsstrafe

---

[50] Bottoms, Limiting Prison Use, 1987, S. 181 (177)
[51] Zum Verhältnis der suspended sentence zur probation siehe weiter unten unter 1. Teil C. II. 1. Suspended Sentence
[52] Das Gericht konnte den Täter nach dem Schuldurteil, statt eine Strafe zu verhängen, unter Bewährungsaufsicht stellen. Dies stellte ein Absehen von Strafe dar, unter der Auflage, daß der Delinquent die Auflagen des Bewährungsdienstes anerkennt. Dazu ausführlicher weiter unten unter 1. Teil C. Die Probation Order
[53] Bedingtes Absehen von Strafe
[54] Home Office, Advisory Council on the Treatment of Offenders, 1957, Suspended Sentence, 1952, Appendix D, § 9, S. 28 f.
[55] Dazu siehe unter 1. Teil C. II. 2. Parole
[56] Home Office, The Adult Offender, 1965, § 4 ff., S. 3 f.
[57] Home Office, The Adult Offender, 1965, § 8; Home Office, A Review of Criminal Justice Policy 1976, § 7/8, S. 6 f.

ausgesprochen als es im Fall der sofort vollziehbaren Strafe geschehen wäre. Letzteres führte zu einer Verschlechterung der Gesamtsituation, wenn der Täter wegen erneuter Straffälligkeit die ausgesetzte Strafe doch abbüßen mußte. Zurückschauend wurde sogar vermutet, daß die Einführung der Strafaussetzung die Gefängnispopulation eher vergrößert als verringert habe.[58] So war schon bald die Überbelegung der Strafanstalten erneut Gegenstand der kriminalpolitischen Diskussion.

Mit Hilfe der Criminal Justice Bill 1972 sollten weitere Strafsanktionen eingeführt werden, um die Gerichte mit einer größeren Bandbreite von Optionen auszustatten und dadurch den Gebrauch der Gefängnisstrafe zu reduzieren.[59] Insbesondere sollten die Gerichte davon absehen, den nicht gefährlichen, gewohnheitsmäßigen Bagatelltäter zu einer Gefängnisstrafe zu verurteilen. Da der Aufenthalt in der Strafanstalt für viele Täter als ungeeignet und schädlich bewertet und vom Standpunkt der staatlichen Finanzpolitik her gesehen nicht mehr tragbar erschien,[60] bemühte sich die Regierung, die Vorschläge des *Advisory Council on the Penal System*[61] zu verwirklichen und führte mit dem Criminal Justice Act 1972 zwei Sanktionsformen ein, die den Täter in seiner Freizeit beschränken sollten, ohne ihm seine Freiheit ganz zu nehmen: die *community service order*[62] und das *day training centre*.[63] Ferner sollte der Gebrauch

---

[58] Sparks, The Use of Suspended Sentence, 1971, S. 384-401; Sherlock, The Suspended Sentence: What Has Gone Wrong?, S. 1144 ff., 1970

[59] Der Mangel an sinnvollen Alternativen zur Freiheitsstrafe wurde als Grund für zahlreiche verhängte Gefängnisstrafen angenommen. Vgl. Home Office/Advisory Council on the Penal System, Non-custodial and Semi-custodial Penalties, 1970, § 8

[60] Home Office/Advisory Council on the Penal System, Non-custodial and Semi-custodial Penalties, 1970, § 9, S. 3. Siehe auch HC Debates 837, col. 1782: „...that even from the point of view of the Chancellor of the Exchequer the government will be making a good investment because ... each person kept out of prison represents a saving of £ 24 a week."

[61] Vom Innenministerium eingesetztes Komitee; siehe dazu weiter unten unter 1. Teil D. II. Kriminalpolitischer Hintergrund der Community Service Order

[62] Anordnung, gemeinnützige Arbeit zu leisten; Dienstleistungsstrafe; vgl. section 15 Criminal Justice Act 1972. Ausführlich dazu weiter unten unter 1. Teil D. Die Community Service Order

[63] Section 20 Criminal Justice Act 1972; Die Idee der day training centres geht allerdings nicht auf den Report des Advisory Council on the Penal System, Non-custodial and Semi-custodial Penalties zurück. Für Einzelheiten siehe unter 1. Teil C. IV. e) Probation Centres. Weitere Rechtsfolgen, die der Criminal Justice Act 1972 einführte waren: *Deferment of Sentence* – Aufschub des Strafausspruchs (section 22); *Compensation Order* und *Restitution Order* – Anordnung der Wiedergutmachung des Schadens und Rückgabe der gestohle-

der Gefängnisstrafe für Ersttäter durch den Powers of Criminal Courts Act 1973 einge-schränkt werden.[64]

Die Gerichte wurden oft dazu angehalten, den kriminalpolitischen Bestrebungen des Gesetz-gebers Rechnung zu tragen, stationäre Sanktionen zu vermeiden und community service or-ders und probation orders als Alternativen zur Gefängnisstrafe zu gebrauchen. Insgesamt nahm die Verhängung der kustodialen Strafen jedoch nicht ab. Strafen wie community service wurden zwar weit verbreitet genutzt, aber sie ersetzten häufig andere ambulante Strafen, so daß die Gefängnispopulation gleichbleibend groß blieb.

Parallel zu diesen Entwicklungen beeinflußten die steigenden Häftlingszahlen die Resoziali-sierungsbestrebungen. Einerseits profitierte die Arbeit mit den Häftlingen von den Bemühun-gen, die Gefangenenzahlen zu verringern, denn die Durchführung von Resozialisierungspro-grammen wurde durch die Überfüllung der Haftanstalten erheblich erschwert. Andererseits gerieten im Laufe der Zeit die ursprünglich idealistischen, auf Resozialisierung ausgerichteten Reformbestrebungen durch den unaufhaltsamen Anstieg der Gefangenenzahlen aus dem Blickwinkel. Die Kriminalpolitik konzentrierte sich immer mehr auf die rein praktischen, verwaltungsbezogenen Probleme. Das Innenministerium war nicht mehr in erster Linie daran interessiert, Straftäter aus den Gefängnissen herauszuhalten, weil sie außerhalb der Gefäng-nisse besser resozialisiert werden konnten, sondern weil die Gefängnisse zunehmend unter Überfüllung litten.[65] Nichtsdestotrotz stellten die späten 60er und die frühen 70er Jahre den Höhepunkt des Resozialisierungsideals dar.

---

nen Gegenstände (section 1 ff.); Änderung der Ausgestaltung der ausgesetzten Freiheitsstrafe. 1982 wurde die *compensation order* in eine eigene Strafsanktion umgewandelt.

[64] Section 20 des Gesetzes schreibt vor, daß eine Person, deren Strafregister noch keine Gefängnisstrafe auf-weist, nur dann eine Freiheitsstrafe erhalten darf, wenn das Gericht keine andere Maßnahme als geeignet an-sieht.

[65] Ashworth, Criminal Litigation and Sentencing, 1996/97, para. 15.5.3, S. 241

VI. Der Niedergang der Resozialisierungsideologie

Und dann kam der Schock. Zunächst dokumentierte eine Anzahl von Forschungsberichten, die Wirkungsstudien über freiheitsentziehende und nichtfreiheitsentziehende Sanktionen darstellten, daß die stärker auf Resozialisierung abzielenden Maßnahmen keine erkennbare Wirkung auf die Rückfallraten hatten. Der Überblick von Martinson aus den USA faßte die unangenehmen Erkenntnisse so zusammen, daß anscheinend „nichts funktioniert" („nothing works")[66] – eine Auffassung, die auch in England bis Anfang der 90er Jahre anhielt,[67] als eine zurückhaltendere Behandlungsideologie aufkam.

Gleichzeitig übte die weiter ansteigende Gefängnispopulation in den 70er und 80er Jahren immer mehr Druck auf den Strafvollzug aus. Nun zeigten die fehlenden Investitionen in Gefängnisse während der 50er und 60er Jahre ihre Auswirkungen. Das Vollzugspersonal versuchte die Gefangenen irgendwie unterzubringen und hatte darüber hinaus keine Energie und Zeit für Strafphilosophien und Resozialisierungstheorien.[68] Zudem bereitete der schlechte Zustand der Gefängnisbauten – diese stammen zum Teil noch aus der viktorianischen Zeit – weitere Schwierigkeiten.[69] Die Überfüllung der Gefängnisse in England und Wales stellt sich mittlerweile als Dauerproblem dar. An der Sanktionspraxis der Gerichte hat sich insofern nicht viel geändert, als die Verurteilungen zu sofort vollziehbarer Freiheitsstrafe genauso ständig steigen, wie die Belegung der Vollzugsanstalten (vgl. Tabelle 5). Infolgedessen haben ambulante Sanktionen und Bemühungen, die Verhängung von Gefängnisstrafen zu verringern, im Laufe der Jahre ihre Bedeutung für das englische Sanktionensystem nicht eingebüßt, obgleich Argumente humanitärer Art oder die Skepsis an der Wirksamkeit der Freiheitsstrafe als Instrument bessernder Behandlung oder Abschreckung ihre politische Durchschlagskraft verloren haben. Zwar ist die Diskussion um die Zurückdrängung der Freiheitsstrafe der ständigen

---

[66] Dazu ausführlicher weiter unten unter B. II. 3. Entwicklungsphasen des Probation Services
[67] Home Office/Brody, The Effectiveness of Sentencing, 1976; siehe auch Bottomley, The »Justice Modell« in America and Britain, 1980, S. 25 ff.
[68] Ashworth, Criminal Litigation and Sentencing, 1996/97, para. 15.5.3, S. 241
[69] Hierbei handelt es sich um ein Problem, das trotz verschiedener Renovierungsprojekte der letzten Jahre immer noch besteht.

Wandlung theoretischer Ansätze ausgesetzt. Letztlich schafft aber die durch die wachsende Gefängnispopulation verursachte Kapazitätskrise einen Handlungsbedarf, an dem nicht vorbeizureden ist. Ambulante Strafmaßnahmen bleiben daher auch nach dem Niedergang der Behandlungsideologie Gegenstand der englischen Kriminalpolitik.

Tabelle 5 Verurteilungen zu sofort vollziehbarer Freiheitsstrafe; Zahl der Verurteilungen, aufgeteilt nach Art des Delikts (indictable offences, summary offences) und Anteil der Verurteilungen im Verhältnis zu allen übrigen Sanktionen wegen indictable offences, Aufteilung nach Art des Gerichts (magistrates' court[70] oder Crown Court[71]).[72]

	Verurteilungen zu sofort vollziehbarer Freiheitsstrafe			Prozentsatz der Verurteilungen zu sofort vollziehbarer Freiheitsstrafe im Verhältnis zu allen übrigen Sanktionen (indictable offences)		
	Insgesamt	indictable offences	Summary offences	Insgesamt	magistrates court	Crown Court
Jahr			Verkehr	andere			
1979	62.600	57.900	800	3.900	14,7	7,5	52,5
1980	68.300	63.400	800	4.000	14,6	7,4	50,6
1981	74.600	69.300	900	4.300	15,5	8,2	51,1
1982	77.800	72.800	1.000	4.000	15,9	8,3	51,6
1983	78.200	73.600	1.000	3.700	16,5	8,5	51,5
1984	78.800	73.900	1.400	3.500	17,0	8,9	51,9
1985	83.400	78.200	1.600	3.600	18,1	9,0	53,1
1986	72.900	68.400	1.600	2.900	18,2	8,1	52,4
1987	74.400	69.800	1.800	2.800	18,4	7,5	52,1
1988	72.100	67.100	2.200	2.800	17,7	6,7	49,3
1989	64.100	54.100	5.200	4.800	16,2	5,3	46,6
1990	57.600	57.600	5.300	4.300	14,3	4,5	43,1
1991	61.300	50.000	6.300	5.000	15,1	5,3	44,3
1992	58.000	47.800	6.100	4.100	14,9	4,9	44,3
1993	58.400	46.600	8.200	3.600	15,4	5,9	48,9
1994	69.100	52.900	11.800	4.400	17,1	7,2	52,0
1995	79.200	60.000	13.200	6.000	20,2	8,9	55,6
1996	84.700	64.800	13.100	6.700	21,9	9,8	60,4

---

[70] Zum magistrates' court siehe Glossar unter D. Magistrates' Court
[71] Zum Crown Court siehe Glossar unter C. Crown Court
[72] Quelle: Home Office, Criminal Statistics of England and Wales

B. Community Sentences

Ein Teil der in den vergangenen Jahrzehnten eingeführten ambulanten Sanktionen fällt heute unter die Bezeichnung *community sentences* oder *community penalties*. Es werden damit Strafsanktionen bezeichnet, die außerhalb der Gefängnisse verbüßt werden.[73] Allerdings handelt es sich hier um keinen abschließenden Katalog ambulanter Sanktionen. Nicht erfaßt werden – neben der Geldstrafe – Sanktionen mit reparativen Elementen wie die *compensation order*.

I. Inhalt und Vorschriften

Mit dem Criminal Justice Act 1991 wird der Begriff der community sentences eingeführt. Sections 6 und 7 erklären die Voraussetzungen, unter denen eine community-Strafe erhoben werden kann. Nach section 6(1) des Criminal Justice Act 1991 besteht ein community sentence aus einer oder mehreren *community order(s)*. Section 6(4) zählt die sechs möglichen community orders auf:

(a) Probation Order – Bewährungsanordnung

(b) Community Service Order – Anordnung gemeinnütziger Arbeit

(c) Combination Order – Kombination aus (a) und (b)

(d) Curfew Order – Hausarrestanordnung

(e) Supervision Order – Betreuungsanordnung

(f) Attendance Centre Order – Anordnung für Bewährungszentren

---

[73] Der Begriff der „community" macht darüber hinaus den Bezug zur örtlichen Gemeinde deutlich, die häufig für die Durchführung der Sanktion Sorge trägt; Community sentences werden im folgenden auch als „Strafen in der Gesellschaft" oder „Strafen in der Gemeinschaft" bezeichnet.

Ferner wurden durch den Criminal Justice Act 1991 einzelne community-Strafen eingeführt oder neu geregelt, bzw. abgeändert. Die auf Erwachsene anwendbaren community orders können mit einer Geldstrafe oder einer *compensation order*[74] kombiniert werden. Die neu eingeführten *curfew orders*[75] stehen noch nicht allen Gerichten zur Verfügung.

II. Kriminalpolitischer Hintergrund und Entwicklung der Community Sentences

Im Zuge des Niedergangs des Rehabilitationsideals suchten konservative Rechtspolitiker neue Wege, die community sentences als akzeptable Alternative zur Gefängnisstrafe zu begründen, denn diese Strafen trugen den Makel der sanften Gangart der Behandlungsideologie. Nach dem Wahlsieg *Margaret Thatchers* im Jahre 1979 stand deren „law and order"-Politik auf der Tagesordnung.

1. Die 80er Jahre – „Just Deserts" und Wiedergutmachung

Auf einer Konferenz zu *intermediate treatment*[76] 1979 beklagte *Patrick Mayhew*,[77] indem er den *Duke of Edinburgh* zitierte, „die steigende Flut des Anarchismus und der Gewalt, die unsere Ufer zu überfluten droht".[78] Im selben Jahr forderte *James Anderton*[79] Arbeitslager für jugendliche Straftäter und *William Whitelaw*, damaliger Innenminister, versprach, solche einzuführen. Die rhetorischen Bestrebungen der frühen Politik Margaret Thatchers hatten drei Hauptfunktionen. Sie zielten darauf ab, die Ideologien der konservativen Regierung zu plakatieren. Sie dienten dazu, dem Wähler Härte zu demonstrieren, der mit Versprechungen von sichereren Straßen gelockt worden war, und sie versuchten, von der maroden Wirtschaftslage abzulenken.[80]

---

[74] Anordnung, die auf Wiedergutmachung abzielt
[75] Hausarrestanordnung; dazu weiter unten unter 1. Teil E. Die Curfew Order und Electronic Monitoring
[76] Intermediate treatment bezeichnet eine Auflage, die im Rahmen der *supervision order* verhängt werden kann. Dazu weiter unten unter F. Die Supervision Order
[77] Damaliger Staatsminister im Innenministerium
[78] Pitts, The End of an Era, 1992, S. 133 (135)
[79] Damaliger *chief constable* der *Greater Manchester Police* Force
[80] Pitts, The End of an Era, 1992, S. 133 (135)

Eine vorherrschende Sanktionsideologie gab es in der Zeit nach dem Niedergang des Behandlungsideals nicht.[81] Es tauchte jedoch in den 80er Jahren ein zusätzliches Strafzumessungskriterium auf, das als „*just deserts*" bezeichnet wird. Ziel dieses Modells ist es, dem Straftäter die Strafe angedeihen zu lassen, die er für die begangene Tat „verdient". Dabei orientiert sich die angestrebte „gerechte Strafe" an der „*seriousness of the offence*", also der „Schwere der Straftat". Gemeint ist damit im Grunde die Wahrung der Proportionalität zwischen Schuld und Strafe.[82] Insofern richtete man den Blick wieder vermehrt auf die Straftat und fort von der Person des Straftäters – eine Rückbesinnung auf die Vergeltungsideologie der Jahrhundertwende.[83] Dies entsprach der verhärteten Stimmung in der Bevölkerung, die mit wachsender Arbeitslosigkeit zu kämpfen hatte und sich mit neuen Gefahren wie der steigenden Drogenkriminalität konfrontiert sah.

Ferner nahm die „Reparation" oder „Wiedergutmachung" als weitere Neuerung eine immer wichtigere Rolle ein. Die Idee der Reparation beinhaltet, daß der Straftäter entweder dem individuellen Opfer oder der Gesellschaft für das begangene Unrecht eine Wiedergutmachung zu leisten hat. Dies kann auf direktem Wege geschehen, wie bei der mit dem Criminal Justice Act 1982 zur echten Strafsanktion erklärten *compensation order*, bei der das Gericht für Verlust, Schaden oder eine erlittene Verletzung eine Geldleistung an das Opfer anordnet. Eine Alternative dazu ist die Entschädigung auf indirektem Wege. Ein Beispiel hierfür ist die *community service order*, die dem Straftäter eine Entschädigung der Gesellschaft durch die Leistung gemeinnütziger Arbeit auferlegt. Beide Formen der Reparation wurden seit ihrer Einführung immer populärer.

---

[81] Ashworth, Criminal Litigation and Sentencing, 1996/97, para. 15.5.4, S. 242
[82] Vgl. Ashworth, Englisches Strafzumessungsrecht, 1994, S. 605 (609)
[83] Ashworth, Criminal Litigation and Sentencing, 1996/97, para. 15.5.4, S. 242

2.   Green Paper „Punishment, Custody and the Community" 1988

1988 wurde von der Regierung das *Green Paper*[84] *„Punishment, Custody and the Community"* veröffentlichte. Dieses stellte – gemeinsam mit dem nachfolgenden *White Paper*[85] von 1990 – einen systematischen Versuch dar, das englische Strafrechtssystem neu zu strukturieren. Darüber hinaus eröffnete es eine umfangreiche Diskussion zu den Themen *sentencing,*[86] *custody,*[87] *community service orders,*[88] *compensation orders,*[89] *probation service,*[90] *parole,*[91] *supervision,*[92] Jugendstrafrecht sowie freiwilliger und privater Sektor.

Mit diesem Diskussionspapier von 1988 schlug die Regierung neue Initiativen vor, um mehr Straftäter außerhalb der Gefängnisse zu bestrafen. Es sollten weitere community sentences geschaffen werden. In der Einleitung des Green Papers heißt es: „Wenn eine Straftat so schwerwiegend ist, daß sie nicht mit einer Geldstrafe allein bestraft werden kann, sollte die Strafe, die verhängt wird, drei Prinzipien Rechnung tragen: Sie sollte eine Beschränkung der Freiheit als strafendes Element enthalten, Rückfällen von vornherein entgegenwirken und eine Wiedergutmachung an die Gesellschaft und, wenn möglich, an das Opfer vorsehen."[93] Diese Prinzipien konnten nach Auffassung der Regierung durch Bestrafung außerhalb der Gefängnisse am besten verfolgt werden. Das bedurfte hinsichtlich des Elements der Reparation auch keiner besonderen Überzeugungsarbeit, denn der gemeinnützige Charakter erschien beispielsweise beim Prototyp der community-Strafe, der community service order, offensichtlich. Wichtiger und schwieriger aber war es, Gerichte und Öffentlichkeit vom Strafcharakter solcher Sanktionen zu überzeugen, denn die Bevölkerung tendierte eher zu der Ansicht, der Straftäter käme

---

[84]   Green Papers sind Regierungsvorschläge, die dem Parlament in Gestalt eines Diskussionspapiers vorgestellt werden
[85]   White Papers sind konkrete, endgültige Regierungsvorschläge, die dem Parlament vorgelegt werden
[86]   Strafzumessung
[87]   Freiheitsstrafe
[88]   Dienstleistungsstrafe, Anordnung gemeinnützige Arbeit zu leisten
[89]   Ausgleichsleistung gegenüber dem Opfer oder Geldstrafe
[90]   Bewährungsdienst
[91]   vorzeitige Haftentlassung
[92]   Betreuung und Beaufsichtigung
[93]   Home Office, Green Paper „Punishment, Custody and the Community", 1988, 1.5, S. 2

auf diesem Wege zu milde davon. Ambulante Sanktionen mußten also in den Augen der Gerichte, der Straftäter und der Öffentlichkeit „glaubwürdiger" gemacht werden. Dies sollte dadurch geschehen, daß community sentences als „echte" Strafen dargestellt wurden.

3. White Paper „Crime, Justice and Protecting the Public" 1990

Das *White Paper „Crime, Justice and Protecting the Public"* von 1990 führte diese Entwicklung fort. Es signalisierte eine Bewegung weg von der Rhetorik der „Alternativen zur Gefängnisstrafe" hin zu einem Konzept der „Bestrafung in der Gesellschaft".[94] Die Essenz der neuen Herangehensweise war, daß community sentences in der Öffentlichkeit als genauso hart und anspruchsvoll gelten sollten wie eine kustodiale Strafe, und daß sie infolgedessen in solchen Fällen zur Anwendung kommen sollten, in denen sonst eine Gefängnisstrafe verhängt worden wäre.

In Paragraph 4.1 des Regierungsvorschlags heißt es: „Die Regierung glaubt, daß mehr Straftäter innerhalb der Gesellschaft bestraft werden sollten. Es scheint die Auffassung zu bestehen, daß die Gefängnisstrafe die einzige „wahre" Strafe sei. Dies wird zum Teil durch die Verwendung einer unpräzisen Terminologie gefördert, die neben der Gefängnisstrafe bestehende Strafsanktionen als „Alternativen zur Gefängnisstrafe" bezeichnet. Keine andere Strafe kann jedoch dem Delinquenten dieselben Beschränkungen auferlegen wie der Freiheitsentzug, der mit einer Gefängnisstrafe einhergeht. Wäre dies der Fall, handelte es sich in Wahrheit um eine andere Art der Gefängnisstrafe. Eine wirkliche „Alternative" zur kustodialen Strafe existiert daher nicht. Es gibt lediglich andere Arten der Bestrafung."

Die „andere Art der Bestrafung" sollte in der „Beschränkung der Freiheit" oder dem „Verlust an Freizeit" liegen, den die Sanktionen mit sich bringen,[95] nicht jedoch in der Arbeit, die beispielsweise im Rahmen der community service order zu verrichten ist. Durch diese erfolgt

---

[94] Das Schlagwort lautete „*Punishment in the Community*"; Home Office, White Paper „Crime, Justice and Protecting the Public", 1990, paras. 4.1-4.3, S. 18

[95] Home Office, White Paper, „Crime, Justice and Protecting the Public", 1990, paras. 4.3/4.4, S. 18

vielmehr die ebenfalls angestrebte Wiedergutmachungsleistung an die Gesellschaft.[96] Die Bewährungsanordnung hingegen legt den Schwerpunkt eher darauf, einen Rückfall des Straftäters zu verhindern.

Die Regierung schlug zudem vor, community sentences für Erwachsene und Heranwachsende neu zu strukturieren. Die Schwere der Tat sollte sich im Grad der Freiheitsbeschränkung niederschlagen, was dem „just deserts"-Prinzip entsprach.[97]

4. Criminal Justice Act 1991

Die Entwürfe des Green Papers und des White Papers fanden ihren Niederschlag in einem Gesetz, das grundlegende Neuerungen brachte: Am 1. Oktober 1992 trat der Criminal Justice Act 1991 in Kraft. Dieser schuf den Begriff der „community sentences", regelte die darunter fallenden Strafsanktionen zum Teil neu und führte die *curfew order*[98] und *combination order* ein.[99] Vor allem aber konzentrierte sich das Gesetz auf die Strafzumessungspraxis der Gerichte.

Bisher hatte der Gesetzgeber bei der Strafzumessung eine sehr begrenzte Rolle gespielt. Er setzte die Höchststrafen für die einzelnen Delikte fest, begrenzte die Strafgewalt der Untergerichte und führte von Zeit zu Zeit neue Sanktionsarten ein. Abgesehen von der Einheitsstrafe für Mord sowie von der festliegenden Dauer der Entziehung der Fahrerlaubnis kannte das englische Recht keine Mindeststrafen.[100] Unterhalb der gesetzlichen Höchstgrenze besaßen die Gerichte im allgemeinen einen weiten Ermessensspielraum. Eine weitere Unsicherheit be-

---

[96] Home Office, White Paper, „Crime, Justice and Protecting the Public", 1990, para. 4.4, S. 18
[97] Home Office, White Paper „Crime, Justice and Protecting the Public", 1990, para. 4.7, S. 19
[98] Hausarrestanordnung; dazu weiter unten unter 1. Teil F. Die Curfew Order und Electronic Monitoring
[99] Kombinationsanordnung. Diese ermöglicht eine Verbindung zwischen Bewährungselementen und community service-Elementen; siehe dazu weiter unten unter E. Die Combination Order
[100] Nachdem der Criminal Justice Act 1991 entscheidende erste Schritte zur Begrenzung des richterlichen Ermessens getan hatte, führte der Crime Sentences Act 1997 Mindeststrafen für einige Delikte ein; vgl. Sections 1 ff. Crime Sentences Act 1997

24

stand in Hinblick auf die allgemeinen Strafzwecke. Bisher konnten sich die Richter bei ihren Überlegungen von den unterschiedlichen Strafzwecken, beispielsweise vom Abschrec??kungs-prinzip, von Resozialisierungsbemühungen oder von der Wiedergutmachungsphilosophie leiten lassen. Ihre Wahl beeinflußte in hohem Maße die Art und Höhe der Strafe, so daß für ein und dieselbe Straftat durchaus sehr verschiedene Strafen verhängt werden konnten.

Erstmals in der englischen Rechtsgeschichte regeln die heute geltenden Bestimmungen des Criminal Justice Act 1991 Ziele und Praxis des Strafens. Das Gesetz war als revolutionäre Neuerung gedacht und sollte die Basis der Sanktionspraxis der Richter verändern. Zum ersten Mal wurden detaillierte Anleitungen für die Bemessung von Strafen für verschiedene Delikte und verschiedene Straftäter geschaffen. Der Act von 1991 versuchte nunmehr eine größere Uniformität zu schaffen, indem er eine bestimmte Strafphilosophie über alle anderen erhebt: nämlich »just deserts«. Das Gericht soll sich bei der Strafzumessung allein am Prinzip der »Proportionalität« orientieren. Allerdings tauchen weder der Begriff »just deserts« noch »proportionality« im Gesetz auf. Statt dessen legt dieses in verschiedenen Vorschriften fest, daß »the seriousness of the offence«, also »die Schwere der Tat«, bzw. »die Schwere der Schuld« über Art und Dauer der Strafe entscheiden solle.[101] Letztlich enthält das Gesetz keine weiteren Details darüber, wie die Proportionalität zwischen Schuld und Strafe zu waren ist.

Diese Entwicklung bedeutet einen (Rück-)Schritt in die Zeit der Vergeltungsideologie Ende des 19. Jahrhunderts. Die Ausschließlichkeit mit der dieser Strafzweck gemäß dem Criminal Justice Act 1991 zu wahren ist, zeigt, daß weitergehende Zwecke, welche auf eine Instru-mentalisierung des Straftäters zur Verbrechensverhütung hinauslaufen könnten, nicht ange-

---

[101] Ashworth, Englisches Strafzumessungsrecht, 1994, S. 605 (608). Der Criminal Justice Act 1991 folgt damit einem Trend, der sich in den USA bereits Ende der 70er Jahre herausgebildet hat. Seitdem wird dort weitest-gehend darauf verzichtet, Strafe unter resozialisierenden Aspekten zu rechtfertigen und Maßnahmen entspre-chend auszugestalten. In zunehmendem Maße wird als Kriterium für die Verhängung einer Strafe die Ge-rechtigkeit und Angemessenheit der Strafe in den Vordergrund gestellt. Finnland hat eine entsprechende Re-gelung seit 1976 in seinem Strafgesetzbuch. Schweden hat sie 1989 eingeführt. In mehreren amerikanischen Bundesstaaten wurden Richtlinien für Bundesgesetze erlassen, die die Höhe der Strafe ausschließlich von

strebt werden. Dies entspricht der in der deutschen Wissenschaft früher vorherrschenden „absoluten Straftheorie", nach der es Aufgabe des Strafrechts ist, Gerechtigkeit durch Schuldausgleich herzustellen.[102]

Von dem nun vorherrschenden Strafzweck des Schuldausgleichs zu trennen, sind die mit den unterschiedlichen Sanktionen verbundenen, vielfältigen Vollzugsziele. In deren Rahmen spielt die Resozialisierung (gemeinsam mit der Wiedergutmachung und anderen Zielen) weiterhin eine wichtige Rolle, vor allem bei den ambulanten Sanktionen. Dabei passiert es oft, daß die Grenzen durch die uneinheitliche Verwendung der Terminologie in Literatur und Praxis verwischen.

Die Steuerung der Strafzumessungspraxis der Gerichte durch positive Normierung hatte dem englischen Gesetzgeber in der Vergangenheit wegen der Rollenverteilung zwischen Judikative und Legislative große Schwierigkeiten bereitet. Es handelt sich hier allerdings eher um ein politisches als um eine konstitutionelles Problem, denn es existiert kein Verfassungsprinzip, welches der Legislative die Beschränkung des Ermessensspielraums der richterlichen Gewalt bei der Strafzumessung versagt.[103] Die Scheu des englischen Gesetzgebers, die Voraussetzungen der Strafe konkreter zu fassen, um den Richter zur Anwendung zu zwingen, erscheint dem kontinentalen Beobachter vielleicht schwer verständlich. Sie hat ihren Ursprung in der traditionellen Rolle des Richters, der im Strafzumessungsvorgang von altersher einen großen Ermessensspielraum besitzt und diesen auch verteidigt. Der englische Richter läßt sich nicht gerne vorschreiben, welche Strafe er unter bestimmten Voraussetzungen zu verhängen hat, sondern entscheidet nach seinen eigenen Kriterien.

In der Praxis gab es nur wenige Versuche, mit dieser Tradition zu brechen. Geschah dies dennoch, so ergaben sich Konflikte mit der Richterschaft, insbesondere bei generellen Restriktionen. Der Criminal Justice Act 1967 schrieb beispielsweise vor, daß Freiheitsstrafen von bis zu

---

Kriterien wie der Schwere der Rechtsgutverletzung und den Vorstrafen des Täters abhängig machen; vgl. Feltes, Technologie, Moral und Kriminalpolitik, 1990, S. 324 (325)
[102] Kaufmann, Das Schuldprinzip, 1976, S. 201 ff., 208 ff.

26

sechs Monaten durch den Richter ausgesetzt werden müßten.[104] Diese Regel wurde gemeinsam mit der Rechtsfigur der ausgesetzten Freiheitsstrafe – suspended sentence – von der damaligen Labour Regierung eingeführt. Dabei stellte sich die Regierung nicht nur gegen verschiedene Interessengruppen und Organisationen aus dem strafrechtsrelevanten Umfeld, sondern vor allem auch gegen starke Opposition aus der Richterschaft. Deren Kritik veranlaßte später die konservative Regierung, die obligatorische Strafaussetzung bei kurzen Freiheitsstrafen durch section 11 des Criminal Justice Act 1972 wieder abzuschaffen. Sie war der Meinung, daß eine derartige Beschränkung des richterlichen Ermessens nicht wünschenswert sei.[105]

Eine ähnliche Kursänderung fand im Zuge des Gesetzeswerks von 1991 statt. Wenige Monate nach der Vollendung des Criminal Justice Act 1991 sah sich die Regierung gezwungen, mehrere Abschnitte zu „überarbeiten". Einige der Vorschriften hatten beträchtliche Kritik auf sich gezogen, mit der Folge, daß zwei der Hauptvorschriften durch den Criminal Justice Act 1993 abgeschafft wurden. Dabei handelte es sich zum einen um die Festsetzung von Geldstrafen mit Hilfe eines einheitlichen Geldstrafensystems.[106] Die andere Änderung betraf section 29 des Criminal Justice Act 1991. Nach der ursprünglichen Fassung sollten die Richter bei der Einschätzung der Schwere der begangenen Tat die Vorstrafen des Täters, die nicht im Zusammenhang mit der verhandelten Straftat stehen, unberücksichtigt lassen. Dies rief große Sorge und Empörung bei der *Magistrates' Association*[107] hervor, und einige Laienrichter legten aus Protest ihr Amt nieder.[108] Daraufhin wurde section 29 durch den Criminal Justice Act 1993 aufgehoben und durch einen neuen, sehr viel weiter gefaßten Wortlaut ersetzt, der den Ermessensspielraum der Richter weniger einschränkte.

---

[103] Ashworth, Sentencing and Penal Policy, 1983, S. 58 ff.; NACRO, The Real Alternative, 1989, S. 20
[104] Section 39 Criminal Justice Act 1967
[105] NACRO, The Real Alternative, 1989, S. 20
[106] Ashworth, Criminal Litigation and Sentencing, 1996/97, para. 15.1, S. 237
[107] Vereinigung der Laienrichter
[108] Middleton, Community Alternatives Reconsidered, 1995, S. 1

Was vom Gesetzgebungsakt 1991 unangetastet blieb, war die Einführung von Rahmenbestimmungen für die Proportionalität von community-Strafen. Diese besagen, daß community penalties nur dann verhängt werden dürfen, wenn die begangene Straftat schwerwiegend genug ist, um diese Maßnahme zu rechtfertigen,[109] nicht aber so schwerwiegend, daß einzig eine Gefängnisstrafe in Frage käme.[110] Dabei ist es zulässig, Vorstrafen des Täters gemäß den Änderungen durch den Criminal Justice Act 1993 in die Abwägung miteinzubeziehen. Die ausgewählte community order muß im Verhältnis zur Schwere der Tat stehen und dabei gleichzeitig geeignet sein, die Resozialisierung des Straftäters zu gewährleisten.[111]

Tabelle 6   Verurteilungen zu community sentences[112] wegen indictable offences; Zahl der Verurteilungen und Prozentsatz der Verurteilungen im Vergleich zu allen übrigen Verurteilungen wegen indictable offences.[113]

Jahr	Verurteilungen zu community sentences	Verurteilungen zu community sentences (%)	Jahr	Verurteilungen zu community sentences	Verurteilungen zu community sentences (%)
1971	49.100	15	1984	95.700	21
1972(1)	48.500	15	1985	95.300	22
1973	46.700	14	1986	83.500	21
1974	52.900	14	1987	83.500	21
1975	53.300	13	1988	80.900	21
1976	55.500	14	1989	66.600	21
1977(2)	58.200	13	1990	71.900	21
1978	58.700	14	1991(3)	74.000	22
1979	62.400	15	1992	74.000	23
1980	77.900	17	1993	80.800	26
1981	86.000	18	1994	88.900	28
1982	90.100	19	1995	85.900	28
1983	92.800	20	1996	85.600	29

(1) Einführung der community service order; (2) Ab 1977 können die Einführung einer neuen Berechnungspraxis sowie die Neudefinierung des Begriffs der »indictable offences« durch den Criminal Justice Act 1971 zu leichten Schwankungen führen; (3) Einführung der combination order und der curfew order

---

[109] Section 6(1) Criminal Justice Act 1991
[110] Home Office, Green Paper „Strengthening Punishment in the Community", 1995, S. 6, 11
[111] section 6(2) Criminal Justice Act 1991; Harding/Koffman, Sentencing and the Penal System, 1995, S. 292
[112] Probation order, supervision order, attendance centre order, community service order, combination order und curfew order
[113] Quelle: Home Office, Criminal Statistics England and Wales

III. Statistik

Heute werden community sentences in großem Maße genutzt. Wie in Tabelle 6 und Tabelle 7 ersichtlich, ist die Zahl der Verurteilungen[114] zu community sentences seit 1971 fast kontinuierlich gestiegen. Dabei erlebten sie zahlenmäßig eine Hochphase in den 80er Jahren. Ebenso wächst der prozentuale Anteil der Verurteilungen zu community sentences im Vergleich zu allen übrigen Sanktionen (vollstreckbare und ausgesetzte Freiheitsstrafen, Geldstrafe). Während dieser in den 70er Jahren noch zwischen 13 und 15% schwankte, liegt er heute bei fast 30 Prozent.[115] Im folgenden soll die Entwicklung und Ausgestaltung der verschiedenen community sentences beschrieben und ihre unterschiedlichen Problematiken untersucht werden.

Tabelle 7 Verurteilungen zu community sentences; Zahl der Verurteilungen (Aufteilung nach Straftaten insgesamt und indictable offences) und Prozentsatz der Verurteilungen im Vergleich zu allen übrigen Verurteilungen (Aufteilung nach Straftaten insgesamt/Art des Gerichts und indictable offences).[116]

Jahr	Zahl der Verurteilungen zu community sentences		Anteil der Verurteilungen zu community sentences im Vergleich zu allen übrigen Strafsanktionen			
	wegen aller Straftaten	indictable offences	wegen aller Straftaten			indictable offences
			alle Gerichte	Magistrates Court	Crown Court	
1991(1)	104.500	74.000	7,0	5,8	26,0	22
1992	102.400	74.000	6,8	5,5	28,2	23
1993	114.800	80.800	9,1	6,8	34,3	26
1994	128.900	88.900	9,2	8,0	32,6	28
1995	129.900	85.900	9,7	8,5	30,2	28
1996	132.700	85.600	9,3	8,3	27,0	29

(1) Einführung der combination order und der curfew order

---

[114] Bei Abschluß eines gerichtlichen Verfahrens mit einem Schuldspruch.

[115] Geldstrafe, ausgesetzte, teilweise ausgesetzte und sofort vollziehbare Gefängnisstrafe und Jugendstrafe sowie absolutes und bedingtes Absehen von Strafe

[116] Quelle: Home Office, Criminal Statistics England and Wales

C. Die Probation Order

Mit Inkrafttreten des Criminal Justice Act 1991 gehört die probation order zu den in section 6(1) aufgezählten community sentences.

I. Inhalt, Vorschriften und Aufgaben der Probation Order

Die Bewährungsanordnung ist die wichtigste individualisierende Maßnahme des englischen Sanktionensystems. Sie stellt den Verurteilten unter die Aufsicht des Bewährungsdienstes. Während der Bewährung hat der Straftäter die Weisungen des zuständigen Bewährungsbeamten sowie die Auflagen des Gerichts zu befolgen.

Das wesentliche Merkmal der Bewährungsstrafe ist die Beaufsichtigung und Betreuung des in Freiheit belassenen Straftäters durch den Bewährungshelfer. Dessen Aufgabe besteht darin, dem Straftäter mit Rat und Tat zur Seite zu stehen und ihn bei der Rückkehr in ein geordnetes Leben zu unterstützen. Er soll den Straftäter dazu befähigen und motivieren, künftig soziale Verantwortung zu übernehmen und ein Leben ohne Straftaten zu führen. Dies geschieht durch allgemeine Hilfestellung und Training seitens der Bewährungshilfe und eventuell anderer Institutionen im Rahmen einer Auflage. Hinzu kommt die disziplinierende und kontrollierende Funktion der Bewährungsanordnung. Regelmäßige Treffen zwischen Bewährungshelfer und Straftäter sowie die Verpflichtung des Straftäters, dem Bewährungshelfer Bericht zu erstatten und dessen Besuche zu empfangen, dienen dazu, die Einhaltung der Bewährungsanordnung zu überprüfen und die Sicherheit der Allgemeinheit zu gewährleisten.[117]

Die probation order ist für solche Täter gedacht, die auf der Schwelle zu einer stationären Strafe stehen, aber keine so große Gefahr für die Öffentlichkeit darstellen, daß eine Gefängnisstrafe unumgänglich wäre. Sie wird als geeignet angesehen, wenn der Delinquent persönli-

---

[117] Ashworth, Criminal Litigation and Sentencing, 1996/97, para. 19.5.1, S. 273, Home Office, National Standards for the Supervision of Offenders in the Community, chapter 3, no. 7

che Probleme hat und eine Beaufsichtigung, Hilfestellung und Leitung hin zu einem gesetzes-konformen Leben benötigt. Dabei ist sie für keine bestimmte Tätergruppe vorgesehen; Erst-täter, Rückfalltäter, Heranwachsende sowie erwachsene Täter können mit ihr in Berührung kommen. Grundsätzlich wird die Bewährungsanordnung auch nicht mit bestimmten Straftaten verbunden. Man kann jedoch sagen, daß sie besonders häufig bei Sexualstraftaten sowie bei Betrugs, Diebstahls- und Sachbeschädigungsdelikten angewandt wird.[118]

Die der Bewährungsanordnung zugrundeliegende Hauptvorschrift in section 2(1) Powers of Criminal Courts Act 1973[119] ermächtigt das Strafgericht dazu, eine Bewährungsstrafe zu ver-hängen, wenn es eine mindestens 16 Jahre alte Person einer Straftat für schuldig erkennt, de-ren Strafmaß nicht gesetzlich festgelegt ist, und wenn das Gericht der Ansicht ist, daß die Be-aufsichtigung dieser Person aus Gründen der (a) Sicherstellung der Resozialisierung des Straf-täters oder (b) Bewahrung der Öffentlichkeit vor Schaden oder Verhinderung der Begehung weiterer Straftaten durch den Straftäter angebracht ist.

Eine Bewährungsstrafe darf für eine Periode von sechs Monaten bis zu drei Jahren verhängt werden. Die Hauptpflicht des Verurteilten besteht darin, daß er mit seinem Bewährungshelfer in Verbindung bleibt, sich an dessen Anweisungen hält und jede Adressenänderung angibt.[120] Die Beaufsichtigung hat ein ausgebildeter Bewährungsbeamter zu übernehmen. Dieser ist ver-antwortlich für die Planung, Koordination und Durchführung des Bewährungsprogramms. Es steht in seiner Verantwortung, daß die Vorschriften der *National Standards for the Supervi-sion of Offenders*[121] in the Community eingehalten werden.[122]

Section 3, Powers of Criminal Courts Act 1973 eröffnet dem Gericht die Möglichkeit, zusätz-liche Auflagen zu erteilen, wenn es der Ansicht ist, daß diese zur Resozialisierung des Verur-

---

[118] Ashworth, Criminal Litigation and Sentencing, 1996/97, para. 19.5.3.1, S. 275, siehe auch Tabelle 12
[119] In Gestalt der Neufassung durch den Criminal Justice Act 1991, section 8(1)
[120] Powers of Criminal Courts Act 1973, section 2(6)
[121] Zu diesem Regelwerk weiter unten unter 1. Teil B II 5. National Standards for the Supervision of Offenders in the Community
[122] National Standards for the Supervision of Offenders in the Community, chapter 3, no. 2

teilten oder zum Schutz der Gesellschaft erforderlich sind. Jegliche Ausgleichs- oder Entschädigungsleistungen an das Opfer dürfen nur im Rahmen einer eigenständigen *compensation order* erbracht und nicht als zusätzliche Auflage mit der Bewährungsanordnung verbunden werden.[123]

II. Abgrenzung der Probation Order zu ähnlichen Rechtsinstituten

1. Suspended Sentence

Von der probation order zu unterscheiden ist das Institut „suspended sentence". Bei dieser Rechtsfolge wird vom Vollzug einer Strafe unter der Bedingung abgesehen, daß der Verurteilte während der Probezeit keine weitere mit Freiheitsstrafe bedrohte Tat begeht. Insofern kann die Sanktion mit dem deutschen Institut der anfänglichen Strafaussetzung zur Bewährung verglichen werden.

Die suspended sentence ist erst 1967 – und damit im Vergleich zu der anfänglichen Strafaussetzung in den kontinentalen Rechtsordnungen relativ spät – in das englische Sanktionensystem eingeführt worden. Sie stellt keine eigenständige Strafe dar wie die probation. Ursprünglich war sie als Alternative zur Freiheitsstrafe gedacht,[124] rechtstechnisch betrachtet verhindert sie allerdings lediglich deren Vollzug.[125] Das Gesetz ordnet die Sanktion ausdrücklich als Freiheitsstrafe ein.[126]

Heute ist die suspended sentence im Powers of Criminal Courts Act 1973, sections 22 bis 25 geregelt. Dabei sind die Änderungen zu beachten, die der Criminal Justice Act 1991 gebracht hat.[127] Nach geltendem Recht kann eine Gefängnisstrafe bis zu zwei Jahren für die Dauer von

---

[123] Section 3(2) Powers of Criminal Courts Act 1973
[124] Harding/Koffman, Sentencing and the Penal System, 1995, S. 273
[125] Home Office, The Sentence of the Court, § 137, S. 41
[126] Harding/Koffman, Sentencing and the Penal System, 1995, S. 273; vgl. auch Powers of Criminal Courts Act 1973, section 22(6)(a)
[127] Vgl. section 5(1) Criminal Justice Act 1991

einem bis zu zwei Jahren ausgesetzt werden.[128] Zum Zwecke der Verurteilung muß das Gericht der Überzeugung sein, daß die Tat grundsätzlich die Verhängung einer Freiheitsstrafe rechtfertigt.[129] Erst im zweiten Schritt darf zur Entscheidung über eine Aussetzung übergegangen werden. Nicht erlaubt ist die Verurteilung zu suspended sentence aus Gründen verstärkter Abschreckungswirkung, obwohl nur eine Geldstrafe schuld- und tatangemessen wäre.[130]

Begeht der Verurteilte während der Bewährungszeit („operational period") eine weitere, mit Gefängnisstrafe bedrohte Handlung wird die urprüngliche Gefängnisstrafe aktiviert.[131] Ausnahmen können daraus resultieren, daß die Vollstreckung der Freiheitsstrafe unter Berücksichtigung aller seit dem ersten Urteil entstandenen Umstände als ungerecht erscheint.[132] Sieht das Gericht mildernde Umstände, so kann es die ursprüngliche Gefängnisstrafe herabsetzen, die Aussetzungsfrist um bis zu zwei Jahre verlängern oder gar keine Anordnung über die erste ausgesetzte Gefängnisstrafe erlassen, so daß sie unberührt weiter wirksam ist und nicht vollzogen wird.[133]

Wie bereits oben beschrieben stellte diese Sanktion nach ihrer Einführung zunächst einen gewissen Fremdkörper im englischen Strafensystem dar. Sie entsprach nicht den reformerischen Bestrebungen, die Verhängung einer Freiheitsstrafe zu verhindern und sie sorgte für einige Verwirrung bei den Richtern und in der Lehre.[134] Damals war die Einschätzung der Wirkungsweise der Strafaussetzung zur Bewährung nicht sonderlich positiv.[135] Auch heute noch steht das Schrifttum der suspended sentence skeptisch gegenüber.[136] Während die suspended sentence in den 80er Jahren eine recht große Rolle in der Praxis spielte, hat ihre Verhängung seit

---

[128] Section 22(1) Powers of Criminal Courts Act 1973
[129] Section 22(2)(a) Powers of Criminal Courts Act 1973
[130] Ausführlich dazu: Bottoms, The Suspended Sentence in England, 1981, S. 1-26
[131] Section 22(1) Powers of Criminal Courts Act 1973
[132] Section 23(1) Powers of Criminal Courts Act 1973
[133] Powers of Criminal Courts Act 1973, Section 23(1) (b) bis (d)
[134] Siehe oben unter 1. Teil A. V. Die Vermeidung der Gefängnisstrafe
[135] Home Office/Advisory Council on the Penal System, Sentences of Imprisonment, 1978, § 265, S. 117; Bottoms, The Suspended Sentence in England, 1981, S. 1 (25)
[136] Ausführlich dazu Harding/Koffman, Sentencing and the Penal System, 1995, S. 273 ff.

Erlaß des Criminal Justice Act 1991 rapide abgenommen. In den Jahren 1981-1991 erhielten zwischen 6 und 7 Prozent aller Verurteilten wegen indictable offences eine suspended sentence. Damit reichte die Maßnahme fast an die probation heran, die in 7 bis 10 Prozent der Fälle verhängt wurde. 1993 sank die Zahl der Verurteilungen auf 1 Prozent, wo sie bis 1996 stehen geblieben ist.[137] Gründe dafür werden in den durch den Criminal Justice Act 1991 erfolgten Änderungen gesehen.[138] Dieses Gesetz schränkt die Anwendung der suspended sentence insofern ein, als der Richter bei seiner Entscheidung die Existenz der suspended sentence zunächst außer Acht lassen muß, um unabhängig von der Aussetzungsmöglichkeit die Erforderlichkeit einer Freiheitsstrafe festzustellen.[139] Im Anschluß daran ist eine Aussetzung nur bei Vorliegen besonderer Umstände gerechtfertigt („justified by the exceptional circumstances of the case").[140]

Die 1977 eingeführte Sanktion der *partly suspended sentence* (Teilaussetzung zur Bewährung) – die aber erst ab März 1982 angewendet wurde, schaffte der Criminal Justice Act 1991 ab.

2. Parole

Eine andere der englischen probation verwandte strafrechtliche Maßnahme ist die *parole*. Dabei handelt es sich um die vorzeitige, bedingte Entlassung aus dem Strafvollzug, die mit der deutschen Strafrestaussetzung verglichen werden kann. Auch die *parole* ist eine noch recht junge Maßnahme.[141] Eingeführt wurde sie zur selben Zeit wie die suspended sentence durch den Criminal Justice Act 1967. Zwar wurde in dem vorhergegangenen *White Paper „The*

---

[137] Quelle: Home Office, Criminal Statistics England and Wales
[138] Harding/Koffman, Sentencing and the Penal System, 1995, S. 282
[139] Section 22(2)(a) Powers of Criminal Courts Act 1973
[140] Section 22(2)(b) Powers of Criminal Courts Act 1973
[141] Erste Formen der vorzeitigen Entlassung sind jedoch schon in der zweiten Hälfte des 18. Jahrhunderts in England diskutiert und praktiziert worden. Dazu Damian, Die (anfängliche) Strafaussetzung und die (nachträgliche) Aussetzung des Strafrestes, 1990, S. 55 (57 ff.) mit weiteren Nachweisen; Siehe auch den Report of the Review Committee: Home Office/Carlisle Committee, The Parole System in England and Wales, 1988, S. 3 ff.

Adult Offender" von 1965 das resozialisierende Potential des parole-Systems betont, doch als Hauptgrund für seine Einführung wahr wohl eher die eskalierende Gefängniskrise maßgeblich.[142]

Der Criminal Justice Act 1991 brachte einige Änderungen für die Gewährung von parole. Nach den in den sections 32 ff. Criminal Justice Act 1991 enthaltenen Hauptbestimmungen zur vorzeitigen Entlassung,[143] gestaltet sich die Rechtslage wie folgt:

Gemäß section 33 Criminal Justice Act 1991 werden Gefangene mit einer zeitigen Freiheitsstrafe von unter vier Jahren nach Verbüßung der Hälfte ihrer Strafe freigelassen. Dabei sind Gefangene mit Freiheitsstrafen von weniger als einem Jahr automatisch und unbedingt zu entlassen, solche mit Freiheitsstrafe von über einem Jahr hingegen „on licence". Das bedeutet, daß der Haftentlassene jederzeit in das Gefängnis zurückgeholt wird, falls sein Verhalten Anlaß zur Sorge gibt. Ferner wird er der Aufsicht und Betreuung eines Bewährungshelfers unterstellt, der dem Innenministeriums regelmäßig Bericht über die Fortschritte des Probanden erstattet.[144] Die Freilassung von Gefangenen mit Freiheitsstrafen über vier Jahren steht im Ermessen des Entscheidungsgremiums und ist ebenfalls nach Verbüßung der Hälfte der Freiheitsstrafe möglich.[145] Auch hier wird der Entlassene vom Bewährungsdienst betreut. Unter bestimmten Voraussetzungen können auch Häftlinge mit lebenslanger Freiheitsstrafe vorzeitig entlassen werden.[146]

Die Beendigung des Vollzugs (parole) von lebenslangen Strafen liegt nicht in der Hand der Justiz, sondern ist die Aufgabe eines Verwaltungsorgans, des durch den Criminal Justice Act von 1967 geschaffenen *Parole Board*.[147] Während das Verfahren der vorzeitigen Entlassung

---

[142] Harding/Koffman, Sentencing and the Penal System, 1995, S. 190
[143] Teilweise abgeändert durch den Criminal Justice and Public Order Act 1994, section 149, sowie durch den Crime Sentences Act 1997
[144] Section 33(1)(b) Criminal Justice Act 1991
[145] Harding/Koffman, Sentencing and the Penal System, 1995, S. 198
[146] Siehe Sections 34 ff. Criminal Justice Act 1991
[147] Siehe dazu ausführlich Harding/Koffman, Sentencing and the Penal System, 1995, S. 198 ff.

für Häftlinge, die eine zeitige Freiheitsstrafe verbüßen, einen bestimmten Termin vorsieht, an dem die Sache dem Parole Board vorgelegt werden kann, wird bei lebenslanger Freiheitsstrafe über den Termin der ersten formellen Vorlage durch ein gemeinsames Komitee[148] entschieden. Die Entscheidung über die Freilassung erfolgt durch den Innenminister auf Rat des Parole Board, dessen Empfehlung er jedoch nicht zu befolgen braucht.

3. Absolute und Conditional Discharge

Als weitere Aussetzungsformen kommen die *absolute* und *conditional discharge* in Betracht. Hier erfolgt ein Schuldspruch jeweils ohne Strafe. Geregelt ist die Maßnahme in Section 1A Powers of Criminal Courts Act 1973. Im Gegensatz zur pobation beinhaltet die Sanktion keine Bewährungsaufsicht. Bei der conditional discharge bleibt der Täter bis zum Ablauf der Bewährungszeit strafrechtlich verantwortlich, bei der absolute discharge nicht.

III. Kriminalpolitischer Hintergrund und Entwicklung der Probation Order und des Probation Service

Erst seit Inkrafttreten des Criminal Justice Act 1991 kommt der probation order Strafcharakter zu. Seither zählt diese Sanktion zu der Kategorie der community sentences. Ihre Wurzeln gehen jedoch zurück bis ins letzte Jahrhundert. Damals entstand sie als Maßnahme der außergerichtlichen Sozialkontrolle. Durch die lange Geschichte, die vielen unterschiedlichen politischen und sozialen Einflüsse wurde die Bewährungsanordnung geprägt. Ein Teil der heutigen Probleme hängt eng mit ihrer historischen Herkunft und ihren ideologischen Hintergründen zusammen.

---

[148] Bestehend aus vier Mitarbeitern: ein Mitglied der Justiz, ein beratender Psychiater, ein leitender Bewährungshelfer und ein weiterer Bewährungshelfer; vgl. Harris, Die lebenslange Freiheitsstrafe in England und Wales, 1991, S. 131 (S. 139)

1. Ursprünge – *recognizances* und die *police court mission*

Der Ursprung des Konzepts, einen Rechtsbrecher „unter Bewährung zu stellen",[149] ist im englischen *common law* in der Form vor Gericht abgegebener Gelöbnisse – sogenannter *recognizances* – zu finden.[150] Die Praxis, durch solche gerichtlichen Versprechen, Personen zu Handlungen oder Unterlassungen zu verpflichten („*binding over*"), wird im englischen Gerichtsverfahren zu vielfältigen Zwecken verwendet: Zeugen werden verpflichtet, vor Gericht zu erscheinen und ihre Aussage zu machen, der Verletzte oder die Polizei werden daran gebunden, eine Anklage durchzuführen, und nach abgeschlossener Voruntersuchung und Verweisung der Strafsache zur Verhandlung vor einem höheren Gericht kann der Beschuldigte freigelassen und in dieser Form mit oder ohne Stellung von Bürgen zum Erscheinen am Verhandlungstermin veranlaßt werden.[151] Ferner können Personen vorbeugend verpflichtet werden, „den Frieden zu wahren", wenn sie durch gewalttätige Handlungen, Drohungen oder Beleidigungen Grund zur Annahme künftigen Mißverhaltens gaben.[152]

Recognizances wurden früher auch als Zusatz oder anstelle einer Haftstrafe in Fällen geringerer Vergehen angewandt und später sogar ausgedehnt auf schwerere Straftaten durch die Consolidating Acts von 1861, die solche Versprechen anstelle von Freiheitsstrafen gestatteten.[153] Dies bedeutete, daß die Bestrafung eines Rechtsbrechers unter der Bedingung künftigen Wohlverhaltens für eine vom Gericht festgesetzte Zeit ausgesetzt wurde. Die Bestrafung ebenso wie die in der *recognizance* festgelegte Geldsumme wurden fällig, wenn die auferlegte Bedingung nicht eingehalten wurde. Aus der Strafaussetzung in dieser Form entstand die

---

[149] „*to place on probation*"

[150] *Recognizance* ist ein alter Rechtsausdruck für eine besondere Form von Versprechen oder Anerkennung des Inhaltes, daß wenn eine auferlegte Verpflichtung erfüllt wird, die mit dem Versprechen eingegangene Bindung gelöst ist. Es handelt sich um ein Schuldversprechen, dessen Wirkung in seiner gerichtlichen Beurkundung liegt. (Vgl. Kenny, Outlines of Criminal Law, 1933, S. 471)

[151] Kenny, Outlines of Criminal Law, 1933, S. 469, 471

[152] Diese richterliche Befugnis wird als seit Generationen unwidersprochene Gerichtspraxis bezeichnet und gestützt durch Bezugnahme auf autoritative Textbücher, wie die Darstellung des Englischen Rechts von Sir William Blackstone (*Commentaries on the Law of England*). Die Anwendung von *recognizances* als Maßnahme vorbeugender Verbrechensverhütung war demnach eine altbegründete Tradition.

[153] Grünhut, Penal Reform, 1948, S. 299, Fn. 1

„probation". Fortschrittliche Richter erkannten, daß ein Rechtsbrecher leichter sein Versprechen einhalten und weniger wahrscheinlich erneut straffällig werden würde, wenn man ihn für
die Zeit seiner „Gebundenheit" unter die Aufsicht einer an ihm interessierten Person stellte.
So trat zu dem Element der Bindung des Rechtsbrechers durch sein eigenes Versprechen vor
Gericht das der persönlichen Überwachung hinzu.

Zunächst wurde die Anwendung der bedingten Urteilsaussetzung durch die Gesetze von 1879
und 1887 ausgedehnt. Der Summary Jurisdiction Act von 1879 ermächtigte die Gerichte der
summarischen Rechtsprechung[154] dazu, das Verfahren bezüglich geringfügiger Delikte einzu-
stellen oder den Angeklagten unter dem Versprechen künftigen Wohlverhaltens mit oder ohne
Stellung von Bürgen bedingt freizulassen („release on probation of good conduct").[155] Der für
die Bewährung von Ersttätern geschaffene First Offenders Act 1887 dehnte dieses Prinzip auf
solche Personen aus, die zum erstenmal wegen eines Delikts wie Diebstahl (larceny) oder
Angeben falscher Tatsachen (false pretences) vor Gericht erschienen.[156] In Betracht kamen
alle Tatbestände mit einem Strafmaß von unter zwei Jahren Gefängnisstrafe. Beide Gesetze
sahen jedoch keine Überwachung und Betreuung des Probanden vor. Sie spiegeln noch deutlich die Auffassung wieder, daß die Aufgabe der mit der Verbrechensbekämpfung befaßten
Behörden sich in der Suche nach dem Beschuldigten, der Aufklärung des Tatbestandes und
seiner juristischen Erledigung erschöpft. Richter, die von den gesetzlichen Möglichkeiten einer bedingten Entlassung Gebrauch machten, hatten keine Möglichkeit festzustellen, ob der
Rechtsbrecher die ihm auferlegten Bedingungen einhielt oder brach, es sei denn, der Proband
erschien wegen einer erneuten Straftat vor Gericht oder es bot sich jemand freiwillig an, den
Probanden zu überwachen. Den Rechtsbrecher durch betreuende Aufsicht zu beeinflussen und
dadurch eine Umstellung seiner Lebensführung zu bewirken, wurde nicht als Aufgabe des
Strafrechts, sondern als Arbeitsgebiet privater oder karitativer Bemühungen angesehen. Von
der Möglichkeit, straffällige Personen bedingt freizulassen, wurde daher hauptsächlich von

---

[154] Magistrates' Courts, vlg. Glossar unter D. Magistrates' Court
[155] Home Office, The Probation Service in England and Wales, 1964, S. 1, para. 2
[156] Home Office, The Probation Service in England and Wales, 1964, S. 1, para. 2

solchen Gerichten Gebrauch gemacht, denen sich freiwillige Vereinigungen – so vor allem die *police court missions*[157] und die von ihnen ernannten freiwilligen Gerichtshelfer – gegen Ende des 19. Jahrhunderts zur Verfügung stellten, um solche Bewährungsaufsichten zu übernehmen.[158] So gingen formlos angeordnete und ausgeübte Betreuung straffälliger Personen der gesetzlichen Einführung des Probation Systems voran und ebneten ihr durch die in vielen Gerichten mit der Beaufsichtigung und Betreuung Straffälliger gesammelten Erfahrungen schließlich den Weg.

2. Die gesetzliche Verankerung der Probation Order und des Probation Service

Erst zwanzig Jahre nach dem First Offenders Act 1887 wurde die inoffiziell operierende Gerichtshilfe auf eine gesetzliche Grundlage gestellt. Die Legalisierung dieser Praxis folgte in England und Wales dem amerikanischen Vorbild. Dort wurde 1878 das erste Probation Gesetz im Staate Massachusetts erlassen.[159] Von dort breitete sich die Bewährungsanordnung in den folgenden Jahrzehnten auf die übrigen Staaten der USA aus. Nachdem eine Kommission über das Funktionieren des Probation Systems in den Vereinigten Staaten berichtet hatte,[160] stellte man die probation order auch in England und Wales auf eine gesetzliche Grundlage.

a) Probation of Offenders Act 1907

Der Probation of Offenders Act 1907 beseitigte die hauptsächlichen Mängel der bisherigen gesetzlichen Bestimmungen: Die Bewährungsanordnung stellte nun eine gerichtliche Maß

---

[157] Polizeigerichts-Missionen; freiwillige Gerichtshilfe

[158] Es wird berichtet, daß die Richter der Londoner Polizeigerichte die Praxis entwickelten, Angeklagte bedingt zu entlassen, wenn sich ein Bürge – zum Beispiel in Gestalt des Arbeitgebers oder Lehrherrn – für sie fand. Diese Bürgschaft wurde gewöhnlich von einem Polizeigerichts-Missionar übernommen, und dieser wurde ersucht, über den so bedingt Entlassenen zu wachen. Es blieb den Gerichtsmissionaren überlassen, ihr Bestes mit dem Schützling zu versuchen, ohne daß eine gesetzliche Grundlage ihren Bemühungen den nötigen Rückhalt gab (vgl. Home Office, Report of The Departmental Committee on The Probation of Offenders Act 1907, 1909, para. 11, S. 3).

[159] Von Caemmerer, Probation – Aufbau und Praxis des englischen Systems der Bewährungshilfe, 1952, S. 13

[160] Vgl. Home Office, Memorandum on the Probation System as at Present in Force in the United States of America, 1907

nahme dar und wurde für alle Delikte zur Verfügung gestellt, die durch den magistrates'

court[161] abgeurteilt wurden und für alle Delikte, die mit Freiheitsstrafe bedroht waren und unter die Zuständigkeit eines höheren Gericht fielen.[162] Die Gerichte waren nunmehr verpflichtet, Kräfte zur Durchführung von Bewährungsaufsichten – sogenannte *probation officers* – in jedem Gerichtsbezirk anzustellen und ihnen Gehälter aus öffentlichen Mitteln zu zahlen. Viele Mitglieder der freiwilligen Gerichtshilfe wurden so zu den ersten Bewährungsbeamten. Aufgabe dieser Gerichtskräfte war es nicht, an der Aufdeckung und Bestrafung von Vergehen mitzuwirken, sondern straffällig gewordenen Menschen Freund und Fürsorger zu sein. Die Ermächtigung, Bewährungsbeamte für jeden Gerichtsbezirk anzustellen, gab der neuen Auffassung Ausdruck, daß es im Rahmen der Aufgaben der mit der Strafrechtspflege befaßten Behörden liegt, über die Anwendung des Gesetzes hinaus an der sozialen Wiedereinordnung des einzelnen Straffälligen zu arbeiten.

Das Probation Gesetz gab den Gerichten der Summarischen Rechtsprechung drei verschiedene Möglichkeiten, mit einem Angeklagten zu verfahren:[163] 1. Einstellung der Strafverfolgung, wenn mit Rücksicht auf Alter, Gesundheits- oder Geisteszustand, Vorleben des Angeklagten oder im Hinblick auf die Geringfügigkeit des Vergehens oder mildernde Umstände eine Bestrafung nicht angebracht erscheint. 2. Aussetzung der Bestrafung bedingt durch ein Versprechen künftigen Wohlverhaltens für eine Periode von längstens drei Jahren mit der Verpflichtung, gegebenenfalls vor Gericht zu erscheinen. 3. Bedingte Urteilsaussetzung mit der zusätzlichen Bedingung, unter Aufsicht eines Bewährungsbeamten zu stehen. Mit solchen probation orders konnten zusätzliche Weisungen für die Lebensführung verbunden werden.

Das Gesetz von 1907 ist grundlegend für die Entwicklung des Bewährungssystems. Spätere Gesetze dienten eher der Verbesserung der gesetzlichen Bestimmungen und des organisatorischen Rahmens der Arbeit, als daß sie wesentliche gedankliche Neuerungen enthielten.

---

[161] Zum magistrates' court siehe Glossar unter D. Magistrates' Court
[162] Home Office, The Probation Service in England and Wales, 1964, S. 1, para. 2
[163] Probation of Offenders Act 1907, section 1(1) und section 2

b)   Criminal Justice Administration Act 1914 und Criminal Justice Act 1925

Der Criminal Justice Administration Act von 1914 brachte eine elastischere Fassung der Be-
stimmungen über zusätzliche Bedingungen einer probation order. Vor allem ermöglichte das
Gesetz die Verbindung der probation order mit einer Aufenthaltsbedingung (*condition as to
residence*). Weitgehende Änderungen für die Organisation des Bewährungssystems brachte
Teil I des Criminal Justice Act 1925, dem die Vorschläge des *Report of The Departmental
Committee on Payment and Training of Probation Officers* von 1922 zugrunde liegen. Das
Ziel dieses Gesetzeswerks war dreifacher Art: 1. Jedem Strafgericht einen hauptberuflich tätigen Bewährungsbeamten zur Verfügung zu stellen. 2. Eine bessere Organisation der Bewährungsarbeit insbesondere in den Landbezirken zu sichern und 3. Die Berufslage der Fürsorger
durch – unter anderem – verbindliche Gehaltssätze und Schaffung einer Altersversorgung zu
bessern.[164] Die Kosten sollten je zur Hälfte von den örtlichen Behörden und von der Staatskasse getragen werden.[165] Die Umsetzung des Criminal Justice Act 1925 war der Beginn der
umfassenden – und noch immer anhaltenden – Expansion des probation service.

c)   Criminal Justice Act 1948[166]

Der Criminal Justice Act 1948 verfestigte das Institut der Bewährungsanordnung und revi-
dierte die gesetzlichen Vorschriften hinsichtlich der Organisation und Verwaltung des Bewährungsdienstes und dessen Methode der Behandlung. Man kann aber sagen, daß die Neufassung der Bestimmungen – trotz vielfacher Modifikationen im Einzelnen – mehr Fortentwicklung auf den bisherigen Grundlagen bedeutete als grundlegende Veränderung.

Es blieb der weite Ermessensspielraum für die Gerichte in der Anwendung von probation auf
Rechtsbrecher jeden Alters und Delikte aller Art (außer solchen, bei denen das Strafmaß durch

---

[164] Von Caemmerer, Probation – Aufbau und Praxis des englischen Systems der Bewährungshilfe, 1952, S. 15
[165] Home Office, The Probation Service in England and Wales, 1964, S. 1, para. 3
[166] Während der Probation of Offenders Act 1907 auch für Schottland galt, hat das Kriminalrechtsgesetz von
1948 mit Ausnahme weniger auch für Schottland geltender Abschnitte, nur in England und in Wales Gel-
tung.

das Gesetz festgelegt ist – wie zum Beispiel bei Mord, Hochverrat und anderen selten angeklagten Tatbeständen).[167] Ferner bestanden die Aufgaben des probation officers weiterhin
darin, die seiner Fürsorge anvertrauten Personen zu beraten, ihnen beizustehen und Freund zu
sein (*„advise, assist and befriend"*), über die persönlichen und soziale Verhältnisse von Angeklagten und anderen Personen Bericht zu erstatten und in Ehe- und Vormundschaftssachen
mitzuwirken. Zu diesen Aufgaben kam eine erweiterte Einschaltung in die Nachfürsorge (*after-care*) für haftentlassene Personen hinzu.

3. Entwicklungsphasen des Probation Service

Der probation service hat seit seiner gesetzlichen Einführung viele Wandlungen durch gemacht. Sie reichen vom Ursprung missionarischer Hingabe und der christlich geprägten Bemühungen um die Rettung der Seele über wissenschaftliche Diagnostik und die Behandlung
pathologischer Zustände bis hin zur gegenwärtigen Vielfalt an Praktiken, die in erster Linie
dazu dienen, die Verhängung von Gefängnisstrafen zu reduzieren.[168] Im folgenden sollen die
Entwicklung des Bewährungsdienstes und die Veränderungen seines ihn formenden und be-
einflussenden politischen und sozialen Umfeldes dargestellt werden.

a) Die Behandlungseuphorie der 60er Jahre

Wie bereits oben kurz dargestellt, wurde das englische Kriminal- und Sanktionenrecht der
60er Jahre durch den pönologischen Optimismus geprägt, der sich im Glauben an die Möglichkeit der Resozialisierung des Straftäters äußerte. Die Vorherrschaft des Behandlungsideals
spiegelte sich wider in der Existenz von *borstal training*, der Einführung des *parole systems*
und der zunehmenden Verantwortung und dem wachsenden Zuständigkeitsbereich des Bewährungsdienstes, dessen Motive und Vorgehensweisen klar auf Resozialisierung ausgerichtet
waren.[169] Frühe britische Evaluationsstudien, die die Wirkung der Bewährungsanordnung un-

---

[167] Home Office, The Probation Service in England and Wales, 1964, S. 1, 2, paras. 4, 5
[168] Rumgay, Talking Tough: Empty Threats in Probation Practice, 1989, S. 177 (178)
[169] McIvor, Evaluative Research in Probation: Progress and Prospects, 1997, S. 1 (2)

tersuchten, sind deutlich innerhalb dieser Interventionspolitik anzusiedeln.[170] Die Bewährungsanordnung wurde als Form des sozialen Dienstes angesehen. Sie diente der Kriminalitätsverhütung, indem der Schuldige in die Gesellschaft wieder eingegliedert wird.[171]

b) Die Abkehr vom Resozialisierungsideal

In den 70er Jahren verfinsterte sich der Himmel für die Befürworter psychologisch-sozialer Einzelfallarbeit. Man sprach bisweilen von der „pönologischen Dämmerung",[172] in der die Resozialisierung als Hauptziel des strafrechtlichen Sanktionensystems immer mehr zurückgedrängt werde. In Nordamerika rückte der Vergeltungsgedanke wieder in den Mittelpunkt, was sich durch die Verwendung von Begriffen wie „verdiente Strafe" oder „just deserts" artikulierte.[173]

In England und Wales hatte das Behandlungsmodell bis zum Ende der 70er Jahre erhebliche Kritik auf sich gezogen, und zwar aus empirischen und ethischen Gründen. Empirisch gesehen, produzierten Studien über die Wirkung einzelner Sanktionen enttäuschende und entmutigende Resultate. Journalistische Zusammenfassungen aus den USA[174] und die Resümees breitangelegter Forschungsbefragungen[175] kamen zu der generellen Schlußfolgerung, daß „nichts funktioniert" („nothing works"), wobei allerdings – bei Martinson – auch Hinweise auf wenige und isolierte Ausnahmen zu finden waren. Hinzu kam, daß die durch die negativen Ergebnisse erzeugte Stimmung durch ethisch-moralische Argumente gegen die Behandlungsmethode akzentuiert wurde. So wurden in der Literatur Stimmen laut, es handele sich bei der Arbeitsweise des Bewährungsdienstes um einen entmenschlichten Prozeß, bei dem die Probanden zu Objekten herabgewürdigt und die angewandten Methoden durch die unbegründete

---

[170] Wilkins, A Small Comparative Study of the Results of Probation, 1958, S. 201 ff.

[171] Raynor, Evaluating Probation: a Moving Target, 1997, S. 19 (20)

[172] McIvor, Evaluative Research in Probation: Progress and Prospects, 1997, S. 1 (2)

[173] McIvor, Evaluative Research in Probation: Progress and Prospects, 1997, S. 1 (2); siehe dazu auch oben Fußnote 96

[174] Martinson, What works? Questions and Answers about Prison Reform, 1974, S. 22 (25, 48 ff.)

[175] Lipton/Martinson/Wilks, The Effectiveness of Correctional Treatment, 1975, S. 624 ff.; Home Office/Brody, The Effectiveness of Sentencing, 1976

Inanspruchnahme höherer fachlicher Weisheit gerechtfertigt würden.[176] Es sei nicht einsichtig, warum bloße Vermutungen über zukünftiges sozialkonformes Verhalten weiterhin den Strafzumessungsprozeß beeinflussen sollten.

Andere Publikationen bemängelten nicht nur das Fehlen positiver Ergebnisse, sondern belegten darüber hinaus, daß die Resozialisierungsbestrebungen im Rahmen der probation order sogar Schaden anrichteten, indem sie das Netz der strafrechtlichen Sozialkontrolle erweiterten und damit zu vermehrtem staatlichen Eingriff führten.[177] Studien im Bereich des Jugendstrafrechts – dem der gerade erlassene, behandlungsorientierte Children and Young Persons Act von 1969 zugrunde lag – dokumentierten die ansteigenden Inhaftierungsraten, die aus der Nichtbeachtung von *supervision orders*[178] resultierten.[179]

So gerieten auch Sozialarbeiter und Bewährungshelfer ins Kreuzfeuer der Kritik. Ihnen wurde vorgeworfen, eigenmächtig und auf schädliche Weise in das Leben anderer im Namen eines undurchführbaren Ziels einzugreifen.

c)   **Vermeidung der Freiheitsstrafe**

Angesichts der Diskreditierung seines Aufgabenfeldes und seiner Arbeitsweise versuchte der Bewährungsdienst sich in den 80er Jahren neu zu orientieren, seine Funktion breiter anzulegen und flexibler zu gestalten. Das Innenministerium ermutigte ihn dazu, sein traditionelles Modell der Beaufsichtigung und Betreuung aufzugeben und seinen Schwerpunkt auf die Vermeidung von Gefängnisstrafen zu legen.[180] Dieses Ziel wurde durch die Veröffentlichung des *Statement of National Objectives and Priorities, 1984* unterstrichen. Dieses bezeichnet die Förderung von Diversionsmodellen als Hauptaufgabe des probation service. Überdies schlug

---

[176]   Vgl. Bottoms/McWilliams, A Non-Treatment Paradigm for Probation Practice, 1979, S. 159 (169 ff.)
[177]   Cohen, Visions of Social Control: Crime, Punishment and Classification, 1985, S. 44, 50
[178]   Zur supervision order siehe weiter unten unter F. Die Supervision Order
[179]   Thorpe/Smith/Green/Paley, Out of Care: The Community Support of Juvenile Offenders, 1980, chapter 4, S. 70 ff.
[180]   McIvor, Evaluative Research in Probation: Progress and Prospects, 1997, S. 1 (2)

das Home Office weiterhin vor, der probation service solle seine Rolle in der Gemeinschaft erweitern, indem er bei Aktivitäten der staatlichen und freiwilligen örtlichen Organisationen mitwirkt und sich an Initiativen beteiligt, die mit der Verbrechensverhütung und der Betreuung und Unterstützung von Opfern befaßt sind.[181] Das stellte sich allerdings als nicht ganz einfach dar. Im Falle der interinstitutionellen Kooperation innerhalb der Gesellschaft erschöpfte sich der Enthusiasmus des Bewährungsdienstes oft in einer Rhetorik der Schlagworte, die eher symbolisch-ideologischen Wert hatte und wenig konstruktive Beiträge zutage förderte.[182] Ein Beispiel: Bei der Entwicklung von Opferhilfeprogrammen kam den Bewährungshelfern eine Schlüsselrolle zu. Trotzdem nahm der Bewährungsdienst als Institution gegenüber diesem Engagement eine ambivalente Haltung ein. Zwar wurde die moralische Rechtfertigung solcher Opferhilfe nicht angezweifelt. Bedenken richteten sich aber gegen ihre theoretische und praktische Natur. Erstere resultierten aus einem potentiellen Rollenkonflikt, der durch die gleichzeitige Wahrung der Interessen der Straffälligen und Vertretung der Opfer entstand. Letztere ergaben sich aus Schwierigkeiten im Zusammenspiel der Aktivitäten mit der gesetzlichen Aufsichtspflicht. Dies alles ließ sich nicht nur mit gutem Willen bewältigen.

Mit der Abkehr von der Resozialisierungsideologie als vermeintlich weder zu rechtfertigendes noch erreichbares Ziel, ging der Verlust des Vertrauens in die eigene Praxis einher.[183] Deshalb bemühte sich der probation service verstärkt um Neuorientierung. Zumindest suchte er ein neues Etikett mit dem seine Arbeitspraxis für sich und die Außenwelt zufriedenstellend belegt werden konnte. Statt Resozialisierung oder „Besserung" des Rechtsbrechers erstrebte der Bewährungsdienst nun – scheinbar weniger ehrgeizig – „Schadensbegrenzung".[184] Die demoralisierenden Einflüsse der Gefängnisse und die durch die Inhaftierung vertiefte Kriminalisierung von Straffälligen sollten durch Alternativen zur kustodialen Strafe vermieden werden. Ferner

---

[181] Home Office, Probation Service in England and Wales: Statement of National Objectives and Priorities, 1984, S. 5
[182] Blagg/Pearson/Sampson/Smith/Stubbs, Inter-agency Co-ordination; Rhetoric and Reality, 1988, S. 204 (216); Rumgay, Talking Tough: Empty Threats in Probation Practice, 1989, S. 177 (180)
[183] Rumgay, Talking Tough: Empty Threats in Probation Practice, 1989, S. 177 (180)
[184] Raynor, Evaluating Probation: a Moving Target, 1997, S. 19 (21)

– so hoffte man – könnte der durch die übereifrige Intervention der Bewährungshelfer ange-
richtete Schaden vermieden werden, indem Straftäter ab sofort von solchen unerwünschten
Erweiterungen der Sozialkontrolle geschützt werden.[185] Die Essenz dieser Bemühungen
drückte sich in Schlüsselbegriffen wie *targetting* (Herausfilterung der richtigen Zielgruppe für
die jeweiligen Sanktionen) und *gatekeeping* (Beachtung der Schwellen zur Haftstrafe bzw. zur
Bewährungsanordnung) aus. Auf der einen Seite wurde beabsichtigt, nicht unnötig viele Bewährungsanordnungen zu verhängen, auf der anderen Seite galt es, Gefängnisstrafen zu vermeiden. Die probation order sollte nur anstelle einer Gefängnisstrafe verhängt werden und
nicht, um Menschen zu ändern.[186]

d)   Überprüfung früherer Ergebnisse

Heute ist man der Auffassung, daß mehrere Faktoren zum Niedergang des Resozialisierungsideals geführt haben.[187] Eine entscheidende Rolle spielten die oben bereits angesprochenen Publikationen,[188] in denen sich die Autoren mit der Literatur zur Behandlung von Straffälligen
auseinandersetzten.[189] Dabei hatte die untersuchte Literatur stets solche Studien zum Gegenstand, in denen die Autoren sich bemüht hatten, Behandlungsansätze mit durchgehend positiver Wirkung auf Rückfallraten zu finden.[190]

Die hierauf basierenden Analysen wurden später mit dem Argument kritisiert, die angewandten Kriterien zur Beurteilung der Effektivität verschiedener Interventionsstrategien seien zu
starr und inflexibel gewesen. Es habe an einer differenzierten Bewertung gefehlt, wie bei-

---

[185] Rumgay, Talking Tough: Empty Threats in Probation Practice, 1989, S. 177 (180)
[186] Rumgay, Talking Tough: Empty Threats in Probation Practice, 1989, S. 177 (180)
[187] Cullen/Gendreau, The Effectiveness of Correctional Rehabilitation: Reconsidering the „Nothing Works" Debate, 1989, S. 23 (24 ff.); Mair, What Works – Nothing or Everything? Measuring the Effectiveness of Sentences, 1991, S. 3 ff.
[188] Siehe unter 1. Teil A I 6. Der Niedergang der Resozialisierungsideologie
[189] Cullen/Gendreau, The Effectiveness of Correctional Rehabilitation: Reconsidering the „Nothing Works" Debate, 1989, S. 23. (25, 26)
[190] McIvor, Evaluative Research in Probation: Progress and Prospects, 1997, S. 1 (2); vgl. Martinson, What
works? Questions and Answers about Prison Reform, 1974, S. 22 (48 ff.); Lipton/Martinson/Wilks, The Effectiveness of Correctional Treatment, 1975, S. 25 ff.

46

spielsweise der Erörterung unterschiedlicher Behandlungsansätze für verschiedene Rechtsbrecher.[191] Diese Details seien jedoch durch die damalige generelle Verzweiflung über die Ergebnisse unbeachtet geblieben, und die simplifizierende und in ihrem Ausmaß ungerechtfertigte Schlußfolgerung, daß „nichts funktioniert", habe weitgehenden Rückhalt gefunden.

Obwohl es eine Binsenweisheit zu sein scheint, daß verschiedene Menschen auf verschiedene Behandlungsansätze unterschiedlich reagieren, hat es lange gebraucht, bis sich die Erkenntnis durchsetzte, daß „strukturierte Lösungsansätze, die spezielle Probleme und Verhaltensweisen ansprechen, konstruktive Veränderungen bewirken können".[192] Dies ließ manche Autoren vermuten, der „pönologische Pessimismus" habe sich weniger wegen der Stärke der intellektuellen Argumente durchgesetzt, sondern aufgrund des damals herrschenden sozialen und politischen Klimas, das auf die Botschaft ansprach.[193]

Indes blieb es lange feste Überzeugung vieler Akademiker und Praktiker, daß rehabilitative Bemühungen in den meisten Fällen keine Wirkung zeigen. Erst gegen Anfang der 90er wurden Literaturrückschauen veröffentlicht, die positivere Aussichten – wenn auch zurückhaltender Art – hinsichtlich der Effektivität verschiedener Interventionsmethoden boten.[194] Das Konzept der Resozialisierung von Straftätern erreichte dennoch nicht seinen vorigen Stellenwert. Kriminalpolitisch behielt die Reduzierung der Gefängnispopulation allererste Priorität. Zum Hauptstrafzumessungskriterium wurde in den 90er Jahren – wie bereits oben erläutert[195] – die „Verhältnismäßigkeit der Strafe", wobei die Schwere der Schuld den Ausschlag geben soll (*punishment proportionate to the seriousness of the offence*). Diese Richtung wurde auch

---

[191] Palmer, Martinson Revisited, 1975, S. 133 (137 ff.); Home Office/Folkard/Smith/Smith, IMPACT: Intensive Matched Probation and After-Care Treatment, Vol. II: The Results of the Experiment, 1976, S. 2 ff.

[192] Reid/Hanrahan, The Effectiveness of Social Work: Recent Evidence, 1981, S. 1 (17)

[193] Allen, The Decline of the Rehabilitative Ideal: Penal Policy and Social Purpose, 1981, S. 10; Cullen/Gendreau, The Effectiveness of Correctional Rehabilitation: Reconsidering the „Nothing Works" Debate, 1989, S. 23 (26)

[194] Gendreau/Ross, Revivification of Rehabilitation: Evidence from the 1980's, 1987, S. 349 ff.; McIvor, Sanctions for Serious or Persistent Offenders: A Review of the Literature, 1990; schon viel früher allerdings: Gendreau/Ross, Effective Correctional Treatment: Bibliotherapy for Cynics, 1979, S. 463 ff.

[195] Siehe oben unter 1. Teil B. IV. Criminal Justice Act 1991

in den White Papers und Green Papers Ende der 80er Jahre von der Regierung propagiert[196] und schließlich im Criminal Justice Act 1991 gesetzlich verankert.

4. Criminal Justice Act 1991

Der Criminal Justice Act 1991 senkte die Altersgrenze für Bewährungsanordnungen von 17 Jahre auf 16 Jahre. Ferner wurden sämtliche Auflagen, die der probation order angefügt werden können, durch schedule 1 des Criminal Justice Act 1991 ersetzt.[197] Es entstand damit ein erweitertes Repertoire an Auflagen. Er sah nun beispielsweise die Verpflichtung zur Behandlung wegen Alkoholabhängigkeit oder den Besuch eines Drogentherapiezentrums vor.

Wichtiger ist jedoch, daß der Criminal Justice Act 1991 eine Änderung der Rechtsnatur der probation order vornimmt. Vor Inkrafttreten dieses Gesetzes bedeutete die Anordnung der Bewährung die Aussetzung der Verhängung einer Strafe (nicht nur einer Freiheitsstrafe, sondern jeglicher Strafe) unter der Voraussetzung, daß keine neue Straftat begangen wurde und der Proband die Auflagen der Bewährungsaufsicht anerkannte. Nun stellt die Anordnung gemäß section 8(1) des Criminal Justice Act 1991[198] eine eigenständige Strafsanktion dar. Diese Akzentverschiebung erweitert das Aufgabenfeld des Bewährungsdienstes. Ihm wurde die Aufgabe übertragen, die Probanden mit ihren Delikten und deren Auswirkungen zu konfrontieren, statt vor allem – wie früher – bei der Rekonstruktion ihrer sozialen Umwelt, ihrer Ich-stärkung und der Förderung ihrer Eigenverantwortung mitzuwirken. Vor diesem Hintergrund und angesichts der immer noch ansteigenden Gefängnisrate tendiert die Bewährungshilfe heutzutage weniger dazu, ein Arbeitsfeld der Sozialarbeit zu sein; sie ist vor allem Vollzugshilfe der Justiz, deren Werte- und Normensystem sie erzwingt.[199] Dementsprechend wurden

---

[196] Home Office, Green Paper „Punishment, Custody and the Community" 1988, para. 3.34, S. 15; Home Office, White Paper „Crime Justice and Protecting the Public" 1990, para. 1.6, S. 2; Home Office, Green Paper „Supervision and Punishment in the Community" 1990, para. 2.4, S. 4

[197] Schedule 1, Criminal Justice Act 1991 wurde als schedule 1A des Powers of Criminal Courts Act 1973 eingefügt

[198] Dieser ändert section 2(1), Powers of Criminal Courts Act 1973

[199] Waite, Die Bewährungshilfe in England und Wales und Gruppenarbeit mit inhaftierten Sexualdelinquenten, 1995, S. 228 (228)

die Vorschriften des Criminal Justice Act 1991 im Bewährungsdienst auch nicht besonders positiv aufgenommen. Bisher waren die beiden Elemente der Fürsorge und der Kontrolle stets Teil der Arbeit des Bewährungsdienstes gewesen und hatten oft für Spannungen gesorgt. Doch nun wird die Betonung auf Kontrolle gelegt. Das führt dazu, daß viele Bewährungshelfer in England und Wales ständig mit immer größer werdenden Zielkonflikten und Rollenunsicherheiten umgehen müssen.

5. Crime Sentences Act 1997

Ein Element der Bewährungsanordnung blieb auch nach Erlaß des Criminal Justice Act 1991 die Einwilligung des Angeklagten zur Verhängung der probation order. Diesem Erfordernis lagen die feierlichen Gelöbnisse, die *recognizances* zugrunde. Der Umstand, daß eine Aussetzung der Verurteilung unter Anordnung der Bewährungsaufsicht von der ausdrücklich erklärten Bereitschaft des Rechtsbrechers zur Mitarbeit an seiner Resozialisierung abhing, legte die Entscheidung über das Fälligwerden einer Strafe in seine eigene Hand. Das Gericht konnte die Bewährungsaufsicht nicht ohne die Zustimmung des Angeklagten anordnen.[200] Das Einwilligungserfordernis wurde durch den Criminal Justice Act 1991 nicht angetastet, obwohl es sich bei der Bewährungsanordnung seither um eine Strafsanktion handelt. Mit Erlaß des Crime Sentences Act 1997 wurde jedoch hieraus die Konsequenz gezogen und das Einwilligungserfordernis abgeschafft.[201]

6. National Standards for the Supervision of Offenders in the Community

1992 wurden die National Standards for the Supervision of Offenders in the Community eingeführt. Ende der 80er Jahre hatte eine Studie der University of Birmingham die fehlende Uniformität bei der Durchführung der community service order offengelegt. Daraufhin wur-

---

[200] Home Office, Green Paper „Strengthening Punishment in the Community", 1995, para. 4.19, S. 16
[201] Section 38(2)(a) Crime Sentences Act

den 1989 die National Standards for Community Service Orders geschaffen.[202] Dem folgten 1992 die National Standards for the Supervision of Offenders in the Community, die 1995 eine Neuauflage erfuhren.

Bei den National Standards handelt es sich um ein Regelwerk, das Richtlinien für die Praxis des Bewährungsdienstes und anderer sozialer Einrichtungen in England und Wales aufstellt. Es dient der Vereinheitlichung der Vollzugspraxis und enthält unter anderem Rahmenbestimmungen und Vorschriften für den Vollzug der probation order, der *supervision order*,[203] der community service order und der combination order sowie für die Anfertigung der pre-sentence reports. Es wird verlangt, daß sich die adressierten Institutionen an die Vorschriften der Richtlinien halten oder – falls dies aus irgendeinem Grunde nicht möglich ist – die Richter auf eventuelle Mißstände aufmerksam machen.[204] Inspektoren des *HM Inspectorate of Probation*[205] überprüfen die Einhaltung der Standards.

---

[202] Ausführlicher dazu unter 1. Teil, C, II, 3. Die Einführung der National Standards for Community Service Orders 1989
[203] Aufsichtsanordnung; dazu weiter unten unter F. Die Supervision Order
[204] Home Office, National Standards for the Supervision of Offenders in the Community, 1995, introd., S. 1
[205] Aufsichtsbehörde, die für die ordnungsgemäße Durchführung der Bewährung zuständig ist.

Tabelle 8 Übersicht über Gesetzgebungsakte oder Maßnahmen mit Relevanz für die probation order; Inhalt/Bedeutung.

Jahr	Gesetzgebungsakte/Maßnahmen	Inhalt/Bedeutung
1861	Consolidation Acts 1861	Ausdehnung der Anwendung von "*recognizances*" anstelle von Haftstrafen im Bereich der mittelschweren Kriminalität
1879	Summary Jurisdiction Act 1879	Ermächtigung der magistrates' courts, das Verfahren bezüglich geringfügiger Delikte einzustellen oder den Angeklagten unter der Bedingung künftigen Wohlverhaltens freizulassen ("*release on probation of good conduct*")
1887	First Offenders Act 1887	Bedingte Freilassung für Ersttäter
1907	Probation of Offenders Act 1907	Einführung der probation; gesetzliche Verankerung des probation service
1914	Criminal Justice Administration Act 1914	Neufassung der Bestimmungen über zusätzliche Bedingungen (Auflagen) der probation order
1925	Criminal Justice Act 1925	Organisatorische Neustrukturierung des Bewährungssystems
1948	Criminal Justice Act 1948	Neuregelung der Organisation und Verwaltung des Bewährungsdienstes
1972	Criminal Justice Act 1972	Einführung des probation day centre ("Bewährungszentrum", Zusatz zur probation order)
1973	Powers of Criminal Courts Act 1973	Zusammenfassung der Zuständigkeiten, die den Strafgerichten durch die Criminal Justice Acts von 1948, 1967 und 1972 wurden
1982	Criminal Justice Act 1982	Verfestigung der Auflage der probation day centres
1991	Criminal Justice Act 1991	Umwandlung der probation in eine eigenständige Sanktion, Eingliederung bei den community sentences
1992	National Standards for the Supervision of Offenders in the Community 1992	Richtlinien des Innenministeriums für die Durchführung der probation order (u.a.)
1995	National Standards for the Supervision of Offenders in the Community 1995	Neuauflage der Richtlinien des Innenministeriums für die Durchführung der probation order (u.a.)
1997	Crime Sentences Act 1997	Abschaffung des Einwilligungserfordernisses bei der probation order

51

IV. Der Probation Service heute

Mit ca. 7.500 Bewährungshelfern und einem umfangreichen Aufgabenkreis der Bewährungshilfe besitzt England und Wales vermutlich das größte Bewährungssystem Europas. Im folgenden sollen die institutionelle Eingliederung des probation service sowie sein Aufgabenfeld
erörtert werden.

1. Institutionelle Eingliederung des Probation Service

Der probation service ist in England und Wales administrativ dem Home Office, also dem Innenministerium zugeordnet.[206] Dieses ist befugt, Vorschriften zur Regelung der Einrichtung
sowie der Rechte und Pflichten der Bewährungshilfe- und Nachbetreuungsvereinigungen zu
erlassen. (Eine Bewährungshilfe- und Nachbetreuungsaufsichtbehörde überprüft in seinem
Namen die verschiedenen Bezirke.) Die Bewährungshelfer sind jedoch nicht Angestellte der
Zentralregierung. Vielmehr werden sie von den – zur Zeit 55[207] – *probation committees* (Be-
währungshilfevereinigungen oder -behörden) beschäftigt, die für die jeweiligen Bewährungsbezirke zuständig sind.[208] Ihre Mitglieder sind hauptsächlich Richter der Amtsgerichte in der
jeweiligen Region.[209] Die einzelnen probation committees verfügen über ein beachtliches Maß
an Autonomie hinsichtlich der Art und Weise, wie sie ihre Mittel gebrauchen und Angelegenheiten regeln.[210] In der Regel fällt der Bezirk einer Bewährungshilfevereinigung mit dem eines
Land- oder Stadtkreises zusammen. Diese Verbindung auf Bezirksebene ist hauptsächlich fi-

---

[206] Dünkel, Strafaussetzung zur Bewährung und Bewährungshilfe im internationalen Vergleich, 1983, S. 399
(437)
[207] Hutchings, Soziale Dienste im Justizsystem von England und Wales, 1996, S. 275 (276)
[208] King, Unterschiedliche Formen der Strafaussetzung zur Bewährung und Bewährungshilfe in England und
Wales, 1983, S. 196 (204)
[209] Hutchings, Soziale Dienste im Justizsystem von England und Wales, 1996, S. 275 (276)
[210] Dünkel, Strafaussetzung zur Bewährung und Bewährungshilfe im internationalen Vergleich, 1983, S. 399
(437); King, Unterschiedliche Formen der Strafaussetzung zur Bewährung und Bewährungshilfe in England
und Wales, 1983, S. 196 (205)

nanzieller Natur. Die Kreise stellen die notwendigen Geldmittel für die Vereinigungen zur Verfügung, wobei 80 Prozent vom Innenministerium zurückerstattet werden.[211]

Bewährungshelfer arbeiten in Gruppen von etwa sechs oder sieben *probation officers*. Diese Gruppen sind stark hierarchisch gegliedert.[212] Der leitende *senior probation officer* ist verantwortlich für die Arbeit des Teams. Die ehrenamtliche Bewährungshilfe spielt eine gewisse, wenngleich nicht dominierende Rolle.[213]

2. Der weitere Aufgabenbereich der Bewährungshilfe

Wie bereits angedeutet, ist die Bewährungshilfe in England und Wales umfassend im Sinne eines einheitlichen Sozialdienstes organisiert. Ihr obliegen nicht nur die herkömmlichen Funktionen der Bewährungsaufsicht im Rahmen der Bewährungsstrafe, insbesondere der probation, sondern darüber hinaus verschiedene Formen der Führungsaufsicht (zum Beispiel bei entlassenen Klienten von psychiatrischen Krankenhäusern), die Sozialarbeit im Gefängnis, die Haftentlassenenbetreuung und zahlreiche Formen der Berichterstattung, die weit über den Aufgabenbereich der Gerichtshilfe in Deutschland hinausreichen.[214] Hinzu kommt die Organisation der community service order. Die Tätigkeit der Bewährungshilfe beschränkt sich zudem auch nicht auf den strafrechtlichen Bereich. In Familienrechtsangelegenheiten kommt die Betreuung von Kindern und Jugendlichen gehören dazu. Es steht dem Bewährungshelfer daher eine große Bandbreite von Spezialisierungsoptionen zur Auswahl. Was die Tätigkeit in den Haftanstalten angeht, kann sich die Lage jedoch im Laufe der nächsten Jahre ändern. Im Zuge der Privatisierung der Gefängnisse in England und Wales übernehmen die Gefängnisdirektoren die Verantwortung für das Budget ihrer eigenen Gefängnisse. Da es billiger ist, das Vollzugspersonal auf dem Gebiet der Sozialfürsorge auszubilden, als Bewährungshelfer ein-

---

[211] King, Unterschiedliche Formen der Strafaussetzung zur Bewährung und Bewährungshilfe in England und Wales, 1983, S. 196 (205)

[212] Dünkel, Möglichkeiten der Fortbildung der Sozialen Dienste in der Justiz, 1986, S. 129 (134)

[213] Dünkel, Strafaussetzung zur Bewährung und Bewährungshilfe im internationalen Vergleich, 1983, S. 399 (438)

[214] Dünkel, Möglichkeiten der Fortbildung der Sozialen Dienste in der Justiz, 1986, S. 129 (133)

zustellen (sie stehen dem System auch viel kritischer gegenüber als das Personal in den Haftanstalten), steht es nicht fest, daß Bewährungshelfer weiterhin in Gefängnissen beschäftigt werden.[215] Im folgenden sollen die Verfassung der Gutachten über Straffällige und die Entlassenenfürsorge ergänzend behandelt werden.

a) Der Pre-Sentence Report

Die Entwicklung der Kriminalpolitik, die zur Entstehung des Bewährungssystems führte, wurde begleitet durch die wachsende Erkenntnis, daß die Tatumstände nicht nur eine Rolle für die Schuld des Täters spielen sondern auch für die Angemessenheit der durch das Gericht zu erhebenden Strafsanktionen bzw. deren Wirkungsfähigkeit. Dem wurde durch die Gesetzgebung Rechnung getragen, indem umfassende Gutachten – sogenannte *social inquiry reports* – über Straftäter unter 17 Jahren erstellt und die Umstände der Tat, der Charakter des Straftäters, seine physische und psychische Verfassung in Betracht gezogen werden mußten, wenn eine Gefängnisstrafe für einen unter 21jährigen Täter verhängt werden sollte.[216]

Der Criminal Justice Act 1991 nimmt eine Umbenennung des *social inquiry report* in *presentence report* vor. Das Gesetz bestimmt ferner in section 3(1), daß das Gericht einen presentence report in der Regel anfordern soll, wenn es beabsichtigt, eine Gefängnisstrafe zu verhängen. Das gleiche gilt für die Verurteilung zu eine Bewährungsstrafe oder supervision order mit zusätzlichen Auflagen, einer community service order oder einer combination order, section 7(3) Criminal Justice Act 1991. In allen Fällen kann das Gericht jedoch von der Anforderung eines solchen Persönlichkeitsgutachtens absehen, wenn es dieses nicht für notwendig hält. Ein Urteil wird nicht dadurch ungültig, daß das Gericht einen solchen Bericht nicht angefordert hat.[217]

---

[215] Waite, Die Bewährungshilfe in England und Wales und Gruppenarbeit mit inhaftierten Sexualdelinquenten, 1995, S. 228 (229)

[216] Home Office, The Probation Service in England and Wales, 1964, S. 4

[217] Auch in der Berufungsverhandlung ist die Erstellung des pre-sentence reports nicht obligatorisch, sie wird aber häufig nachgeholt. Vgl. Hungerford-Welch, Criminal Litigation and Sentencing, para. 12.4.1, S. 291

Richtlinien für die Erstellung des pre-sentence reports sind heute in den National Standards for the Supervision of Offenders in the Community von 1995 enthalten. Diese bezeichnen den pre-sentence report als geschriebenen Bericht, der die Einschätzung des probation officers über die Person des Delinquenten und die Natur der begangenen Straftat äußert. Der Bericht soll dem Gericht als Entscheidungshilfe dienen, eine geeignete, freiheitsbeschränkende Sanktion für den Delinquenten auszuwählen, die in ausgewogenem Verhältnis zur Schwere der Tat steht.[218]

Der pre-sentence report beginnt mit allgemeinen Informationen über den Straftäter, die Straftat und die gerichtliche Anhörung. Sodann folgen eine Einleitung, eine Analyse des Delikts mit Akzentsetzung auf der Schwere der Tat, weitere Informationen über den Täter, eine Analyse der bestehenden Wiederholungsgefahr und eine Schlußfolgerung. Der Bericht des Bewährungshelfer informiert das Gericht über den Straftäter als Individuum. Er klärt auf über dessen Familienverhältnisse und familiären Hintergrund, Arbeit/Beruf und Fähigkeiten, seine Interessen und Freunde, seinen Charakter sowie seine physische und psychische Verfassung. Bei der Erstellung des Gutachtens hat der Bewährungshelfer auf seine berufliche Erfahrung zurückzugreifen, um das Verhalten des Delinquenten, dessen Einstellung zur Straftat und Motivation zu analysieren. Falls möglich und sinnvoll, sollte er auch die Sanktionen beschreiben, die für diesen Täter geeignet erscheinen.[219]

Die Untersuchung nimmt einige Zeit in Anspruch und erfolgt entweder während der Untersuchungshaft oder vor dem Prozeß, sofern der Angeklagte zustimmt. Heute wird der Wert umfassender Information über den Straftäter von den Gerichten nicht nur in den gesetzlich vorgeschriebenen Fällen anerkannt. Häufig wird auch davon unabhängig auf einen Bericht des Bewährungsdienstes zurückgegriffen.[220]

---

[218] Home Office, National Standards for the Supervision of Offenders in the Community, 1995, chapter 2, introd., S. 7
[219] Ashworth, Criminal Litigation and Sentencing, 1996/97, para. 17.1.1, S. 260
[220] Ashworth, Criminal Litigation and Sentencing, 1996/97, para. 17.1., S. 259 f.

b)　Der After-Care Service

Ein weiteres Aufgabengebiet des Bewährungsdienstes ist die Entlassenenfürsorge, der sogenannte *after-care service*. Den ehemaligen Gefangenen soll der Bewährungsbeamte in erster Linie Freundschaft, Führung und moralische Unterstützung bieten, um die persönlichen und häuslichen Schwierigkeiten der Wiedereingliederung zu mindern, so zum Beispiel bei denjenigen, die aus lebenslanger Haft oder ausgedehnter Gefängnisstrafe entlassen werden sowie bei bestimmten Gruppen von Jugendlichen. Außer der obligatorischen Führungsaufsicht im Rahmen der parole, übernimmt der Bewährungsdienst auch die Betreuung von solchen Entlassenen, die den Dienst des Bewährungshelfers freiwillig in Anspruch nehmen.[221] Diese haben einen Anspruch auf Hilfe durch den Bewährungsdienst, doch ergeben sich für sie keinerlei Verpflichtungen aus dieser Beziehung. Die „Nachsorge" ist eine Art Sozialarbeit, die nicht minder mühevoll oder anspruchsvoll ist als die Beaufsichtigung während der Bewährungsstrafe. Oft handelt es sich hier sogar um einen besonders kritischen Zeitpunkt. So hat der Bewährungshelfer dafür Sorge zu tragen, daß die schwierige Anfangsphase überwunden wird. Er wird gewöhnlich vor der tatsächlichen Entlassung des Häftlings mit der Fürsorge betraut.[222] Wichtig ist vor allem, daß der Entlassene einen Wohnort und eine geeignete Arbeitsstelle vorfindet, damit er nicht sofort nach der Freilassung mit Belastungen konfrontiert wird, die ihn bei seiner Rückkehr in die Gesellschaft entmutigen könnten. Damit werden nicht nur die Interessen des Entlassenen, sondern – aus Gründen der Rückfallgefahr – auch die Interessen der Gesellschaft gewahrt.

---

[221] Home Office, The Probation Service in England and Wales, 1964, S. 13
[222] Home Office, The Probation Service in England and Wales, 1964, S. 13

V.   Die Stellung der Bewährungsstrafe im Sanktionensystem

1.   Statistik

Am häufigsten wurde die probation order in den 30er Jahren angewandt.[223] Seit der Einführung durch den Probation of Offenders Act 1907 hatte sich ein beachtlicher offizieller Enthusiasmus hinsichtlich ihrer Erfolge entwickelt. 1936 stellte das Home Office fest: „Nach fast dreißig Jahren ist der Wert des Bewährungssystems voll anerkannt. Der beste Beweis für diese Feststellung ist der häufige Gebrauch der Bewährungsaufsicht. Wenn diese Maßnahme nicht zur Verfügung stünde, hätte eine Großzahl von Straftätern mit Sicherheit eine Gefängnisstrafe erhalten."[224] Auch in der Literatur wird die stabile Gefängnispopulation zwischen den beiden Weltkriegen von nie mehr als 13.000 Insassen (siehe Tabelle 9) nicht zuletzt auf die Verhängung der probation order an Stelle von kustodialen Strafen zurückgeführt.[225]

Tabelle 9   Gefängnispopulation und polizeilich registrierte Straftaten (indictable offences).[226]

Jahr	Gefängnispopulation in England und Wales (Jahresdurchschnitt/Prison Service Establishments)[227]	polizeilich registrierte Straftaten (indictable offences)[228]
1908	22.029	105.279
1918	9.196	87.762
1928	11.109	130.469
1938	11.086	283.220
1948	19.765	522.684
1958	25.379	668.834
1968	32.461	1.407.774
1978	41.796	2.395.757
1985	46.233	3.426.433

---

[223] Brownlee/Joanes, Intensive Probation for Young Adult Offenders, 1993, 216 (218); Bottoms, Limiting Prison Use: Experience in England and Wales, 177 (181)

[224] Home Office, Report of the Departmental Committee on the Social Services in Courts of Summary Jurisdiction, 1936, para. 55, S. 40

[225] Bottoms, Limiting Prison Use: Experience in England and Wales, 1987, S. 177 (179)

[226] Quelle: Home Office, Prison Statistics England and Wales

[227] Quelle: Home Office, Prison Statistics England and Wales

[228] Quelle: Home Office, Criminal Statistics England and Wales

Kurz vor dem zweiten Weltkrieg erreichte die probation order im Vergleich zu allen anderen Sanktionen oder Maßnahmen wegen indictable offences einen Prozentsatz von 22 Prozent in den magistrates' courts und 19 Prozent in den höheren Gerichten (vgl. Tabelle 10).

Zwischen 1940 und 1965 gestaltete sich die Situation dann etwas anders. In dieser Zeit erlangte die Geldstrafe große Bedeutung. Die Zahl registrierter Straftaten war stark angestiegen, und zwar von ca. 283.000 im Jahre 1938 auf 1.334.000 im Jahre 1965 (vgl. Tabelle 9). Gleichzeitig fiel der proportionale Gebrauch der Haftstrafe. Doch der Ersatz für die Gefängnisstrafe war nicht mehr probation – die im Vergleich zu anderen Sanktionen ebenfalls leicht rückgängig war – sondern die Geldstrafe (siehe Tabelle 10).

Tabelle 10 Strafzumessung in England und Wales für Straftäter über 17 Jahren (prozentualer Anteil).[229]

	kustodiale Strafe	Probation	Geldstrafe	Discharge	Andere	Total
Higher Courts						
1910	84	5	1	10	-	100
1920	77	8	1	13	1	100
1930	71	11	2	15	1	100
1938	63	19	1	16	1	100
1950	63	17	7	13	-	100
1960	54	23	14	9	-	100
Magistrates' courts[230]						
1910	48	11	22	18	1	100
1920	32	11	39	17	1	100
1930	26	21	28	23	2	100
1938	22	22	29	25	2	100
1950	18	12	49	17	4	100
1960	13	13	56	14	4	100

---

[229] Quelle: Home Office, Criminal Statistics England and Wales
[230] Verurteilungen nur wegen indictable offences

Mitte der 60er Jahre ergab sich schließlich die Situation, daß die Gerichte zwar weniger Gebrauch von der Gefängnisstrafe als je zuvor machten, die Gefängnispopulation sich jedoch seit der Vorkriegszeit aufgrund enormer Verurteilungsziffern (die mit der wachsenden Zahl polizeilich registrierter Straftaten korrespondierten) verdreifacht hatte. Die Richter hatten sich aber im Grunde immer noch zwischen denselben Strafen und Maßnahmen zu entscheiden, die seit Einführung der probation 1907 zur Verfügung standen.[231]

Tabelle 11 Verurteilungen zu probation order wegen indictable offences; Anzahl ergangener Anordnungen und Anteil der Anordnungen im Vergleich zu allen übrigen Strafsanktionen.[232]

Jahr	Verurteilung zu probation order wegen indictable offences	Verurteilungen zu probation order (%)	Jahr	Verurteilung zu probation order wegen indictable offences	Verurteilungen zu probation order (%)
1971	26.700	8	1984	35.900	8
1972	26.500	8	1985	37.200	8
1973	23.800	7	1986	34.800	9
1974	25.100	7	1987	35.900	9
1975	25.200	6	1988	36.400	9
1976	23.800	6	1989	32.300	10
1977[(1)]	23.000	5	1990	34.500	10
1978	21.700	5	1991	34.300	10
1979	23.600	6	1992	32.200	10
1980	28.800	6	1993	30.700	10
1981	31.400	7	1994	34.800	11
1982	32.700	7	1995	32.900	11
1983	34.000	7	1996	33.100	11

(1) Ab 1977 können die Einführung einer neuen Berechnungspraxis und die Neudefinierung des Begriffs der »indictable offences« durch den Criminal Justice Act 1977 zu leichten Schwankungen führen.

Da angenommen wurde, daß die Verbrechensrate, bzw. die Quote registrierter Straftaten weiter ansteigen würde, und es deshalb zu höheren Verurteilungsziffern kommen würde, stieg der kriminalpolitische Handlungsbedarf, die Bandbreite der kriminalrechtlichen Sanktionen zu erweitern. Für die Bewährungsanordnung bedeutete dies, daß sie auf dem Gebiet der ambulanten Sanktionen Konkurrenz bekam. Zwar wurde die probation während der Hochphase der

---

[231] Mit der Ausnahme, daß die Ermächtigung zur Verhängung einer Geldstrafe 1948 erheblich erweitert wurde.
[232] Quelle: Home Office, Criminal Statistics England and Wales

Resozialisierungsphilosophie von der Richterschaft geschätzt und vielfach angewandt, es wird aber angenommen, daß die rückläufigen Bewährungszahlen in den 70er Jahren auf die Einführung der community service order im Jahre 1972 zurückzuführen ist (vgl. Tabelle 11).[233]

Mit dem Niedergang des Resozialisierungsideals und der Diskreditierung der Behandlungsmethode des probation service konnte die probation order ihre Popularität in den 80er Jahren nicht zurückgewinnen.[234] Lediglich ein leichter Anstieg seit dem Tiefpunkt 1977/78 ist zu verzeichnen.

2. Anwendungsbereich

Wie bereits oben angedeutet, läßt sich der Anwendungsbereich der probation order nur schwer konkretisieren.[235] Weder eine bestimmte Tätergruppe noch ein bestimmtes Delikt lassen sich mit Blick auf die Verurteilungsstatistik klar herausfiltern. Lediglich Tendenzen können festgestellt werden.

Zum einen entsprach es stets der Tradition der Rechtsprechung, die Bewährungsanordnung als Chance für solche Straftäter anzusehen, die eine lange kriminelle Vorgeschichte aufzuweisen hatten.[236] Solchen Tätern sollte die letzte Gelegenheit gegeben werden, aus diesem Schema auszubrechen. Diese Einstellung wurde 1983 vom Court of Appeal im Berufungsverfahren *R v Bradley* bestätigt.[237] Hier ging es um ein Verfahren wegen Einbruchsdiebstahls gegen einen Angeklagten mit einem langen Vorstrafenregister aufgrund diverser Diebstähle und Einbrüche. Das Berufungsgericht erklärte, daß das Urteil des erstinstanzlichen Gerichts von vier Jahren Freiheitsstrafe grundsätzlich nicht zu bemängeln sei. Es sei aber nach der Lektüre des Gutachtens des Bewährungsdienstes der Ansicht, daß ein letzter Versuch zur Durchbrechung des kriminellen Verhaltensmusters des Angeklagten sinnvoll sei. Das Risiko einer erneuten

---

[233] Vgl. Association of Probation Officers, Times vom 11.10.1976, S. 4
[234] Brownlee/Joanes, Intensive Probation for Young Adult Offenders, 216 (218)
[235] Siehe unter 1. Teil C. I. Inhalt, Vorschriften und Aufgaben der Probation Order
[236] Ashworth, Criminal Litigation and Sentencing, 1996/97, para. 19.5.3.3, S. 276
[237] R v Bradley (1983) 5 Cr App R (S) 363

Straffälligkeit müsse daher in Kauf genommen. Am Ende ersetzte das Gericht das Urteil des Ausgangsgerichts mit einer Bewährungsanordnung. Zum anderen zeichnen sich seit der Abkehr vom Behandlungsmodell Bestrebungen ab, die Bewährungsstrafe auf der Strafenskala aufzuwerten und sie für schwerere Straftäter zugänglich zu machen.

Tabelle 12 Prozentsatz der Verurteilungen zu probation order bei verschiedenen Deliktsgruppen (im Verhältnis zur Verhängung anderer Strafsanktionen).[238]

Jahr	Verurteilungen zu probation order im Verhältnis zur Verhängung anderer Straftaten wegen der genannten Delikte (%)									
	Gewalt gegen Personen	Sexual- delikte	Ein- bruch- dieb- stahl	Raub	Dieb- stahl/ Heh- lerei	Betrug und Fäl- schung	Sach- beschä- digung	Dro- gen- straf- taten	Ver- kehrs- straf- taten	andere
1975	4	13	7	3	6	10	4	(2)	(2)	6
1976	3	11	6	2	6	9	3	(2)	(2)	6
1977[(1)]	4	11	6	3	6	9	6	(2)	(3)	3
1978	3	10	6	3	6	8	6	(2)	(3)	3
1979	4	12	6	2	6	9	7	(2)	1	3
1980	4	11	7	3	7	10	7	(2)	2	2
1981	4	13	7	3	8	10	8	3	2	3
1982	4	12	7	2	8	10	8	4	2	3
1983	4	13	8	2	9	11	8	4	3	3
1984	5	15	9	3	9	11	9	5	3	3
1985	5	15	10	2	10	12	9	6	4	3
1986	5	14	11	3	10	13	10	6	5	3
1987	5	13	12	3	11	12	12	6	5	3
1988	6	13	13	2	11	12	13	5	6	3
1989	6	12	15	4	11	12	14	5	3	3
1990	7	14	16	5	12	12	14	5	3	3
1991	7	15	16	5	12	11	15	5	3	3
1992	8	18	16	6	11	10	15	5	4	4
1993	10	17	16	5	10	12	14	6	4	4
1994	11	18	17	4	12	15	15	7	4	5
1995	11	16	15	4	13	14	15	7	5	5
1996	10	17	14	3	14	15	14	8	4	5

(1) Ab 1977 können die Einführung einer neuen Berechnungspraxis und die Neudefinierung des Begriffs der »indictable offences« durch den Criminal Justice Act 1977 zu leichten Schwankungen führen; **(2)** Zahlen nicht erhältlich; **(3)** weniger als 0,5%

Im *Statement of National Objectives and Priorities* des Home Office von 1984 heißt es zu den Prioritäten des Bewährungsdienstes, die pre-sentence reports[239] sollten sich auf solche Täter

---

[238] Quelle: Home Office/Criminal Statistics, England and Wales

konzentrieren, die in der Gefahr stünden, eine Gefängnisstrafe zu erhalten.[240] Auch die Fassung des Criminal Justice Act 1991 deutet darauf hin, daß die Bewährungsanordnung für schwerwiegendere Straftaten an Bedeutung zunehmen soll. In der Statistik schlägt sich diese Tendenz in steigenden Verurteilungen zu probation für Gewaltdelikte und Einbruchsdiebstahl nieder (vgl. Tabelle 12). Auch im Bereich der Straftaten gegen Eigentum und Vermögen kann die Bewährungsanordnung ihre Position behaupten und weiter ausbauen.

Schließlich nimmt die probation order mit ihren vielfältigen Möglichkeiten durch die Hinzufügung von Auflagen eine immer wichtigere Stellung für die Sanktionierung von Sexualdelikten ein.

VI. Der Vollzug der Probation Order

Die Durchführung der community service order wird durch Kapitel 3 der 1995 neuaufgelegten und landesweit geltenden Richtlinien *National Standards for the Supervision of Offenders in the Community* geregelt. Die Einleitung zur Bewährungsanordnung enthält die grundlegenden gesetzlichen Bestimmungen, die Ziele und Methoden der probation order sowie Vorschriften zur Wahrung der öffentlichen Sicherheit.[241]

1. Allgemeine Verfahrensvorschriften

Die Ziele der Bewährungsanordnung bestehen gemäß section 2(1) Powers of Criminal Courts Act 1973[242] in der Resozialisierung des Straftäters, dem Schutz der Allgemeinheit vor dem Straftäter und dem Abhalten des Straftäters von der Begehung weiterer Straftaten. Um dies zu

---

[239] Zur Funktion der pre-sentence reports weiter unten

[240] Home Office, The Probation Service in England and Wales: Statement of National Objectives and Priorities, 1984, S. 4

[241] Home Office, National Standards for the Supervision of Offenders in the Community, 1995, chapter 3, no. 2-9

[242] In der Neufassung durch den Criminal Justice Act 1991, section 8(1)

erreichen und eine effektive Beaufsichtigung zu gewährleisten, werden dem Bewährungshelfer folgende Vorgehensweisen empfohlen:[243]

(a) Konfrontation des Straftäters mit seiner Tat sowie Motivation des Straftäters, Verantwortung für die Tat und deren Konsequenzen zu tragen,

(b) Schaffung eines Bewußtseins für die Folgen der Tat im Hinblick auf das Opfer, die Gesellschaft und den Täter selbst,

(c) Unterstützung des Straftäters bei der Entwicklung eines größeren Verantwortungsbewußtseins und größerer Disziplin mit dem Ziel der gesellschaftlichen Reintegration des Straffälligen als gesetzestreues Mitglied,

(d) Intervention, um praktische Schwierigkeiten, die der Resozialisierung im Wege stehen, aus dem Weg zu räumen,

(e) Sicherstellung, eines anspruchsvollen und effektiven Bewährungsprogramms

Die Verantwortung der Bewährungshelfer besteht einerseits gegenüber dem Straftäter und andererseits gegenüber dem Gericht, dem sie als Gerichtsbeamte angehören.

Der Wahrung der öffentlichen Sicherheit dienen die Vorschriften über das vor Beginn der probation order zu erstellende *assessment*,[244] bei dem die Eignung des Verurteilten erneut überprüft wird. Damit sollen eventuell verbleibende Risiken für die Allgemeinheit, für das community service-Personal sowie eine mögliche Gefährdung des Straffälligen selbst (zum Beispiel durch Selbstmord) ausgeschlossen werden.[245] Das Aufsichtspersonal ist gehalten, die Eignungsprüfung in regelmäßigen Abständen zu wiederholen, damit eventuelle Veränderungen wahrgenommen und entsprechende Maßnahmen getroffen werden können.[246]

---

[243] Home Office, National Standards for the Supervision of Offenders in the Community, 1995, chapter 3, no. 4
[244] Eignungstest
[245] Home Office, National Standards for the Supervision of Offenders in the Community, 1995, chapter 3, no. 6
[246] Home Office, National Standards for the Supervision of Offenders in the Community, 1995, chapter 3, no. 7

Der erste Termin bei dem zuständigen Bewährungshelfer soll möglichst schon im Gericht mit dem Straftäter vereinbart werden. Er muß innerhalb von fünf Tagen seit der Anordnung stattfinden. Weitere Vorschriften der National Standards normieren die Ausarbeitung eines Aufsichtsplans, der regelmäßig zu überarbeiten ist, häufige Treffen mit dem Probanden in den ersten drei Monaten der Bewährungsanordnung, die Erstellung von Berichten zu jedem Treffen mit dem Probanden und die effektive Durchführung von Maßnahmen zur Durchsetzung der Bewährungsanordnung, insbesondere eine zügige Verfahrenseinleitung bei Verstoß gegen die Anordnung.[247]

2. Die Arbeitsweise des Probation Service

Die Aufgabe und Verantwortung der Bewährungsbeamten liegt darin, den Probanden zu beaufsichtigen und zu kontrollieren sowie seine Rückkehr in die Gesellschaft als gesetzestreues Mitglied zu ermöglichen. Zum Zwecke der Resozialisierung soll der probation officer dem Probanden „als Ratgeber, Unterstützer und Freund zur Seite zu stehen".[248] Diese Formulierung des Probation of Offenders Act 1907 ist zwar in den neueren Gesetzestexten nicht mehr enthalten. Doch kann man davon ausgehen, daß sie in den Augen des Bewährungsdienstes weiterhin Gültigkeit beansprucht. Die Art und Weise, in der die probation officers eine persönliche Beziehung mit dem Probanden aufbauen und gestalten, hat sich allerdings im Laufe der Jahre gewandelt.

Zunächst wurde die Praxis der Sozialarbeit allmählich professioneller. Diese wird heute mit dem Begriff „social casework" beschrieben.[249] Dabei handelt es sich um soziale Einzelarbeit mit dem Straftäter, bei der das Studium der Person, seiner Vorgeschichte und seines Milieus eine große Rolle spielen.

---

[247] Home Office, National Standards for the Supervision of Offenders in the Community, 1995, chapter 3, no. 10, 12f., 21, 22ff.
[248] „advise, assist and befriend"
[249] Home Office, The Probation Service in England and Wales, 1964, S. 10 f.

Casework ist eine Form sozialer Arbeit, die sich in denjenigen Staaten entwickelt hat, deren gesellschaftliches Gefüge am heftigsten durch den Prozeß der Industrialisierung erschüttert worden ist, wie etwa in den Vereinigten Staaten und in England. Es war der Versuch, im Rahmen sozialer Arbeit die negativen Auswirkungen auszugleichen, die sich für das Leben des Einzelnen aus der Situation der Wirtschaftsdemokratien ergaben, „in denen Menschen ökonomisch so verflochten, persönlich so isoliert sind".[250] Ziel des casework war es, „helfende menschliche Beziehungen" für diejenigen zu schaffen, die in irgendeiner Weise die Aufgabe der Anpassung an das komplizierte Gefüge solcher vom Wirtschaftsleben her bestimmten Gesellschaftsordnungen nicht bewältigen konnten. Die Arbeit des probation officers ist eine Anwendungsform des casework, in der nicht materielle Hilfeleistungen im Vordergrund stehen, sondern es darum geht, persönliche Schwierigkeiten, gestörte menschliche Beziehungen, Haltungen und Reaktionsweisen zu erkennen und eine Neuorientierung zu ermöglichen. Das Medium dazu ist die Beziehung zwischen dem Fürsorger und seinem Schützling.

Die Fälle, in denen die Gerichte die Bewährungsanordnung verhängen, sind heute jedoch so vielgestaltig, und die exakte Selektion von geeigneten Probanden bringt so viele Schwierigkeiten, daß eine intensive Einzelfallarbeit letztlich nur bei einem Teil der Straftäter durchführbar oder erforderlich ist. Jeder Bewährungshelfer wird einige Probanden unter seiner Beaufsichtigung haben, bei denen er nichts bewirken kann, oder um die er sich nur wenig kümmern muß. Aber auch die Herausfilterung der „einfachen Fälle" beansprucht die volle Aufmerksamkeit und die ganzen diagnostischen Fähigkeiten des Bewährungsbeamten. So muß die Würdigung der Persönlichkeit des Probanden, seines familiären und sozialen Hintergrundes und seiner Probleme jedem Versuch der Hilfestellung vorhergehen.[251] Es ist wichtig, daß der probation officer einen möglichst umfassenden Einblick in die Psyche des Probanden, seine Einstellung, seine Fähigkeiten und seine Gefühle nimmt, um somit das Verständnis für die

---

[250] Cormack/McDougall, Case Work in Social Service, 1950, S. 15 (21)
[251] Home Office, The Probation Service in England and Wales, 1964, S. 11

Einflüsse im Leben des Straffälligen und die Zusammenhänge zwischen sozialem Umfeld, persönlichen Beziehungen und Straffälligkeit zu entwickeln.[252]

Nicht außer Acht zu lassen ist schließlich, daß sich die Schwerpunkte – zumindest aus der Perspektive der Kriminalpolitik und der daraus resultierenden Gesetze – im Laufe der letzten zwei Jahrzehnte von einer rein sozialfürsorglichen Tätigkeit zu einer eher kontrollierenden Aufgabe verschoben haben, bei der die Kontrolle und Konfrontierung des Straftäters mit seiner Tat in den Vordergrund gerückt ist.

Die Methoden, mit denen der Bewährungshelfer auf den Probanden einwirken soll, sind in den National Standards aufgezählt. Genannt wird die direkte Intervention des probation officers durch individuelle Auseinandersetzung mit der betreuten Person oder durch Gruppenarbeit, bei de kriminelles Verhalten hinterfragt und eine Änderung der Einstellung bewirkt werden soll.[253] Eine andere Aufgabe des Bewährungsbeamten besteht in der Zusammenarbeit mit anderen Institutionen, um Schwierigkeiten im Leben des Probanden aus dem Weg zu räumen. Dieser kann sich beispielsweise bemühen, Unterbringung, Ausbildungsstand oder Arbeitssituation zu verbessern oder finanzielle Probleme zu lösen. Vorstellbar ist auch die Herstellung der Verbindung zu einem *probation centre*, einem *probation hostel* oder einer Drogen- oder Alkoholberatung, deren Angebot der Straftäter auf freiwilliger Basis wahrnehmen kann.[254] Ferner soll die Hinzuziehung sonstiger privater oder freiwilliger Institutionen, Projekte und Initiativen von Kommunen erwogen werden.[255]

---

[252] Daher muß der Bewährungshelfer für seinen Beruf die entsprechenden Eigenschaften mitbringen, um der komplexen Aufgabe gerecht werden zu können. Zu den entscheidenden Voraussetzungen gehören Selbstvertrauen, Reife, gefühlsmäßige Ausgeglichenheit, Durchhaltevermögen, aufrichtiges Interesse am menschlichen Wohlergehen, Sensibilität für die Gefühle und Bedürfnisse anderer, psychologische und pädagogische Kenntnisse, gute Auffassungs- und Kombinationsgabe, Phantasie und Vorstellungskraft sowie eine positive Lebenseinstellung.

[253] Home Office, National Standards for the Supervision of Offenders in the Community, 1995, chapter 3, no. 15

[254] Zu *probation centres* und *probation hostels* siehe nächstes Kapitel 3. Auflagen

[255] Home Office, National Standards for the Supervision of Offenders in the Community, 1995, chapter 3, no. 15

3. Auflagen im Zusammenhang mit der Bewährungsanordnung

Eine Bewährungsanordnung kann durch das Gericht mit verschiedenen Auflagen verbunden werden.[256] Vor der Inanspruchnahme dieser Möglichkeit hat das Gericht allerdings einen presentence report über den Straftäter einzuholen.[257] In der Praxis geschieht dies jedoch ohnehin, denn kaum ein Gericht verhängt eine Bewährungsanordnung ohne Vorliegen des pre-sentence reports. Wie bei der Bewährungsanordnung selbst, ist für jede Auflage die Einwilligung des Verurteilten erforderlich.

Die zur Verfügung stehenden Auflagen sind in der durch schedule 1, Criminal Justice Act 1991 eingefügten schedule 1A des Powers of Criminal Courts Act 1973 aufgelistet. Sie können den Aufenthalts- bzw. Wohnort,[258] die Teilnahme an bestimmten Aktivitäten,[259] die Erscheinungspflicht in einem *probation centre*[260] oder eine Behandlung wegen psychischer Störungen[261] sowie wegen Alkohol- oder Drogenabhängigkeit[262] betreffen. Es ist allerdings möglich, daß die Entscheidung des Gerichts im Einzelfall auf eine geringere Auswahl beschränkt ist. Denn sie hängt unter anderem davon ab, welche Einrichtungen auf lokaler Ebene zur Verfügung stehen. In manchen Gegenden besteht die Möglichkeit einer Gruppentherapie, in anderen werden Alkohol- oder Drogenprogramme angeboten. Wieder andere Bezirke konzentrieren sich auf „soziales Training". Das Angebot variiert enorm.

a) Probation Hostels

Eine Auflage, die den Wohnort des Verurteilten zum Gegenstand hat, bezieht sich in der Regel auf den Aufenthalt in einem der sogenannten *approved probation hostels*.[263] Dies sind an-

---

[256] Powers of Criminal Courts Act 1973, section 3
[257] Criminal Justice Act 1991, section 7(3)
[258] Powers of Criminal Courts Act 1973, schedule 1A, para. 1
[259] Powers of Criminal Courts Act 1973, schedule 1A, para. 2
[260] Powers of Criminal Courts Act 1973, schedule 1A, para. 3, Bewährungszentrum
[261] Powers of Criminal Courts Act 1973, schedule 1A, para. 5
[262] Powers of Criminal Courts Act 1973, schedule 1A, para. 6
[263] Powers of Criminal Courts Act 1973, schedule 1A, para. 1

erkannte Bewährungsheime, die vom Bewährungsdienst oder manchmal auch von freiwilligen Agenturen geführt werden.[264] Die Dauer des Heimaufenthalts muß vom Gericht in der Anordnung angegeben werden.[265] Sie darf die Dauer der Bewährungsanordnung nicht überschreiten und sollte möglichst so bemessen sein, daß im Anschluß an den Heimaufenthalt genug Zeit zur Verfügung steht, in der die Bewährungsaufsicht andauert, so daß dem Straftäter bei seinem Leben außerhalb des Heims Hilfestellung gegeben werden kann.

Die probation hostels sind insbesondere für vorbestrafte, sozial und emotional unreife Personen ohne Familienbindungen gedacht. Sie verfolgen das Ziel, eine stabile und disziplinierende Atmosphäre zu schaffen, in der Gruppen von bis zu 30 Straftätern lernen sollen, miteinander und mit anderen umzugehen. Die Bewältigung von Konfliktsituationen und Alltagsproblemen sowie der Umgang mit Autoritätspersonen sind Teil der gemeinsamen Arbeit. Das Grundkonzept der probation hostels hat drei Eckpfeiler: 1. Bereitstellung einer Unterkunft für Personen ohne festen Wohnsitz, 2. Durchführung von Gruppentherapien im Rahmen eines modernen Wohngruppenvollzugs, 3. Schaffung einer strengen Haus- und Verhaltensordnung, die der Straftäter zu akzeptieren hat und die dazu beitragen soll, daß er sein Leben in den Griff bekommt und keine Straftaten mehr begeht.[266]

Es besteht die Möglichkeit, daß der Straftäter drei bis vier Wochen auf Probe einquartiert wird. Danach sollte ein Bericht des Bewährungsheims die Eignung des Probanden bestätigen oder verneinen.[267] Die Plätze in solchen Heimen sind sehr knapp und das Innenministerium bemüht sich derzeit, mehr probation hostels zu öffnen.

b)   Aktivitätsbezogene Auflagen

Paragraph 2(1), schedule 1A, Powers of Criminal Courts Act 1973 enthält die Auflagen, (a) daß sich der Straftäter bei einer in der Anordnung spezifizierten Person, an einem bestimmten

---

[264] Freiwillige Agenturen müssen von einem Bewährungscommittee ermächtigt werden.
[265] Hungerford-Welch, Criminal Litigation and Sentencing, 1995, para. 14.3.2, S. 339
[266] Ashworth, Criminal Litigation and Sentencing, 1996/97, para. 19.5.6.1, S. 277/278
[267] Ashworth, Criminal Litigation and Sentencing, 1996/97, para. 19.5.6.1, S. 278

Ort an bis zu 60 Tagen einzufinden hat, oder (b) daß er bestimmte Aktivitäten unterläßt oder an den durch die Anordnung spezifizierten Aktivitäten an bis zu 60 Tagen teilzunehmen hat. Diese Vorschriften erlauben dem Gericht, dem Angeklagten die Teilnahme an Gruppensitzungen aufzuerlegen, bei denen beispielsweise Selbstkontrolle und Aggressionsbewältigung trainiert und bisweilen auch Sexualtäter behandelt werden.

c) Behandlung wegen psychischer Störungen

Die Bewährungsanordnung kann die Auflage enthalten, daß der Angeklagte sich einer Behandlung wegen psychischer Störungen unterzieht.[268] Der Begriff der „Störung" ist sehr weit gefaßt. Es muß jedoch ein ernstzunehmender Defekt vorliegen, bei dem eine Behandlung indiziert ist. Allerdings darf die Störung nicht der Art sein, daß eine *hospital order*[269] oder eine *guardianship order*[270] nach dem Mental Health Act 1983 in Betracht kommen.[271] Das Erfordernis der Behandlung muß durch einen qualifizierten Arzt bestätigt werden. Danach eröffnen sich die Möglichkeiten zur Behandlung (a) als stationärer Patient einer Klinik für psychische Krankheiten, (b) als ambulanter Patient einer in der Anordnung spezifizierten Institution oder (c) als Patient eines qualifizierten Arztes.

Die Behandlung ist nicht obligatorisch. Der Nachteil liegt deshalb darin, daß der Verurteilte sich möglicherweise nicht behandeln läßt. Auch können Probleme bei der Koordinierung zwischen dem medizinischen Personal und dem Bewährungsbeamten auftauchen.[272]

d) Behandlung wegen Drogen- oder Alkoholmißbrauchs

Paragraph 6 der durch den Criminal Justice Act 1991 eingeführten schedule 1A des Powers of Criminal Courts Act 1973 ermächtigt das Gericht dazu, einem drogen- oder alkoholabhängi-

---

[268] Para. 5 schedule 1A Powers of Criminal Courts Act 1973
[269] Verfügung zur Einweisung in eine Klinik
[270] Vormundschaftsanordnung
[271] Hungerford-Welch, Criminal Litigation and Sentencing, para. 14.3.2, S. 340
[272] Ashworth, Criminal Litigation and Sentencing, 1996/97, para. 23.5.2, S. 325

gen Angeklagten den Aufenthalt in einer Behandlungsinstitution zur Auflage zu machen. Hier ist wieder die Empfehlung eines Arztes erforderlich. Auch die Behandlung hat ein Arzt vorzunehmen – kein Psychologe – und das Ziel muß die Reduzierung oder Beendigung der Abhängigkeit sein. Bei Einführung dieser Bestimmung wurden Zweifel geäußert, ob von dieser Möglichkeit überhaupt Gebrauch gemacht werden würde, da zum einen die Einwilligung des Angeklagten benötigt wird und zum anderen die Kliniken ungern Klienten aufgrund von Gerichtsverfügungen aufnehmen.[273] In der Tat verhalten sich einige Behandlungsinstitutionen zögerlich. Sie sind der Ansicht, daß eine gerichtliche Anordnung auf Widerstände beim Straftäter hindeutet.[274] Ein Behandlungserfolg könne jedoch nur auf der Basis freiwilliger Teilnahme erzielt werden. Solche Bedenken führen manchmal dazu, daß das Gericht die Auflage zurückzieht und dem Straftäter die Möglichkeit gibt, die Therapie auf eigene Initiative hin durchzuführen.

e) Probation Centres

Der Bewährungsanordnung kann weiterhin die Pflicht hinzugefügt werden, ein *probation centre* für die Dauer von maximal 60 Tagen zu besuchen.[275] *Probation centres* sind Einrichtungen, die darauf ausgerichtet sind, den Straftäter im Wege ambulanter Behandlung zu resozialisieren.[276] Zielgruppe dieser Auflage sind rückfällige, sozial unangepaßte Bagatelltäter, die wiederholt vor Gericht erscheinen, arbeitslos sind, schwierige Familienverhältnisse haben oder mit den Anforderungen des modernen Lebens nicht zurechtkommen.[277] Es handelt sich also um einen erneuten Versuch, haftgefährdete Täter einer ambulanten Strafe zuzuführen.[278]

---

[273] Letztere Befürchtung wurde nicht nur in Hinsicht auf eine Drogen- oder Alkoholtherapie, sondern auch mit Blick auf die Auflage der Behandlung wegen psychischer Störung geäußert; vgl. Ashworth, Criminal Litigation and Sentencing, 1996/97, para. 19.5.3.4, S. 276

[274] Ashworth, Criminal Litigation and Sentencing, 1996/97, para. 23.5.2, S. 325

[275] Para. 3 schedule 1A Powers of Criminal Courts Act 1973. Die Maximaldauer von 60 Tagen kommt nicht zur Anwendung, wenn der Proband wegen eines Sexualdelikts verurteilt worden ist, vgl. para. 4 schedule 1A Powers of Criminal Courts Act 1973

[276] Para. 3(7)(a) schedule 1A Powers of Criminal Courts Act 1973

[277] Bottoms, Limiting Prison Use: Experience in England and Wales, S. 177 (194)

[278] Ashworth, Criminal Litigation and Sentencing, 1996/97, para. 19.5.6.2, S. 278

Die Möglichkeit, eine Bewährungsanordnung mit dem Zusatz des *day training centres* zu versehen, geht zurück auf den Criminal Justice Act 1972. Ziel dieser Maßnahme war, bestimmten Straftätern ein Trainingsprogramm für Sozialverhalten auf einer Tagesbasis zugänglich zu machen.[279] Die Bewährungszentren boten zudem eine neue Behandlungsmethode, indem sie die herkömmliche Individualbetreuung durch Gruppenarbeit ersetzten.[280] Aufgrund einer Reihe von Problemen, vor allem der hohen Operationskosten, blieb die Idee der *day training centres* zunächst auf eine experimentelle Ebene beschränkt.[281] Allerdings brachte diese Erfahrung mit einer Maßnahme, die weiter reichte als die herkömmliche Praxis der Beaufsichtigung und Kontrolle, den Bewährungsdienst dazu, eine Reihe komplementärer Einrichtungen zur probation order zu schaffen. Unter verschiedenen Namen, mit unterschiedlichen Funktionsweisen und Organisationsstrukturen, manche spontan errichtet und andere nach längerer Planung, ergänzten diese Einrichtungen die traditionelle Arbeit des probation service.[282] Dabei verfolgte die Bewegung, die mit den *day centres* begonnen hatte, eine Vielzahl unterschiedlicher Ziele. Die Zentren sollten eine Alternative zur kustodialen Strafe sein, eine Alternative zur herkömmlichen Arbeit des Bewährungsdienstes, ein Ort zur Verbesserung des Bildungsstandards von Straftätern und Steigerung der Erfolgsaussichten des Straftäters auf dem Arbeitsmarkt, eine Gelegenheit zum Aufbau von persönlichen Beziehungen und eine Stätte der Resozialisierung von Tätern (mit dem Lernziel, persönliches Versagen und Fehlschläge zu erkennen und zu verarbeiten, Verantwortung für eigenes Handeln zu übernehmen und den Erwartungen der Gesellschaft zu entsprechen).[283] Zudem sollten die day centres ganz einfach Tätern ohne festen Wohnsitz einen Aufenthaltsort bieten und damit – im Gegensatz zum ziellosen Herumwandern in den Straßen – die Gelegenheit zur Begehung von Delikten verringern.[284] Die Research Unit des Home Office gelangte zu folgender Schlußfolgerung: „Day centres können dort eine direkte Alternative zur Gefängnisstrafe darstellen, wo ein struktu-

---

[279] Vass/Weston, Probation Day Centres as an Alternative to Custody, 1990, 189 (192)
[280] Mair/Nee, Day Centre Reconviction Rates, 1992, S. 329 (329)
[281] Bottoms, Limiting Prison Use: Experience in England and Wales, S. 177 (194)
[282] Vass/Weston, Probation Day Centres as an Alternative to Custody, 1990, 189 (192)
[283] Vass/Weston, Probation Day Centres as an Alternative to Custody, 1990, 189 (192)
[284] Burney, A Chance to Change: Day Care and Training for Offenders, 1980, S. 34

riertes, und formelles Programm möglich ist. Es sollte erwogen werden, die Zentren gesetzlich, im Rahmen einer Anordnung, einzuführen. Day centres erscheinen in vieler Hinsicht für jüngere Straftäter und hartnäckige Bagatelltäter geeignet."[285]

Mit dieser Intention boten bald einige Bewährungsbezirke day centre Programme als Alternative zur kustodialen Strafe an, und die Gerichte begannen, die Anwesenheitspflicht in solchen Zentren der Bewährungsanordnung hinzuzufügen. Das *Kent Close Support* Projekt für Jugendliche und die *Probation Control Unit* für Erwachsene – beide liefen zwischen 1979 und 1984 – sind Beispiele für diese Entwicklung. Bald zogen solche Programme allerdings Kritik auf sich. Die Bewährungsanordnung sei zu einer „Tagesgefangenschaft" degeneriert, und aus der Praxis entstehe die Auferlegung „nicht akzeptablen Freiheitsentzugs".[286] Schließlich wurde die Vorgehensweise der Gerichte vom *House of Lords* als rechtswidrig erklärt.[287]

Legitimiert wurden die Zusätze durch den Criminal Justice Act 1982.[288] Dessen schedules XI section 4(A) und section 4(B) ermächtigten die Gerichte dazu, Straftäter im Rahmen der probation order zur Teilnahme an Aktivitäten in day centres zu verpflichten, sofern Täter sowie Supervisors einwilligen.[289] Die Höchstdauer betrug – wie heute – 60 Tage. Gegenstand der Anordnung mußte ein durch das lokale probation committee anerkanntes day centre sein. Sections 4(A) und 4(B) bezogen sich auf zwei Typen der probation order mit Zusatzverpflichtung. Section 4(A) betraf das sogenannte *informal drop-in centre*, ein ambulantes Bewährungszentrum, das im pre-sentence report empfohlen wird, aber keine gesetzlich vorgesehene Auflage der Bewährungsanordnung darstellen mußte. Section 4(B) sah die Anwesenheitspflicht in einem förmlicheren und strenger organisierten day centre vor. Die Teilnahme an Programmen dieser Zentren mußte durch das Gericht spezifiziert werden.

---

[285] Fairhead/Wilkinson-Grey, Day Centres and Probation, 1981, S. 26
[286] Ralphs, The Evolution of Control, 1986, S. 154 (155)
[287] Cullen v. Rogers, 1982, Cr. App. R. (S.) 170
[288] Vass/Weston, Probation Day Centres as an Alternative to Custody, 1990, 189 (193)
[289] 1991 wurden die Vorschriften durch den Criminal Justice Act 1991 neuverfaßt und als section 2 der neuen schedule 1A des Powers of Criminal Courts Act 1973 eingefügt.

Nach Inkrafttreten des Criminal Justice Act 1982 vervielfältigte sich die Zahl der day centres innerhalb kurzer Zeit.[290] Aussagen der damaligen konservativen Regierung im Green Paper „Punishment, Custody and the Community" von 1988[291] und im White Paper „Crime, Justice and Protecting the Public" von 1990[292] betonten die zukünftige Bedeutung von day centres.

Seit der Umbenennung durch den Criminal Justice Act 1991 fallen die day centres unter die Bezeichnung „probation centres". Bedeutsamer ist jedoch, daß der probation service mit dem Inkrafttreten dieses Gesetzes immer mehr für die Beaufsichtigung und Betreuung von schweren Straftätern eingesetzt wird. Die probation centres werden hierzu einen wesentlichen Beitrag leisten.[293] Jetzt schon spielen sie eine entscheidende Rolle in *intensive probation*-Programmen.

4. Intensive Probation

Intensive probation[294] kombiniert die herkömmliche probation order mit verschiedenen Zusatzverpflichtungen, die in erster Linie das Kontrollelement der Bewährungsanordnung verschärfen. Diese Art „Intensivbewährung" operiert an der Spitze der Strafenskala, wo sie zur Abwendung einer Gefängnisstrafe beitragen soll.

a) Hintergründe und Entwicklung

Intensive probation in der heutigen Form geht auf eine Initiative des Innenministeriums Ende der 80er Jahre zurück. Diese griff einige der Ideen auf, die in den USA populär geworden waren. Danach war es nur eine Frage der Zeit, bis die Errungenschaften der intensive probation-

---

[290] 1992 wurde die Zahl der probation day centres auf 80-100 Zentren geschätzt; vgl. Mair/Nee, Day Centre Reconviction Rates, 1992, S. 329 (329)
[291] Home Office, Green Paper „Punishment, Custody and the Community", 1988, paras. 3.15, 3.16, S. 10 f.
[292] Home Office, White Paper, „Crime, Justice and Protecting the Public", 1990, para. 4.13, S. 21
[293] Mair/Nee, Day Centre Reconviction Rates, 1992, S. 329 (329)
[294] „Intensivbewährung" oder „intensive ambulante Kontrolle"

Projekte zum englischen Home Office durchdrangen und als neue Strategie ausgerufen wurde.[295]

Einige Formen von intensive probation waren in England und Wales jedoch schon viel früher praktiziert worden. Die bekannteste Versuchsreihe mit Erwachsenen war das IMPACT Experiment (*Intensive Matched Probation and After-Care Treatment*), das in der ersten Hälfte der 70er Jahre stattfand. Dieses Projekt stellte den Höhepunkt der Arbeit der Home Office Research Unit dar, welche zehn Jahre zuvor begonnen hatte. Mit großem personellem und materiellem Aufwand war eine detaillierte Studie über die Wirkungen der intensive probation erstellt worden. Ob nun die Erwartungen zu hoch oder die Methode für die Forschungsstudie ungeeignet gewesen waren oder das Programm selbst auf einer unzureichenden Grundlage beruht hatte, jedenfalls lautete die Schlußfolgerung, IMPACT sei ein Fehlschlag gewesen.[296] Die zweite Auswertung der IMPACT-Ergebnisse wurde 1976 direkt nach Stephen Brody's Publikation über die Effektivität von Strafsanktionen[297] veröffentlicht und verstärkte noch den Effekt der „*nothing work's*"-Welle.

Die „neue" intensive probation-Bewegung hat einen anderen Inhalt als die vorhergehende. Zuvor bedeutete „*intensive*", daß ein „Mehr" dessen angewandt wurde, was ohnehin schon zum Programm zählte: mehr Sozialarbeit, mehr Betreuung, mehr Unterstützung, mehr Hilfestellung.[298] Heute beschreibt intensive probation eine restriktivere Handhabung der Bewährungsanordnung: häufigere Kontakte zwischen probation officer und Proband und damit verschärfte Kontrolle, anspruchsvolle Auflagen als Zusatz zur Anordnung, mit dem Ergebnis erheblicher Freiheitseinbußen.

Die Gründe für die Neuauflage der intensive probation waren vielfältig und entsprachen der allgemeinen kriminalpolitischen Strömung ihrer Zeit. Einmal ist die Maßnahme als eine von

---

[295] Mair, Evaluating Intensive Probation, 1997, S. 64 (64)
[296] Home Office/Folkard/Smith/Smith, IMPACT: Intensive Matched Probation and After-Care Treatment, Vol. II: The Results of the Experiment, 1976, S. 29 f.
[297] Home Office/Brody, The Effectiveness of Sentencing, 1976
[298] Mair, Evaluating Intensive Probation, 1997, S. 64 (65)

vielen Nachkriegsbemühungen zu sehen, den Gebrauch der Freiheitsstrafe einzudämmen. Weitere Motive waren die Suche nach einer effektiven Strafe und die Wiederherstellung des richterlichen Vertrauens in die Arbeit des Bewährungsdienstes.

Unterstützend wirkte ferner das Beispiel der positiven Entwicklungen im Bereich des Jugendstrafrechts. Zwischen 1980 und 1990 war die Zahl der Verurteilungen von 14 bis 17jährigen zu sofort vollziehbarer Freiheitsstrafe von 7.400 im Jahre 1980 auf 1.700 im Jahre 1990 gefallen[299] und auch die Gefängnispopulation hatte erheblich abgenommen.[300] Von offizieller Seite wurde dies, zumindest teilweise, auf die Wirkung der *„intermediate treatment"* und *„supervision plus"* Projekte zurückgeführt.[301] Ein anderer Faktor war jedoch rein demographischer Natur, denn die Zahl der jugendlichen Bevölkerung hatte ständig abgenommen.[302] Dennoch hoffte man, daß das, was bei den jugendlichen Tätern geholfen hatte (was es wirklich war konnte letztlich niemand beantworten) auch bei Heranwachsenden – 17 bis 20jährigen Tätern – funktionieren könnte.

Schließlich spielten bei der „Erfindung" von intensive probation natürlich auch Kostengründe eine Rolle. Die Gefängnisstrafe ist eine sehr teure Art, mit einem Straftäter zu verfahren. So erschienen billigere Methoden, wenn auch nur gleich effektive, als erstrebenswertes Resultat. Allerdings war vorauszusehen, daß intensive probation teurer werden würde als andere community penalties.

Die ersten Ideen zu intensive probation waren bereits im Green Paper „Punishment, Custody and the Community 1988" enthalten. Hier brachte die Regierung ihre Sorge darüber zum Ausdruck, daß Heranwachsende (zwischen 17 und 20 Jahren) vermehrt Haftstrafen erhalten.[303] Spezifische Vorschläge für intensive probation enthielt dann ein Schriftstück, das später in

---

[299] Home Office, Criminal Statistics, England and Wales

[300] Die Gefängnispopulation der 14-16jährigen betrug 1981: 1.637 und 1988: 547, vgl. Prison Statistics England and Wales

[301] Home Office, White Paper „Crime, Justice and Protecting the Public", 1990, para. 3.6, S. 12; Allen, Out of Jail: The Reduction in the Use of Penal Custody for Male Juveniles, 1981-1988, 1991, S. 30 (42ff.)

[302] Mair, Evaluating Intensive Probation, 1997, S. 64 (66)

[303] Home Office, Green Paper „Punishment, Custody and the Community", 1988, para. 2.14, S. 5

das Regierungsdokument „*Tackling Offending: An Action Plan, 1988*" eingefügt wurde.[304] Mit der Tackling Offending Initiative ergriff das Innenministerium eine Kurzzeit-Strategie, die speziell auf diese Altersgruppe ausgerichtet war. Dabei schlug der *Action Plan* vor: Es sollten Initiativen der Gemeinden unterstützt werden, die darauf ausgerichtet waren, jugendliche Straftäter vor weiteren Straftaten und Freiheitsstrafen zu bewahren. Diese sollten auf Projekten aufgebaut werden, die bereits durch Bewährungshilfe und freiwillige Organisationen im Kontext des bestehenden gesetzlichen Rahmens geschaffen worden waren. Ferner waren die Gerichte, die Polizei und anderen relevanten Einrichtungen in die Arbeit mit einzubeziehen. Schließlich sollten die Projekte durch ein Forschungsteam des Innenministeriums beobachtet und ausgewertet werden. Obwohl die in dieser Richtung unternommenen Schritte zunächst auf Ablehnung stießen,[305] kann man sagen, daß intensive probation mittlerweile ein fester Bestandteil des Strafenrepertoires geworden ist.[306]

b) Ausgestaltung

Intensive probation ist Teil einer zweispurigen Strategie, bei der auf der einen Seite die konventionelle Beaufsichtigung („straight supervision") weiterhin für geringere Delikte verhängt wird, während intensive probation auf der anderen Seite für haftgefährdete Straftäter angeordnet werden soll.

Die „verschärfte probation order" („strengthened probation order"), wie sie die damalige konservative Regierung gern bezeichnete, kann durch die Verbindung mit anderen Strafen verstärkt werden. So kann eine Geldstrafe oder eine Auflage („special requirement") hinzugefügt werden, wie zum Beispiel die Verpflichtung, ein probation centre oder eine andere Institution für eine Zeit von maximal 60 Tagen zu besuchen. Ein gesteigertes Maß an Kontrolle kann auch durch häufigere Treffen zwischen probation officer und Proband erreicht werden. Es ist

---

[304] Home Office, Tackling Offending: An Action Plan, 1988
[305] May, Probation, Politics, Policy and Practice, 1991, S. 49 ff.
[306] Brownlee/Joanes, Intensive Probation for Young Adult Offenders, 1993, 216 (218)

vor allem der mit solchen Mitteln bewirkte Freiheitsverlust, der die Punitivität der Intensiv-bewährung ausmacht.[307]

Andere Schlüsselelemente sind: (a) Ein strenges Auswahlverfahren, um das Netz der sozialen Kontrolle nicht zu erweitern und weniger ernste Fälle einer weniger intensiven Kontrollmaß-nahme zuzuführen, (b) umfassende und individualisierte Programme, die gemeinsam mit dem Täter und dem Gericht ausgearbeitet werden, (c) Schwerpunktsetzung auf die Konfrontation des Täters mit seiner Tat und (d) Förderung interinstitutioneller Zusammenarbeit, um vom Er-fahrungsschatz und Fachwissen anderer Institutionen zu profitieren.[308]

c) Die Projekte Anfang der 90er Jahre

Die im Rahmen der Tackling Offending Initiative ins Leben gerufenen Programme waren Ge-genstand einer Forschungsstudie des Innenministeriums. Diese umfaßt die Zeitspanne vom 1. April 1990 bis zum 31. März 1992. Zehn intensive probation-Projekte waren für das ge-samte Experiment ausgewählt worden. Von diesen gingen allerdings am Ende nur 7 Pro-gramme in die Abschlußstudie ein. Es stellte sich als schwierig heraus, aus den Projekten ge-nerelle Schlußfolgerungen zu ziehen, da diese erheblich voneinander abwichen.[309]

---

[307] Home Office, White Paper, „Crime, Justice and Protecting the Public", 1990, para. 4.4, S. 18; Brown-lee/Joanes, Intensive Probation for Young Adult Offenders, 1993, S. 216 (218)
[308] Mair, Evaluating Intensive Probation, 1997, S. 64 (68)
[309] Mair, Evaluating Intensive Probation, 1997, S. 64 (71)

Tabelle 13 Zahl der für die intensive probation-Programme ausgewählten Probanden; Charakteristika der Straftäter nach Geschlecht, Alter, Gericht und Vorstrafen.[310]

Versuchs- gegend	Zahl der Probanden	Prozentsatz/ männliche Probanden	Prozentsatz/ 17-20jährige Probanden	Prozentsatz/ Anordnunge n durch den Crown Court	Prozentsatz/ Probanden mit ≥ sechs Vorstrafen	Prozentsatz/ Probanden mit Gefäng- niserfahrung
Berkshire	94	94	88	60	35	32
Durham	95	98	52	50	61	67
Gwent	186	99	36	55	68	68
Hampshire	351	98	40	85	63	62
Leeds	532	97	47	73	50	58
Manchester	17	88	82	35	59	65
Northumbria	215	81	35	39	43	38
West Midlands	187	96	86	47	29	41
Insgesamt	1.677	95	50	64	51	54

Manche Projekte basierten auf bereits existierenden probation centres (sogenannte *4R requi rements*), andere machten Gebrauch von der Auflage besonderer Aktivitäten (*4A requirements*), und ein Programm stützte sich – entgegen der Richtlinien des Home Office – auf freiwillige Teilnahme. Dementsprechend wurden verschiedene Arten von Straftätern an die Projekte verwiesen.

Tabelle 13 gibt einen Überblick zu ausgewählten Charakteristika der Teilnehmer. Insgesamt nahmen in den 24 Monaten des Experiments 1.677 Straftäter an den intensive probation-Programmen teil, mit einer großen Mehrzahl von männlichen Tätern (95 Prozent). Ungefähr die Hälfte der Probanden war zwischen 17 und 20 Jahre alt, hatten sechs oder mehr Vorstrafen und bereits Erfahrung mit einer Gefängnisstrafe. Fast zwei Drittel wurden vom Crown Court

---

[310] Quelle: Mair, Evaluating Intensive Probation, 1997, S. 64 (72)

verurteilt. Die häufigste Vorstrafe war Einbruchsdiebstahl (42 Prozent), danach kamen Diebstahl (16 Prozent) und Gewaltstraftaten (14 Prozent). In der Regel deuteten die gesammelten Daten daraufhin, daß die Gerichte haftgefährdete Täter an die Programme verwiesen hatten und damit die anvisierte Zielgruppe erfolgreich herausgefiltert und ausgewählt worden war.[311]

d) „The Edge"

Eins der bekanntesten Projekte im Rahmen der Tackling Offending Initiative lief vom 1. Mai 1989 bis zum 31. März 1994[312] unter dem Namen „the Edge"[313] in West Yorkshire. Das *Leeds Young Offenders Project* war als partnerschaftliche Initiative zwischen dem *West Yorkshire Probation Service* und dem *National Children's Home* ins Leben gerufen worden.[314] Das Programm bot eine Eins-zu-Eins-Betreuung für männliche und weibliche Verurteilte im Alter zwischen 17 und 21 an, die zu ihrer probation order eine „4A-Auflage" erhalten hatten. Studien zu diesem Projekt beschäftigten sich mit dem Diversionseffekt[315] und den Rückfallquoten der intensive probation. Im folgenden sollen die Ergebnisse der 1995 veröffentlichten Rückfallstudie von *Brownlee* kurz dargestellt werden.[316]

Die Studie betrachtet die Rückfalldaten solcher Probanden, die innerhalb der ersten 12 Monate des Projekts aufgenommen worden waren. Verglichen wurden die Daten mit zwei Kontrollgruppen (*custody A* und *custody B*) der selben Altersgruppe, die Gefängnisstrafen für ähnliche Delikte erhalten hatten und auch sonstige Übereinstimmungen aufwiesen.[317] Die

---

[311] Mair, Evaluating Intensive Probation, 1997, S. 64 (71); so auch Brownlee/Joanes, Intensive Probation for Young Adult Offenders, 1993, 216 (228) hinsichtlich des „The Edge"-Projektes.

[312] Neuzugänge wurden nur bis zum 31. Dezember 1993 akzeptiert.

[313] Der Name „The Edge" (Grenze/Rand) ist auf die anvisierte Zielgruppe zurückzuführen, nämlich Straftäter auf der Schwelle zur Gefängnisstrafe

[314] Brownlee/Joanes, Intensive Probation for Young Adult Offenders, 1993, 216 (219)

[315] Dieser wurde im Falle des „The Edge" Projektes bejaht; vgl. Brownlee, Intensive Probation with Young Adult Offenders, 1995, S. 599 (601), Brownlee/Joanes, Intensive Probation for Young Adult Offenders, 1993, S. 216 (226)

[316] Brownlee, Intensive Probation with Young Adult Offenders, 1995, S. 599 ff.

[317] Die Ähnlichkeit der Fälle wurde anhand von sieben Kriterien ermittelt: (a) Art des Gerichts, (b) Straftat, (c) Zahl der Verurteilungen, (d) Zahl der Gefängnisstrafen, (e) schwerste Vorstrafe, (f) Erforderlichkeit der Untersuchungshaft, (g) Alter

Vergleichsgruppen unterschieden sich dadurch, daß die Mitglieder der einen Gruppe – *custody A* – für „the Edge" empfohlen, aber abgelehnt und die der anderen – *custody B* – gar nicht erst für das Projekt in Erwägung gezogen worden waren.

Tabelle 14   Zahl der erneuten Verurteilungen von Probanden der ersten 12 Monate des „The Edge" Projektes, bzw. von Straftäter mit Gefängnisstrafe; gemessener Zeitraum: 12 Monate ab Beginn der Anordnung, bzw. nach Haftentlassung.[318]

Kohorte	Probanden insgesamt	Zahl der erneuten Verurteilungen	Prozentsatz
Projekt	45	19	42,2
Custody A	26	14	53,8
Custody B	47	20	42,6
Total	118	53	44,9

Die Auswertung der Studie erfolgte vor allem in Hinblick auf die öffentliche Sicherheit, und es wurde zwischen Kurzzeitwirkung und Langzeitwirkung unterschieden. Auf kurze Sicht bot eine Gefängnisstrafe eher den Effekt der „*incapacitation*" (Unschädlichmachung), denn während des Vollzugs konnte die Gefängnisstrafe den Schutz der Gesellschaft ohne Frage besser gewährleisten als das intensive probation-Programm. Eine solche Sichtweise wurde jedoch als zu beschränkt angesehen, weshalb der Vergleich letztlich zwischen den Rückfallquoten ab Beginn des „Rückfallrisikos" angestellt wurde. Bei der Projektkohorte handelte es sich hier um den Zeitpunkt des Beginns der Anordnung, bei den Gefängniskohorten war dies der Zeitpunkt der Haftentlassung.

---

[318] Quelle: Brownlee, Intensive Probation with Young Adult Offenders, 1995, S. 599 (606)

Tabelle 15 Zahl der erneuten Verurteilungen von Probanden der ersten 12 Monate des „The Edge" Projektes, bzw. von Straftäter mit Gefängnisstrafe; gemessener Zeitraum: 24 Monate ab Beginn der Anordnung, bzw. nach Haftentlassung.[319]

Kohorte	Probanden insgesamt	Zahl der erneuten Verurteilungen	Prozentsatz
Projekt	45	33	73,3
Custody A	21	17	81,0
Custody B	45	31	68,9
Total	111	81	73,0

Im Ergebnis war festzustellen, daß die Rückfallquoten der Probanden des intensive probation-Projekts nur wenig von denen der Kontrollgruppen abwichen, wobei die Unterschiede zur *custody A-Gruppe* deutlicher waren (siehe Tabelle 14 und Tabelle 15). Ferner war zu beobachten, daß die Rückfälligkeit der Haftentlassenen schneller auftrat, als die der Projektteilnehmer.[320] Die Studie kommt letztlich zu der Schlußfolgerung, daß die Verhängung einer Gefängnisstrafe für die Verhütung weiterer Straftaten nicht effektiver ist, sobald die erste Phase der incapacitation verstrichen ist. Ferner heißt es: „Geht man davon aus, daß die Gefängnisstrafe den Zeitpunkt der erneuten Straffälligkeit lediglich nach hinten verschiebt und bedenkt man, daß die Gefängnisstrafe bedeutend teurer (und wahrscheinlich schädlicher für den Inhaftierten) ist, so spricht weiterhin einiges für die Förderung der community penalties."[321]

VII. Die Durchsetzung der Probation Order und das Verfahren wegen Anordnungsverstoßes

Wie bereits erörtert, konzentrieren sich die Bemühungen der Kriminalpolitik seit den 80er Jahren darauf, community sentences im Ansehen der Richterschaft und der Öffentlichkeit zu

---

[319] Quelle: Brownlee, Intensive Probation with Young Adult Offenders, 1995, S. 599 (606)
[320] Brownlee, Intensive Probation with Young Adult Offenders, 1995, S. 599 (606)
[321] Brownlee, Intensive Probation with Young Adult Offenders, 1995, S. 599 (610)

stärken und als echte Strafen zu präsentieren.[322] Dabei war klar, daß dieses nur gelingen konnte, wenn das Vertrauen in eine rigorose Durchsetzung nicht verloren geht. Auch heute ist dies noch eine Gefahr, der erhöhte Aufmerksamkeit zuteil wird. Mit dem steigenden Trend zur Verhängung von community sentences (siehe Tabelle 6) und mit der Anwendung dieser ambulanten Kontrollsanktionen für immer schwerere Delikte wächst die Forderung nach einem klar strukturierten, uniformierten Vollzug und nach einer restriktiven Handhabung von Anordnungsverstößen.[323] Dieses Ziel ist zwar mit der Einführung der National Standards näher gerückt, doch werden immer noch Defizite bezüglich einer einheitlichen Handhabung bemängelt.

1. Durchsetzung der Probation Order

Kapitel 3, Nrn. 22 bis 26 der National Standards for the Supervision of Offenders in the Community von 1995 regeln die Durchsetzung der probation order.

Die Vorschriften dienen dazu, die Kooperation des Straftäters zu erreichen und die Erfüllung der Anordnung zu gewährleisten. Jedes Fehlverhalten oder unentschuldigte Fernbleiben sollte so bald wie möglich behandelt werden, zumindest aber innerhalb von zwei Werktagen. Der Vorfall, die Erklärung des Straftäters und die Stellungnahme des zuständigen Beamten müssen aufgenommen werden. Ist die Entschuldigung des Straftäters nicht akzeptabel, so ist der Vorfall formell als Anordnungsverstoß festzuhalten.[324]

Das Verfahren wegen Anordnungsverstoßes gemäß den Vorschriften des Criminal Justice Act 1991 sollte zu jedem Zeitpunkt während der Anordnung eingeleitet werden, unabhängig von der Zahl der Stunden, die noch abgeleistet werden müssen. Dem muß keine Abmahnung vorausgehen, sofern es sich um einen ernsten Verstoß gegen die Anordnung handelt. Dazu zählen

---

[322] Vgl. Green Paper „Punishment, Custody and the Community", 1988, para. 2.5, S. 4 und White Paper, „Crime, Justice and Protecting the Public", 1990, paras. 4.1-4.9, S. 18-20

[323] Davies, Community-based alternatives to custody, 1984, S. 2 (2 ff.); Drakeford, The Probation Service, Breach and the Criminal Justice Act 1991, 1993, 291 (292 f.); Home Office/Ellis/Hedderman/Mortimer, Enforcing Community Sentences, 1996, S. 1

[324] Home Office, National Standards for the Supervision of Offenders in the Community, chapter 3, no. 22

der Versuch, sich der Erfüllung der Anordnung zu entziehen sowie schweres Fehlverhalten während des Anordnungsvollzugs.[325] Wird beim ersten Verstoß kein Verfahren eingeleitet, sollte der Straftäter schriftlich abgemahnt werden. Eine Kopie der Abmahnung geht in seine Führungsakte ein. Höchstens zwei Abmahnungen dürfen innerhalb von 12 Monaten erfolgen, bevor das Verfahren wegen Anordnungsverstoßes eingeleitet wird.[326]

Erfordert das Fehlverhalten des Straftäters die Einleitung eines Verfahrens, so soll dies innerhalb von 10 Werktagen geschehen. Der beaufsichtigende Beamte hat einen Antrag an das Gericht einzureichen, in dem der Verstoß dargelegt und ein Vorschlag gemacht wird, welche Maßnahmen (Gerichtsvorladung, Vorführbefehl oder Haftbefehl) zu ergreifen sind.[327]

2. Verfahren wegen Anordnungsverstoßes

Die Vorschriften über das Verfahren wegen Anordnungsverstoßes richten sich für community sentences nach den Bestimmungen der schedule 2, part II Criminal Justice Act 1991.

Das Verfahren findet in der Regel vor dem Magistrates' Court statt, kann aber auch unter die Zuständigkeit des Crown Court fallen.[328] Das Gericht kann die Bewährungsanordnung aufrechterhalten oder gemäß schedule 2 part II para. 3(1)(d) Criminal Justice Act 1991 aufheben und eine Strafe für die ursprüngliche Tat festsetzten. Im ersten Fall hat es die Wahl zwischen der Verhängung einer Geldstrafe von bis zu £ 1000 oder einer community service order von bis zu 60 Stunden. Handelt es sich um einen Straftäter unter 21 Jahren ist die Verurteilung zu attendance centre möglich. Bei Aufhebung der ursprünglichen Anordnung steht dem Gericht die ganze Palette der Strafsanktionen im Rahmen seiner Strafgewalt zur Verfügung. Auch eine Gefängnisstrafe kommt in Betracht. Zwar deutet die ursprüngliche Verhängung einer

---

[325] Home Office, National Standards for the Supervision of Offenders in the Community, chapter 3, no. 23
[326] Home Office, National Standards for the Supervision of Offenders in the Community, chapter 3, no. 24
[327] Home Office, National Standards for the Supervision of Offenders in the Community, chapter 3, no. 25
[328] Zum Beispiel, wenn die ursprüngliche Anordnung vom Crown Court gemacht worden ist, und ein Widerruf der Anordnung in Rede steht; Hungerford-Welch, Criminal Litigation and Sentencing, 1995, para. 14.6.1, S. 344

Bewährungsstrafe darauf hin, daß die zugrundeliegende Straftat entweder nicht schwerwiegend genug war, um eine Freiheitsstrafe nach sich zu ziehen, oder daß mildernde Umstände gegen eine kustodiale Strafe sprachen, der Verstoß gegen die Anordnung kann jedoch dazu führen, daß der Straftäter seinen Bonus verspielt.[329] Das Verfahren wegen Anordnungsverstoßes kann daher auch zur Verhängung einer Gefängnisstrafe führen.

Die Begehung einer weiteren Straftat während des Anordnungsvollzugs stellt zwar keinen Verstoß im eigentlichen Sinne dar. Dennoch ist das Gericht ermächtigt, die Anordnung aufzuheben und sich im weiteren Verlauf des Verfahrens mit beiden Delikten zu befassen. In allen Fällen hat das Gericht die Umstände des Verstoßes sowie bereits abgeleistete Teile der Anordnung zu berücksichtigen.

3. Durchsetzungspraxis

Die Literatur zur Vollzugspraxis der probation order zeigt, daß es seit jeher Schwierigkeiten hinsichtlich der Einheitlichkeit ihrer Durchsetzung und Diskrepanzen zwischen der kriminalpolitischen Forderung nach restriktiver Handhabung und der realen Übung gegeben hat. Diese Probleme resultierten nicht zuletzt aus der konfliktträchtigen Doppelrolle der Fürsorge und Kontrolle.

Ende der 70er Jahre deuteten Untersuchungen darauf hin, daß viele probation officers durch Faktoren wie Idealismus und mangelnde Erfahrung und Unsicherheit im Umgang mit Gerichtsverfahren davon abgehalten wurden, ein Verstoßverfahren einzuleiten.[330] Andere kamen zu dem Ergebnis, daß die Betreuer keine Notwendigkeit sahen, Kontrollfunktionen und Behandlungsfunktionen zu trennen. Sie verließen sich auf ihr eigenes fachliches Urteilsvermö-

---

[329] Hierzu wird section 3(2)(b) Criminal Justice Act 1991 herangezogen. Der Verstoß gegen die Anordnung wird dem Rechtsbrecher danach als Verweigerung angelastet. Ashworth, Criminal Litigation and Sentencing, 1996/97, para. 19.10, S. 283; Hungerford-Welch, Criminal Litigation and Sentencing, 1995, para. 14.6.1, S. 345

[330] Lawson, The Probation Officer as Prosecutor, 1978, S. 48

gen hinsichtlich der Entscheidung, ob *breach proceedings*[331] erforderlich seien.[332] Letztlich kamen die verschiedenen Studien übereinstimmend zu dem Schluß, daß die Prioritäten der probation officers nicht bei der Erzwingung von Vorschriften lagen.[333] In einer Studie, die sich besonders mit der Durchsetzung der probation order (vor Inkrafttreten des Criminal Justice Act 1991 und Erlaß der National Standards for the Supervision of Offenders in the Community 1992) befaßte, wurde argumentiert, daß sich Bewährungshelfer und Probanden in erster Linie um Probleme wie Arbeitslosigkeit, finanzielle und häusliche Schwierigkeiten sorgten, dagegen kaum um die Ausübung und Erduldung von Kontrolle.[334]

Über ein Jahrzehnt später lassen sich erneut Anzeichen für diese Einstellung finden. Im Bericht von *Humphrey* und *Pease* von 1992 erklärt ein probation officer: „Wenn sie (die Probanden) es schaffen, einmal im Monat hier vorbeizuschauen und man sie alle sechs Wochen ins Auto bekommt, um sie zu einer Drogenberatung zu fahren, dann bewirkt das wahrscheinlich schon mehr Gutes als sie nach dreimaliger Abwesenheit vor's Gericht zu bringen."[335] Im Einklang damit wird berichtet, daß sich Bewährungshelfer seit dem Criminal Justice Act 1991 dem Druck ausgesetzt fühlen, daß „ein probation officer nur dann als gut anzusehen ist, wenn er viele Verstoßverfahren einleitet."[336] Es wurde davor gewarnt, daß die Einführung der National Standards for the Supervision of Offenders in the Community dazu führen könnte, daß Straftäter automatisch nach einer minimalen Anzahl von Verstößen wieder vor Gericht gebracht werden – ohne adäquate Untersuchung der Umstände.[337]

Was die Uniformität der Übung angeht, so notierte der *HM Inspectorate of Probation Annual Report 1992-93*, daß es trotz der National Standards immer noch eine erhebliche Vielfalt unterschiedlicher Praktiken bei der probation order gebe, und daß ein Teil des Personals unsi-

---

[331] Verfahren wegen Anordnungsverstoßes
[332] Giller/Morris, The Routinization of Treatment, 1978, S. 149 (153 ff.)
[333] Home Office/Ellis/Hedderman/Mortimer, Enforcing Community Sentences, 1996, S. 5
[334] Lawson, The Probation Officer as Prosecutor, 1978, S. 60 ff.; Broad, Punishment Under Pressure: The Probation Service in the Inner City, 1991, S. 144 f.
[335] Humphrey/Pease, Effectiveness Measurement in Probation, 1992, S. 31, (42)
[336] Drakeford, The Probation Service, Breach and the Criminal Justice Act 1991, 1993, 291 (293)
[337] Broad, Punishment Under Pressure: The Probation Service in the Inner City, 1991, S. 99

cher sei über den Gebrauch von Ermessen im Rahmen der Richtlinien.[338] Stimmen in der Literatur empfahlen eine „minimalistische Einstellung" gegenüber Durchsetzungsmaßnahmen.[339] Betont wurde die Ausübung von Ermessen im Umgang mit Straftätern mit chaotischem oder impulsivem Lebensstil. Im Kontrast dazu stand eine andere Meinung: Das Element staatlicher Kontrolle sei stets Teil der Rolle des Bewährungsdienstes gewesen, und diese sollte auch rigoros und auf glaubwürdige Weise ausgeübt werden.[340]

Zwischen September 1994 und Dezember 1995 führte das Home Office eine Studie zur Durchsetzungspraxis von community sentences durch.[341] In fünf Bewährungsbezirken wurden Interviews mit Bewährungshelfern, community service-Beamten, magistrates und Polizeibeamten geführt und lokale Richtlinien begutachtet. In zwei Bewährungsbezirken fanden nochmalige Befragungen nach Einführung der neuen National Standards von 1995 statt.

Die formelle Handhabung der Durchsetzung von probation orders, community service orders und combination orders war nach Einführung der National Standards 1992 grundsätzlich einheitlich. Toleriert wurden drei Verletzungen der Anordnung, bevor das Verstoßverfahren eingeleitet wurde. Meist ging es um das Fernbleiben von Terminen. Eine Abmahnung erfolgte nach zwei Verstößen und die Verfahrenseinleitung nach dem dritten Verstoß.[342]

Grundsätzlich wurde die Strategie verfolgt, es möglichst gar nicht erst zu einem Anordnungsverstoß kommen zu lassen.[343] Wenn ein Proband bereits einen Teil der Anordnung abgeleistet hatte und anfing, Vereinbarungen und Termine nicht einzuhalten, ordneten die Aufsichtsbeamten in allen Versuchsgegenden statt monatlicher eine wöchentliche Meldepflicht an. Dahinter steckte die Überlegung, die Chancen für eine Erfüllung der monatlichen Berichterstat-

---

[338] HM Inspectorate of Probation, Annual Report, 1992-93, S. 35
[339] Drakeford, The Probation Service, Breach and the Criminal Justice Act 1991, 1993, 291 (299f.)
[340] McWilliams/Pease, Probation Practice and an End to Punishment, 1990, S. 14 (22)
[341] Siehe Home Office/Ellis/Hedderman/Mortimer, Enforcing Community Sentences, 1996
[342] Home Office/Ellis/Hedderman/Mortimer, Enforcing Community Sentences, 1996, S. 10
[343] Home Office/Ellis/Hedderman/Mortimer, Enforcing Community Sentences, 1996, S. 25

tungspflicht zu erhöhen. Andererseits stieg damit auch die Wahrscheinlichkeit eines erneuten Verstoßes gegen die Anordnung.

Die meisten Bewährungsbeamten waren der Ansicht, daß es hilfreich war, den Probanden dazu zu ermutigen, eine mögliche Abwesenheit rechtzeitig anzukündigen. Dies fördere die Disziplin des Probanden, stärke das Arbeitsverhältnis zwischen Proband und Aufsichtsperson und sei ein Zeichen für Kooperationsbereitschaft und den guten Willen, die Anordnung erfolgreich abzuschließen. In allen Versuchsgebieten waren die probation officers bereit, Entschuldigungen anzunehmen und den Probanden von einer Verabredung freizustellen, wenn annehmbare Gründe vorlagen und dies nicht zu häufig geschah.[344] Eine gute Urteilsfähigkeit des probation officers und Erfahrungen mit dem Probanden wurden bei Zugeständnissen dieser Art jedoch vorausgesetzt. Dementsprechend strenger wurde zu Beginn einer Anordnung und mit bisher unbekannten Straftätern verfahren.

Pünktlichkeit spielte bei der Erfüllung von probation orders eher eine untergeordnete Rolle. Selbst wenn der Straftäter gar nicht am verabredeten Tag, dafür aber in der selben Woche erschien, wurde das in allen fünf Versuchsgebieten in der Regel akzeptiert und nicht als Abwesenheit registriert.[345]

Sonstiges Fehlverhalten während der Arbeit mit dem Straftäter, zum Beispiel unkooperatives Verhalten, führte sehr selten zu Verstoßverfahren. Ein Grund hierfür war nach Ansicht einiger probation officers der geänderte Wortlaut der Ermächtigungsgrundlage für die Verhängung der Bewährungsanordnung durch den Criminal Justice Act 1991. Da das Erfordernis des „good behaviour"[346] nicht mehr enthalten sei, habe sich der Ermessensspielraum hinsichtlich einer Verfahrenseinleitung wegen Mißverhaltens vermindert.[347] Ähnlich verhält es sich bei probation orders mit zusätzlichen Auflagen. Auch hier kam es eher wegen Abwesenheit als

---

[344] Home Office/Ellis/Hedderman/Mortimer, Enforcing Community Sentences, 1996, S. 26
[345] Home Office/Ellis/Hedderman/Mortimer, Enforcing Community Sentences, 1996, S. 30
[346] Wohlverhalten
[347] Home Office/Ellis/Hedderman/Mortimer, Enforcing Community Sentences, 1996, S. 30

wegen einer Verweigerung der Teilnahme an diversen Aktivitäten zu einem Prozeß. Zudem wurde schlechte Mitarbeit überwiegend dann sanktioniert, wenn die Durchführung der Bewährungsauflagen in der Hand des Bewährungsdienstes lag, wie beispielsweise im Falle von intensive probation-Programmen oder probation centres.

Tabelle 16 Zahl der insgesamt verhängten probation orders; Zahl der Urteile wegen Verfahrensverstoßes/Prozentsatz der insgesamt verhängten Anordnungen; Zahl der sofort vollziehbaren Gefängnisstrafen/Prozentsatz der Urteile wegen Verfahrensverstoßes.[348]

Jahr	Zahl der insgesamt verhängten probation orders (1)	Zahl der Verfahren wegen Anordnungsverstoßes	Verfahren wegen Verstoßes als Prozentsatz der insgesamt verhängten Anordnungen	Zahl der sofort vollziehbaren Gefängnisstrafen (2)	sofort vollziehbare Gefängnisstrafe als Prozentsatz der Verurteilungen insgesamt
1978	24.800	4.700	18	1.900	41
1979	27.500	4.300	17	1.700	40
1980	33.700	4.900	16	2.000	40
1981	36.200	5.000	14	2.100	43
1982	37.500	5.600	15	2.500	45
1983	38.700	5.700	15	2.700	47
1984	40.900	6.200	15	3.300	52
1985	42.400	7.100	17	4.000	56
1986	40.100	7.200	18	3.700	52
1987	42.200	8.000	19	4.300	54
1988	43.600	8.300	19	4.300	52
1989	44.200	8.200	19	4.000	49
1990	47.700	8.900	19	3.800	42
1991	47.500	9.400	20	4.300	45
1992	43.900	8.300	18	3.800	45
1993	43.800	4.800	11	1.800	37
1994	50.500	4.700	10	1.800	38
1995	49.400	5.400	11	1.800	34
1996	50.900	5.900	12	1.800	31

(1) Zahl der Verurteilungen wegen aller Straftaten: indictable offences und summary offences; (2) nicht ausgesetzte oder teilweise ausgesetzte Gefängnisstrafe, detention centre, borstal training, Jugendstrafe

---

[348] Quelle: Home Office/Criminal Statistics, England and Wales

Hingegen gab es Probleme mit den Kontrollmechanismen und dem Informationsfluß, wenn die Bewährungsanordnung mit einer Drogentherapie oder einer Behandlung wegen psychischer Störung verbunden wurde.[349] Wie die Gesamtstatistik zeigt (siehe Tabelle 16), war die Zahl der Verstoßverfahren sowie der Anteil solcher Verfahren im Vergleich zur Gesamtzahl der Bewährungsanordnungen bis Anfang der 90er Jahre keinen besonderen Schwankungen ausgesetzt.

Seinen Höhepunkt erfuhr der Prozentsatz der durch breach proceedings unterbrochenen oder sogar beendeten probation orders 1991 mit 20 Prozent, nachdem er seit Mitte der 80er Jahre ständig gestiegen war. Der Grund für diese Abweichung nach oben liegt vermutlich darin, daß die Bewährungshilfe dem politischen Klima der 80er Jahre nachgab und zu einer strengeren Vollzugspraxis überging. Kurz darauf jedoch zeichnete sich ein erheblicher Rückgang der Verstoßverfahren ab. Seit 1993 werden nur noch 10 bis 12 Prozent der Probanden erneut vor Gericht gebracht.

4.   Widerruf und Abänderung der probation order

Schedule 2 part III paragraph 7(1) Criminal Justice Act 1991 gibt dem Bewährungsbeamten die Möglichkeit, auf die Aufhebung der probation order hinzuwirken, indem er einen Antrag bei Gericht einreicht. Dies sollte dann geschehen, wenn er meint, daß der Proband so gute Fortschritte gemacht hat, daß die Anordnung als erfüllt betrachtet werden kann, oder wenn er zu der Ansicht gelangt, daß der Straftäter die Anordnung nicht einhalten kann. Ebenso kann der Straftäter einen Antrag auf Aufhebung der Bewährungsanordnung stellen.[350]

Gegenstand der Anrufung des Gerichts kann ferner die Abänderung der Anordnung gemäß schedule 2 part IV Criminal Justice Act 1991 sein. Diese kann beispielsweise die Aufhebung einer Auflage oder die Hinzufügung von Auflagen (mit Einwilligung des Straftäters) betref-

---

[349] Mangelnde Kooperation wurde den probation officers vom Personal der jeweiligen Institution oft nicht gemeldet und selbst Abwesenheit drang bisweilen nicht bis zum zuständigen Bewährungsbeamten durch. Home Office/Ellis/Hedderman/Mortimer, Enforcing Community Sentences, 1996, S. 31

[350] Para. 7(1) part III schedule 2 Criminal Justice Act 1991

fen. Die Länge der Bewährungsanordnung darf allerdings nicht auf diesem Wege geändert werden.[351] Die Entscheidung des zuständigen Gerichts[352] kann somit darin bestehen, die Anordnung zu bestätigen, abzuändern, aufzuheben oder durch eine andere Strafe zu ersetzen.

VIII. Zusammenfassung

Der probation service hat viele Phasen durchgemacht. Der von ihm beschrittene Weg führte vom Ursprung missionarischer Hingabe und Rettung der Seele über wissenschaftliche Diagnostik und die Behandlung pathologischer Zustände bis hin zur gegenwärtigen Vielfalt an Praktiken, die in erster Linie dazu dienen, die Anwendung der Gefängnisstrafe zu reduzieren. Alle diese Phasen hatten jedoch ein gemeinsames Element: Straftäter sollen resozialisiert werden. Die Mittel, mit welchen dieses Ziel verfolgt wurde, mögen zu verschiedenen Zeiten verschiedener Art gewesen sein, doch die Methode blieb im Kern immer rehabilitativ. Und trotz der Zurückhaltung und der Vorbehalte des Bewährungsdienstes gegenüber neuerlich zugefallenen Funktionen und Aufgaben, die ihm im Laufe der Zeit übertragen wurden, hat er in ihnen doch ein Element gefunden, das mit seinen resozialisierenden Zielen harmoniert. So wird in der community service order die Strafe mit den therapeutischen Inhalten der Wiedergutmachung und konstruktiver Arbeit gekoppelt.

Auch wenn die Bewährungshilfe sich darüber bewußt sein muß, daß bei der Strafzumessung noch andere Elemente eine Rolle spielen außer dem Resozialisierungsziel – wie zum Beispiel seit dem Criminal Justice Act 1991 „just deserts" – folgt daraus nicht, daß dadurch Zweifel an ihrer Rolle als Resozialisierunginstitution besteht. Dieser könnte aber dadurch aufkommen, daß bei der Arbeit des Bewährungsdienstes mittlerweile andere Strafzwecke mit der Resozialisierung in Wettbewerb treten und indem deren Sprache benutzt und deren Ziele mitverfolgt werden. Doch wenn Fürsorge und die Bemühung um Resozialisierung aus dem Programm des

---

[351] Para. 13(2)(a)(i) part IV schedule 2 Criminal Justice Act 1991; im Gegensatz zur community service order, die verlängert werden kann, vgl. para. 15 part IV schedule 2 Criminal Justice Act 1991

[352] Wurde die ursprüngliche Anordnung vom magistrates' courts gemacht, so kann dieser eine Entscheidung über die Weiterführung treffen; eine vom Crown Court verhängte Anordnung kann nur vor dem Crown Court verhandelt werden.

Bewährungsdienstes verschwinden, dann müßten sie woanders neu angesiedelt werden. Denn letztlich waren es doch die unerträglichen Folgen eines punitiven Kriminalrechtssystems, die den Bewährungsdienst überhaupt hervorgebracht haben.

D. Die Community Service Order

I. Inhalt und Vorschriften der Community Service Order

Bei der community service order handelt es sich um eine Strafe, die den Verurteilten dazu verpflichtet, gemeinnützige Arbeit zu verrichten. Sie kann gegen jeden ergehen, der wegen eines mit Freiheitsstrafe bedrohten Deliktes[353] angeklagt ist und das 16. Lebensjahr erreicht hat. Der Straffällige wird verurteilt, unbezahlte Tätigkeiten auszuführen. Deren Dauer beträgt zwischen 40 und 240 Stunden und wird im Urteil festgesetzt.[354] Die Organisation obliegt dem Bewährungsdienst. Die Beaufsichtigung übernehmen größtenteils vom Bewährungsdienst angestellte Hilfskräfte, ehrenamtlich tätige Sozialarbeiter oder sonstige mit Gemeinschaftsprojekten befaßte Personen. Das Gericht darf eine community service order nur dann verhängen, wenn es – nachdem es den Bericht eines Bewährungshelfers über den Straftäter und die Umstände der Tat zur Rate gezogen und, wenn nötig, einen Bewährungshelfer oder Sozialarbeiter angehört hat – zu der Ansicht gelangt ist, daß der Straftäter geeignet ist, die Arbeit im Rahmen einer solchen Anordnung zu verrichten.[355]

Die Nichtbefolgung der Anordnung kann vom magistrates' court mit einer Geldstrafe oder einer sonstigen „Ersatzstrafe" sanktioniert werden.[356] Begeht der Verurteilte eine weitere Straftat während des Vollzugs der Anordnung kann dies ebenfalls zur Aufhebung der community service order und zur Verhängung einer Ersatzstrafe führen.

II. Kriminalpolitischer Hintergrund und Entwicklung der Community Service Order

Wie viele der jüngeren Reformen im Rechtsfolgenbereich wurde der community service vor dem Hintergrund wachsender Unzufriedenheit mit dem Freiheitsstrafensystem entwickelt. Die

---

[353] Powers of Criminal Courts Act 1973, section 14(1)
[354] Powers of Criminal Courts Act 1973, section 14(1) und (3)
[355] Powers of Criminal Courts Act 1973, section 14(2A)
[356] Section 3 schedule 2 Criminal Justice Act 1991

ständig steigende Zahl der zu verbüßenden Freiheitsstrafen[357] stand der sich vertiefenden Des-illusionierung hinsichtlich der Idee und dem Erfolg der Freiheitsstrafe gegenüber, die auch von maßgebenden Vertretern des englischen Innenministeriums zum Ausdruck gebracht wurde – nicht zuletzt wegen der steigenden finanziellen Belastungen.[358] Insofern ist die community service order in erster Linie das Produkt einer von ökonomischen bzw. kapazitären Notwendigkeiten geprägten Suche nach Alternativen zur Gefängnisstrafe.

Die Sanktion ist jedoch auch als Ergebnis einer anderen Entwicklung zu sehen. So existierte – wie bereits oben angesprochen[359] – in den 60er Jahren eine starke Interessengemeinschaft für resozialisierende Behandlungsmethoden innerhalb des Strafrechtssystems. Es sollte ein Gleichgewicht zwischen *„deterrence and treatment"*[360] gefunden werden.[361] Bezeichnet wurde der neue Weg als *„reintegrative model"*. Der Straffällige sollte im Umfeld seiner *community* behandelt werden. Die Verantwortung für die Reintegration des Straffälligen wurde damit der „örtlichen Gemeinde" bzw. der „Gemeinschaft" übertragen.[362] In diesem Sinne ist auch eine Stellungnahme der *Conservative Party Study Group* von 1966 zu verstehen: *„In the imperso-nal society, concepts such as „the public good" and „social well-being" tend to lose their si-gnificance. Motives frequently become selfish and community values and loyalties diminish in their influence"*[363]

---

[357] Zudem erhöhte sich die Dauer der Freiheitsstrafen, vgl. Young, Community Service Orders, 1979, S. 4 ff.

[358] Vgl. Home Secretary Maudling in H.C. Debates, Vol. 826 col. 972 sowie die Einleitung zum Report des Ad-visory Council – Home Office/Advisory Council on the Penal System, Non-custodial and Semi-custodial Pe-nalties, 1970, S. 3

[359] Siehe oben unter 1. Teil A. V. Die Vermeidung der Gefängnisstrafe und 1. Teil C. III. 3. a) Die Behand-lungseuphorie der 60er Jahre

[360] Abschreckung und Behandlung

[361] Young, Community Service Orders, S. 13

[362] Inwiefern mit *community* tatsächlich die unterste Ebene der örtlichen Verwaltung oder lediglich die „Gesell-schaft" oder „Gemeinschaft" gemeint ist, wird nicht ganz klar. Insbesondere im Rahmen der community ser-vice order erscheint der Begriff der „Gemeinde" dann nicht zutreffend, wenn es sich um übergeordnete Tä-tigkeiten handelt.

[363] „In einer unpersönlichen Gesellschaft tendieren Konzepte wie „das Wohl der Öffentlichkeit" oder „das Wohl der Gesellschaft" dazu, ihre Bedeutung zu verlieren. Häufig werden die Motive eigennützig und Gemein-schaftswerte und Solidarität verlieren an Einfluß." Conservative Party Study Group, 1966, S. 15; Siehe auch Young, Community Service Orders, S. 13

Den schlechten Zustand der Gesellschaft sah man darin, daß soziales Miteinander einer wachsenden Anonymität wich. Infolgedessen wurde die staatliche Konfliktbewältigung im Falle von Straffälligkeit nicht mehr als ausreichend erachtet. Zusätzlich sollte die individuelle Beteiligung des Bürgers dazu beitragen, soziale Probleme zu bewältigen, um der Entstehung von Kriminalität entgegenzuwirken.[364] Kriminalprävention wurde damit auch eine Aufgabe der *community*. Zugleich sollte der Freiwilligeneinsatz zu wohltätigen Zwecken angeregt werden. Einmal hoffte man, damit die Kluft zwischen Helfern und Bedürftigen zu überbrücken. Auf der anderen Seite wollte man der Jugend Raum für persönliches Engagement bieten, um der Entwicklung einer reinen Konsumgesellschaft bei wachsendem Wohlstand vorzubeugen.[365] Ehrenamtliche Betätigungen könnten die Energien Jugendlicher und Heranwachsender in konstruktive Bahnen lenken und einen Sinn für „Teamgeist" und Altruismus wecken. So erlebte der Freiwilligeneinsatz junger Menschen in den 60er Jahren in England eine Hochphase.[366] Als Produkt der beiden Strömungen – Übernahme der Verantwortung für Straffällige durch die Gemeinschaft und Freiwilligeneinsatz zu wohltätigen Zwecken – erstreckten sich schließlich die Aufgaben der ehrenamtlichen Helfer auf die Arbeit mit Straffälligen. Zum Beispiel wurden Projekte ins Leben gerufen, in deren Rahmen Gefangene auf freiwilliger Basis kommunale Arbeiten gemeinsam mit ehrenamtlichen Helfern verrichteten.[367] Man kann daher sagen, daß die Einführung der community service order als eigenständiger Strafsanktion mit Bezug zur örtlichen Gemeinde lediglich eine bestehende Praxis bestätigte.

Das Innenministerium setzte Ende der 60er Jahre ein Kommittee („Advisory Council") ein, das unter der Leitung von *Baronesse Wootton*[368] im Jahre 1970 seinen Bericht über „non-custodial and semi-custodial Penalties" vorlegte. Als erfolgversprechender und am ehesten realisierbarer Vorschlag zur Vermeidung der Freiheitsstrafe wurde darin die Einführung des

---

[364] Young, Community Service Orders, S. 13
[365] Young, Community Service Orders, S. 16
[366] Zu den verschiedenen Organisationen, in deren Rahmen gearbeitet wurde (*the Scouts, Voluntary Service Overseas, Community Service Volunteers*) siehe Young, Community Service Orders, S. 16
[367] So zum Beispiel die Projekte des *International Voluntary Service* mit dem *Wandsworth Prison* in der Zeit von 1960 bis 1965
[368] Es ist daher oft vom „Wootton-Committee" die Rede

community service bezeichnet.[369] Der Advisory Council stützte sich dabei auf die britische Tradition der freiwilligen gemeinnützigen Tätigkeit und die gut etablierte Praxis, Strafgefangene und borstal-Häftlinge mit Außenarbeit zu beschäftigen.[370]

Die Empfehlung stieß beim Gesetzgeber auf offene Ohren. Die community service order wurde durch den Criminal Justice Act 1972[371] gesetzlich eingeführt und im Jahr darauf durch den Powers of Criminal Courts Act 1973 bestätigt.[372] Zunächst wurde die neue Strafsanktion jedoch nur versuchsweise in sechs Gerichtsbezirken[373] des Landes angewandt, wobei – wie ebenfalls vom Advisory Council vorgeschlagen[374] – eine Forschungsgruppe des Londoner Innenministeriums („Home Office Research Unit") die Entwicklungen beobachtete und hinsichtlich ihrer Erfolge beurteilte. Trotz der Feststellung einiger Anfangsschwierigkeiten, wertete die Forschungsgruppe den Weg Mitte 1974 als gangbar,[375] während von den Pilotbezirken selbst veröffentlichte Erfahrungsberichte – wohl nicht ohne einen gewissen Eigennutz – das Projekt uneingeschränkt befürworteten.[376]

Am 22. August 1974 verkündete das Home Office die Ausweitung des Projekts auf alle Gerichtsbezirke in England und Wales, beginnend mit dem 1. April 1975.[377] Bis dahin mußten dort Arbeitsplätze und Organisationsstrukturen geschaffen werden. Das bereitete zwar in einzelnen Bezirken Schwierigkeiten (etwa in Dyfeld und Cornwall),[378] konnte jedoch im März

---

[369] Home Office/Advisory Council on the Penal System, Non-custodial and Semi-custodial Penalties, 1970, S. 12

[370] Home Office/Advisory Council on the Penal System, Non-custodial and Semi-custodial Penalties, 1970, S. 15; Young, Community Service Orders, 1979, S. 18

[371] Siehe sections 15-19 Criminal Justice Act 1972

[372] Beim Powers of Criminal Courts Act 1973 handelt es sich um eine Zusammenfassung der Zuständigkeiten die den Strafgerichten durch die Criminal Justice Acts von 1948, 1967, 1972 übertragen worden waren.

[373] Durham, Kent, Inner London, South-West Lancashire, Nottinghamshire und Shropshire; vgl. die Studie zu dieser Einführungsperiode, Home Office/Pease/Billingham/Earnshaw, Community Service Assessed in 1976, 1977

[374] Home Office/Advisory Council on the Penal System, Non-custodial and Semi-custodial Penalties, 1970, S. 21

[375] Home Office/Pease/Durkin/Earnshaw/Payne/Thorpe, Community Service Orders, 1975, S. 70

[376] Pfohl, Gemeinnützige Arbeit als strafrechtliche Sanktion, 1983, S. 124

[377] Home Office Circular, no. 158/1974; Pfohl, Gemeinnützige Arbeit als strafrechtliche Sanktion, 1983, S. 125

[378] Young, Community Service Orders, chapter X

1979 damit abgeschlossen werden, daß in ganz England und Wales die Möglichkeit zur Vollstreckung einer community service order gegeben war. Seitdem sind die Verurteilungen zu
community service fast konstant gestiegen (vgl. Tabelle 17).

Tabelle 17 Verurteilungen zu community service order wegen indictable offences; Anzahl ergangener Anordnungen und Anteil der Anordnungen im Vergleich zu allen übrigen Strafsanktionen.[379]

Jahr	Verurteilung wegen indictable offences	Anteil der Verurteilungen (%)	Jahr	Verurteilung wegen indictable offences	Anteil der Verurteilungen (%)
1974	1.000	0,3	1986	30.500	8
1975	2.600	0,6	1987	31.100	8
1976	7.600	1,8	1988	30.400	8
1977[(1)]	10.200	2	1989	23.700	7
1978	12.000	2	1990	26.800	8
1979	13.500	3	1991	29.500	9
1980	19.500	4	1992	31.200	10
1981	24.800	5	1993	32.800	11
1982	28.000	6	1994	32.900	10
1983	31.400	7	1995	30.500	10
1984	33.600	7	1996	28.300	9
1985	33.800	8			

(1) Ab 1977 können die Einführung einer neuen Berechnungspraxis und die Neudefinierung des
Begriffs der »indictable offences« durch den Criminal Justice Act 1977 zu leichten Schwankungen
führen.

1.   Aufgabe und Stellung der Community Service Order im Strafensystem nach ihrer Einführung in den 70er Jahren

Der Advisory Council on the Penal System sah die Verurteilung zu Arbeitsleistungen sozialer
Art vor, die anderweitig nicht erbracht werden. Dabei drückte er seine Intention folgendermaßen aus:

„Der Vorschlag, Straftäter zur Erbringung gemeinnütziger Arbeit zu verurteilen, soll Anhänger verschiedener Strafphilosophien ansprechen. Für manche stellt die Sanktion einfach eine
konstruktive und billigere Alternative zu kurzen Freiheitsstrafen dar. Andere sehen darin die

---

[379] Quelle: Home Office, Criminal Statistics England and Wales

Einführung einer neuen Dimension in das Strafrechtssystem, mit Betonung auf Reparation und Wiedergutmachung in der Gemeinschaft. Wieder andere halten es für die Umsetzung der alten Regel, daß die Strafe im Verhältnis zur Schwere des Verbrechens stehen muß. Schließlich erachten wieder andere es als sinnvoll, daß der Straftäter mit solchen Mitgliedern der Gesellschaft in Berührung kommt, die unsere Unterstützung und Hilfe am nötigsten brauchen."[380]

Die Arbeit sollte im Rahmen freiwilliger sozialer Tätigkeiten geleistet werden, die Verurteilten auf diese Weise von sozialen Organisationen aufgefangen und in deren Betätigungsfeld eingeschlossen werden. Dieser Rückgriff auf das soziale Netz gemeinnütziger Vereine und Organisationen in England veranschaulicht, wie tief die Sanktion im Sozialleben des Landes verwurzelt ist.[381] Sie bedarf daher für ihre Umsetzung sozial tatkräftiger und engagierter Personen, wie sie sich in der Tradition der englischen Mittelschicht finden.[382] So ist es auch nicht überraschend, daß die Idee des community service in den 60er Jahren entstand, in einer Zeit, in der nicht nur das Behandlungsideal im Strafvollzug seine Hochphase erlebte, sondern auch der Freiwilligeneinsatz zu wohltätigen Zwecken vor allem bei der Jugend ein starkes Engagement erzeugte.[383]

Der Vorteil dieser Strafart wurde darin gesehen, daß sie repressive und resozialisierende Elemente verband und zudem nur geringe Kosten verursachte. Der Täter wurde nicht aus seinem sozialen Umfeld herausgerissen, konnte seinem Beruf nachgehen und erhielt seine Strafe dadurch, daß er seine Freizeit verlor.[384] Es war nicht die Arbeitsleistung, die die Strafe bewirken sollte, sondern der Verlust an Freizeit. Die Tätigkeit selbst sollte resozialisierenden Einfluß haben, zur konstruktiven Ausfüllung der Freizeit anregen, Gewöhnung an regelmäßige Arbeit bewirken und soziale Verantwortung wecken. Der gemeinsam mit sozial engagierten Bürgern

---

[380] Home Office/Advisory Council on the Penal System, Non-custodial and Semi-custodial Penalties, 1970, para. 33

[381] Huber, Community Service Order als Alternative zur Freiheitsstrafe, 1980, S. 638 (639)

[382] Smith, Community Service Order, 1974, S. 245 (247)

[383] Siehe dazu und zur Entstehung und Entwicklung der „community service volunteers" Young, Community Service Orders, 1979, S. 15 ff.

[384] Radzinowicz/King, The Growth of Crime, 1977, S. 302

ausgeführten Arbeit wurde großer resozialisierender Wert beigemessen und zudem wurde eine Wiedergutmachung an die Gesellschaft erzielt.[385]

Nach Einführung der community service order war jedoch lange Gegenstand der Diskussion, welchen Platz sie im Strafensystem einnehmen sollte.[386] Der Wortlaut der section 14(1) Powers of Criminal Courts Act 1973, der sie für Straftaten vorsieht, die „mit Freiheitsstrafe bedroht sind", ist nicht eindeutig und läßt mehrere Auslegungen zu. Ursprünglich war sie als Alternative zur kurzen Freiheitsstrafe, aber auch zur Geldstrafe gedacht.[387] Doch bezeichneten offizielle Verlautbarungen des Innenministeriums es als den erklärten Willen des Gesetzgebers, daß ihre wesentliche Funktion in der Schaffung einer Alternative zur Freiheitsstrafe überhaupt liege.[388] Stimmen aus dem Bewährungsdienst und der Richterschaft argumentierten jedoch, es ließe sich in der Praxis nicht verhindern, daß die community service order auch als eigenständige Strafe unabhängig von der Freiheitsstrafe beurteilt und eingesetzt werde.[389] Die im Jahre 1976 zu den Eingangsprojekten angefertigte Studie der Home Office Research Unit des Innenministeriums sollte schließlich Anwendung und Wirkungsweise der neuen Strafsanktion untersuchen und Aufschluß darüber geben, ob mit der community service order die Freiheitsstrafe ersetzt oder statt dessen andere ambulante Sanktionen oder gar eine ausgesetzte Strafe verdrängt wurden.[390]

---

[385] So die Begründung des Advisory Council, siehe Home Office/Advisory Council on the Penal System, Noncustodial and Semi-custodial Penalties, § 32 ff. S. 12 ff.

[386] Pease, Community Service and the Tariff, 1978, S. 269 (269-275); und kritische Erwiderungen dazu: Wills, Community Service and the Tariff, 1978, S. 540 (544); Young, Community Service Orders, 1979, S. 118 ff.

[387] Home Office/Advisory Council on the Penal System, Non-custodial and Semi-custodial Penalties, § 37, S. 13 f.

[388] Home Office's Memorandum for Guidance on Community Service Orders, October 1974, Beilage zum Home Office Circular 197/1974. Der den Gesetzentwurf im Parlament vortragende Innenminister Maudling am 22. November 1971, siehe: H. C. Debates, Vol. 826, col. 972; Home Office Statistical Bulletin, März 1980, On Community Service Orders, § 4

[389] Pease, Community Service and the Tariff, 1978, S. 269 (271)

[390] Home Office/Pease/Billingham/Earnshaw, Community Service Assessed in 1976, 1977

Für die Untersuchung wurden vier Gruppen gebildet, die sich an den zu community service verurteilten Delinquenten orientierten: (a) Täter, für die eine Einschätzung durch den Bewährungsdienst vorlag, welche Strafsanktion durch die community service order ersetzt wurde, (b) Täter, die gegen die Anordnung verstoßen hatten und eine neue Strafe erhielten, (c) Täter, für welche das Gericht ein Eignungsgutachten eingefordert hatte und (d) Täter, die vom Bewährungsdienst für eine community service order empfohlen worden waren, aber eine andere Strafe erhalten hatten.

Tabelle 18 Strafsanktionen, die für solche Täter verhängt wurden, deren community service-Anordnungen nach section 16 des Powers of Criminal Courts Act 1973 wegen Verstoßes gegen die Anordnung aufgehoben wurden (Gruppe b). Aufspaltung nach Anzahl der zu leistenden Stunden und Prozentsatz der bereits abgeleisteten Stunden. [391]

Verhängte Strafe / %-Satz abgeleisteter Stunden	Zahl der zu leistenden Stunden											
	< 100			100-199			>200			Total		
	nicht kustodiale Strafe	ausgesetzte Strafe	kustodiale Strafe	nicht kustodiale Strafe	ausgesetzte Strafe	kustodiale Strafe	nicht kustodiale Strafe	ausgesetzte Strafe	kustodiale Strafe	nicht kustodiale Strafe	ausgesetzte Strafe	kustodiale Strafe
< 10%	2	--	1	10	5	15	2	3	10	14	8	26
-19%	--	--	1	6	--	6	2	--	--	8	0	7
20-49%	--	--	--	13	1	7	2	2	3	15	3	10
>50%	1	--	--	7	5	3	--	1	3	8	6	6
Total	3	--	2	36	11	31	6	6	16	45	17	49

Hinsichtlich der Auswertung der Tätergruppe (b)[392] wurde beispielsweise folgendermaßen argumentiert: In den Fällen, in denen die Dienstleistungsanordnung nach relativ kurzer Zeit,

---

[391] Home Office/Pease/Billingham/Earnshaw, Community Service Assessed in 1976, 1977, Tabelle 1, S. 5; Zu beachten ist, daß diese Tabelle lediglich einen Ausschnitt darstellt. Es wurden Daten aus ausgewählten Gerichtsbezirken über eine Periode von ca. 3 Jahren ausgewertet. Vgl. Erläuterungen in der Studie auf S. 6

[392] Für die Beurteilung der weiteren Gruppen siehe Home Office/Pease/Billingham/Earnshaw, Community Service Assessed in 1976, 1977, S. 3-10

bzw. nach Ableistung eines geringen Prozentsatzes der zu leistenden Arbeitsstunden wegen Verstoßes aufgehoben wurde, könne die daraufhin verhängte Strafsanktion Aufschluß darüber geben, an Stelle welcher Strafe die community service order erhoben worden sei. Wäre die community service order tatsächlich vom Gericht als Alternative zur Freiheitsstrafe angewandt worden, so sei zu erwarten gewesen, daß im Falle der Aufhebung eine kustodiale Sanktion verhängt worden wäre. Es stellte sich aber heraus, daß nur in 54 Prozent (26) der Fälle, in denen das Gericht die Dienstleistungsanordnung nach kurzer Zeit (10 Prozent der Gesamtzahl abzuleistender Arbeitsstunden) aufgehoben hatte, eine Freiheitsstrafe verhängt wurde (vgl. Tabelle 18).[393] Dies lege den Schluß nahe, daß in 46 Prozent des angeordneten community service diese Strafe nicht als Alternative zur Freiheitsstrafe angewandt worden sei.[394] Zu einem ähnlichen Gesamtergebnis kam das für die Forschungsstudie eingesetzte Team nach Auswertung aller vier Untersuchungsgruppen. Es zeigte sich, daß die community service order in 45 bis 50 Prozent der Fälle auch dann verhängt wurde, wenn keine Freiheitsstrafe in Betracht gekommen wäre,[395] so daß die mit der Sanktion verfolgte Diversion in der Hälfte der Fälle nicht erzielt werden konnte.[396] Angehörige des Bewährungsdienstes äußerten ferner die Auffassung, daß die neue, nichtfreiheitsentziehende Sanktion auf Kosten der Bewährungsanordnung angewandt wurde, deren Verhängung stark rückläufig war.[397]

Die Unsicherheit der Gerichte darüber, welchem Strafziel die Sanktion letztendlich dienen sollte[398] – ob sie als tariff-Strafe retributiv und generalpräventiv oder als individualisierende Sanktion eher bessernd wirken sollte und deshalb in ihrer Länge den Bedürfnissen des Verurteilten angepaßt werden mußte – wirkte sich auch auf die im Einzelfall verhängte Strafdauer aus. Indem der Gesetzgeber keine Beziehung zwischen der unteren Grenze des community service (40 Stunden) zu einer bestimmten Freiheitsstrafendauer hergestellt hatte, blieb das Verhältnis der Strafarten zueinander der Einschätzung durch die Gerichte überlassen. Mangels

[393] 47% bei einer Rate abgeleisteter Stunden von 10-19%, 36% bei 20-49% und 30% bei mehr als 50%
[394] Home Office/Pease/Billingham/Earnshaw, Community Service Assessed in 1976, 1977, S. 6
[395] Home Office/Pease/Billingham/Earnshaw, Community Service Assessed in 1976, 1977, S. 9 f.
[396] Home Office/Advisory Council on the Penal System, Sentences of Imprisonment, 1978, § 74, S. 37 f.
[397] Association of Probation Officers, Times vom 11.10.1976, S. 4

einer eindeutigen Klärung, ob die Strafe auch an die Stelle der Bewährungsanordnung oder Geldstrafe treten konnte, ergaben sich nicht nur Ungleichheiten bei der ursprünglichen Strafzumessung durch den Erstrichter, sondern auch bei Bruch der Anordnung[399] mit anschließender Festsetzung einer neuen Sanktion. Die in diesem Fall auszusprechenden „Ersatzstrafe" fiel mangels Kenntnis des Zweitrichters von den Vorstellungen des Erstrichters – die dieser nicht in Form einer schriftlichen Strafzumessungsbegründung niederzulegen verpflichtet ist – unterschiedlich aus: Wie die Kriminalstatistik von 1978 zeigt, verhängten die magistrates' courts für den Bruch einer community service order in 50 Prozent der Fälle Geldstrafen, in 20 Prozent sofort vollziehbare Freiheitsstrafen und in 11 Prozent ausgesetzte Freiheitsstrafen, während die Crown Courts in über 50 Prozent sofort vollziehbare Freiheitsstrafen aussprachen.[400]

Dennoch fand die community service order in den ersten Jahren nach ihrer Einführung überwiegend günstige Aufnahme. Die Reaktionen der Richter, der zuständigen Bewährungsbeamten, anderer Bewährungshelfer, Arbeitsvermittlungen, Verurteilten und der Presse waren überwiegend optimistisch. Besondere Bedeutung maß das Innenministerium dieser neuen Sanktionsform zu. Die Forschungsstudie von 1976 sah die community service order trotz der nicht immer ermutigenden Ergebnisse als erfolgreich an.[401] Diese Einschätzung wurde allerdings teilweise als Wunschdenken eingestuft. Die Krisensituation des Vollzugs, die zum größten Teil dem Innenministerium angelastet wurde, verlangte nach einem Ausweg, der gern in der community service order gesehen wurde. Indem die Hälfte der Angeklagten anstatt zu einer Freiheitsstrafe zu community service verurteilt wurde, konnte eine Gefängnisentlastung vorgewiesen werden. Dieses positive Ergebnis war jedoch nur von marginaler Bedeutung, wenn man die Gesamtsituation des Freiheitsentzugs betrachtete. Da kriminalpolitische Reformen zu ihrem Wirksamwerden der Mitwirkung der zur Durchsetzung normativer Regelungen eingesetzten Richter bedürfen, hätte eine eindeutigere Fassung der gesetzlichen Vorschriften möglicherweise einen weiteren Anwendungsbereich für diese Sanktion eröffnet.

---

[398] Young, Community Service Orders, S. 127 f.
[399] Vgl. sections 16 und 17 Powers of Criminal Courts Act 1973
[400] Home Office, Criminal Statistics, England and Wales 1978
[401] Vgl. Home Office/Pease/Billingham/Earnshaw, Community Service Assessed in 1976, 1977

2. Die 80er Jahre

In den 80er Jahren senkte der Criminal Justice Act 1982 die Altersgrenze für die community service order von 17 auf 16 Jahre.[402] 1988 läutete das Green Paper „Punishment, Custody and the Community" weitere Veränderungen ein. Community service sollte strenger und anspruchsvoller werden, da Richter und Öffentlichkeit diese Sanktion anderenfalls nicht als Strafe akzeptiert hätten.[403]

Ferner wurde vorgeschlagen, dem community service den Status einer eigenständigen Strafe zu verleihen oder ihn als Teil einer *supervision order*[404] zu verhängen.[405] Zur Diskussion gestellt wurden auch die Maximaldauer von 240 Stunden sowie die Minimaldauer von 40 Stunden.[406] Eine niedrigere Minimaldauer könne dazu beitragen, community service für weniger schwere Delikte zu verhängen, eine längere Arbeitsanordnung den Delinquenten in der Disziplin regelmäßiger Anwesenheit zu schulen. Gleichzeitig machte das Green Paper jedoch die Probleme einer Ausdehnung der Stundenzahl deutlich. Die Erfahrung habe gezeigt, daß gegen Dienstleistungsstrafen von länger als 200 Stunden eher verstoßen werde als gegen kürzere Anordnungen. Eine lange Strafe erlege dem Verurteilten auf, daß er mindestens 30 Arbeitstage innerhalb einer Periode von mehreren Monaten ableistet. Selbst wenn der Ort der Arbeitsstelle ungünstig zu erreichen sei, müsse er pünktlich erscheinen. Die Anforderungen seien daher bei einer längeren community service order relativ hoch, vor allem für Straftäter mit einem instabilen Lebenswandel.[407] Letztlich blieben die Vorgaben für die Anordnungsdauer dann auch unangetastet.

---

[402] Die Änderung des Powers of Criminal Courts Act 1973, section 14(1) erfolgte durch den Criminal Justice Act 1982, schedule 12 section 1

[403] Home Office, Green Paper „Punishment, Custody and the Community", 1988, 2.5, S. 4

[404] Betreuungs- oder Beaufsichtigungsanordnung

[405] Home Office, Green Paper „Punishment, Custody and the Community", 1988, 3.13, S. 10

[406] Bei 16jährigen beträgt die Maximaldauer 120 Stunden

[407] Home Office, Green Paper „Punishment, Custody and the Community", 1988, 3.14, S. 10

Schließlich kündigte die Regierung im Green Paper die Absicht an, Vorschriften für die Durchführung der community service order zu schaffen.[408] Damit wurde die Entwicklung der Sanktion nach längerer Zeit der Vernachlässigung wieder vorangetrieben.

3. Die Einführung der National Standards for Community Service Orders 1989

Der Einführung der *National Standards for Community Service Orders* gingen Jahre der Unsicherheit und Verwirrung über die Rolle und Umsetzung der community service order voraus. Während dieser Zeit wurden in der Literatur vier mögliche idealtypische Entwicklungen skizziert, die durch die Vielgestaltigkeit der Sanktion entstehen könnten: 1. *Bureaucratisation* – Bürokratisierung, Schwerpunkt auf der Durchführung der Arbeit, keine Einbindung des Bewährungsdienstes; 2. *Probationisation* – Schlüsselrolle des Bewährungsdienstes, Schwerpunkt auf den sozialen Aspekten des community service, Ausweitung des Ermessensspielraumes bei der Durchführung der Anordnung; 3. *Penalisation* – Schwerpunkt auf dem Strafcharakter der Anordnung, Entwicklung hin zu härterer Arbeit und unpersönlicherem Umfeld; 4. *Standardisation* – landesweite Vereinheitlichung der community service order, Verwaltungsvorschriften zur Durchführung und Rolle der community service order.[409]

1987 beauftragte das Innenministerium die Birmingham University, eine Studie anzufertigen, welche die Bandbreite der existierenden community service-Programme in Augenschein nimmt. Es stellte sich heraus, daß fast jede denkbare Kombination der obengenannten Richtungen aufzufinden war. Das Innenministerium war der Meinung, daß Beständigkeit und allgemeine Regeln erforderlich seien, um das Vertrauen der Gerichte in die community service order zu stärken, bzw. aufrechtzuerhalten. Im Januar 1988 wurde den Vorsitzenden der community service-Kommitees in den Bewährungsbezirken ein Memorandum zugesandt, welches darüber informierte, daß sich community service zwar in beeindruckender Weise seit 1973 entwickelt habe, es aber doch beträchtliche Unterschiede bei der Durchführung der commu-

---

[408] Home Office, Green Paper „Punishment, Custody and the Community", 1988, 2.6, S. 4
[409] Pease/McWilliams, Community Service by Order, 1980, S. 138

nity service-Projekte gebe, welche die Position der community service order – am oberen Ende der Sanktionsskala und für haftgefährdete Straftäter – schwächen könnten. Das Memorandum präsentierte darüber hinaus Diskussionsvorschläge für National Standards, um diese Schwäche zu beseitigen. Zwei weitere Konsultationen folgten im Juni und November 1988.

Die National Standards for Community Service Orders traten am 1. April 1989 in Kraft.[410] Bis zu diesem Termin waren alle Bewährungsbezirke dazu angehalten, ihre community service-Programme mit den National Standards in Übereinstimmung zu bringen. Die Standards regelten Details der community service-Organisation, sie betonten den Wert manueller Gruppenarbeit, das Erfordernis der Einheitlichkeit bei der Anrechnung von Arbeitsstunden und hinsichtlich des Verfahrens wegen Verstoßes gegen die Anordnung. Wichtigste Ziele der Standards waren Uniformität, Transparenz und Überprüfbarkeit der community service-Programme sowie die Sicherstellung ihrer Position am oberen Ende der Strafenskala und als Alternative zur Gefängnisstrafe.

1992 wurden die National Standards for Community Service Orders 1989 durch die *National Standards for the Supervision of Offenders in the Community* ersetzt. Deren zweite Auflage von 1995 setzt heute die Rahmenbestimmungen für die Ausgestaltung des Vollzugs der community service order sowie anderer community sentences.

4. Die 90er Jahre

Mit dem Criminal Justice Act 1991 vollzog sich in den 90er Jahren die Abkehr vom Begriff der „Alternative zur Freiheitsstrafe". Dennoch sollten die Gerichte die community service order gerade dann in Erwägung ziehen, wenn die Straftat schwer genug ist, um eine Freiheitsstrafe nach sich zu ziehen, in der Person des Täters jedoch Gründe für eine Strafmilderung vorliegen.[411] Ferner erlaubt der Criminal Justice Act 1991 dem Richter, den community ser-

---

[410] Home Office, The Community Service Orders Rules, Statutory Instrument, 1988
[411] Ashworth, Criminal Litigation and Sentencing, 1996/97, para. 19.6.3, S. 280

vice mit einer anderen Strafe zu kombinieren, beispielsweise mit einer Geldstrafe. Die Kombination zwischen community service und einer Bewährungsanordnung ist allerdings nur im Rahmen der combination order und unter den für diese Strafe geltenden Voraussetzungen möglich. Der Criminal Justice Act 1991 erhöhte zudem die Maximaldauer der community service order für 16jährige von 120 auf 240 Stunden. Sie wurde damit der Maximaldauer für alle anderen Altersklassen angeglichen. Daneben erfolgten einige kleinere Änderungen, welche die Berücksichtigung des pre-sentence reports für die Richter einführten, und die den Verurteilten dazu verpflichteten, mit der Aufsichtsperson in Verbindung zu bleiben und Adressenänderungen mitzuteilen.

1995 erschien das Green Paper „*Strengthening Punishment in the Community*", welches das Thema der Einwilligung aufgriff. Gemäß section 14(2) des Powers of Criminal Courts Act 1973 war für eine Verurteilung zu community service bisher die Einwilligung des Angeklagten erforderlich. Diese Voraussetzung wurde aufgestellt, da die Anordnung einen „Zwang zur Arbeit" ausspricht, Art. 4.2 der Europäischen Menschenrechtskonvention (EMRK) aber Zwangsarbeit verbietet. Deshalb war die Bestimmung über die Einwilligung bereits in den Criminal Justice Act 1972 aufgenommen worden, der die community service order einführte. Schon damals bestand der Verdacht, daß es sich hier um eine übervorsichtige Maßnahme handelte. Eine erneute Prüfung[412] der Voraussetzungen des Art. 4 EMRK durch den Europäischen Gerichtshof für Menschenrechte (EuGHMR) bestätigte diesen Verdacht. Art. 4 EMRK bietet zwar keine Definition des Begriffs der „Zwangsarbeit", Art. 4.3(a) EMRK benennt jedoch Ausnahmen, die nicht unter diese Kategorie fallen. Dazu gehört „jede Arbeit, die im gewöhnlichem Verlauf einer Haftstrafe zu verrichten ist, welche in Übereinstimmung mit den Voraussetzungen des Art. 5 dieser Konvention verhängt wurde oder Arbeit, die im Zeitraum der bedingten Freistellung von solch einer Strafe zu erbringen ist". Die community service order wird nicht nur in Übereinstimmung mit den erforderlichen verfahrensrechtlichen Garantien des Art. 5 EMRK verhängt. Sie erfüllt auch alle Voraussetzungen des Art. 6 EMRK (son-

---

[412] Im Lichte späterer Entscheidungen, wie zum Beispiel *Van der Mussele*, EuGHMR, Entscheidung vom 29.9.1983, Series A, Vol. 70

stige Garantien eines strafrechtlichen Verfahrens).[413] Infolgedessen verlangt die damalige konservative Regierung im Green Paper von 1995 die Abschaffung des Einwilligungserfordernisses.[414]

Tabelle 19 Gesetzgebungsakte oder Maßnahmen mit Relevanz für die community service order; Inhalt/Bedeutung.

Jahr	Gesetzgebungsakte/Maßnahmen	Inhalt/Bedeutung
1970	Wootton Committee	Einsetzung des *Advisory Council on the Penal System, Non-custodial and Semi-custodial Penalties*: Bericht über die Möglichkeiten ambulanter Strafsanktionen, Empfehlung der community service order
1972	Criminal Justice Act 1972	Einführung der community service order
1973	Powers of Criminal Courts Act 1973	Zusammenfassung der Zuständigkeiten, die den Strafgerichten durch die Criminal Justice Acts von 1948, 1967 und 1972 wurden
1982	Criminal Justice Act 1982	Senkung der Altersgrenze von 17 auf 16 Jahre
1989	National Standards for Community Service Orders 1989	Richtlinien des Innenministeriums für die Durchführung der community service order
1991	Criminal Justice Act 1991	Eingliederung der community service order bei den community sentences
1992	National Standards for the Supervision of Offenders in the Community 1992	Richtlinien des Innenministeriums für die Durchführung community service order (u.a.)

Kurz vor dem Regierungswechsel im Mai 1997 wird diese Forderung schließlich realisiert. Der Crime Sentences Act 1997 schafft das Einwilligungserfordernis in section 38(2)(b) ab.

---

[413] Home Office, Green Paper, „Strengthening Punishment in the Community", 1995, para. 4.20, S. 16
[414] Home Office, Green Paper, „Strengthening Punishment in the Community", 1995, para. 4.23, S. 17

III. Anwendungsbereich der Community Service Order

Der Advisory Council on the Penal System hatte offensichtlich keine präzisen Vorstellungen von der Art der Straftaten, für welche die neue Sanktion in Betracht kommen sollte. Er schloß Bagatelltaten aus und nannte als Beispiele einige Modalitäten des Diebstahls, schwerere Straßenverkehrsdelikte, Fahrzeugentwendung, einzelne Formen der Sachbeschädigung und leichte Körperverletzung. Das Gesetz selbst hatte später alle mit Freiheitsstrafe bedrohten Handlungen als mit community service order bestrafbar bezeichnet und damit einen sehr weiten Kreis von Straftaten gezogen. Eine genauere Abgrenzung blieb der Rechtsprechung überlassen. Diese konnte bereits in den ersten drei Jahren gewisse Konturen in bezug auf die Art der Straftaten und die Persönlichkeitskriterien des für community service in Frage kommenden Angeklagten herausarbeiten. Trotz der sprunghaft anwachsenden Anwendung infolge der landesweiten Einführung bis Ende 1978, blieben die auf die verschiedenen Delikte entfallenden Anteile relativ konstant. Etwa die Hälfte der Anordnungen[415] entfiel in jedem Jahr auf Diebstahls- und Hehlereidelikte (wobei etwa ein Drittel der Handlungen einen Kraftwagen betrafen). Ein Viertel[416] wurde für Einbruchsdiebstahl (burglary) ausgesprochen, während der Anteil bei gewalttätigen Handlungen gegen die Person nur etwa 6 Prozent betrug. In Bezug auf die Gesamtzahl der Verurteilungen 1978 und 1979 sahen die Zahlen folgendermaßen aus: In jeweils 3 Prozent aller Verurteilungen wegen Diebstahls, Hehlerei, Betrugs und Fälschung wurde von der community service order Gebrauch gemacht, bei Einbruchsdiebstahl sogar in 5 Prozent der Fälle (siehe Tabelle 20).

In den ersten Jahren (1975 bis 1980) wurden in der Regel solche Angeklagte nicht für community service orders ausgewählt, die wegen Sexualdelikten, Gewalttaten wie Raub und Mord, bestimmten Drogentaten und Bagatelltaten verurteilt worden waren.[417]

---

[415] 1978: 47%; 1977 und 1976: 46%, vgl. Home Office, Criminal Statistics, England and Wales
[416] 1978: 24 %; 1977: 24%; 1976: 22%; 1975: 24%, vgl. Home Office, Criminal Statistics, England and Wales
[417] Zu Einzelheiten der positiv und negativ bewerteten Faktoren für community service orders siehe Home Office/Pease/Durkin/Earnshaw/Payne/Thorpe, Community Service Orders, 1975, Table 6, S. 17 ff.

Tabelle 20 Prozentsatz der Verurteilungen zu community service order bei verschiedenen Deliktsgruppen (im Verhältnis zur Verhängung anderer Strafsanktionen).[418]

Jahr	Verurteilungen zu community service order im Verhältnis zur Verhängung anderer Straftaten wegen der genannten Delikte (in Prozent)									
	Gewalt gegen Personen	Sexual-delikte	Ein-bruch-dieb-stahl	Raub	Dieb-stahl/ Heh-lerei	Betrug und Fäl-schung	Sach-beschä-digung	Dro-gen-straf-taten	Ver-kehrs-straf-taten	andere
1975	1	(1)	1	(1)	1	1	(1)	(2)	(2)	(1)
1976	1	1	3	1	2	2	1	(2)	(2)	2
1977	2	1	4	2	2	2	3	(2)	2	2
1978	2	1	5	2	3	3	3	(2)	2	2
1979	3	1	5	2	3	3	4	(2)	3	1
1980	3	1	7	3	4	4	5	(2)	5	2
1981	4	1	8	3	5	5	6	2	6	2
1982	4	1	10	3	6	6	7	2	7	3
1983	5	1	11	4	6	7	7	2	9	3
1984	6	2	12	4	7	8	7	2	10	3
1985	7	2	12	4	7	8	7	3	10	3
1986	7	2	13	5	7	8	7	3	11	4
1987	7	2	13	4	8	8	8	3	12	3
1988	7	1	13	4	8	7	7	3	12	4
1989	7	1	13	7	7	8	6	3	4	5
1990	8	2	14	6	8	9	7	3	5	5
1991	8	2	16	6	8	10	8	4	6	5
1992	10	2	17	5	9	12	9	5	7	6
1993	14	3	17	5	10	16	8	7	8	7
1994	14	3	14	4	10	16	8	7	8	7
1995	15	3	13	4	10	17	8	7	9	7
1996	14	3	11	3	9	16	7	7	9	7

(1) weniger als 0,5%; **(2)** Zahlen nicht erhältlich

Auch bei Straßenverkehrsdelikten wurde kaum Gebrauch von dieser Strafart gemacht. Als unangemessen erschien die Strafe für Alkoholiker, Drogenabhängige und geistig gestörte Täter,
während Umstände wie Isoliertheit, Kontaktarmut, Ziellosigkeit, mangelnde Gelegenheit, po-

---

[418] Quelle: Home Office, Criminal Statistics, England and Wales

109

sitive Beiträge in der Gesellschaft zu leisten sowie unterentwickeltes Selbstbewußtsein, Gefühle des Zurückgesetztseins in der Gesellschaft die Wahl der Strafe begünstigten.[419]

In der folgenden Zeit konnte die community service order ihre Stellung gegenüber anderen Strafsanktionen im Bereich der Eigentums- und Gewahrsamsdelikte behaupten und weiter ausbauen. In den Jahren 1992 und 1993 wurde bei Vorliegen eines Einbruchsdiebstahls in 17 Prozent der Fälle die community service order verhängt, bei Betrugs- und Fälschungsdelikten stieg der Anteil auf 16 bis 17 Prozent (1993 bis 1996), bei Diebstahl und Hehlerei auf 10 Prozent (1993 bis 1995) an. Auch bei Drogendelikten, Straßenverkehrsdelikten und Gewaltdelikten kommt die Dienstleistungsstrafe mittlerweile verstärkt zur Anwendung. Drogendelikte werden in 7 Prozent der Fälle (1993 bis 1996) mit community service geahndet. Bei Verkehrsstraftaten erreichten die Verurteilungen zu community service in den Jahren 1987 und 1988 12 Prozent. Die Zahl der Verurteilungen wegen Raubes erreichte 1989 einen Höchstwert von 7 Prozent. Gewalt gegen Personen wurde in den letzten Jahren sogar in 14 bis 15 Prozent der Fälle (1993 bis 1996) mit community service bestraft. Weniger relevant bleibt die community service order weiterhin für Sexualdelikte. Seit 1993 beträgt ihr Anteil in dieser Kategorie lediglich 3 Prozent.

IV. Aufgaben und Ziele der Community Service Order

Aufgaben und Ziele der community service order werden nicht im Criminal Justice Act 1972 erwähnt. Anhaltspunkte lassen sich allerdings in den Vorschriften zum Vollzug der Sanktion finden. Dieser unterliegt – wie die probation order, supervision order und combination order – den Vorschriften der National Standards for the Supervision of Offenders in the Community von 1995. Kapitel 5 der Richtlinien legt die Ziele und Ausgestaltung der community service order, die Aufgaben des community service-Personals sowie die Berechnung der Arbeitsstunden fest und dient damit der Vereinheitlichung der verschiedenen community service-Projekte. Gemäß der Einleitung besteht der Hauptzweck der community service order wie bei der

---

[419] Home Office/Pease/Durkin/Earnshaw/Payne/Thorpe, Community Service Orders, 1975, S. 8 ff.

probation order in der Resozialisierung.[420] Der Verurteilte soll mittels der community service order in die Gesellschaft reintegriert und dadurch von weiteren Straftaten abgehalten werden.[421] Dieses soll im Wege der Bestrafung („punishment") und Wiedergutmachung gegenüber der Gesellschaft („reparation to the community") geschehen.[422]

V. Der Vollzug der Community Service Order

Wie bei der probation order hat dem Vollzug der Anordnung ein *assessment* vorauszugehen, das letzte Risiken bezüglich der Eignung des Verurteilten ausschalten soll.[423] Dieser Eignungstest hat innerhalb von fünf Werktagen nach dem Tag der Verurteilung zu erfolgen.[424]

Die erste Tätigkeit soll so bald wie möglich aufgenommen werden, spätestens jedoch zehn Werktage nach Urteilsspruch.[425] Die Arbeit ist während der Freizeit zu verrichten, üblicherweise an Wochenenden und abends. Sie soll innerhalb von 12 Monaten ab der gerichtlichen Anordnung erbracht werden. Ist der Straftäter arbeitslos, so darf er seinen community service eventuell werktags ableisten; manche Gerichtsbezirke erlauben dies allerdings nicht.

1. Art der Arbeit und Einsatzstellen

Weder das Gesetz[426] noch das Urteil beschreiben die für den community service zu leistende Arbeit näher, und auch die National Standards for the Supervision of Offenders in the Com-

---

[420] Siehe oben unter 1. Teil B. I. Inhalt, Vorschriften und Funktion der Probation Order

[421] „The main purpose of a community service order is to prevent further offending by re-integrating the offender into the community." Vgl. Home Office, National Standards for the Supervision of Offenders in the Community, 1995, chapter 5, introd. No. 2

[422] Home Office, National Standards for the Supervision of Offenders in the Community, 1995, chapter 5, no. 2, S. 34

[423] Die Regelungen der National Standards zum assessment bei der community service order entsprechen denen zur Bewährungsanordnung, siehe daher unter 1. Teil, B. IV 1; für die community service order befinden sich die Vorschriften zum Vollzug in chapter 5, NRn. 8-12

[424] Home Office, National Standards for the Supervision of Offenders in the Community, 1995, chapter 5, no. 12

[425] Home Office, National Standards for the Supervision of Offenders in the Community, 1995, chapter 5, no. 13

[426] Section 14 ff. Powers of Criminal Courts Act 1973

munity machen keine Vorgaben für eine bestimmte gemeinnützige Arbeit. Kapitel 5 der National Standards verlangt lediglich, daß die Arbeitsleistung im Rahmen der Anordnung in körperlicher oder geistiger Hinsicht anspruchsvoll zu sein hat. Hinsichtlich möglicher Beschäftigungsprojekte scheinen der Phantasie der zuständigen community service-Organisatoren und officers somit keine Grenzen gesetzt.[427] Die hier auftretende Vielfalt ist ganz im Sinne des Advisory Councils und des Gesetzgebers.[428]

Es ist die Aufgabe des für die Organisation und Durchführung zuständigen Bewährungsdienstes und seiner Angestellten, die für die Gemeinschaftsarbeit in Frage kommenden Tätigkeiten auszuwählen. Der verantwortliche Bewährungsbeamte stellt auch den Kontakt zu den örtlichen sozialen Organisationen, den sozialen Behörden der Gemeinde und anderen Abteilungen des probation service her, wo im Rahmen der Projekte Gelegenheit zur Ableistung des community service geboten wird. Die Aufgaben können karitativer Art oder auch aufbauend sein. Die Verurteilten werden in Altersheimen oder Krankenhäusern, Herbergen der Heilsarmee, Kinderhorten und ähnlichen Institutionen eingesetzt. Sie können aber auch bei der Pflege von Gärten und Friedhöfen, bei Tapezier- und Malerarbeiten oder sonstigen Renovierungsarbeiten helfen, die den jeweiligen Institutionen, mittellosen oder alten Personen zugutekommen.

Die Arbeitsleistung selbst kann einzeln oder aber in Gruppen erfolgen, wobei grundsätzlich nach dem jeweils verfolgten Resozialisierungsziel variiert wird. Sowohl in der Theorie als auch in der Praxis wird einer Beschäftigung der Verurteilten in einer gemeinnützigen Einrichtung der Vorzug gegeben.[429] Sie gebe dem Verurteilten die Möglichkeit, mit nicht verurteilten, freiwillig sozial Tätigen zusammenzuarbeiten und bringe ihn in Kontakt mit hilfsbedürftigen Menschen, die gesellschaftlich weitaus stärker unterprivilegiert sind als er selbst. Dies soll sein meist unterentwickeltes Selbstwertgefühl heben.[430] Nicht alle zu community service verurteilten Täter eignen sich jedoch für diese verantwortungsvolle und häufig schwer

---

[427] Pfohl, Gemeinnützige Arbeit als strafrechtliche Sanktion, 1983, S. 129
[428] Home Office/Advisory Council on the Penal System, Non-custodial and Semi-custodial Penalties, 1970, S. 12
[429] Pfohl, Gemeinnützige Arbeit als strafrechtliche Sanktion, 1983, S. 130

kontrollierbare Tätigkeit. Auch sind nicht überall geeignete Arbeitsplätze vorhanden. Die meisten community service-Büros bilden deshalb mobile Arbeitskolonnen. Diese verrichten unter Anleitung und ständiger Aufsicht von hauptberuflichen, meist handwerklich ausgebildeten Supervisoren in der Regel handwerkliche Arbeiten in gemeinnützigen Einrichtungen, wie etwa das Tapezieren von Altenheimen.[431]

Für ernsthafte Risikofälle, die jedoch infolge der Eignungsprüfung im Rahmen des community service selten sein dürften, wurden in manchen Bezirken sogenannte „Workshops" eingerichtet, in denen die Verurteilten unter Anleitung und strikter Beaufsichtigung etwa Holzspielzeug für Kinder fertigen, ein Jugendzentrum streichen, Spielplätze oder Trimmpfade anlegen, eine verfallene Kirche restaurieren oder eine Begegnungsstätte errichten.[432] Auch diese Workshops werden vom community service-Büro eingerichtet und unterhalten. Problematisch an den mobilen Arbeitskolonnen ist, daß – sofern nicht innerhalb gemeinnütziger Einrichtungen gearbeitet wird – der Kontakt zu deren Mitarbeitern und Betreuten, der einen wichtigen Beitrag zur Resozialisierung leisten soll, zu kurz kommt und das reparative Element – zumindest bei den Workshops – nicht klar ersichtlich wird.[433] Auf der anderen Seite handelt es sich hier mitunter um kreative Tätigkeiten, die konstruktive, selbständige Mitarbeit verlangen. Der erzieherische Wert kann zudem darin liegen, daß gemeinsam ein Werk vollbracht wird, das fortwirkt und sichtbar ist und damit ein greifbares Erfolgserlebnis für den Betroffenen darstellt.[434]

Der Verurteilte kann sich – bei bestehender Auswahl an Projekten – die ihm zusagende Arbeit oft selbst aussuchen.[435] Beim ersten Kontaktgespräch legt ihm der zuständige Bewährungsbeamte eine Liste der Arbeitsmöglichkeiten vor. Auch im Vollzugsverlauf steht ihm immer wie-

[430] Griffiths, Community Service by Offenders, 1976, S. 169 (170 f.)
[431] Pfohl, Gemeinnützige Arbeit als strafrechtliche Sanktion, 1983, S. 131
[432] Young, Community Service Orders, S. 60
[433] Ähnlich der Advisory Council in Home Office/Advisory Council on the Penal System, Non-custodial and Semi-custodial Penalties, 1970, S. 32
[434] Für eine Auflistung verschiedener community service Projekte siehe HM Inspectorate of Probation, Report on a Thematic Inspection of Community Service, 1988, S. 9
[435] Skinns, Community Service Practice, 1990, S. 69, (65)

der die Wahlmöglichkeit offen, so daß er seine Entscheidungsfähigkeit schulen und prüfen kann. Dieser resozialisierende Effekt wird vom Bewährungsdienst stark betont. Überdies weist er auf eine Art Vertragssituation hin: Nachdem die Verpflichtungen des Verurteilten mit dem Bewährungsbeamten festgelegt wurden, weiß dieser genau, was er zu tun hat, wie lange seine Verpflichtung dauern wird und welche Art Arbeit er leisten soll. Auch dieser Praxis wird resozialisierende Bedeutung beigemessen.

Das sühnende Element des community service sollte nicht in einer besonders harten Arbeit liegen. Es wird schon in der Theorie im Freizeitentzug gesehen. Daran scheint sich auch die Praxis zu halten, wie etwa Aussagen vieler Verurteilter zeigen, die überrascht waren, daß ihnen keine härteren Tätigkeiten auferlegt wurden.[436]

2. Problembereiche

Ein Problem für die Durchführung der community service order entsteht allerdings dadurch, daß sich nicht in allen Gegenden des Landes genügend Arbeiten der obengenannten Art finden oder schaffen lassen. In armen Teilen Englands, zum Beispiel dem sumpfigen Fenland nördlich von Cambridge, leben die Menschen zurückgezogen auf kleinen Höfen. Die sozialen Organisationen auf Gemeinschaftsbasis sind schwach. Und so bietet sich oft für den Einsatz von Straffälligen keine Gelegenheit. In solchen ländlichen Bereichen oder auch in Gegenden mit hoher Arbeitslosenquote wird von dem community service seltener Gebrauch gemacht als zum Beispiel in städtischen Bezirken oder in Gegenden, in denen der probation service gut ausgebaut und besonders erfolgreich und aktiv ist. Diese regionale Unterschiedlichkeit in Struktur und Bedingungen führt somit zu unterschiedlichen Urteilspraktiken[437] in den verschiedenen Landesteilen und veranlaßt Kritiker, von ungleichen Chancen der Angeklagten bei der Strafzumessung zu sprechen. Letztlich hängt hier viel vom zuständigen Bewährungshelfer

---

[436] Pfohl, Gemeinnützige Arbeit als strafrechtliche Sanktion, 1983, S. 131
[437] Siehe zu Einzelheiten des richterlichen Verhaltens: Home Office/Pease/Billingham/Earnshaw, Community Service Assessed in 1976, 1977, S. 8 ff.

ab; wenn dieser flexibel ist und Phantasie besitzt, kann er Projekte selbst entwerfen und bekommt meist auch die nötigen Geldmittel zu deren Durchführung.

Ein weiterer Problemkreis berührt die Qualität der zu verrichtenden Arbeit. Kritiker der gegenwärtigen Praxis weisen auf die Diskrepanz zwischen der Regelung in Kapitel 5 der National Standards – also dem erstrebten sozialen Wert und den hohen Anforderungen an den Verurteilten – und der bestehenden Praxis hin. Statt geistig anspruchsvoller und sozial wertvoller Arbeit seien die von den Verurteilten zu verrichtenden Dienste in vielen Fällen untergeordneter Art, von knechtischem Charakter und entwürdigend, so daß die Bezeichnung „Arbeit für die Gemeinschaft" jegliche Substanz verlöre.[438] Ein Grund für diese Entwicklung seien die Bestrebungen, die Anwendung von community service immer weiter auszudehnen und immer mehr community service orders zu verhängen. Dies geschehe auf Kosten wünschenswerter Projekte, die geopfert würden, weil sie nur wenige Plätze bereitstellten und sich finanziell nicht rentierten. Statt dessen würden vermehrt Projekte ins Leben gerufen, die untergeordnete und sich wiederholende, stupide Tätigkeiten erforderten. Community service sei degeneriert zu einem „Schwamm, der bis zur Sättigung alles oder jeden aufnimmt, der durch das Netz von Bewährungsdienst und kustodialen Institutionen fällt".[439] Oft wird auf die Unterscheidung zwischen „Gruppenarbeit" und „Individualaufgaben" zurückgegriffen. Dabei weckt die Bezeichnung „Gruppenarbeit" Assoziationen, wie „industrialisierte, körperlich anspruchsvolle Arbeit nicht-fürsorglicher Art". Solche Tätigkeiten seien vor allem deshalb sozial von geringem Wert, weil die gemeinsam arbeitenden Verurteilten nicht mit dem Nutznießer oder freiwilligen Helfern in Kontakt kämen. „Individualaufgaben" hingegen ließen fürsorgliche, geistig und sozial anspruchsvolle Arbeiten vermuten.[440] Das diese Unterteilung nicht ganz zutreffen kann, zeigen schon anfangs genannte Aufgaben (Anfertigung von Spielzeug, die Anlage von Spielplätzen oder Trimmpfaden, der Aufbau einer Begegnungsstätte, einer Badeanstalt etc.), bei denen der Wert der Arbeit unter anderem in dem Erfordernis von Eigeninitiative, in

---

[438] Vass, Community Service: Areas of Concern and Suggestions for Change, 1986, S. 100

[439] Vass, Community Service: Areas of Concern and Suggestions for Change, 1986, S. 100 (102)

[440] Hine, Trying to unravel the Gordian Knot: an Evaluation of Community Service Orders, 1997, S. 96 (113)

der produktiven Zusammenarbeit mit freiwilligen Helfern der Gemeinde und in der Fertig-
stellung eines sichtbaren Werkes liegen kann. Auch sind Gruppenaktivitäten denkbar, bei denen die Straffälligen in direkten Kontakt mit dem hilfsbedürftigen Nutznießer kommen, wie
beispielsweise Hilfsdienste im Bereich des Behindertensports, Gartenarbeit für ältere Menschen oder Einkaufsgruppen für Rollstuhlfahrer. Letztlich ist zu beachten, daß bei der Auswahl der gemeinnützigen Arbeit die Fähigkeiten und Neigungen des Verurteilten zu berücksichtigen sind. Was bleibt, ist jedoch die Forderung nach Abbau von Aufgaben fabrikartigen
Charakters, bei denen allein die Arbeitsleistung im Vordergrund steht. Hierfür sollte der Bewährungsdienst Sorge tragen, dem bei der Durchführung des community service eine Schlüsselrolle zukommt.

3. Die Rolle des Bewährungsdienstes

Die erste Aufgabe des Bewährungsdienstes besteht bereits vor der Verurteilung des Angeklagten darin, den Richter bei der Auswahl des für die Sanktion geeigneten Kandidaten zu
unterstützen.[441] Darüber hinaus müssen die Gerichte bei der Wahl dieser Strafe den Bericht
des Bewährungsbeamten über die Persönlichkeit und die Verhältnisse des Angeklagten – den
pre-sentence report – berücksichtigen und dürfen die community service order nur verhängen,
wenn im Umkreis seiner Wohnung entsprechende Arbeitsmöglichkeiten nachweisbar sind.[442]
Das Gericht ist an den Vorschlag des probation officers aber nicht gebunden und kann von
ihm abweichen.

Im Falle der Verurteilung des Angeklagten hat der Bewährungsdienst sicherzustellen, daß die
Arbeit gemäß den Bestimmungen ausgeführt wird. Die Beaufsichtigung und andere organi-
satorische Tätigkeiten können allerdings an Angestellte des Bewährungsdienstes (Bewährungshelfer oder andere Angestellte, bzw. Hilfskräfte) oder an eine Personen aus dem freiwilligen Dienst (ehrenamtliche Sozialarbeiter) delegiert werden.

---

[441] Zur Rolle und Bedeutung des Bewährungsbeamten bei der Strafzumessungsentscheidung, siehe Young,
Community Service Orders, 1979, S. 29 ff.
[442] Section 14(2) Powers of Criminal Courts Act 1973

Die Übertragung der Vollzugsaufgabe auf den Bewährungsdienst führte zunächst zu Rollen-konflikten. Zum ersten Mal war dem im übrigen ganz der Behandlungsidee verschriebenen probation service der Vollzug einer Strafe übertragen worden. Bisher war er nur für die Durchführung individualisierender Maßnahmen wie der Bewährungsaufsicht zuständig.[443] Dadurch geriet der Bewährungsdienst zwischen die Fronten: Auf der einen Seite hob das Ge-richt, in Übereinstimmung mit den Intentionen des Gesetzgebers und der Auffassung der Ge-sellschaft, die strafenden Aspekte der Sanktion hervor. Dies deckte sich mit den Erwartungen des Verurteilten. Er sah in der gemeinnützigen Arbeit, die ihm im Durchschnitt 120 Stunden seiner Freizeit nimmt und verantwortungsvolle Tätigkeiten und Entscheidungen abverlangt, vor allem eine strafende Folge seiner Tat. Auf der anderen Seite hielt der Bewährungsdienst an den resozialisierenden Aufgaben fest und betonte aus diesem Blickwinkel die Behand-lungsmöglichkeiten, die die Strafe auch bietet.

Mittlerweile hat dieser Konflikt etwas an Schärfe verloren. Der probation service, der fort-während darum bemüht ist, eine tragende Rolle im Strafrechtssystem zu spielen, sah die Not-wendigkeit, sich punitiv ausgerichteten Sanktionen zu öffnen, wenngleich er dabei seine reso-zialisierenden Ziele weiterhin verfolgte. Diese Neuorientierung war schon deshalb notwendig, um nicht seine Stellung an den privaten Sektor zu verlieren, der auf dem Gebiet des Strafvoll-zugs – und zwar nicht nur im Bereich der Gefängnisführung – immer weiter vorrückte.[444] Dennoch ist die Diskrepanz zwischen der Aufgabe des Bewährungsdienstes – Durchführung einer Strafe – und seiner ursprünglichen Intention – soziales Training und allgemeine Hilfe-stellung anzubieten – weiterhin zu spüren. Wie oben bereits angesprochen, wirkt sich die Ex-pansion der community service-Projekte auf die resozialisierenden Ziele des Bewährungs-dienstes kontraproduktiv aus, und es scheint, daß der Bewährungsdienst das Interesse daran verliert, die Sanktion in seinem Sinne zu formen.[445] Durch die wachsende Nachfrage werden

---

[443] Seit dem Criminal Justice Act 1991 handelt es sich auch bei der Bewährungsanordnung um eine eigenstän-dige Strafsanktion; siehe Kapitel zur probation order unter 1. Teil C. III. 4. Criminal Justice Act 1991

[444] Vass, The Marginality of Community Service and the Threat of Privatisation, 1988, S. 48 ff.

[445] Vgl. Vass, Community Service: Areas of Concern and Suggestions for Change, 1986, S. 100 ff.; Vass, The Marginality of Community Service and the Threat of Privatisation, 1988, S. 48 ff.

Aufgaben vermehrt an Hilfskräfte[446] delegiert, die nicht für den Bewährungsdienst ausgebildet sind. Dieses Personal wird kaum in die Institution des Bewährungsdienstes eingebunden, mit der Folge, daß sich der Konflikt zwischen Strafe und Resozialisierung in der Beziehung zwischen Bewährungshelfern und Zusatzpersonal fortsetzt.

4. Rolle und Randexistenz der Community Service Officers

Fast ein Viertel der durch den Bewährungsdienst Beschäftigten sind Personen, die wichtige Aufgaben des Bewährungsdienstes übernehmen, nicht jedoch für diese Arbeit ausgebildet sind. Fast 47 Prozent dieser „unqualifizierten" Hilfskräfte arbeiten im Bereich der Betreuung von community service. Im Gegensatz dazu werden nur 5 Prozent der ausgebildeten Bewährungshelfer für die community service order eingesetzt.[447]

Ohne diese sogenannten „nichtprofessionellen Kräfte" ergäben sich für den Bewährungsdienst aufgrund der steigenden Zahlen der Dienstleistungsanordnungen große Probleme bei der Durchführung sowie der Organisation, und der Vollzug der Strafe würde zu einer unlösbaren Aufgabe. Mit anderen Worten: Im Gegensatz zu ihrer Bezeichnung als unqualifizierte „Hilfskräfte", stellen sie das Rückgrat eines wichtigen Aufgabenbereichs des Bewährungsdienstes dar. Das Aushilfspersonals ist überwiegend verantwortlich für die Beaufsichtigung der Straftäter und tagtäglich anfallende Verwaltungsarbeiten. Es führt aber auch Aufgaben aus, die traditionell zum Kernbereich der Bewährungsarbeit gehören. Dazu zählen die Organisation der Verteilung auf die verschiedenen Projekte, die Anfertigung von Gutachten für die Gerichte, Disziplinarbefragungen und die Teilnahme an Gerichtsverfahren wegen eines Anordnungsverstoßes.[448]

---

[446] Sogenannte „ancillaries", „non-professionals" oder „unqualified workers"
[447] Vass, The Marginality of Community Service and the Threat of Privatisation, 1988, S. 48
[448] Vass, The Marginality of Community Service and the Threat of Privatisation, 1988, S. 48

Eine in den 80er Jahren zum community service durchgeführte Studie befaßte sich unter anderem mit dem für die Betreuung der community service-Projekte zuständigem Personal.[449] Hierbei stellte sich heraus, daß zwischen den obengenannten Hilfskräften, sogenannten *community service officers*, und den Bewährungshelfern eine tiefe ideologische Kluft besteht.[450]

Diese betrifft zunächst die Ziele der community service order. Die *community service officers* unterstrichen den Aspekt der Bestrafung. Die Bewährungshelfer setzten den Schwerpunkt auf Resozialisierung. Auch gingen die Meinungen zur Rolle des *social inquiry reports* (heute *presentence report*) auseinander. Nach Ansicht der community service-Beamten sollte dieses Gutachten lediglich sicherstellen, daß der potentielle Klient körperlich und psychisch in der Lage ist, die Arbeit zu verrichten. Die Bewährungshelfer hingegen sahen dessen Aufgabe in der Feststellung der individuellen Bedürfnisse des Straffälligen.

Es folgte schließlich eine abweichende Bewertung der beruflichen Qualifikation. Und zwar differierten die Ansichten darüber, welchen Stellenwert eine Ausbildung im Bereich Sozialarbeit habe. Bewährungshelfer und community service-Beamte waren sich darüber einig, daß für die Betreuung und Beaufsichtigung im Rahmen der community service order keine solche Qualifikation erforderlich sei. Für die community service-Beamten bedeutete dies die Gleichwertigkeit ihrer Arbeit mit der der Bewährungshelfer. Der Bewährungsdienst hingegen brachte damit lediglich zum Ausdruck, daß es sich bei der Betreuung von community service um eine geringwertigere Tätigkeit handele, die keiner besonderen Ausbildung bedürfe, anders als im Falle der Bewährungsanordnung, bei der „echte" Sozialarbeit geleistet würde. Schließlich ginge es hier nur um die Leitung einer „effizienten Arbeitseinheit", für die man lediglich die Fähigkeiten eines „guten Unteroffiziers" benötige.[451] Diese abwertende Stellungnahme macht im Grunde deutlich, daß das Vertrauen in das resozialisierende Potential der community service order gesunken ist.

---

[449] Es wurde damals die community service Praxis in zwei Gerichtsbezirken untersucht, die man stellvertretend „Northern City" und „Eastern County" nannte; siehe Skinns, Community Service Practice, 1990, S. 65 ff.

[450] Skinns, Community Service Practice, 1990, S. 65 (67, 71)

[451] Skinns, Community Service Practice, 1990, S. 65 (67)

Im Ergebnis besteht zwischen den mit der Durchführung der community service order betrauten Personen, also Bewährungshelfern und community service-Beamten wenig Zusammenhalt. Die soziale Trennung zwischen diesen beiden Gruppen wird durch geringere Bezahlung, schlechtere Arbeitsbedingungen, niedrigeren Status und beschränkte Karriereaussichten der community service-Beamten verstärkt.[452] Oft sind diese von ihren Kollegen aus dem Bewährungsdienst abgeschnitten. Sie erhalten wenig finanzielle oder soziale Bestätigung, wenig Anerkennung, Lob oder Würdigung ihrer Bemühungen und arbeiten fast in totaler Isolation.[453] Ihnen fehlt ferner die ideologische Identität ihrer Kollegen aus dem Bewährungsdienst sowie deren institutioneller Stolz und Solidarität untereinander, mit der Folge, daß sie sich in ein soziales Vakuum eingeschlossen fühlen. Diese Erfahrung der Außenseiterstellung kann zu Unzufriedenheit, Desillusionierung, Statusproblemen und schließlich zum Verlust des Vertrauens in die eigene Tätigkeit führen.[454] Die daraus resultierende fehlende Motivation schlägt sich schließlich auch in der Ausübung der Betreuungsaufgabe nieder, mit dem Ergebnis mangelnder Konfliktfähigkeit und nachlässiger Handhabung der Aufsichtstätigkeit.[455]

VI. Die Durchsetzung der Community Service Order und das Verfahren wegen Anordnungsverstoßes

Kapitel 5, Nrn. 24 bis 32 der National Standards for the Supervision of Offenders in the Community regeln die Durchsetzung der community service order. Die Vorschriften stimmen weitestgehend mit denen zur Durchsetzung der probation order überein. Auch das Gerichtsverfahren wegen eines Verstoßes gegen die community service order richtet sich – wie bei der probation order – nach schedule 2 part II Criminal Justice Act 1991. Es sei daher an dieser Stelle bezüglich der Richtlinien für die Einleitung des Verfahren und bezüglich der Vor-

---

[452] Skinns, Community Service Practice, 1990, S. 65 (67, 71)
[453] Vass, Community Service: Areas of Concern and Suggestions for Change, 1986, S. 100 (104)
[454] Vass, Community Service: Areas of Concern and Suggestions for Change, 1986, S. 100
[455] Vass/Menzies, The Community Service Order as a Public and Private Enterprise, 1989, S. 255 (261)

schriften zum Gerichtsverfahren wegen Anordnungsverstoßes auf die Ausführungen im Kapitel zur probation order verwiesen.[456]

1. Die Durchsetzungspraxis

Die Durchsetzungspraxis hängt von der Auffassung und der Arbeitsausgestaltung der zuständigen Beamten ab. Eine wichtige Funktion haben die sogenannten *task supervisors*,[457] unter deren Leitung die Arbeit ausgeführt wird.[458] Diese überwachen das Erscheinen des Verurteilten und melden Unregelmäßigkeiten an die Zentralstelle, wo dann weitere Schritte unternommen werden.

Im Laufe der Jahre haben sich Richter von Zeit zu Zeit darüber beschwert, daß die Einhaltung der community service order nachlässig gehandhabt werde. Manche Aufsichtsbeamte gäben sich zu schnell mit Entschuldigungen der Straftäter zufrieden, und viele brächten Straftäter sehr selten wegen eines Verstoßes gegen die Anordnung vor Gericht.[459] Der große Ermessensspielraum der Verwaltung und ihrer Angestellten habe zu einer unerfreulich nachsichtigen und inkonsequenten Praxis geführt.[460]

In der Tat zeigen Studien zur Praxis in den späten 70er und frühen 80er Jahren, daß die community service-Verwaltung den Straffälligen gegenüber oft besondere Zugeständnisse machte, wenn diese sich kooperativ zeigten. Dies führte dazu, daß ein großer Teil der Verurteilten ihre community service order erfolgreich abschlossen, obgleich regelmäßig Verstöße gegen die Anordnung stattgefunden hatten.[461] Dennoch entstand der Eindruck, die community service-Projekte würden sehr ordentlich und erfolgreich geführt. Zwischen 1978 und 1988 bewegte sich der Anteil der verletzten Anordnungen zwischen 14 und 23 Prozent mit einer

---

[456] Siehe 1. Teil C. VII. Die Durchsetzung der Probation Order und das Verfahren wegen Anordnungsverstoßes
[457] Personal, daß die Erfüllung der Aufgaben überwacht. Es handelt sich zumeist um community service-Beamte, zum Teil aber auch um Bewährungshelfer
[458] Young, Community Service Orders, S. 45 f.
[459] Ashworth, Criminal Litigation and Sentencing, 1996/97, para. 19.5.1, S. 279
[460] Vass, Community Service: Areas of Concern and Suggestions for Change, 1986, S. 100
[461] Vass/Menzies, The Community Service Order as a Public and Private Enterprise, 1989, S. 255 (260)

durchschnittlichen Verstoßrate von 17 Prozent (siehe Tabelle 21). Mit über 80 Prozent zufriedenstellend durchgeführten Anordnungen präsentierte sich somit ein sehr positives Bild.

Tabelle 21 Zahl der insgesamt verhängten community service orders; Zahl der Urteile wegen Verfahrensverstoßes/Prozentsatz der insgesamt verhängten Anordnungen; Zahl der sofort vollziehbaren Gefängnisstrafen/Prozentsatz der Urteile wegen Verfahrensverstoßes.[462]

Jahr	community service orders insgesamt [(1)]	Zahl der Verfahren wegen Anordnungs- verstoßes	Anteil der Verfahren wegen Verstoßes ggü. Gesamtzahl der Anordnungen (%)	Zahl der sofort vollziehbaren Gefängnis- strafen [(2)]	Anteil der sofort vollziehbare Gefängnisstrafen (%)
1978	13.400	1.700	14	700	38
1979	15.400	2.400	17	1.000	40
1980	22.400	3.000	16	1.200	40
1981	28.200	4.500	18	1.700	37
1982	31.400	5.300	18	2.000	38
1983	35.200	5.600	16	2.100	37
1984	37.900	6.400	16	2.500	38
1985	38.300	6.500	17	2.600	41
1986	35.100	6.200	18	2.300	36
1987	35.900	6.600	18	2.300	35
1988	35.300	8.200	23	2.600	31
1989	33.900	9.600	28	2.500	26
1990	38.600	11.000	30	2.300	21
1991	42.500	11.300	29	2.400	21
1992	44.100	11.200	27	2.100	18
1993	48.000	10.900	24	2.100	18
1994	49.500	11.700	24	2.500	21
1995	48.300	12.500	26	2.400	19
1996	45.900	13.000	28	2.400	19

(1) Zahl der Verurteilungen wegen aller Straftaten: indictable offences und summary offences;
(2) Nicht ausgesetzte oder teilweise ausgesetzte Gefängnisstrafe, detention centre, borstal training, Jugendstrafe

Die Gründe für die unvorschriftsmäßige Praxis waren vielfältiger Natur. Was die tagtäglich zur Beaufsichtigung eingesetzten community service officers anging, so resultierte die lasche

---

[462] Quelle: Home Office, Criminal Statistics, England and Wales

Handhabung oft aus ihrer Außenseiterrolle und der geringen Befriedigung, die sie aus ihrer Arbeit zogen.[463] Aus fehlendem Ansporn und Ehrgeiz heraus versuchten die Aufsichtsbeamten Konfrontationen mit den Straftätern zu vermeiden. Denn solche Konflikte konnten ihre Situation nur noch unerfreulicher machen. Der „Weg des geringsten Widerstands" bestand darin, daß oft eine zu hohe Zahl abgeleisteter Arbeitsstunden registriert und schlechte Leistungen nicht gemeldet wurden.[464] Die community service-Politik der Bewährungsbeamten hingegen zielte darauf ab, möglichst viele Straftäter im ambulanten Sanktionensystem zu belassen statt sie einer Gefängnisstrafe preiszugeben.[465] Es handelte sich um eine Art ungeschriebenen Verhaltenskodex, nach welchem ein Verstoßverfahren immer dann abgewendet werden sollte, wenn der Straftäter eine einigermaßen befriedigende Erklärung – zum Beispiel für seine Abwesenheit – geben konnte.[466] Diese Ermessensausübung führte zu einem vertrauensvollem Dialog zwischen Straftäter und Aufsichtsbeamten und einem gemeinsamen Ziel, daß in der Erfüllung der community service order bestand.[467] Formelle Vollzugsmaßnahmen kamen erst dann zur Anwendung, wenn das Einverständnis zwischen der Aufsichtsperson und dem Beaufsichtigten zusammenbrach. Insofern kam es meistens dann zu Verstoßverfahren, wenn der Straftäter nicht gegen die geltenden Vollzugsregeln, sondern gegen die informellen Verhaltensmaßregeln verstieß.[468]

Ein Forschungsbericht von 1990, der eine Studie aus den 80er Jahren auswertet, kommt zu dem Ergebnis, daß die Vollzugspraxis in unterschiedlichen Bewährungsbezirken stark voneinander abweicht.[469] Im beschriebenen Versuchsgebiet „Northern City" fanden Gerichtsverfahren routinemäßig wegen Abwesenheit statt,[470] während die Verfahren in „Eastern County" auf eine kleine Zahl schwieriger Fälle beschränkt war, denen eine lange Zeit der Verstöße

---

[463] Siehe oben unter 3. Rolle und Randexistenz der community service officers
[464] Vass/Menzies, The Community Service Order as a Public and Private Enterprise, 1989, S. 255 (261)
[465] Vass, Alternatives to Prison: Punishment, Custody and the Community, 1990, S. 130
[466] Vass, Alternatives to Prison: Punishment, Custody and the Community, 1990, S. 120
[467] Vass, Alternatives to Prison: Punishment, Custody and the Community, 1990, S. 121
[468] Vass, Alternatives to Prison: Punishment, Custody and the Community, 1990, S. 126
[469] Skinns, Community Service Practice, 1990, S. 65 (69, 73)
[470] Skinns, Community Service Practice, 1990, S. 65 (69)

vorausging, und die in aller Regel mit dem Widerruf der community service order endeten.[471] Die Handhabung glich sich allerdings in einem Punkt: Schlechte Arbeit und ungebührliches Benehmen waren – im Gegensatz zur Abwesenheit – selten Gegenstand des Prozesses war.

Nach Einführung der National Standards for Community Service 1989 gestaltete sich der Vollzug der Dienstleistungsstrafe zunehmend einheitlicher. Verstoßverfahren wurden regelmäßig nach drei Fehltagen eingeleitet, und das Vertrauen der Gerichte in die ordnungsgemäße Durchführung der community service order war wieder einigermaßen hergestellt.[472] Eine 1996 veröffentlichte Studie des Innenministeriums bestätigte die zunehmende Übereinstimmung der Verwaltung in den verschiedenen Gerichtsbezirken, was die Einleitung der Gerichtsverfahren angeht.[473] In allen fünf Bezirken, die Gegenstand der Untersuchung waren, erfolgte eine Abmahnung nach zweimaligem Fernbleiben und die Verfahrenseinleitung nach der dritten Abwesenheit. Was die Durchsetzung der community service order im übrigen anging, so variierte die Handhabung. Grundsätzlich versuchten die Aufsichtsbeamten, es gar nicht erst zu Verstößen kommen zu lassen. Diszipinierungsmethoden bestanden beispielsweise darin, Stunden nicht zu berechnen, wenn der Straftäter schwierig war.[474] Anderenorts wurde unkooperatives Verhalten mit Verweisen bestraft. Drei Verweise führten dazu, daß der Täter nach Hause geschickt und ein Verstoß gemeldet wurde. Die Bestrafung konnte auch so aussehen, daß der Straftäter seine gegenwärtige Arbeit gegen eine uninteressantere Tätigkeit eintauschen mußte, bis er wieder mehr Entgegenkommen zeigte.[475] Bei Verspätungen lag die Toleranzgrenze zumeist bei 15 Minuten. Erschien der Straftäter noch später, so wurde er wieder nach Hause geschickt und ein Verstoß registriert. Hinsichtlich der Fehltage wurden die Straftäter ermutigt, mögliches Fernbleiben telephonisch anzumelden und Gründe zu nennen, sowie Vorschläge zu machen, wie der verpaßte Dienst nachzuholen sei. Auf diesem Wege konnten formelle Verstöße vermieden werden.

---

[471] Skinns, Community Service Practice, 1990, S. 65 (73)
[472] Home Office/Ellis/Hedderman/Mortimer, Enforcing Community Sentences, 1996, S. 10
[473] Home Office/Ellis/Hedderman/Mortimer, Enforcing Community Sentences, 1996, S. 17
[474] Home Office/Ellis/Hedderman/Mortimer, Enforcing Community Sentences, 1996, S. 26
[475] Home Office/Ellis/Hedderman/Mortimer, Enforcing Community Sentences, 1996, S. 30

Entsprechend der rigoroseren Verfahrensweise stieg der Anteil der durch Verfahren unterbrochenen community service orders im Zeitraum zwischen 1989 und 1996 auf durchschnittliche 27 Prozent. 1994 betrug der Anteil der Verfahren 23 Prozent. In 44 Prozent der Fälle endete dieses mit dem Widerruf der community service order und der Verhängung einer anderen Strafsanktion,[476] während in 5 Prozent ganz von einer weiteren Strafe abgesehen wurde. In 51 Prozent wurde die Dienstleistungsanordnung aufrechterhalten.[477]

Die Befürchtung, daß sich eine steigende Verfahrens- und damit auch Widerrufsrate negativ auf die Zahl der community service orders auswirken könnte, haben sich nicht bestätigt. Die Sorge wurde dahingehend geäußert, daß Richter angesichts der Vielzahl der Verstoßverfahren von der community service order, insbesondere in bezug auf schwerere Straftaten, Abstand nehmen könnten.[478] Die Zahl der Dienstleistungsanordnungen ist jedoch im Laufe der 90er Jahre weiterhin gestiegen, und gerade schwerere Delikte, wie Gewalttaten und Sexualstraftaten werden vermehrt mit der community service order geahndet (siehe Tabelle 17 und Tabelle 20). Die Befürchtungen haben sich insofern nicht bewahrheitet.

2. Widerruf und Abänderung der Community Service Order

Schedule 2 part III paragraph 7(1) Criminal Justice Act 1991 gibt dem zuständigem Beamten sowie dem Verurteilten die Möglichkeit, auf die Aufhebung der community service order hinzuwirken. Auch hier decken sich die Vorschriften zum größten Teil mit denen zur probation order.[479] Im Gegensatz zur Bewährungsanordnung kann die Länge der community service order jedoch ausgedehnt werden, vgl. para. 15 part IV schedule 2 Criminal Justice Act 1991.

---

[476] Dies hatte eine sofort vollziehbare oder ausgesetzte Gefängnisstrafe oder eine weitere community service order zur Folge

[477] Home Office/Ellis/Hedderman/Mortimer, Enforcing Community Sentences, 1996, S. 61 f.

[478] Drakeford, The Probation Service, Breach and the Criminal Justice Act 1991, 1993, S. 291 (297 f.); Home Office/Ellis/Hedderman/Mortimer, Enforcing Community Sentences, 1996, S. 10

[479] Siehe 1. Teil C. VII. 4. Widerruf und Abänderung der Probation Order

VII. Zusammenfassung

Die Erfahrungen mit der community service order in England und Wales sind auf der einen Seite geprägt von praktischen Problemen der Durchführung und Rollenkonflikten, die vor allem mit der Einbettung in das System der Bewährungshilfe – als einheitlichem sozialen Dienst der Justiz – zusammenhängen. Auf der anderen Seite sind die Einordnung in das Sanktionensystem sowie die Ziele der community service order auch 25 Jahre nach ihrer Einführung nicht klar definiert. Die den Gesetzen zugrundeliegenden Regierungsentwürfe, die Richtlinien für die Durchführung sowie die gesetzlichen Vorgaben für die Strafzumessung durch den Criminal Justice Act 1991 bilden eine uneinheitliche Basis für die Umsetzung der Sanktion in der Praxis. Die Verhängung der community service order soll nach Vergeltungsgesichtspunkten (proportional zur Schwere der Straftat) erfolgen,[480] die Durchführung der Sanktion hat den „punitiven" Charakter der Maßnahme herauszustellen,[481] und das Vollzugsziel „Resozialisierung" ist im Wege der „Bestrafung" und „Wiedergutmachung gegenüber der Gesellschaft" zu erreichen.[482]

Über das resozialisierende Potential der Strafe herrscht keine Einigkeit.[483] Sogar der Bewährungsdienst scheint sich mehr aus existenzsichernden, also taktischen Motiven für die Sanktion zu engagieren denn aus behandlungsorientierten Gründen. Empirisch läßt sich eine sichtbar bessere spezialpräventive Wirkung nicht belegen. Unter pönologischen Gesichtspunkten liegt der Vorteil der Sanktion wohl in erster Linie in der Verhinderung einer durch das Gefängnisleben verursachten Verschlechterung des Betroffenen. Die Tatsache, daß der Verurteil-

---

[480] Siehe dazu 1. Teil B. II. 4. Criminal Justice Act 1991
[481] Siehe dazu 1. Teil B. II. 2. White Paper „Crime, Justice and Protecting the Public" 1990 und 3. Green Paper „Punishment, Custody and the Community" 1988
[482] Siehe 1. Teil D. IV. Aufgaben und Ziele der Community Service Order
[483] Vgl. McWilliams, der die Vergeltung als Aufgabe der community service order im Vordergrund sieht: McWilliams, Community Service National Standards: Practice and Sentencing, 1989, S. 121

te aus seinen sozialen Bindungen nicht herausgerissen wird, seine Arbeitsstelle beibehalten kann und lediglich in seiner Freizeit die Strafe verbüßt, ist ein Aspekt, dem die Literatur eine positive Bedeutung zumißt.[484]

---

[484] Huber, Community Service Order als Alternative zur Freiheitsstrafe, 1980, S. 638 (642)

E. Die Combination Order

I. Inhalt und Vorschriften

Vor 1991 gab es keine Möglichkeit für die Gerichte, gleichzeitig eine Bewährungsanordnung und eine Dienstleistungsstrafe zu verhängen. Auch jetzt ermächtigt das Gesetz nicht zur Verhängung beider Strafen, der Criminal Justice Act 1991 schafft jedoch eine neue Strafsanktion, die aus beiden Elementen besteht. Mit anderen Worten: Das Gesetz erlaubt eine Kombination von probation order und community service order unter den engen Voraussetzungen der combination order. Das White Paper von 1990 erklärt: „Gemäß dieser neuen Anordnung, kann ein Straftäter dazu verurteilt werden, über eine gewisse Zeitspanne Arbeitsleistungen für die Gemeinschaft zu erbringen, während er von einem Bewährungshelfer beaufsichtigt wird und eventuell weitere Bewährungsauflagen zu erfüllen hat."[485]

Section 11(1) des CJA 1991 ermächtigt das Gericht zur Verhängung einer combination order, sofern der Straftäter mindestens 16 Jahre alt ist und sofern die zugrundeliegende Straftat mit Freiheitsstrafe bedroht ist. Es wird bestimmt, daß der Teil der Bewährungsanordnung ein bis drei Jahre betragen darf, während die Dienstleistungskomponente lediglich 40 bis 100 Stunden umfassen darf. Der Schwerpunkt liegt insofern auf der Bewährungsanordnung. In diesem Sinne ist auch section 11(2)(a) zu verstehen, gemäß der das Gericht eine Kombinationsstrafe verhängt, um die Resozialisierung des Straftäters sicherzustellen oder um den Schutz der Öffentlichkeit vor weiteren Straftaten zu gewährleisten. Es gelten also dieselben Leitlinien wie für die Verhängung einer Bewährungsstrafe. Die Kombinationsstrafe darf ferner alle zusätzlichen Auflagen enthalten, die in schedule 1A des Powers of Criminal Courts Act 1973 aufgeführt sind (eingefügt durch schedule 1 des CJA 1991). Gemäß section 7(3)(c) des CJA 1991 ist das Gericht dazu verpflichtet, einen pre-sentence report anzufordern und zu berücksichti-

---

[485] White Paper „Crime, Justice and Protecting the Public", 1990, para. 4.16, S. 21

gen, bevor es zu seinem Urteil darüber kommt, ob im vorliegenden Fall eine combination order angebracht ist.

II. Entstehung und Anwendung

Im White Paper „Crime, Justice and Protecting the Public" 1990 schlägt die Regierung erstmals vor, den Gerichten in England und Wales die Befugnis zu erteilen, eine Bewährungsanordnung mit einer community service order zu kombinieren.[486] Das sei bereits in den Gerichten in Schottland möglich. Durch die Anordnung werde der Straftäter dazu verpflichtet, gemeinnützige Arbeit zu erbringen, während er sich unter der Aufsicht eines Bewährungshelfers
befindet und möglicherweise noch zusätzliche Auflagen der Bewährungsanordnung zu erfüllen hat. Dies autorisiert die Gerichte, ein Element der Wiedergutmachung einzuführen und zur
selben Zeit dem Bewährungsdienst die Möglichkeit zu geben, mit dem Straftäter zu arbeiten,
um ihn zu einem weiteren Leben ohne Straftaten zu befähigen.[487]

Tabelle 22 Verurteilungen zu combination order wegen indictable offences; Anzahl ergangener Anordnungen und Anteil der Anordnungen im Vergleich zu allen übrigen Strafsanktionen[488]

Jahr	Verurteilung zu combination order wegen indictable offences	Verurteilungen zu combination order im Vergleich zu allen übrigen Strafsanktionen wegen indictable offences (in %)
1992	900	0
1993	6.100	2
1994	8.100	3
1995	8.900	3
1996	10.200	3

Der Criminal Justice Act 1991 führte die combination order schließlich als eine der sechs
community sentences ein. Wie in Tabelle 22 zu sehen, ist die Zahl der combination orders seit

---

[486] Home Office, White Paper „Crime, Justice and Protecting the Public", 1990, para. 4.16, S. 21
[487] Home Office, White Paper „Crime, Justice and Protecting the Public", 1990, para. 4.16, S. 21
[488] Quelle: Home Office/Criminal Statistics, England and Wales

ihrer Einführung ständig gestiegen. Die kurze Anwendungsdauer der Anordnung läßt allerdings noch keine weiterführende Interpretation der Statistik zu.

Das Weißbuch äußerte die Ansicht, daß combination orders besonders für Wiederholungstäter bei Eigentumsdelikten geeignet seien,[489] und es wird betont, daß ungefähr 10.000 der wegen Einbruchsdiebstahl, Diebstahl, Hehlerei, Betrug und Fälscherei zu einer Freiheitsstrafe verurteilten Häftlinge bereits mindestens dreifach vorbestraft seien. Dies deutet darauf hin, daß combination orders als recht anspruchsvolle Strafsanktion gedacht ist,[490] vielleicht die schwerste und anspruchsvollste von allen community sentences.[491] Auch die National Standards for the Supervision of Offenders in the Community von 1992 wiesen der combination order einen Platz am oberen Ende der Strafenskala zu.[492] Die heute geltenden National Standards von 1995 versuchen sicherzustellen, daß sie nur für schwere Straftaten Anwendung findet. Sie betonen, die combination order dürfe nur bei mit Gefängnisstrafe bedrohten Straftaten verhängt werden. Damit ist klar, welches Gericht die combination order am häufigsten anwenden soll, nämlich eher der Crown Court als der magistrates´ court.

Tabelle 23 Prozentsatz der Verurteilungen zu combination order bei verschiedenen Deliktsgruppen (im Verhältnis zur Verhängung anderer Strafsanktionen).[493]

Jahr	Verurteilungen zu combination order im Verhältnis zur Verhängung anderer Strafen wegen der genannten Delikte (in Prozent)									
	Gewalt gegen Personen	Sexual-delikte	Ein-bruch-dieb-stahl	Raub	Dieb-stahl/ Heh-lerei	Betrug und Fäl-schung	Sach-beschä-digung	Dro-gen-straf-taten	Ver-kehrs-straf-taten	andere
1992	0	0	1	0	0	0	0	0	0	0
1993	2	1	4	2	2	2	2	1	2	1
1994	3	1	5	2	2	3	3	2	2	1
1995	4	1	6	2	3	4	3	2	2	1
1996	5	1	6	2	3	5	4	3	3	2

---

[489] Home Office, White Paper „Crime, Justice and Protecting the Public", 1990, para. 4.16, S. 21
[490] Harding/Koffman, Sentencing and the Penal System, 1995, S. 316
[491] Ashworth, Criminal Litigation and Sentencing, 1996, para. 19.7, S. 281
[492] Lloyd, What ist the Place of Combination Orders at Magistrates' Courts? 1994, S. 149
[493] Quelle: Home Office/Criminal Statistics, England and Wales

Dennoch werden ungefähr Dreiviertel der combination orders von magistrates' courts verhängt, was zu der Annahme veranlaßt, daß die Sanktion nicht wirklich für schwere Straftaten angewandt wird.[494] Tabelle 23 gibt eine Übersicht über die Deliktsgruppen, für welche combination orders verhängt werden. Auf den vordersten Plätzen rangierten Einbruchsdiebstahl, Gewalt gegen Personen und Sachbeschädigung. Dabei ist jedoch zu beachten, daß hier der Vergleich zu den übrigen Sanktionen für diese Straftaten gezogen wird. Läßt man hingegen andere Sanktionen außer acht und betrachtet lediglich die Verurteilungen zu combination order, so präsentiert sich ein anderes Bild: Eine Studie von 1992 stellte fest, daß 44 Prozent der Gesamtzahl der combination orders auf Verkehrsdelikte entfallen, 18 Prozent Diebstahl, 16 Prozent Einbruchsdiebstahl und 12 Prozent Gewaltstraftaten. Delikte gegen die öffentliche Ordnung und Sachbeschädigungsdelikte stellten die restlichen 10 Prozent.[495]

III. Durchsetzung und Verfahren wegen Anordnungsverstoßes

Wie bei der probation order und community service order stellen die National Standards for the Supervision of Offenders in the Community 1995 Richtlinien für die Durchsetzung der Anordnung zur Verfügung. Chapter 6 der National Standards folgt hier weitestgehend den Grundsätzen, die auch für die beiden Komponenten der combination order gelten. Das Gleiche gilt für die Vorschriften über das Verfahren wegen Anordnungsverstoßes, welche sich in schedule 2 part II Criminal Justice Act 1991 befinden. Wie aus Tabelle 24 ersichtlich, steigt mit der Zahl der Verurteilungen zu combination order auch die Zahl der Verfahren wegen Anordnungsverstoßes, wobei ebenfalls ein Anstieg des prozentualen Anteils der Verfahren zu verzeichnen ist. Die 1994 zur Vollzugspraxis der community sentence durchgeführte Studie des Home Office fand heraus, daß probation officers und community service officers der Ansicht sind, daß die magistrates häufig ungeeignete Straftäter zu combination order verurteilen. Das resultiert oft darin, daß relativ früh ein Verfahren wegen Anordnungsverstoßes eingeleitet

---

[494] Ashworth, Criminal Litigation and Sentencing, 1996, para. 19.7, S. 281; für Einzelheiten siehe Lloyd, What ist the Place of Combination Orders at Magistrates' Courts? 1994, S. 149 f.

[495] Lloyd, What ist the Place of Combination Orders at Magistrates' Courts? 1994, S. 149

werden müsse.[496] Ferner kam die Untersuchung zu dem Ergebnis, daß die duale Natur der combination order zu einer unterschiedlichen Behandlung von Straftätern führe, die eine einfache community service order abzuleisten hatten und solchen, die die community service-Komponente einer combination order erfüllten, wenn es um die Durchsetzung der Anordnung ginge.[497]

Tabelle 24 Zahl der insgesamt verhängten combination orders; Zahl der Urteile wegen Verfahrensverstoßes/Prozentsatz der insgesamt verhängten Anordnungen; Zahl der sofort vollziehbaren Gefängnisstrafen/Prozentsatz der Urteile wegen Verfahrensverstoßes.[498]

Jahr	combination orders insgesamt (1)	Zahl der Verfahren wegen Anordnungs-verstoßes	Anteil der Verfahren wegen Verstoßes ggü. Gesamtzahl der Anordnungen	Zahl der sofort vollziehbaren Gefängnisstrafen (2)	Anteil der sofort vollziehbaren Gefängnisstrafen
1993	8.900	0	*	*	*
1994	12.400	2.800	26	1.100	41
1995	14.600	4.600	34	1.800	40
1996	17.300	5.700	36	2.200	38

(1) Zahl der Verurteilungen wegen aller Straftaten: indictable offences und summary offences;
(2) nicht ausgesetzte oder teilweise ausgesetzte Gefängnisstrafe, detention centre, borstal training, Jugendstrafe

Einer anderen Studie zufolge hielten community service officers die Methoden ihrer Kollegen vom Bewährungsdienst für zu nachsichtig, wenn es um die Beurteilung der Abwesenheit eines Straftäters ging, und die probation officers wiederum betrachteten die community service officers als inflexibel bei der Einleitung von Verstoßverfahren.[499] Die Liaison zwischen probation und community service officers erwies sich zudem problematisch. Die community service officers waren der Ansicht, daß sie bei der Zusammenarbeit das Nachsehen hätten. Denn die probation officers seien weniger bereit, ihre Informationen über Verstöße des Straftäters

---

[496] Home Office/Ellis/Hedderman/Mortimer, Enforcing Community Sentences, 1996, S. 40
[497] Home Office/Ellis/Hedderman/Mortimer, Enforcing Community Sentences, 1996, S. 10
[498] Quelle: Home Office/Criminal Statistics, England and Wales
[499] Moloney, Combination Orders: Their History, Use and Impact, 1995, S. 27 f.

mit den community service officers zu teilen.[500] Die schon beim Vergleich der Vollzugspraxis von probation order und community service order beobachteten Diskrepanzen und Kooperationsschwierigkeiten setzen sich damit bei der combination order in verschärfter Form fort.[501]

---

[500] Moloney, Combination Orders: Their History, Use and Impact, 1995, S. 25
[501] Vgl. 1. Teil D. V. 2. Problembereiche und 4. Rolle und Randexistenz der Community Service Officers

F. Die Curfew Order und Electronic Monitoring

Seit 1991 sind die Gerichte befugt, *curfew orders*[502] zu verhängen und den Straftäter damit unter Hausarrest zu stellen. Der Criminal Justice Act 1991 sieht ferner die Möglichkeit vor, den Hausarrest mit *electronic monitoring* zu verbinden. Die elektronische Überwachung soll dazu dienen, die Anordnung und ihre Durchsetzung zu unterstützen.

I. Curfew Orders

1. Inhalt und Vorschriften

Gemäß section 12(1) Criminal Justice Act 1991 handelt es sich bei der curfew order um eine Anordnung, „die den Verurteilten dazu verpflichtet, zu bestimmten – in der Anordnung genauer bezeichneten – Zeiten, an einem in der Anordnung festgelegten Ort zu verweilen." Section 12(2) umreißt die Grenzen des Hausarrestes: Die Anordnung muß den Ort des Hausarrestes festlegen und die Zeiten, zu welchen der Hausarrest einzuhalten ist. Sie darf jedoch keinen Zeitrahmen bestimmen, der sechs Monate ab dem Tag der Anordnung überschreitet oder der zwei Stunden Hausarrest pro Tag unterschreitet oder 12 Stunden überschreitet. Hausarrestperioden, die weniger als 2 Stunden betragen, wären kaum sinnvoll, und solche, die 12 Stunden überschreiten, könnten mit zu vielen sonstigen Verpflichtungen des Straftäters kollidieren.[503] Die untere Altersgrenze für die curfew order beträgt seit dem Crime Sentences Act 1997 10 Jahre.[504] Bei Verurteilten unter 16 Jahren kann eine Maximaldauer von drei Monaten verhängt werden. Zudem sind in diesem Fall Informationen über seine Familiensituation und die zu erwartenden Auswirkungen des Hausarrestes einzuholen (vgl. section 43(6A) Crime Sentences Act 1997).

---

[502] Arrestanordnung oder Ausgangssperre
[503] Ashworth, Criminal Litigation and Sentencing, 1996, para. 19.8.1, S. 281
[504] Zuvor durfte die curfew order nur bei Straftätern über 16 Jahren verhängt werden. Die Änderung nimmt der Crime Sentences Act 1997 in section 43(1) vor.

Section 12(3) Criminal Justice Act 1991 sieht ferner vor, daß bei der näheren Spezifizierung der Hausarrestanordnung Konflikte mit religiösen Gewohnheiten, der Arbeit oder Schule vermieden werden sollen. Section 12(5) Criminal Justice Act 1991 veranlaßt das Gericht dazu, dem Verurteilten die Wirkung der Anordnung sowie die Konsequenzen eines Verstoßes gegen die Anordnung mit einfachen Worten zu erläutern.

2. Kriminalpolitischer Hintergrund und Entwicklung

Die Idee, einen Straftäter zu Hausarrest zu verurteilen und somit an seine Wohnung zu binden, ist nicht neu im englischen Recht. Der Criminal Justice Act 1982 hatte bereits eine nächtliche Ausgangssperre für Jugendliche unter 17 Jahren eingeführt. Sie sollte den Gerichten wahlweise als Zusatzbedingung einer supervision order zur Verfügung stehen. Den Vorschlag hierzu lieferte der Zweig der *Magistrates' Association*[505] in Hertfordshire als Reaktion auf urbane Unruhen, die in mehreren Städten im Sommer 1981 aufgetreten waren. Ursprünglich hatte man den Hausarrest als eigene Strafsanktion vorgesehen. Er sollte den Gerichten für Straftäter zwischen 10 und 21 Jahren zur Verfügung stehen, und die Verantwortlichkeit für seine Durchsetzung sollte in den Händen der Polizei liegen.[506] Im Verlauf der parlamentarischen Debatten zum Gesetzgebungsakt von 1982 wurde jedoch die ursprüngliche Absicht modifiziert. Die Anordnung wurde auf Jugendliche beschränkt, mit der supervision order verbunden und auf zehnstündige Perioden zwischen 6 Uhr und 18 Uhr für bis zu 30 Tage in den ersten drei Monaten terminiert. Die Verantwortung für die Durchführung übertrug man schließlich Sozialarbeitern und Bewährungshelfern, nicht der Polizei. Diese Gruppen sowie etablierte Strafrechtsreformer lehnten die Sanktion des Hausarrestes allerdings ab. Sie begründeten dies damit, daß die Anordnung erstens eine Überwachungsrolle erforderlich mache, die im Konflikt zur Fürsorgetätigkeit der mit ihr betrauten Personen stehe und zweitens, daß es unmöglich sein werde, den Hausarrest mit dem in der Zahl sehr begrenzten Personal zu

---

[505] Vereinigung der Laienrichter
[506] Tildesley/Bullock, Curfew Orders: The Arguments For, 1983, S. 139

kontrollieren und durchzusetzen.[507] Aus diesen Gründen wurde die Ausgangssperre am Ende selten verhängt und hat bei der Bemühung um die Reduktion der Gefängnispopulation kaum eine Rolle gespielt.[508]

Das Green Paper „Punishment, Custody and the Community" von 1988 griff das Thema des Hausarrestes schließlich wieder auf und stellte die Frage, ob es zweckmäßig sei, die Gerichte zur Verhängung von curfew orders zu ermächtigen, um somit Straftäter zu bestimmten Zeiten an ihre Wohnung zu binden.[509] Allerdings erkannte die Regierung auch sogleich das Problem der Durchsetzung. Im Falle des Hausarrestes für Jugendliche werde auf die Kooperation der Eltern gezählt, auch wenn diese nicht immer vorauszusetzen sei. Heranwachsende hingegen würden oft nicht mehr im Elternhaus wohnen, und bei Erwachsenen sei eine Durchsetzung auf diese Weise ganz ausgeschlossen. Häufige persönliche Besuche durch Supervisoren seien als Alternative äußerst kostenträchtig, besonders zu späten Zeiten und am Wochenende.[510] So führte die Befürchtung mangelnder Durchsetzungsfähigkeit zum Zurückgreifen auf das amerikanische Vorbild des *electronic monitoring*[511].

Das White Paper „Crime, Justice and Protecting the Public" von 1990 führte den Gedanken des Green Papers fort. Das Ziel sei, Straftätern zu bestimmten Zeiten den Ausgang zu versagen, ihnen aber dennoch die Möglichkeit zu geben, ihrer Arbeit nachzugehen, ein probation centre zu besuchen oder eine Drogentherapie wahrzunehmen.[512] Hausarrest für Erwachsene und Jugendliche könne dazu beitragen, bestimmte Formen der Kriminalität zu reduzieren, so zum Beispiel Autodiebstahl, Kneipenschlägereien und diverse Formen der Unruhestiftung. Auch sei die Ausgangssperre eventuell dazu geeignet, Straffällige von bestimmten Orten fernzuhalten, wie Einkaufszentren oder Kneipen, oder sie abends oder an Wochenenden zu Hause

---

[507] Nellis, The Electronic Monitoring of Offenders in England and Wales, 1991, S. 165 (170)
[508] Ashworth, Criminal Litigation and Sentencing, 1996, para. 19.8.2, S. 282
[509] Home Office, Green Paper „Punishment, Custody and the Community", 1988, para. 3.18, S. 11
[510] Home Office, Green Paper „Punishment, Custody and the Community", 1988, para. 3.19, S. 11
[511] Elektronische Überwachung, dazu weiter unten
[512] Home Office, White Paper „Crime, Justice and Protecting the Public", 1990, para. 4.20, S. 22

zu halten.[513] Ferner könne man die Kombination von Hausarrest mit anderen nichtfreiheitsent-
ziehenden Strafsanktion erlauben (zum Beispiel mit einer Bewährungsstrafe oder community
service order).

Mit dem Criminal Justice Act 1991 wurde die curfew order schließlich – gemeinsam mit
electronic monitoring – eingeführt.

II. Electronic Monitoring

Electronic monitoring ist ein äußerst empfindliches Thema; es löst in England und Wales
starke Emotionen in Befürwortern und Gegnern aus. Als erstmals öffentlich über eine eventuelle Einführung dieser Maßnahme debattiert wurde, war zu hören, daß durch den Gebrauch
von electronic monitoring, Gefängnisse eines Tages zu „Monumenten der Unmenschlichkeit
und Ineffektivität sozialer Vergeltungsmaßnahmen" werden könnten.[514] Andere bezeichneten
electronic monitoring als „technologische Barbarei".[515] Einige Bewährungshelfer erklärten sogar, eine ernsthafte Diskussion des Themas bedeute, daß „einer anstößigen Idee zumindest ein
gewisses Maß an Glaubwürdigkeit und Anerkennung" verliehen werde.[516] Trotz einer starken
Opposition wurde schließlich den Gerichten der Einsatz elektronischer Überwachungstechniken in Verbindung mit der curfew order zugänglich gemacht.

1. Vorschriften

Gemäß section 13(1) Criminal Justice Act 1991 kann das Gericht die elektronische Überwachung einer curfew order anordnen. Dabei muß sich das Gericht jedoch zuvor darüber informieren, ob am vorgesehenen Ort bereits ein Überwachungssystem eingerichtet ist (section
13(2) Criminal Justice Act 1991). Für die Überwachungsmethoden werden verschieden Be-

---

[513] Home Office, White Paper „Crime, Justice and Protecting the Public", 1990, para. 4.20, S. 23
[514] Schwitzgebel, Issues in the Use of an Electronic Rehabilitation System with Chronic Recidivists, 1969,
S. 597 (598)
[515] Fullwood, The Probation Service: From Moral Optimism Through Penological Pessimism into the Future,
1987, S. 774 (777)
[516] Devon Probation Service, vgl. Wade, The Electronic Monitoring of Offenders, 1988, S. 1

griffe verwandt. Am häufigsten taucht der Begriff des *electronic monitoring* auf. Andere Bezeichnungen lauten *electronic tagging*[517] und *curfew tagging*. Letztere wurde geprägt durch die *Offender Tag Association* (OTA), eine private Interessengruppe, die sich 1982 in England konstituierte, um electronic monitoring zu bewerben und zu fördern.

2. Überwachungsmethoden

Die verschiedenen Bezeichnungen schließen drei verschiedene Technologien ein. Von diesen werden zwei derzeit verwandt. Die dritte Methode ist noch nicht ausgereift und befindet sich daher nicht in Gebrauch.[518] Alle drei Überwachungsmethoden sind darauf ausgerichtet, die Freizügigkeit einer Person einzuschränken, bzw. ihre Mobilität auf einem bestimmten Bereich zu begrenzen.[519] Sie erfordern das Tragen eines Sendegeräts – *transmitter* oder *tag* -, das am Hand- oder Fußgelenk angebracht oder um den Hals gelegt wird. Verläßt der Träger die Monitoring-Zone, so wird ein Warnsignal ausgesandt. Beide im Betrieb befindlichen Systeme dienen dazu, Ausgangssperren und Hausarrest zu überwachen.

a) Passive Überwachungsmethode: *Telephone Passive Technology*

Die erste Überwachungsmethode wird als "passive" Methode bezeichnet. Hiernach wählt ein Computer innerhalb des Überwachungszeitraums den Telefonanschluß im Hause der überwachten Person an. Diese hat den Anruf zu bestätigen, indem sie den Transmitter in die hierfür vorgesehene Vorrichtung am Telefon einklinkt. Der Computer erstellt einen Bericht über die eingegangenen und ausgebliebenen Bestätigungen und eventuellen Verletzungen der Anwesenheitspflicht. Letztere hat das Überwachungspersonal zu untersuchen.

---

[517] Dabei bezeichnet der Begriff „*tag*" das am Arm- oder Fußgelenk angebrachte Sendegerät, das Verb „*to tag*" bedeutet aber auch „mit einem Anhänger/Etikett versehen oder „jagen, haschen"

[518] Wade, The Electronic Monitoring of Offenders, 1988, S. 10 f., Nellis, The Electronic Monitoring of Offenders in England and Wales, 1991, S. 165 (166)

[519] Zur Erläuterung der Überwachungsmethoden siehe auch Nellis, The Electronic Monitoring of Offenders in England and Wales, 1991, S. 165 (166); Wade, The Electronic Monitoring of Offenders, 1988, S. 9 ff.

b)   Aktive Überwachungsmethode: *Telephone Active Technology*

Das zweite Überwachungssystem, eine Art „Dauersignal-System", macht einen eher „aktiven" Gebrauch vom Telefonanschluß der überwachten Person. Es ähnelt dem ersten System, wobei jedoch die Anwesenheit des Straftäters an dem durch das Gericht bestimmten Ort fortwährend überprüft wird. Eine am Telefon angebrachte Vorrichtung nimmt ständig Signale des Transmitters auf und sendet sie zum Zentralcomputer des Überwachungsbüros. Bewegt sich der Träger zu weit vom Telefonanschluß fort, werden die Signale nicht mehr übertragen. Sollte die Unterbrechung nicht mit dem Zeitplan der Ausgangssperre übereinstimmen, kommt wiederum das Überwachungspersonal zum Einsatz.

c)   Mobile Überwachungsmethode: *Cellular Radio Technology*

Das dritte – noch nicht in Benutzung befindliche – Modell beschränkt die überwachte Person nicht auf einen bestimmten Aufenthaltsort – wie zum Beispiel die Wohnung des Überwachten, sondern erlaubt ihr, sich in einem begrenzten Bereich – beispielsweise zwischen Wohnung und Arbeitsplatz – zu bewegen. Insofern kann hier nicht mehr von der Überwachung eines „Haus"-Arrestes gesprochen werden. Nach dem gegenwärtigem Stand der Technik ist es allerdings noch nicht möglich, den genauen Aufenthaltsort einer Person innerhalb des überwachten Bereichs zu lokalisieren. Da die Methode den Ortswechsel des Verurteilten ermöglicht, nennt die OTA sie „*tracking tagging*" oder „*mobility tagging*",[520] um sie von der Hausarrestüberwachung zu unterscheiden. Sollte dieses System übernommen werden, würde das in Funkbereiche aufgeteilte Sendernetz zum Einsatz kommen, welches in Großbritannien bereits entwickelt worden ist.[521]

---

[520] „Verfolgungsüberwachung" oder „mobile Überwachung"

[521] Durch zwei Gesellschaften – *Cellnet* und *Vodafone* – hat Großbritannien ein engmaschiges Sendernetz für Mobiltelefone eingerichtet, an das mehr als eine Million Teilnehmer angeschlossen sind. Es ist zu erwarten, daß es weiterhin expandieren wird. Bis auf Teile von Wales und Schottland ist das Land bereits vollständig mit einem Netz von Funkzellen über verschiedenen Reichweiten (500 yards in Innenstädten, 1-2 Meilen in Vororten und bis zu 4 Meilen in ländlichen Gegenden) durchsetzt Jeder Sendebereich wird durch einen Radiosender und Empfänger erfaßt. Sowie sich der Benutzer von einem Funkbereich zum anderen bewegt, überträgt das System die Kontrolle des Telefongesprächs von dem verlassenen Sendebereich zum betretenen

Die Freizügigkeit des Straftäters würde im Rahmen dieser Überwachungsmethode auf eine bestimmte Anzahl von Funkbereiche beschränkt, beispielsweise auf diejenigen, welche Wohnort und Arbeitsplatz abdecken. Das von ihm getragene Sendegerät sendet ein Signal zur Basisstation desjenigen Funkbereichs aus, in dem sich der Träger gerade befindet. Von hier aus wird das Signal zum Zentralcomputer des Überwachungsbüros weitergeleitet. Der OTA zufolge wird derzeit an der Entwicklung einer Technik gearbeitet, die es erlaubt, den Standort einer Person bis auf einige Meter genau zu ermitteln.[522] Nur so könnten "Grenzverletzungen" durch das Überwachungspersonal kontrolliert werden.

3. Entstehung und Entwicklung in Amerika

Die zugrundeliegende Technologie für electronic monitoring entwickelte Robert Schwitzgebel in den 60er Jahren. Der an der University of California (später in Harvard) tätige Psychologe experimentierte mit Straftätern, *parolees[523]*, Psychiatriepatienten und Studenten.[524] Er sah das Potential elektronischer Überwachungstechnologien darin, daß sie einerseits als Zusatz zur therapeutischen Arbeit dienen und andererseits als Mittel zur Reduzierung der Gefängnispopulation herangezogen werden könnten.[525] 1969 ließ er eine Überwachungsvorrichtung patentieren, für die sich jedoch in den 70er Jahren niemand interessierte.[526] Die tatsächliche Anwendung elektronischer Überwachungsvorrichtungen begann erst in den 80er Jahren.

Sendebereich. *Tracking tagging* würde von der selben Technologie Gebrauch machen. Was die sprießende Verbindung zwischen Telekommunikation und Sicherheitsdienst angeht, so ist interessant, daß Cellnet gemeinsam durch *British Telecom* und *Securicor* eingerichtet wurde, während Vodaphone eine Tochtergesellschaft von *Chubb-Racal Electronics/security group* ist. Securicor und Chubb-Racal wurden beide für die electronic monitoring-Projekte des Home Office verpflichtet.

[522] Stacey, Tracking Tagging – The British Contribution, S. 57 (63)
[523] Vorzeitig freigelassene Häftlinge die unter der Aufsicht des probation services stehen, für Einzelheiten zur *parole* siehe unter 1. Teil C. II. 2. Parole
[524] Schwitzgebel, Electronic Alternatives to Imprisonment, 1968, S. 99-104; Rorvik, As Man Becomes Machine, 1979, S. 60 f.
[525] Schwitzgebel, Electronic Alternatives to Imprisonment, 1968, S. 99-104; Schwitzgebel, Issues in the Use of an Electronic Rehabilitation System with Chronic Recidivists, 1969, S. 598 (605-608)
[526] Nellis, The Electronic Monitoring of Offenders in England and Wales, 1991, S. 165 (167)

Die ersten Monitoring-Projekte wurden in Albuquerque/New Mexico und Palm Beach/Florida realisiert. In Albuquerque wurde Richter *Jack Love* durch ein "Spiderman"-Comic inspiriert, in welchem der Bösewicht den Titelhelden mittels eines Senders überwachte.[527] Daraufhin überzeugte Love den Elektronik-Experten *Michael Goss*, eine Vorrichtung zu entwickeln, die eine elektronische Überwachung von Straftätern ermöglicht.[528] Die Überwachungstechnik sollte in seinen Augen auf solche Delinquenten angewandt werden, die wegen geringfügiger Delikte lediglich eine Bewährungsauflage statt einer Gefängnisstrafe erhalten sollten. Zwischen 1983 und 1984 wurden schließlich die ersten fünf Straftäter elektronisch überwacht.[529] Das Florida-Projekt hingegen rief eine private Organisation ins Leben, die sich darum bemühte, die Überfüllung der Gefängnisse zu bekämpfen.[530]

Einmal in Gang gebracht nahm die Anwendung der Überwachungstechnik rasch zu. Im Februar 1988 gab es in 32 Amerikanischen Staaten electronic monitoring-Projekte, die entweder den Verwaltungsbezirk oder den gesamten Bundesstaat abdeckten.[531] In diesem Rahmen wurden ca. 2.000 Straftäter elektronisch überwacht.[532] Bis Februar 1989 war die Zahl der täglich überwachten Straffälligen schon auf 7.000 angestiegen,[533] und im Oktober erreichte sie schließlich 12.000.[534] Bis Dezember 1989 hatten 50 Staaten über 300 Programme eingerichtet.[535]

Die in Amerika überwachten Personen können zu verschiedenen Zielgruppen zusammengefaßt werden, die jedoch nicht in gleicher Weise überwacht werden.[536] Electronic monitoring

---

[527] Home Office/Mair/Nee, Electronic Monitoring: The Trials and Their Results, 1990, S. 4; Miller, Electronic Monitoring in North Tyneside, 1989, S. 733
[528] Timko, Electronic Monitoring – How it all Begann: Conversations with Love and Goss, S. 15 (16)
[529] Gable, Application of Personnel Telemonitoring to Current Problems in Corrections, 1986, S. 167 (169); Wade, The Electronic Monitoring of Offenders, 1988, S. 4
[530] Ball/Huff/Lilly, House Arrest and Correctional Policy: Doing Time at Home, 1988, S. 90 ff.
[531] Nellis, The Electronic Monitoring of Offenders in England and Wales, 1991, S. 165 (167)
[532] Schmidt, The Use of Electronic Monitoring By Criminal Justice Agencies, 1988, S. 2; Lilly, Tagging Reviewed, 1990, S. 229 (234)
[533] Rutherford, Why the Electronic Tag takes us Back to the Ball and Chain, Independent 9.8.1989, S. 10
[534] Lilly, Tagging Reviewed, 1990, S. 229 (234)
[535] Lilly, Tagging Reviewed, 1990, S. 229 (234)
[536] Nellis, The Electronic Monitoring of Offenders in England and Wales, 1991, S. 165 (167)

wird sowohl als Alternative zur Freiheitsstrafe verwandt als auch als Alternative zur Untersuchungshaft. Die Überwachung erfolgt häufig als Zusatz zu einer Bewährungsstrafe oder einer ausgesetzten Freiheitsstrafe. Und schließlich wird electronic monitoring dazu benutzt, die Gewährung vorzeitiger Freilassung und zeitweiser Freilassung (Freigang) von Häftlingen zu erleichtern.[537]

Abgesehen von den USA und England und Wales, sind electronic monitoring-Programme auch in Schweden, Canada, Australien, Singapur, Südafrika, Israel und den Niederlanden eingerichtet worden.[538] Interesse zeigen auch andere Länder, wie zum Beispiel kürzlich Deutschland.[539]

4.   Entstehung und Entwicklung in England und Wales

Im August 1989 startete das Home Office die ersten Projekte, bei denen Untersuchungshäftlinge elektronisch überwacht wurden. Verschiedene Schlüsselfaktoren spielten für die Initiierung der Pilotprojekte eine Rolle.

a)   Hintergründe

Ein wichtiger Faktor für die Erprobung von electronic monitoring war die Existenz elektronischer Überwachung als Element des Sanktionensystems in den USA. Englische Verwaltungsbehörden und Rechtswissenschaftler beobachteten seit Anfang der 80er Jahre die Entwicklung der Überwachungstechnik in Nordamerika.[540] 1982 wurde die OTA gegründet, die electronic monitoring als Alternative zur Freiheitsstrafe, als Mittel zur Verbrechensverhütung sowie zur Reduktion der Gefängnispopulation propagierte.[541] Sie wurde durch den Ex-Sunday-Times-

---

[537] Dieselben vier Kategorien sind durch die OTA in England aufgelistet worden. Bisher wurde electronic monitoring jedoch – aus Gründen die weiter unten erläutert werden – nur auf zwei dieser Zielgruppen angewandt: Einmal als Alternative zur Untersuchungshaft und zum anderen als Zusatz zur curfew order.

[538] Nellis, The Electronic Monitoring of Offenders in England and Wales, 1991, S. 165 (167)

[539] Zu den deutschen Entwicklungen siehe weiter unten im 2. Teil D. Elektronisch überwachter Hausarrest

[540] Home Office/Mair/Nee, Electronic Monitoring: The Trials and Their Results, 1990, S. 3

[541] OTA, Publicity Material, 1988, S. 1

Journalist und Schriftsteller *Tom Stacey*[542] ins Leben gerufen und erfuhr Unterstützung von einer Reihe Politikern, Ex-Straftätern, Akademikern, und – vielleicht am bemerkenswertesten – vom Chefinspekteur der Gefängnisse, *Stephen Tumin*.[543]

Die Regierung war jedoch zunächst wenig empfänglich für die neue Überwachungsmethode und lehnte das erste von der OTA vorgeschlagene Projekt mit der Begründung ab, daß Hausarrest als Bestrafung nicht hart genug sei.[544] Wenig später jedoch überdachte das Innenministerium seine Haltung. Der Stimmungswandel im Innenministerium, das nach anfänglichem Desinteresse plötzlich seine Einstellung gegenüber electronic monitoring änderte, führte in Presse und wissenschaftlicher Literatur zu Spekulationen.[545]

Letztlich wird man zu dem Ergebnis kommen müssen, daß die Hauptgründe für die Einführung von electronic monitoring in den damaligen Umfeldbedingungen zu sehen sind.

Zunächst stand wieder einmal die sich ständig verschärfende Lage der Gefängnisüberfüllung im Vordergrund. Die durchschnittliche Gefängnispopulation 1987 belief sich auf knapp 49.000 Insassen – 7.000 mehr als die vorgesehene Aufnahmefähigkeit und 2.000 mehr als im Jahre zuvor.[546] Über 20 Prozent dieser Population bestand aus Untersuchungshäftlingen, deren Fälle noch nicht gerichtlich verhandelt oder entschieden worden waren.[547] Auch dieser Prozentsatz war jedes Jahr gestiegen.[548] Ferner wurden 1987 durchschnittlich 540 Personen in Polizeizellen untergebracht, eine kostspielige Angelegenheit, da Polizeihaft um ein Vielfaches

---

[542] Stacey, Tracking Tagging – The British Contribution, S. 57 ff.; Stacey, Why Tagging Should be Used to Reduce Incarceration, 1989, S. 18 ff.
[543] Nellis, The Electronic Monitoring of Offenders in England and Wales, 1991, S. 165 (168)
[544] Wade, The Electronic Monitoring of Offenders, 1988, S. 6
[545] So heißt es bei *Nellis*: „Informationen über die genaue Beziehung zwischen der OTA und dem Innenministerium und die Art und Weise in welcher die OTA ihren Einfluß ausübte, sind schwer erhältlich. Beispielsweise ist nicht klar, ob noch andere Lobbyisten am Werk waren oder ob sich das Interesse des Innenministeriums an electronic monitoring unabhängig von der OTA entwickelt hat. Insbesondere die Gründe für den Stimmungswechsel im Innenministerium bleiben ein Mysterium." Nellis, The Electronic Monitoring of Offenders in England and Wales, 1991, S. 165 (168)
[546] Home Office/Criminal Statistics England and Wales, 1987
[547] Home Office/Mair/Nee, Electronic Monitoring: The Trials and Their Results, 1990, S. 3
[548] 1982 waren es noch 17%

teurer als Gefängnishaft ist.[549] Die große Mehrheit dieser Häftlinge war ebenfalls noch nicht verurteilt. Hinzu traten die wachsenden Probleme mit den Häftlingen. In den Jahren 1986 und 1990 hatte der englische Strafvollzug mit schweren Gefängnisunruhen in einigen Haftanstalten zu kämpfen.[550] Dabei gingen die Bilder der Gefangenen auf den Dächern der auch im Ausland bekannten – man kann sogar sagen „berüchtigten" – Strafanstalt in *Dartmoor* um die Welt. Das Bild des englischen Strafvollzugs, das sich nicht nur der englischen, sondern der internationalen Öffentlichkeit bot, war politisch untragbar. Es entstand damit ein Reformdruck, der nicht ignoriert werden konnte. Als weiterer Faktor sind die bereits angesprochenen Interessen der High-Tech-Industrie zu nennen. Diese erkannte in der elektronischen Überwachung einen neuen profitablen Markt, den sie sich durch aggressives Marketing zu erschließen versuchte.

Im März 1987 empfahl das *House of Commons Home Affairs Committee*[551] in einem Bericht über die Situation der Gefängnisse, daß das „Innenministerium die amerikanische Überwachungspraxis untersuchen und herausfinden sollte, ob eine Anwendung in England und Wales in Betracht käme".[552] Während eines Besuchs der USA im selben Jahr, nahm *Lord Caithness*, der als Staatsminister im Innenministerium für das Gefängniswesen zuständig war, gemeinsam mit anderen einflußreichen Konservativen electronic monitoring-Projekte in Augenschein. Diese wurden sehr positiv kommentiert, mit der Betonung darauf, daß electronic monitoring das zusätzliche Maß an Kontrolle und Disziplin gewähre, das benötigt würde, falls man mehr Straftäter – insbesondere junge Straftäter – außerhalb der Gefängnisse bestrafen wolle.[553] Ebenfalls zur selben Zeit stellten die Hersteller von Überwachungssystemen ihre

---

[549] Home Office/Mair/Nee, Electronic Monitoring: The Trials and Their Results, 1990, S. 3

[550] 1986 ereigneten sich Aufstände u.a. in *Northeye*, *Wymott* und *Wayland*; siehe auch Cavadino, Explaining the Penal Crisis, 1992, S. 2 (3); 1990 breiteten sich die Unruhen auf sechs Anstalten aus: darunter *Manchester Strangeways*, *Dartmoor*, *Pucklechurch Ramand Centre*. Dazu siehe auch Rotthaus, Die Gefängnisunruhen in England April 1990, 1991, S. 195 ff.

[551] Parlamentarischer Ausschuß für innere Angelegenheiten

[552] House of Commons, Third Report from the Home Affairs Committee: The State and Use of Prisons, 1987, para. 61, S. XV, XVI; Home Office/Mair/Nee, Electronic Monitoring: The Trials and Their Results, 1990, S. 4

[553] Wheeler, Electronic Monitoring: A Humane Way of Keeping People Out of Prison, 1990, S. 144

Produkte dem Innenministerium vor. Dies erfolgte im Rahmen einer eintägigen Konferenz zu electronic monitoring in Canada, die im Oktober 1987 in London abgehalten wurde.

Unterdessen traf man im Home Office Vorbereitungen dafür, die englische Kriminalpolitik zu überdenken und eventuell neu zu strukturieren. Im Juli 1988 wurde „Punishment, Custody and the Community" veröffentlicht.

b) Green Paper „Punishment, Custody and the Community" 1988

Im Green Paper „Punishment, Custody and the Community" von 1988 wurde die Einführung von electronic monitoring zum ersten Mal ernsthaft von Seiten der Regierung erwogen. Die Überwachungsmethode sollte dazu dienen, „eine Anordnung durchzusetzen, die es erfordert, daß der Straftäter für eine bestimmte Zeitspanne zu Hause bleibt."[554] Dabei wurde allerdings festgestellt, daß electronic monitoring wohl kaum ein sicherer Weg sei, der Begehung weiterer Straftaten vorzubeugen. Es könne aber dazu beitragen, „die Gelegenheiten eines Straftäters zur Begehung weiterer Delikte so weit zu verringern, daß ein Gericht sich dazu veranlaßt sieht, von einer freiheitsentziehenden Maßnahme abzusehen."[555]

Bei näherer Betrachtung des Green Papers offenbaren die Vorschläge der Regierung jedoch eine grundlegende Ambivalenz gegenüber der Frage, wofür die neue Sanktion eigentlich gedacht war.[556] Es wurde nicht deutlich, ob elektronisch überwachte Ausgangssperren eine vorzeitige Haftentlassung ermöglichen sollten oder ob sie als eigenständige Strafmaßnahme im Sanktionensystem angesehen wurden. Zwiespältig äußert sich das Grünbuch auch zu der Frage, ob electronic monitoring mit anderen Strafen verbunden werden sollte, beispielsweise in Kombination mit community service oder einer Bewährungsstrafe.[557] Es finden sich aber

---

[554] Home Office, Green Paper „Punishment, Custody and the Community", 1988, paras. 3.20 und 3.21, S. 12
[555] Home Office, Green Paper „Punishment, Custody and the Community", 1988, para. 3.20, S. 12
[556] Lilly, Tagging Reviewed, 1990, S. 229 (238)
[557] Home Office, Green Paper „Punishment, Custody and the Community", 1988, paras. 3.21 und 3.27, S. 12 f.

Anhaltspunkte dafür, daß die Sanktion in erster Linie als Diversionsmaßnahme zur Haftstrafe in Erwägung gezogen wurde.[558]

Der Publikation des Green Paper 1988 folgte eine lange Zeit der Konsultationen verschiedener Einrichtungen im Strafrechtssystem. Dem Bewährungsdienst gefiel die für ihn vorgesehene Rolle der Kontrolle nicht, vor allem mochte er electronic monitoring nicht.[559] Das Green Paper hatte nicht festgelegt, wer electronic monitoring durchführen sollte. Als es die *National Association of Probation Officers*[560] (NAPO) ablehnte, sich in irgendeiner Weise für electronic monitoring zu engagieren, wandte sich die Regierung – notgedrungen aber nicht ohne Enthusiasmus – an den privaten Sektor, den sie bereits als mögliche Alternative eingeplant hatte.[561] Wenige Monate nach der Publikation des Green Papers kündigte die Regierung die Durchführung von Pilotprojekten für electronic monitoring an, „eine ganze Weile vor Ablauf der Konsultationsfrist", wie bemerkt wurde.[562]

c) Die Pilotprojekte 1989/90

Am 14. August 1989 startete das Innenministerium in Nottingham das erste Pilotprojekt zur elektronischen Überwachung von potentiellen Untersuchungshäftlingen. Zwei weitere Projekte folgten in North Tyneside und Tower Bridge im Oktober und November desselben Jahres.

Der Rahmen der Projekte gestaltete sich allerdings etwas anders als von der Regierung ursprünglich vorgesehen. Es war klar geworden, daß elektronisch überwachter Hausarrest nicht als eigenständige oder Teil einer strafrechtlichen Sanktion verhängt werden konnte. Hierzu hätte der Gesetzgeber tätig werden müssen. Doch der enge parlamentarische Zeitplan erlaubte

---

[558] „Das Hauptargument für die Einführung von Electronic Monitoring in England und Wales ist die Durchsetzung einer Arrestanordnung, die dazu führt, daß solche Straftäter in Freiheit verbleiben, die andernfalls eine Haftstrafe erhalten hätte." Home Office, Green Paper „Punishment, Custody and the Community", 1988, para. 3.21, S. 12

[559] Vosgerau, Elektronische Überwachung, S. 166 (167); Nellis, The Electronic Monitoring of Offenders in England and Wales, 1991, S. 165 (171)

[560] Nationale Vereinigung der Bewährungshelfer

[561] Home Office, Green Paper „Punishment, Custody and the Community", 1988, para. 4.2, S. 17

[562] So Rutherford, Why the Electronic Tag takes us Back to the Ball and Chain, Independent 9.8.1989, S. 10

die kurzfristige Vorlage neuer Gesetzesvorhaben nicht.[563] Nach einer genaueren Prüfung der Gesetzeslage entschied man sich dafür, electronic monitoring zur *„condition of bail"*,[564] also zur Bedingung zu machen, unter der ein Angeklagter gegen Sicherheitsleistung freigelassen werden kann. Der Angeklagte mußte sich allerdings freiwillig für die elektronische Überwachung entscheiden.[565] Da das Hauptinteresse an electronic monitoring darin bestand, eine Alternative zur Haftstrafe zu schaffen, wurde man sich darüber einig, electronic monitoring möglichst nur auf solche Personen anzuwenden, die sonst in Untersuchungshaft verblieben wären.[566] Die Projekte sollten sechs Monate laufen.

(1) Die Vorbereitung der Projekte

Von der Entscheidung für die Erprobung von electronic monitoring Mitte 1988 bis zum Beginn der Projekte verstrichen zwölf Monate harter Arbeit und organisatorischer Anstrengungen. Aus Gründen der Aussagekraft war wichtig, daß electronic monitoring in mehr als einer Region ausprobiert wurde. Die Projekte mußten jedoch aufgrund der Knappheit öffentlicher Mittel auf sechs Monate und drei Gerichtsbezirke beschränkt werden. Schließlich wurde Nottingham City – eine Großstadt in den Midlands – ausgewählt. Ein weiteres Projekt wurde in North Tyneside angesiedelt, das in einer strukturschwachen Industrieregion im Nordosten Englands liegt. Das dritte Projekt fand in Tower Bridge statt, einen Londoner Innenstadtbezirk.[567]

Gleich zu Beginn wurde beschlossen, für die Pilotprojekte das „Dauersignal-System" (aktive Überwachungsmethode) einzusetzen. Drei Arten von Ausrüstungsgegenständen wurden dazu

---

[563] Nellis, The Electronic Monitoring of Offenders in England and Wales, 1991, S. 165 (171)
[564] Siehe Glossar unter A. Bail und remand in custody
[565] Grant, Electronic Monitoring Trial in Nottingham, 1989, S. 144; Im Rahmen der Freilassung gegen Sicherheitsleistung war die Bedingung des Hausarrests (durchgesetzt durch die Polizei) bereits gesetzlich möglich; vgl. Nellis, The Electronic Monitoring of Offenders in England and Wales, 1991, S. 165 (171)
[566] Home Office/Mair/Nee, Electronic Monitoring: The Trials and Their Results, 1990, S. 8
[567] Home Office/Mair/Nee, Electronic Monitoring: The Trials and Their Results, 1990, S. 9

benötigt: (1) Sendegeräte, die durch Armbänder befestigt werden (Transmitter) (2) Am Telefonanschluß anzubringende Empfangsgeräte (3) Ein Zentralcomputer, der die Signale vom
Empfangsgerät empfängt und speichert sowie eine Warnung ausgibt, falls Verletzungen während der Überwachungszeiten registriert werden. Weiterhin wurden Kriterien für die Auswahl
der Probanden spezifiziert: Der Kandidat mußte im Gerichtsbezirk des Projektbereichs wohnen, er durfte nicht jünger als 17 Jahre alt sein und keine Gefahr für die öffentliche Sicherheit
darstellen. Schließlich sollte die Anwesenheit des Probanden keine zu große Belastung für die
häusliche Wohngemeinschaft bedeuten.[568]

Die Programme sollten nicht von staatlichen Einrichtungen, sondern von privaten Unternehmen ausgestattet und durchgeführt werden. Nach Verhandlungen mit mehreren Firmen wurde
das Nottingham- und North Tyneside-Projekt an *Marconi Electronic Devices Ltd.* Vergeben,
während *Chubb-Racal Electronics* das Tower Bridge-Projekt erhielt. In Nottingham hatte das
Marconi-Überwachungsbüro seinen Sitz im Gericht und kooperierte mit Gerichtspersonal, in
Tyneside arbeitete Chub-Racal im Polizeihauptgebäude. Die bei Verletzungen der Ausgangssperre für Kontrollbesuche zuständigen Kontrolleure wurden auf untervertraglicher Basis
durch die lang etablierte Wachschutzgesellschaft *Securicor* bereitgestellt.[569]

(2)   Involvierte Institutionen

Außer den Vertragsunternehmen waren verschiedene andere Institutionen und Personen in die
Projekte eingebunden, namentlich die Polizei, der *Crown Prosecution Service* (Staatsanwaltschaft), die Gerichte – und zwar *clerks* (Gerichtsbeamte), *magistrates* (Laienrichter) und *judges* (Berufsrichter) – sowie die Strafverteidiger.[570] Jede dieser Einrichtungen konnte Empfehlungen dahingehend abgeben, ob ein mutmaßlicher Straftäter für das Projekt geeignet erschien. Letztlich wurde die Entscheidung allerdings von den magistrates oder jugdes getrof-

[568] Home Office/Mair/Nee, Electronic Monitoring: The Trials and Their Results, 1990, S. 11
[569] Nellis, The Electronic Monitoring of Offenders in England and Wales, 1991, S. 165 (172)
[570] Andere Einrichtungen spielten noch am Rande eine Rolle, wie zum Beispiel die British Telecom, verschiedene probation hostels, der prison service, der probation service etc..

fen. Danach hatte der Angeklagte noch seine Zustimmung zu geben und eine Einverständniserklärung zu unterschreiben.

(3) Die Forschungsstudie

Mit den Vorbereitungen für die Monitoring-Experimente gingen Vorbereitungen über eine Evaluationsstudie einher, die untersuchen sollte, ob die Projekte am Ende einen Erfolg oder einen Mißerfolg darstellten. Die Aufgabe, Material für spätere Erhebungen und Auswertungen zu sammeln, fiel der *Research and Planning Unit of the Home Office*[571] zu (mit Assistenz des *Statistical Departments*[572]), während die technische Auswertung des Materials durch die *Scientific Research and Development Branch (SRDB)*[573] besorgt wurde. Die Mitarbeiter der Forschungsgruppe waren von Anfang an in die Projekte eingebunden. Sie waren Mitglieder der Steuerungseinheit, die im Home Office stationiert war und die den Fortschritt der Initiative beobachtete, und sie saßen in den örtlichen Vermittlungsausschüssen der beteiligten Gerichtsbezirke.

Folgende Fragestellungen sollten mit der Forschungsstudie beantwortet werden: 1. Ist electronic monitoring als Alternative zur Untersuchungshaft genutzt worden? 2. Wie erfolgreich ist Monitoring als Bedingung für eine Haftverschonung gegen Sicherheitsleistung? 3. Welche praktischen Fragen wirft der Gebrauch von electronic monitoring auf? 4. Wie kosteneffektiv ist Monitoring verglichen mit anderen Bedingungen für eine Haftverschonung gegen Sicherheitsleistung und verglichen mit der Untersuchungshaft?

(4) Verlauf der Projekte

Mit großem Medieninteresse begann am 14. August 1989 das Monitoring Projekt in Nottingham. Bis zum dritten Tag konnte jedoch kein geeigneter Proband für den Versuch gefunden werden. Diesen Fehlstart der Versuchsreihe könnte man im Nachhinein als signifikant für die

---

[571] Zentralstelle des Innenministeriums für Forschung und Planung
[572] Statistikamt

ganze Versuchsreihe bezeichnen. Eins der zahlreichen Probleme, welche die Projekte aufwarfen, war nämlich das Auffinden geeigneter Personen.[574] Am Ende wurden in allen drei Gerichtsbezirken zusammen lediglich 50 Personen elektronisch überwacht. Eine Reihe von Faktoren spielten dabei eine Rolle.

(i) Schwierigkeiten bei der Ausfilterung der Probanden

Probleme tauchten in verschiedenen Stadien des Entscheidungsprozesses auf. Zunächst fiel es der Polizei äußerst schwer, einen Straffälligen für electronic monitoring zu empfehlen.[575] Schon vor Beginn der Projekte war die Polizei in den Entscheidungsprozeß eingebunden gewesen, ob ein Angeklagter bis zum Beginn seines Prozesses in U-Haft gehalten werden sollte, oder ob man ihn gegen Sicherheitsleistung freilassen sollte (*release on bail*[576]). Ihre Meinung dazu äußerte die Polizei gegenüber dem Gericht in Form einer Stellungnahme. Nun stand sie vor der Aufgabe, die Fälle der bereits für U-Haft bestimmten Kandidaten neu zu überdenken und electronic monitoring in Erwägung zu ziehen. In allen Versuchsgebieten zögerte die Polizei,[577] insbesondere aus Sorge um die öffentliche Sicherheit. Die magistrates in Nottingham äußerten ähnliche Bedenken.[578] In Tower Bridge waren die Richter zwar anfangs aufgeschlossener, dies änderte sich jedoch schlagartig, nachdem ein Proband seinen Sender abgestreift hatte, geflohen war und später wegen Mordes festgenommen wurde. Empfehlungen versprach man sich insbesondere aus dem Kreise der Strafverteidiger, wobei es sich jedoch als schwierig herausstellte, die unübersichtliche Masse der Anwälte umfassend zu informieren.[579]

---

[573] Zweigstelle für wissenschaftliche Forschung und Entwicklung
[574] Nellis, The Electronic Monitoring of Offenders in England and Wales, 1991, S. 165 (172)
[575] Home Office/Mair/Nee, Electronic Monitoring: The Trials and Their Results, 1990, S. 31, 39 f.
[576] Zu *bail* siehe unter Glossar A. Bail und remand in custody
[577] Home Office/Mair/Nee, Electronic Monitoring: The Trials and Their Results, 1990, S. 31,39/40
[578] Home Office/Mair/Nee, Electronic Monitoring: The Trials and Their Results, 1990, S. 24
[579] Home Office/Mair/Nee, Electronic Monitoring: The Trials and Their Results, 1990, S. 26

Weitere Probleme bereitete die Einverständniserklärung. Aus verschiedenen Gründen lehnten an sich geeignete Kandidaten die Teilnahme an dem electronic monitoring-Projekt ab. Viele scheuten davor zurück, im Mittelpunkt des Medieninteresses zu stehen. In einigen Fällen stellte sich auch die Familie quer.[580] Andere potentielle Probanden weigerten sich, weil im Gegensatz zur U-Haft die Zeit der Überwachung nicht auf die Haftstrafe angerechnet werden konnte.[581]

(ii) Technische Probleme

Vor allem während der Anfangszeit hatten die Organisatoren mit etlichen technischen Schwierigkeiten zu kämpfen. Besonders häufig gab es falschen Alarm. Problematisch daran war vor allem, daß dies den Angeklagten willkommene Ausreden für tatsächliche Verstöße gegen den Hausarrest lieferte. Es bestand daher oft die Unsicherheit, ob es sich nun um eine Zuwiderhandlung durch den Probanden oder um einen technischen Defekt handelte.[582]

(iii) Zusammenarbeit und Kommunikation

Die Zusammenarbeit und Kommunikation zwischen den verschiedenen involvierten Institutionen wurde insgesamt als positiv beurteilt. Auch hier gab es allerdings Unstimmigkeiten. Es war zum Beispiel nicht klar, wo die Probanden bis zum Start der Überwachungsperiode untergebracht werden sollten. Wider Erwarten stellte sich heraus, daß die Polizei die bereits akzeptierten, aber noch nicht mit Sender und Empfangsstation ausgestatteten Probanden nicht über Nacht in ihren Zellen festhalten konnte. [583]

Ein weiteres Mißverständnis ergab sich auf Seiten der magistrates. Ein Proband bat darum, seine Arrestzeiten zu ändern, da er Arbeit gefunden hatte. Das Gericht lehnte dies jedoch ab,

---

[580] Ein Mutter sagte, sie könne die Gegenwart des Sohnes aufgrund seiner Alkoholprobleme und seiner psychischen Verfassung nicht rund um die Uhr ertragen.
[581] Miller, Electronic Monitoring in North Tyneside, 1989, S. 733 (734)
[582] Home Office/Mair/Nee, Electronic Monitoring: The Trials and Their Results, 1990, S. 19
[583] Home Office/Mair/Nee, Electronic Monitoring: The Trials and Their Results, 1990, S. 28

obgleich es möglich gewesen wäre. Die Gerichtsbeamten sollten nämlich die magistrates darüber informieren, daß es ihnen freigestellt war, die Hausarrestperioden unter solchen Umständen zu ändern. [584]

(5)   Ergebnisse

Das Nottingham Projekt dauerte vom 14. August 1989 bis zum 29. Januar 1990, das North Tyneside Projekt dauerte vom 18. September 1989 bis 5. März 1990, und das Tower Bridge Projekt begann am 23. Oktober 1989 und endete am 7. April 1990. Was die Ergebnisse der Projekte anbelangt, so sah man es als entscheidend an, Informationen über die empfohlenen und überwachten Personen, die Herkunft von Empfehlungen, die Dauer der Überwachungszeiten und die Zahl und Art der Verstöße zu sammeln.

(i)   Empfehlungen und Anordnungen

Im Verlaufe der Projekte wurden 140 Empfehlungen für Hausarrest mit electronic monitoring vor dem magistrates' court und vor dem Crown Court abgegeben. Nur 50 Angeklagte wurden aber letztlich von den Gerichten für die Projekte angenommen.

Tabelle 25 dokumentiert die Quellen der Empfehlungen für electronic monitoring und wie häufig diese erfolgreich waren. 124 Empfehlungen stammten von den magistrates' courts und 16 vom Crown Court. Die meisten Empfehlungen wurden von Strafverteidigern (105 von 140) ausgesprochen. Am erfolgreichsten aber waren Empfehlungen der magistrates, von deren 18 Empfehlungen 14 akzeptiert wurden.

Zwar wurden in den drei Versuchsgebieten ähnlich viele Probanden überwacht, jedoch waren starke Unterschiede in der Anwendung der Überwachungstechnik proportional zu den in Haft Verbliebenen zu verzeichnen. In Tabelle 28 sieht man, daß electronic monitoring im Vergleich zur Untersuchungshaft in North Tyneside eher zur Anwendung kam als in den anderen

---

[584] Home Office/Mair/Nee, Electronic Monitoring: The Trials and Their Results, 1990, S. 29

Gegenden (15 Überwachungsfälle im Gegensatz zu 41 in Haft Verbliebenen). Am wenigsten wahrscheinlich war der Gebrauch von Monitoring in Nottingham (17 Fälle von Monitoring gegenüber 209 Untersuchungshaftfällen). Die Gerichte waren ermächtigt, die Probanden bis zu 24 Stunden pro Tag überwachen zu lassen, und bei zwei Angeklagten wurde von der Maximaldauer Gebrauch gemacht. Tabelle 27 gibt eine Übersicht über die verhängten Arrestzeiten.

Tabelle 25 Empfehlungen für electronic monitoring in den Gerichtsbezirken durch die verschiedenen Institutionen[585]

	Magistrates' Court		Crown Court	
	Empfehlungen	Überwachte	Empfehlungen	Überwachte
Nottingham				
Polizei	14	2	--	--
CPS	1	0	--	--
Magistrates	2	2	--	--
Strafverteidiger	45	7	6	6
Richter	--	--	--	--
Insgesamt	62	11	6	6
North Tyneside				
Polizei	1	1	--	--
CPS	--	--	--	--
Magistrates	2	2	--	--
Strafverteidiger	23	11	8	0
Richter	--	--	1	1
Insgesamt	26	14	9	1
Tower Bridge				
Polizei	--	--	--	--
CPS	--	--	--	--
Magistrates	14	10	--	--
Strafverteidiger	22	7	1	1
Richter	--	--	--	--
Insgesamt	36	17	1	1
alle Gerichtsbezirke				
Polizei	15	3	--	--
CPS	1	0	--	--
Magistrates	18	14	--	--
Strafverteidiger	90	25	15	7
Richter	--	--	1	1
Insgesamt	124	42	16	8

---

[585] Quelle: Home Office/Mair/Nee, Electronic Monitoring: The Trials and Their Results, 1990, S. 48

153

Tabelle 26 Gründe für die Ablehnung einer Überwachungsempfehlung (nach Gerichtsbezirken)[586]

	Straftat zu schwer- wiegend	Wieder- holungs- gefahr	keine geeignete Unterkunft	Wohnsitz außerhalb Gerichts- bezirk	Entlassung gegen Sicherheit (bail)	Sonstiges (1)	Insgesamt abgelehnt
Notting- ham	7	10	2	--	16	16	51
North Tyneside	5	5	--	2	5	3	20
Tower Bridge	4	5	1	4	--	5	19
Total	16	20	3	6	21	24	90

(1) Beinhaltet elf Fälle, in denen der Grund der Ablehnung nicht klar war, fünf, in denen die Zustimmung einer dritten Partei (Vermieter z. B.) nicht erfolgte, vier, in denen der Angeklagte als ungeeignet angesehen wurde und zwei, in denen der Angeklagte das Projekt ablehnte.

Die Mehrzahl der Empfehlungen für electronic monitoring wurde abgelehnt. Tabelle 26 gibt eine Übersicht der Ursachen. In 21 Fällen wurde eine Haftverschonung gegen Sicherheitsleistung dem electronic monitoring-Programm vorgezogen, in allen übrigen zurückgewiesenen Fällen verblieben die Angeklagten in Haft. Die Ablehnung wurde zumeist mit der Schwere des Delikts oder Wiederholungsgefahr begründet. Obwohl die Probanden in Tower Bridge eher wegen schwerwiegender Straftaten angeklagt waren als die Probanden der anderen Versuchsgegenden, spiegelte sich dies nicht in der Länge des verhängten Hausarrestes nieder. Von den drei magistrates´ courts verhängte North Tyneside die längsten Arrestzeiten, mehr als die Hälfte betrug 16 Stunden und länger. In Nottingham und Tower Bridge waren es weniger als die Hälfte. Es bleibt zu bemerken, daß Arrestzeiten, die durch die crown courts verhängt wurden, tendenziell länger ausfielen als die der magistrates´ courts.

---

[586] Quelle: Home Office/Mair/Nee, Electronic Monitoring: The Trials and Their Results, 1990, S. 48

Tabelle 27 Überwachungszeiträume; nach Dauer der Stunden, Gerichtsbezirken und Gericht[587]

	Überwachungszeiträume				
	8-12 St.	12-16 St.	16-23	24 St.	Insgesamt
Nottingham					
Magistrates' Court	5	1	5	--	11
Crown Court	--	--	4	2	6
North Tyneside					
Magistrates' Court	1	4	9	--	14
Crown Court	--	1	--	--	1
Tower Bridge					
Magistrates' Court	3	6	8	--	17
Crown Court	1	--	--	--	1
alle Gerichtsbezirke					
Magistrates' Court	9	11	22	--	42
Crown Court	1	1	4	2	8

(ii) Probanden und zugrundeliegende Delikte

Die Teilnahme am Projekt schien nicht von einem bestimmten Anklagedelikt abzuhängen. In Nottingham und North Tyneside wurde electronic monitoring vor allem auf Straftäter angewandt, deren Delikte unter die Gruppe "verschiedene andere Delikte" fielen – womit vor allem Verkehrsstraftaten gemeint waren -, während in Tower Bridge fast 90 Prozent der Überwachten (16 von 18) wegen eines Gewaltdelikts, Einbruchsdiebstahls oder Raubes angeklagt waren (vgl. Tabelle 28).

Alle überwachten Personen waren männlich (die einzige empfohlene weibliche Angeklagte wurde nicht akzeptiert), 19 waren im Alter zwischen 17 und 20, 15 waren zwischen 21 und 25, und die übrigen 16 waren zwischen 26 und 47.

Ausführliche Informationen über Vorstrafen und sonstige kriminelle Vergangenheit der Angeklagten waren nicht erhältlich, mehr als die Hälfte der Überwachten hatten allerdings innerhalb der letzten drei Jahre schon eine Freiheitsstrafe erhalten.

---

[587] Quelle: Home Office/Mair/Nee, Electronic Monitoring: The Trials and Their Results, 1990, S. 49

155

Tabelle 28 Überwachte und inhaftierte Angeklagte nach Deliktsgruppe und Gerichtsbezirken[588]

	Nottingham		North Tyneside		Tower Bridge	
	U-Haft	Überwachte	U-Haft	Überwachte	U-Haft	Überwachte
Gewalt-delikt	32	3	8	1	15	4
Sexual-delikt	7	--	3	--	10	--
Einbruch-diebstahl	78	6	19	4	17	7
Raub	20	--	1	3	17	5
Diebstahl/ Hehlerei	33	--	3	--	7	1
andere Delikte	39	8	7	7	31	1
insgesamt	209	17	41	15	97	18

(iii) Resultate

50 Angeklagte waren während der Versuche überwacht worden. Tabelle 29 zeigt die Gesamt-ergebnisse nach Abschluß der Projekte. Acht Angeklagte hatten den elektronisch überwachten Hausarrest erfüllt, fünf der Probanden erhielten eine Freiheitsstrafe (zwei für drei Jahre, einer für 18 Monate, einer für zwölf Monate, und einer für drei Monate), zwei wurden mit einer zweijährigen Bewährungsfrist freigelassen, und einer wurde zu community service verurteilt.

Mehr als die Hälfte der überwachten Personen (29 insgesamt) verletzten ihre Arrestzeiten oder wurden für ein neues Delikt verurteilt, wobei bezeichnend ist, daß die Verletzung des Hausar-restes häufiger auftrat als die Begehung neuer Delikte. Zu den Verletzungen, die eine Flucht oder die Begehung einer Straftat zum Gegenstand hatten, kamen noch 217 andere Verstöße hinzu, die Tabelle 30 im Detail wiedergibt. Die Mehrzahl der Verspätungen oder sonstigen Zeitüberschreitungen (63 Prozent) betrug weniger als 30 Minuten (tatsächlich handelte es sich bei 12 Prozent um weniger als fünf Minuten).

---

[588] Quelle: Home Office/Mair/Nee, Electronic Monitoring: The Trials and Their Results, 1990, S. 49

Tabelle 29 Überwachte Angeklagte nach Gerichtsbezirken und Resultate[589]

	Insgesamt überwacht[1]	Verurteilung nach Ablauf der Arrestzeit	Verstöße gegen die Anordnung[2]	Weitere Straftat begangen	Freilassung gegen Sicherheit[3]	Sonstiges[4]
Notting-ham	17	4	3	6	1	3
North Tyneside	15	2	8	1	3	1
Tower Bridge	18	2	6	4	1	3
Total	50	8	18	11	5	7

(1) Ein Angeklagter erschien im Rahmen des electronic monitoring-Projekts vor dem magistrates' court und dem Crown court und wurde daher zweimal gezählt; **(2)** Dies beinhaltet zwei Angeklagte, die geflüchtet und nach Abschluß der Projekte noch nicht wieder gefaßt worden waren; **(3)** Wegen einer Änderung der Sachlage wurden einige Angeklagte gegen Sicherheitsleistung freigelassen; **(4)** In drei Fällen wurde die Anklage zurückgenommen, und in einem Fall wurde der Angeklagte für nicht schuldig befunden.

Tabelle 30 Verstöße gegen die Arrestanordnung; nach Gerichtsbezirk und Art der Verstöße[590]

Gerichts-bezirk	Art der Verstöße					Verstöße Insgesamt
	30 Min.	30-60 Min.	60-120 Min.	120+ Min.	Tamper alert [1]	
Notting-ham	73	5	2	7	--	87
North Tyneside	26	3	5	6	7	47
Tower Bridge	38	20	5	18	2	83
Total	137	28	12	31	9	217

(1) In Nottingham gab es keinen tamper alert Mechanismus (Ein Alarmsignal-Mechanismus, der bei Manipulationen am Sendegerät ausgelöst wird)

Viele dieser Verletzungen rührten daher, daß die Probanden entweder das System und seine Manipulationsfähigkeit testen wollten oder daß sie einfach unpünktlich waren. Die durchschnittliche Zahl der Zeitüberschreitungen pro überwachter Person war in den drei Versuchs-

---

[589] Quelle: Home Office/Mair/Nee, Electronic Monitoring: The Trials and Their Results, 1990, S. 44
[590] Quelle: Home Office/Mair/Nee, Electronic Monitoring: The Trials and Their Results, 1990, S. 50

gegenden unterschiedlich: in Nottingham waren es 5,1, in North Tyneside 3,1, und in Tower Bridge 4,6 (der Durchschnitt von Tower Bridge wurde allerdings dadurch in die Höhe getrieben, daß einer der Probanden 28 Verletzungen beging, bevor er schließlich flüchtig wurde). Alarmsignal-Mechanismen wurden in North Tyneside und in Tower Bridge benutzt und 7 Alarme wurden im ersten Versuchsgebiet und zwei in letzterem registriert.

(6) Meinungen der beteiligten Institutionen und Probanden

Um einen möglichst vollständigen Eindruck von den Problemen und Erfolgen des Projekts zu bekommen, wurden die beteiligten Institutionen sowie die Probanden während und nach der Durchführung der Versuche befragt.

(i) Polizei

Die Polizei stand dem Projekt nicht grundsätzlich ablehnend gegenüber, aber auch nicht immer positiv. Die Einstellungen variierten in den verschiedenen Versuchsbezirken zwischen unmotiviert und uninteressiert bis engagiert und hilfsbereit. Die Reserviertheit gegenüber dem Projekt resultierte einerseits – wie bereits erwähnt – aus den Befürchtungen um die öffentliche Sicherheit sowie aus Informationsdefiziten hinsichtlich des Rahmens und der Ziele des Experiments. Zwar hielt die Polizei die Projekte für nützlich. Sie war aber der Meinung, daß eine elektronische Überwachung keine sinnvolle Alternative zur Untersuchungshaft darstellt.[591] Davon abgesehen hielten sie den Einbezug des Bewährungsdienstes für erforderlich.

(ii) Crown Prosecution Service

Der Crown Prosecution Service nahm in allen Versuchsgegenden eine neutrale bis ablehnende Haltung ein. Wenige Empfehlungen wurden abgegeben, was allerdings auch daran lag, daß geeignete Kandidaten meist schon durch die Polizei herausgefiltert und vorgeschlagen worden waren. Größtenteils sah sie in electronic monitoring keine wirklich nützliche Neuheit für den

---

[591] Home Office/Mair/Nee, Electronic Monitoring: The Trials and Their Results, 1990, S. 32

englischen Strafvollzug. Einige Vorschläge der Staatsanwaltschaft beinhalteten die Absen-
kung der Altersgrenze auf 16 und die Beschränkung von elektronischer Überwachung auf solche Personen, die bereits einen bestehenden Hausarrest verletzt hatten.[592] Auch wurden die
verhängten Überwachungszeiten als zu lang angesehen.

(iii) Courts

Die magistrates erachteten electronic monitoring lediglich geeignet für Personen mit Arbeit,
Heim und Familie. Wichtig fanden auch sie die Mitarbeit des Bewährungsdienstes. Davon abgesehen sahen sie keinen Raum für electronic monitoring im englischen Strafrechtssystem.[593]
Auch die Richter des Crown Court äußerten sich ablehnend, indem sie sich gegen elektronische Überwachung als Alternative zur Untersuchungshaft aussprachen. Eher sei electronic
monitoring als eigene Strafsanktion zu erwägen, und zwar als Alternative zur Freiheitsstrafe,
eventuell in Verbindung mit einer community service order oder einer Geldstrafe.[594] Ähnlich
äußerten sich die Gerichtsbeamten und Vermittlungsbeamten, die mit koordinierenden Aufgaben betraut waren.

(iv) Probanden

20 von den 50 überwachten Probanden wurden entweder während des laufenden Projekts oder
im Anschluß daran befragt. Dabei stellte sich heraus, daß die Angeklagten vor Beginn selten
genau wußten, was auf sie zukam. Die zentrale Aussage lautete: „Ich wollte bloß raus hier
(Gefängnis)."[595] Mit den Dienstleistern kamen die Angeklagten meistens gut zurecht.

Acht erklärten, daß electronic monitoring einen erheblichen Eingriff in ihr Privatleben dar-
stellte, und daß sie sich konstant beobachtet fühlten. Mehr als die Hälfte der Befragten hatte
jedoch keine Probleme dieser Art. Allgemein wurde electronic monitoring als erhebliche Frei-

---

[592] Home Office/Mair/Nee, Electronic Monitoring: The Trials and Their Results, 1990, S. 23
[593] Home Office/Mair/Nee, Electronic Monitoring: The Trials and Their Results, 1990, S. 24, 42
[594] Home Office/Mair/Nee, Electronic Monitoring: The Trials and Their Results, 1990, S. 25
[595] Home Office/Mair/Nee, Electronic Monitoring: The Trials and Their Results, 1990, S. 54

heitsbeschränkung angesehen. Während viele die Möglichkeit schätzten, ihren Tageszeitplan frei einteilen zu können, wurde von anderen die Gefängnisroutine vermißt.[596] Drei Probanden sagten, die Überwachung helfe ihnen dabei, sich an die Hausarrestzeiten zu halten und straffrei zu bleiben,[597] und einer sah es als Vorteil an, nicht im Gefängnis „unter Kriminelle zu geraten" und „neue Tricks" zu lernen.[598] Der größte Vorzug wurde von den Probanden darin gesehen, daß sie mit ihren Familien zusammen bleiben konnten. Dieser Vorzug hatte jedoch auch eine Kehrseite: Manche Angehörige empfanden die ständige Anwesenheit des Familienmitglieds als große Belastung.[599] Ein junger Proband sah dies selbst so.[600] Als durchgehend positiv wurde die Möglichkeit der Weiterführung der Arbeit bewertet. Die Meinungen zu einer eventuellen denunzierenden Qualität des Überwachungsverfahrens gingen auseinander. Tendenziell wurde es als unangenehm empfunden, wenn Fremde den Sender entdeckten. Im Freundeskreis spielte dies eher eine untergeordnete Rolle.

Zusammenfassend kann man sagen, daß electronic monitoring sicher nicht als einfache Alternative von den Probanden angesehen wurde. Selbst diejenigen, die auch in Zukunft bereit sein würden, sich als Versuchspersonen an dem Projekt zu beteiligen, falls Sie die Möglichkeit dazu erhielten, sprachen von großen Problemen. Electronic monitoring sei sehr viel eingriffsintensiver als sonstige Auflagen, die mit der Haftverschonung einhergehen und könne eher der Untersuchungshaft gleichgestellt werden. Lange Arrestzeiten wurden als besonders bedrückend empfunden. Jedoch wog der Vorteil, zu Hause bei der Familie bleiben zu können,

---

[596] „Ich wäre lieber im Knast. Nur eine Stunde Ausgang habe ich jeden Tag, von 9 bis 10 Uhr morgens. Manchmal stehe ich erst gar nicht auf. Ich habe keine Routine, wie im Knast. Da konnte ich wenigstens zum Sport gehen. Hier langweilt mich alles nur." Home Office/Mair/Nee, Electronic Monitoring: The Trials and Their Results, 1990, S. 56

[597] „Es hilft mir, drin zu bleiben und mich anzupassen. Vorher bin ich jede Nacht bis fünf Uhr morgens ausgegangen. Das führte nur zu mehr Verbrechen, mehr Verurteilungen und mehr Haftstrafen." Home Office/Mair/Nee, Electronic Monitoring: The Trials and Their Results, 1990, S. 56

[598] „Du kommst schlechter raus, als du reingegangen bist." Home Office/Mair/Nee, Electronic Monitoring: The Trials and Their Results, 1990, S. 56

[599] „Die ständige Anwesenheit meines Mannes hat alles sehr belastet. Wir streiten uns die ganze Zeit." Home Office/Mair/Nee, Electronic Monitoring: The Trials and Their Results, 1990, S. 57

[600] „Du bist ständig im Haus mit deinem Sender. Wenn es dir dann zu blöd wird, läßt du es an der Familie aus." Home Office/Mair/Nee, Electronic Monitoring: The Trials and Their Results, 1990, S. 57

die Freiheitsbeschränkung nach Meinung vieler Probanden auf. Allerdings verlangten sie umfassendere Informationen vor Einwilligung in die Anordnung.

(7) Schlußfolgerungen

Im Verlauf der Versuchsdurchführung wurde bald deutlich, daß es sehr schwer werden würde, exakte Schlüsse aus den Versuchen zu ziehen. Teilweise führte man dies auf ihre experimentelle Natur zurück, teilweise auf die geringe Zahl der Probanden. Zudem wurde die Versuchsdauer als zu kurz angesehen, als daß sich die Projekte hätten etablieren können.[601] Auch unterschieden sich die Verfahren in den drei Versuchsgegenden. Daher konzentrierte sich die Forschungsstudie auf eine Zusammenfassung der Fragen und Probleme, die der Gebrauch der Überwachungstechnik aufwirft. Dennoch ging sie auch so weit wie möglich auf die drei übrigen Fragen ein.

(i) Electronic Monitoring als Alternative zur Untersuchungshaft?

Die Frage, ob electronic monitoring als Alternative zur Untersuchungshaft verwandt worden ist, wurde von der Forschungsgruppe des Home Office bejaht.[602] Sie wies darauf hin, daß fast alle Probanden der Projekte bereits Haftstrafen verbüßt hatten und zu sogenannten Risikogruppen gehörten, deren Mitglieder grundsätzlich selten gegen Sicherheitsleistung freigelassen würden. Auch die verschiedenen involvierten Institutionen waren in allen drei Versuchs gegenden davon überzeugt, daß electronic monitoring eine Diversionsfunktion zur U-Haft übernommen hat. Dafür sprach nach Ansicht der Forschungsgruppe auch die Tatsache, daß die Polizei und der Crown Prosecution Service große Schwierigkeiten hatten, geeignete Kandidaten für das Projekt zu finden. Das wurde darauf zurückgeführt, daß sich die Institutionen strikt daran hielten, nur haftgefährdete Personen für das Programm vorzuschlagen.

---

[601] Obzwar die Möglichkeit einer Erweiterung auf weitere sechs Monate offen gelassen wurde
[602] Home Office/Mair/Nee, Electronic Monitoring: The Trials and Their Results, 1990, S. 63

(ii)   Erfolg der Maßnahme als Bedingung für eine Haftverschonung

Die Studie sah sich außerstande, den Erfolg der elektronischen Überwachung als Bedingung einer Haftverschonung einzuschätzen.[603] Auf den ersten Blick scheint es, als habe es überdurchschnittlich viele Unregelmäßigkeiten (Flucht oder Begehung weiterer Straftaten) gegeben, mit dem Ergebnis, daß die betroffenen Probanden wieder in Untersuchungshaft genommen wurden. Zu beachten ist aber, daß keine Kontrollgruppe zur Verfügung stand, mit der man die Daten der überwachten Personen hätte vergleichen können. Zudem wurde auch hier wieder angeführt, daß es sich bei den überwachten Personen um Risikokandidaten gehandelt habe.[604]

Die Mehrzahl der involvierten Personen und Institutionen waren nicht vom Erfolg der elektronischen Überwachung von Hausarrest überzeugt, vor allem nicht als Alternative zur Untersuchungshaft. Am positivsten äußerten sich die überwachten Probanden, obwohl sie electronic monitoring als massiven Eingriff ansahen. Leider war es nicht möglich, einige der Angeklagten zu befragen, welche die Möglichkeit der elektronischen Überwachung abgelehnt hatten.

(iii)   Praktische Fragen und Probleme

Es stellte sich heraus, daß die Problemschwerpunkte zum einen bei der uneinheitlichen Struktur des Entscheidungsprozesses und zum anderen bei der Herausfilterung der geeigneten Kandidaten lagen.[605] Die unterschiedliche Herkunft der Empfehlungen machte es schwierig, ein Vorgehen nach gleichen Grundsätzen und Verfahren zu gewährleisten. Die Strafverteidiger waren zwar bei weitem die erfolgreichste Quelle, sie waren aber auch die unzugänglichste. Es war äußerst schwierig, diese Gruppe hinsichtlich der Einhaltung der Richtlinien des Home Office zu beeinflussen. Wie bereits erörtert, ergab sich die Zurückhaltung der Polizei aus ihrer

---

[603] Home Office/Mair/Nee, Electronic Monitoring: The Trials and Their Results, 1990, S. 64 f.
[604] Die Studie verweist für die Zugehörigkeit zu einer Risikogruppe auf Home Office/Phillpotts/Lancucki, Previous Convictions, Sentence and Reconviction, 1979, S. 41 ff.; vgl. Home Office/Mair/Nee, Electronic Monitoring: The Trials and Their Results, 1990, S. 64
[605] Home Office/Mair/Nee, Electronic Monitoring: The Trials and Their Results, 1990, S. 65

Rolle der Wahrung der öffentlichen Sicherheit und Ordnung. Die Staatsanwaltschaft trat, was die Abgabe von Empfehlungen anging, so gut wie gar nicht in Erscheinung.

Mehr als 200 Zeitverletzungen wurden registriert. 75 Prozent dauerten weniger als eine Stunde. Viele dieser Verstöße beruhten auf der Unpünktlichkeit der Probanden oder auf deren Versuch, das System auszutesten. Aufgrund der großen Zahl der Systemmängel und sonstiger Fehler der Ausstattung ist jedoch naheliegend, daß technische Defekte ebenfalls zu der großen Zahl der Zeitverstöße beigetragen haben. Dies führte zu Konflikten zwischen Dienstleistern und Probanden hinsichtlich der Frage, ob eine Verletzung auf ein ordnungswidriges Verhalten durch den Probanden zurückzuführen war oder auf eine Fehlfunktion der Überwachungstechnik. Daraus resultierten wiederum Zweifel der Polizei über die Effizienz des Systems mit der Folge mangelnder Unterstützung der Projekte. Allerdings traten die meisten Fehler innerhalb der ersten Hälfte der Versuche auf und fielen im Verlauf der letzten Monate fast vollständig weg.

Die Arbeit der Dienstleister wurde trotz der technischen Probleme insgesamt als positiv gewertet. Es darf aber nicht außer acht gelassen werden, daß das Personal nicht gerade mit Arbeit überlastet wurde. Es stellte sich heraus, daß es mit sehr unterschiedlichen Problemen konfrontiert wurde, so daß von den Mitarbeitern ein hohes Maß an Flexibilität und Eigeninitiative gefordert wurde.

Von vielen Seiten kam die Forderung, den Bewährungsdienst in die Arbeit mit electronic monitoring einzubeziehen. Zum Beispiel wurde angeregt, ein Bewährungshelfer könne die Probanden auf electronic monitoring vorbereiten, Unterbringungsprobleme lösen und eine generelle Unterstützung und Beratung der Überwachten gewährleisten.

Schließlich kam man zu dem Schluß, daß die rechtliche Position solcher Probanden geklärt werden müsse, die aufgrund langer Arrestzeiten ihren Anspruch auf soziale Leistungen verlieren könnten. Dieser Gefahr waren insbesondere arbeitslose Probanden ausgesetzt. Da es ihnen aufgrund der häuslichen Anwesenheitspflicht unmöglich war, sich um Arbeit zu bemühen oder behördliche Termine einzuhalten, wurden sie als „nicht vermittelbar" registriert. Damit fiel der Anspruch auf staatliche Sozialleistungen wie Arbeitslosenunterstützung fort.[606] Dies war nicht nur ein ernstes Problem für manche Angeklagte, sondern es könnte möglicherweise auch dazu beigetragen haben, daß magistrates von einer Anordnung absahen.

(iv) Kosteneffizienz der Maßnahme

Die Projekte konnten aufgrund der niedrigen Zahl der Überwachten nicht gerade als kosteneffektiv betrachtet werden, selbst wenn man davon ausginge, daß die überwachten Personen andernfalls in Untersuchungshaft behalten worden wären. Die Studie erklärt hierzu jedoch, daß ein Pilotprojekt jeder Art eher dazu neige, die Ermittlung von Schwierigkeiten und das Aufwerfen von Fragen zu ermöglichen, statt Probleme zu lösen und Fragen zu beantworten.[607] Es wäre irreführend, die Gesamtkosten der Versuche (ungefähr £700.000) durch die Zahl der Angeklagten zu teilen und mit den pro-Kopf-Kosten der U-Haft oder sonstigen Bedingungen für eine Haftverschonung zu vergleichen. Zumindest müßte man einkalkulieren, daß ein erheblicher Teil der Kosten auf die einmalige Aufstellung der Überwachungstechnik (schätzungsweise mindestens 20 Prozent der Kosten) zurückzuführen ist. Einen weiteren verzerrenden Faktor stellten die hohen Gerichtskosten dar. Diese entstanden teilweise durch die Unsicherheit im Umgang mit der neuen Sanktionsmöglichkeit und einer hierauf beruhenden Verzögerung des Gerichtsprozesses. Die Frage der Kosteneffizienz von electronic monitoring wurde somit nicht abschließend geklärt.

d)   White Paper „Crime, Justice and Protecting the Public" 1990

Noch während die Pilotprojekte von 1989/90 liefen, erschien der Nachfolger zum Green Paper von 1988: das White Paper „Crime, Justice and Protecting the Public" 1990. Es enthielt wenig Überraschungen für die Öffentlichkeit, da der Inhalt bereits größtenteils über die Presse durchgesickert war. Außerdem folgte es sehr dem Tenor seines Vorgängers, obgleich zusätzli-

---

[606] Nellis, The Electronic Monitoring of Offenders in England and Wales, 1991, S. 165 (173)
[607] Home Office/Mair/Nee, Electronic Monitoring: The Trials and Their Results, 1990, S. 67

che Bereiche abgedeckt wurden.[608] Wenngleich der Begriff nicht im Titel auftauchte, war „*punishment*" das Schlagwort des Dokuments.

Was die Präsentation von electronic monitoring anging, bediente sich das White Paper einer leicht veränderten Terminologie. Die elektronische Überwachung wurde nunmehr unter der Überschrift „curfew order" besprochen. Dies erinnerte an den früheren Vorschlag der Magistrates´ Association von 1981, die die Verhängung von Hausarrest als eigene Strafsanktion zur Diskussion gestellt hatte.[609] Gemeinsam mit der Weiterentwicklung der Überlegungen zur curfew order entstanden substantiierte Vorschläge zur Durchsetzung des Hausarrestes mittels elektronischer Überwachungsvorrichtungen. Im Gegensatz zum Grünbuch von 1988, legte das Weißbuch den Schwerpunkt unmißverständlich auf „*sentencing packages*".[610] Dementsprechend soll die elektronisch überwachten Ausgangssperre mit anderen Strafen verbunden werden können.[611] Unklar blieb jedoch, ob electronic monitoring auch auf Jugendliche Anwendung finden sollte, welchen Zeitraum die Anordnung umfassen konnte und welche Einrichtung oder welches Unternehmen die Organisation und Ausführung übernehmen würde.[612]

e)   **Criminal Justice Act 1991 und Criminal Justice and Public Order Act 1994**

Mit Inkrafttreten des Criminal Justice Act 1991 wurde die curfew order den community sentences eingegliedert. Insofern bereitete das Gesetz die Einführung elektronisch überwachten Hausarrestes als eigene community service-Strafe auf nationaler Ebene vor. Die Durchführung neuer Projekte mit electronic monitoring erforderte jedoch weiterführende Gesetzesänderungen, die eine phasenweise Einführung auf Versuchsbasis ermöglichten. Schedule 9, paragraph 42 des Criminal Justice and Public Order Act von 1994 ergänzte den Criminal Justice

---

[608] Nellis, The Electronic Monitoring of Offenders in England and Wales, 1991, S. 165 (174)
[609] Siehe oben unter 1. Teil F. I. 2. Kriminalpolitischer Hintergrund und Entwicklung
[610] „Strafbündel", bzw. zusammengesetzte Strafen – eine Erwägung über die das Grünbuch gespalten war.
[611] „Eine Arrestanordnung, unterstützt durch Electronic Monitoring, könnte gemeinsam mit einer Bewährungsanordnung, einer Dienstleistungsstrafe oder einer kombinierten Strafe verhängt werden, es könnte aber ebenso eine eigene Strafe darstellen. Das hieße, der Arrest könnte für sich allein genommen benutzt werden oder mit dem Zusatz einer Geldstrafe, für Straftäter die keine supervision durch den Bewährungsdienst erfordern." Home Office, White Paper „Crime, Justice and Protecting the Public", 1990, para. 4.24, S. 23

Act 1991 und erlaubte so die Einführung der elektronisch überwachten curfew order in einzelnen Gerichtsbezirken.

f) Die Projekte ab 1995

Im Januar 1994 wurde ein Team von Home Office-Beamten für die Entwicklung einer neuen Versuchsreihe mit electronic monitoring gebildet. Diese begann im Juli 1995 und sollten 9 Monate lang laufen. Sie fand in den Gebieten City of Manchester, county of Norfolk und borough of Reading statt. Da electronic monitoring möglichst in unterschiedlicher Umgebung und unter verschiedenen Bedingungen gestestet werden sollte, wählte man die genannten Gegenden aufgrund ihrer verschiedenen geographischen Charakteristika aus: Manchester, ein dicht besiedeltes innerstädtisches Gebiet; Reading als mittelgroße Stadt mit industriellem Umfeld und Norfolk als großflächige, ländliche und spärlich besiedelte Grafschaft.[613]

Nachdem das Projekt nur sehr schleppend angelaufen war, erweiterte man ab November 1995 die Versuchsgebiete auf Greater Manchester (statt City of Manchester) und den county of Berkshire (statt borough of Reading). Im März 1996 wurde schließlich beschlossen, weitere Gerichte in Greater Manchester und Berkshire einzubeziehen, und die Versuche auch in zeitlicher Hinsicht – und zwar bis Juni 1997 – auszudehnen.

(1) Die Vorbereitung der Projekte

Nach einer öffentlichen Ausschreibung wurde der Auftrag über die Ausführung der elektronischen Überwachung an Securicor Custodial Services[614] für Manchester und Reading, und an Geographix für Norfolk vergeben. Diese Unternehmen hatten daraufhin verschiedene Tests des Innenministeriums zu durchlaufen, welche die Eignung der Überwachungstechnik, des Computersystems, des Personals und des Verwaltungsablaufs überprüften. Wie bei den Pilot-

---

[612] Nellis, The Electronic Monitoring of Offenders in England and Wales, 1991, S. 165 (175)
[613] Home Office/Mair/Mortimer, Curfew Orders with Electronic Monitoring, 1996, S. 2
[614] Securicor hatte auch schon bei den 1989/90er Pilotprojekten mitgewirkt; siehe unter 1. Teil F. II. 4. c) (1) Die Vorbereitung der Projekte

projekten bestanden die Vertragsfirmen auch diesmal die Tests nicht gleich im ersten Anlauf, und der Beginn der Versuche verzögerte sich.[615] Auch dieses Mal wurde die *Telephone Active Technology* angewandt, bei der der Proband einen Sender – dieser wurde *personal identification device (PID)* genannt – am Fuß- oder Armgelenk zu tragen hatte. Das Sendegerät gab fortwährend Signale an ein Empfangsgerät – sogenannte *Home Monitoring Unit (HMU)* – im Haus des Probanden ab, und dieses leitete die Signale durch die Telefonleitung weiter an den Zentralcomputer – *monitoring centre* – der Überwachungsfirma. Der Computer registrierte nicht nur An- oder Abwesenheit der überwachten Person, sondern auch Manipulationen des Geräts (sogenannter *tamper alarm*).[616]

(2) Die Forschungsstudien

Wie schon bei den Projekten von 1989/90 wurde auch hier wieder ein Forschungsteam damit beauftragt, die Versuche auszuwerten. Dieses hatte die Aufgabe, folgende Themen näher zu beleuchten: (a) Die Organisation und Ausführung der Versuche, (b) Die Charakteristika der Straftäter, welche zu electronic monitoring verurteilt wurden und die Ergebnisse der Anordnungen, (c) Die Einstellung und Meinungen der in die Projekte involvierten Personen und Einrichtungen und (d) Die Kosten der Arrestanordnungen. Zu diesem Zweck bediente sich das Team einer Reihe verschiedener Methoden: Es wurden Gespräche und formelle Befragungen mit den Vertragspartnern durchgeführt. Verschiedene Daten und eine Auswahl von pre-sentence reports über die überwachten Personen wurden gesammelt, sowie über solche Personen, die für die curfew order vorgeschlagen worden waren. Und man interviewte die Probanden, magistrates, Bewährungshelfer, Gerichtsbeamten und die Polizei. 1996 wurde die erste Studie zum Verlauf der ersten zwölf Monate, 1997 eine weitere Studie mit den Ergebnissen der zweiten zwölf Monate veröffentlicht.[617]

---

[615] Home Office/Mair/Mortimer, Curfew Orders with Electronic Monitoring, 1996, S. 7 ff.; für die Projekte von 1989/90 siehe Home Office/Mair/Nee, Electronic Monitoring: The Trials and Their Results, 1990, S. 17

[616] Home Office/Mair/Mortimer, Curfew Orders with Electronic Monitoring, 1996, S. 6

[617] Home Office/Mair/Mortimer, Curfew Orders with Electronic Monitoring, 1996; Home Office/Mortimer/May, Electronic monitoring in practice: the second year of curfew orders, 1997

(3) Ergebnisse

Die Ergebnisse der beiden Studien umfassen die ersten zwei Jahre der Versuche. Eine weiterführende Rückfallstudie ist bereits durch das Innenministerium geplant. Deren Ergebnisse werden allerdings frühestens zwei Jahre nach Beendigung der Projekte erhältlich sein,[618] also voraussichtlich Mitte 1999.

(i) Anordnungen

Im Verlauf der zwei Versuchsjahre wurden insgesamt 458 curfew orders verhängt. Die Mehrzahl der Anordnungen wurden in Greater Manchester (300 Anordnungen, bzw. 65, 5 Prozent) und Norfolk (118 Anordnungen, bzw. 25, 7 Prozent) gemacht. In Berkshire ergingen nur 40 Arrestanordnungen (8, 7 Prozent). Von den 458 verurteilten Straftätern waren 421 männlich (91,9 Prozent), und 37 weiblich (8 Prozent). Die letztere Zahl beinhaltet jedoch drei Täterinnen, die erfolgreich gegen die Arrestanordnung Berufung einlegten und schließlich eine Bewährungsanordnung erhielten. Die zu Hausarrest Verurteilten waren zwischen 16 und 77 Jahren alt. Das Durchschnittsalter betrug im ersten Jahr 26, 5 Jahre, im zweiten Jahr 26, 6 Jahre.

Tabelle 31 Anzahl der curfew orders nach Versuchsgebiet, Versuchsperiode und Gericht.[619]

	Crown Court			Magistrates' Court			Youth Court			Insgesamt		
	1.Jahr	2.Jahr	Total	1.Jahr	2.Jahr	Total	1.Jahr	2.Jahr	Total	1.Jahr	2.Jahr	Total
Greater Manchester	0	0	0	45	222	267	2	31	33	47	253	300
Norfolk	10	22	32	20	61	81	1	4	5	31	87	118
Berkshire	1	1	2	3	31	34	1	3	4	5	35	40
Insgesamt	11	23	34	68	314	382	4	38	42	83	375	458

---

[618] Home Office/Mair/Mortimer, Curfew Orders with Electronic Monitoring, 1996, S. 5
[619] Quelle: Home Office/Mair/Mortimer, Curfew Orders with Electronic Monitoring, 1996, S. 14; Home Office/ Mortimer/May, Electronic monitoring in practice: the second year of curfew orders, 1997, S. 7

Wie aus Tabelle 31 ersichtlich, wurde die Mehrzahl der Anordnungen in den magistrates`
courts gemacht: 382 (83, 4 Prozent). Nur 42 Anordnungen stammten vom Jugendgericht und
34 vom Crown Court. Überraschenderweise erfolgte trotz der großen Zahl der dort verhandelten Fälle keine einzige Anordnung im Crown Court von Manchester.

(ii) Probanden und zugrundeliegende Delikte

Am häufigsten wurde Hausarrest für Delikte wie Diebstahl (125 Fälle, 27, 2 Prozent), Einbruchsdiebstahl (84 Fälle, 18, 3 Prozent) und Fahren ohne Führerschein (59 Fälle, 12, 8 Prozent) verhängt.[620] Andere Straftaten waren Ladendiebstahl, Körperverletzung, tätliche Beleidigung eines Polizeibeamten, Landfriedensbruch, Betrugs- und Fälschungsdelikte, Drogendelikte, Sexualdelikte, unerlaubter Waffenbesitz, Entführung und Behinderung der Rechtspflege.

Tabelle 32 Zahl der Vorstrafen der zu Hausarrest verurteilten Angeklagten[621]

Zahl der vorausgegangenen Verurteilungen	Zahl der Angeklagten			Prozentsatz (total)
	1. Jahr	2. Jahr	total	
0	12	45	57	12,6
1	11	39	50	11,0
2-4	12	83	95	21,0
5-9	22	77	99	21,9
10-19	19	95	114	25,2
20-29	7[(1)]	25	32	7,0
30-39	0	5	5	1,1
40-64	0	2	2	0,4
Total	83	371[(2)]	452	100[(3)]

(1) Die Zahl der Angeklagten im 1. Jahr der Projekte bezieht sich auf 20-31 vorausgegangene Verurteilungen. (2) Für vier Angeklagte waren die vorausgegangenen Verurteilungen nicht zu ermitteln.
(3) Die Prozentwerte lassen sich nicht exakt zu 100 Prozent addieren.

---

[620] Vgl. Home Office/Mair/Mortimer, Curfew Orders with Electronic Monitoring, 1996, S. 15; Home Office/
Mortimer/May, Electronic monitoring in practice: the second year of curfew orders, 1997, S. 13
[621] Quelle: Home Office/Mair/Mortimer, Curfew Orders with Electronic Monitoring, 1996, S. 16; Home Office/
Mortimer/May, Electronic monitoring in practice: the second year of curfew orders, 1997, S. 14

Tabelle 32 gibt eine Übersicht über die Vorstrafen von 452 Probanden. Die Zahl der bisherigen Verurteilungen rangierte von Null bis 64 mit einem Durchschnitt von 7, 7 Vorstrafen im ersten Jahr und 17, 5 Vorstrafen im zweiten Jahr. Da es möglich ist, daß jemand in einer gerichtlichen Verhandlung für mehr als ein Delikt verurteilt wird, wurde zusätzlich die Zahl der begangenen Straftaten ermittelt. Hiernach war im ersten Jahr jeder Proband bereits für 17, 5 Delikte verurteilt worden, im zweiten Jahr für 20, 3 Delikte. [622] 57 Täter von 452 hatten überhaupt keine, zwei der Probanden hatten sogar 40 oder mehr Vorstrafen vorzuweisen.

Tabelle 33 Vorstrafen der Probanden.[623]

Art der Vorstrafe	Zahl der Straftäter			Prozentsatz
	1. Jahr	2. Jahr[1]	Total	
Gefängnisstrafe (vollziehbare)	45	174	219	48,4
Gefängnisstrafe (ausgesetzt)	3	50	53	11,7
Bewährungsanordnung	43	162	205	45,3
Community Service Order	37	176	213	47,1
Combination Order	10	45	55	12,1
Attendance Centre Order	18	131	149	32,9
Supervision Order	19	91	110	24,3
keine Vorstrafen	12	45	57	12,6

(1) Für vier Angeklagte waren die vorausgegangenen Verurteilungen nicht zu ermitteln.

Tabelle 33 faßt Art und Zahl der Vorstrafen zusammen. Schließt man die Ersttäter (57 Täter) aus, so hatten über die Hälfte (55, 4 Prozent) der Überwachten hatte bereits Erfahrungen mit einer Gefängnisstrafe gemacht, 51, 8 Prozent der Probanden hatte bereits eine Bewährungsstrafe erhalten (205 von 395) und 53, 9 Prozent eine community service order (213 von

---

[622] Zu beachten ist, daß die Zahlen der vorausgegangenen Verurteilungen auf den *Offenders Index* zurückgeht, ein Vorstrafenregister, welches lediglich Informationen über *standard list offences* gibt. Dabei handelt es sich um „schwerere" Straftaten. Die meisten Verkehrsstraftaten, wie zum Beispiel Fahren ohne Führerschein, sind ausgeschlossen. Dieser Umstand führt möglicherweise zu einer Unterschätzung des tatsächlichen strafbaren Verhaltens. Vgl. auch Home Office/Mair/Mortimer, Curfew Orders with Electronic Monitoring, 1996, S. 15; Home Office/Mortimer/May, Electronic monitoring in practice: the second year of curfew orders, 1997, S. 14

[623] Quelle: Home Office/Mair/Mortimer, Curfew Orders with Electronic Monitoring, 1996, S. 16; Home Office/ Mortimer/May, Electronic monitoring in practice: the second year of curfew orders, 1997, S. 15

395).[624] Die Dienstleister hatten ihre Sorge darüber geäußert, daß eine große Zahl der Probanden bereits Hafterfahrung hatte. Sie nahmen an, diese Probanden seien schwieriger zu beaufsichtigen. Insgesamt wurde dieses Charakteristikum der Probanden jedoch positiv aufgenommen. Man sah hierin wiederum einen Anhaltspunkt dafür, daß Hausarrest mit electronic monitoring in der Praxis als schwerste community-Strafe betrachtet wird und damit eine Alternative zur Freiheitsstrafe darstellt.

(iii) Resultate

Schließt man die Arrestanordnungen aus, die weiterhin laufen oder aufgehoben wurden, so
wurden von 442 Anordnungen 356, also ca. 80 Prozent erfolgreich beendet (vgl. Tabelle 34).

Tabelle 34 Resultate der Arrestanordnung.[625]

Versuchsbezirk	abgeleistete Anordnung	Widerruf der Anordnung	laufende Anordnung	Gesamtzahl der Anordnungen
Greater Manchester	225	68	7	300
Norfolk	101	10	7	118
Berkshire	30	8	2	40
Insgesamt	356	86	16	458

Diese Rate übertrifft diejenige für community service orders (71 Prozent) und gleicht in etwa
derjenigen für probation orders (82 Prozent).[626] Die Widerrufsquote betrug 19, 4 Prozent. Zu
beachten ist allerdings, daß in die Gruppe der Widerrufsfälle einige Fälle eingeschlossen wurden, bei denen die Anordnung nicht wegen eines Verstoßes widerrufen wurde, sondern aus
anderen Gründen.[627]

---

[624] Home Office/Mair/Mortimer, Curfew Orders with Electronic Monitoring, 1996, S. 16; Home Office/ Morti-
mer/May, Electronic monitoring in practice: the second year of curfew orders, 1997, S. 15
[625] Quelle: Home Office/Mair/Mortimer, Curfew Orders with Electronic Monitoring, 1996, S. 18; Home Office/
Mortimer/May, Electronic monitoring in practice: the second year of curfew orders, 1997, S. 16
[626] Vgl. Probation Statistics, England and Wales 1996
[627] Beispielsweise, wenn der Proband Arbeit gefunden hatte, die mit dem Hausarrest zu stark kollidierte; vgl.
Home Office/Mortimer/May, Electronic monitoring in practice: the second year of curfew orders, 1997,
S. 16

(4)   Meinungen

Wie schon bei den vorhergehenden Versuchen wurden auch hier wieder Befragungen aller beteiligten Personen vorgenommen. Dieses geschah allerdings nur im Rahmen der ersten Studie,
die die ersten zwölf Monate der Projekte abdeckt.[628] Als besonders wichtig wurde die Meinung der Probanden erachtet, was auch auf die heftige Kritik an electronic monitoring zurückzuführen ist.

(i)   Ansichten der Probanden

Wieder stellte es sich als schwierig heraus, Interviews mit den Probanden zu organisieren, vor
allem mit solchen, die sich entweder ihres Senders entledigt oder in anderer Weise gegen den
ihnen auferlegten Hausarrest verstoßen hatten. Mehrere Probanden weigerten sich, an der Befragung teilzunehmen. Die interviewten Probanden waren fast alle schon längere Zeit zufriedenstellend in die Projekte eingebunden. Daher könnten negative Meinungen zur Strafe hier
unterrepräsentiert sein. Die folgenden Äußerungen der Probanden haben daher keine Aussagekraft für alle Überwachten.

Die Befragten waren alle weiße, männliche Probanden, im Alter zwischen 18 und Anfang 50
(die Mehrzahl war um die Anfang zwanzig). Alle außer einem erklärten, daß sie eingewilligt
hätten, um eine Gefängnisstrafe zu vermeiden. Die meisten sagten, es sei ihnen klargemacht
worden, daß Sie entweder Hausarrest mit electronic monitoring oder eine Gefängnisstrafe erhalten würden. Andere Gründe für die Einwilligung lauteten: die Aussicht, zu Hause bei der
Familie zu bleiben (fünf Fälle), die Möglichkeit, weiterhin einer Arbeit nachzugehen, die
Weiterführung der Arbeit mit dem Bewährungshelfer und die Ansicht, electronic monitoring
sei eine leichtere Strafe als community service. Die meisten waren der Auffassung, tagging sei
ihnen umfassend erklärt worden, bevor sie ihr Einverständnis gaben. Zwei sagten allerdings,

---

[628] Die folgenden Aussagen sind daher ausschließlich der Studie von *Mair* und *Mortimer* entnommen, vgl.
Home Office/Mair/Mortimer, Curfew Orders with Electronic Monitoring, 1996, S. 19 ff. und S. 25 ff.

sie hätten nicht genug darüber gewußt.[629] Manche Probanden drückten Mißfallen darüber aus, daß die Gerichte anscheinend nichts über die Option gewußt hätten. Zwei beschwerten sich über die Unwissenheit der Bewährungshelfer und Strafverteidiger.

In fast allen Fällen hatten die Familien oder Partner nichts gegen den Hausarrest einzuwenden. Nur eine Mutter sagte, sie würde tagging nicht mal für einen Hund benutzen, und die Überwachung sei entwürdigend. Generell war die Reaktion der Familien auf tagging aber sehr positiv, da diese Strafe den Straftäter vor dem Gefängnis bewahrte und ihm die Möglichkeit zum arbeiten gab. Eine Mutter sagte: „Es bringt ihn nicht mit all diesen Kriminellen zusammen."[630]

Ungefähr die Hälfte der Befragten (sechs von 13) verbüßten während der Arrestanordnungen zusätzlich eine Bewährungsstrafe. Diese lief allerdings nur in zwei Fällen zur selben Zeit. Nur bei einem handelte es sich um einen Ersttäter. Die anderen hatten bereits Erfahrungen mit community-Strafen gemacht. Von denen, die Präferenzen angaben, bevorzugten sechs eine Bewährungsstrafe, in erste Linie deshalb, weil diese als leichter angesehen wurde und nach Meinung der Befragten mehr Freiheit erlaubte. Einer erwähnte auch die Bedeutung der sozialen Betreuung, das der Bewährungsdienst für ihn bereitstelle. Vier Probanden zogen Hausarrest einer Bewährungsstrafe oder dem community service vor. Nur einer bevorzugte community service, und das aus Gründen erwarteter Probleme mit seiner Arbeitsstelle. Neun von 13 Befragten hatten bereits eine Gefängnisstrafe erhalten. Nur einer äußerte, er hätte nichts dagegen, ins Gefängnis zu gehen (dieser erwartete zur Zeit des Interviews ein Verfahren wegen verschiedener Verstöße gegen den Arrest). Die meisten aber waren sehr daran interessiert, eine Gefängnisstrafe zu vermeiden.

Die Dienstleister wurde als höflich, freundlich und hilfsbereit angesehen. Eine Mutter sagte, sie seien sehr professionell und diskret gewesen. Es ging nur eine einzige Beschwerde über

---

[629] Einer antwortete, ihm sei überhaupt nichts darüber gesagt worden und ein anderer meinte, es habe noch eine Menge „graue Stellen" gegeben. „Ich habe es ein wenig blind akzeptiert". Home Office/Mair/Mortimer, Curfew Orders with Electronic Monitoring, 1996, S. 20

[630] Home Office/Mair/Mortimer, Curfew Orders with Electronic Monitoring, 1996, S. 20

das Personal ein.[631] Drei Probanden aus Norfolk gaben zu, sie seien grob gewesen und hätten ihre Fassung verloren, das Personal hingegen sei stets ruhig und höflich geblieben. Ein Proband, der angab, er habe regelmäßig Probleme mit Autoritätspersonen, meinte: „Ich habe nichts dagegen, wenn sie vorbeikommen. Sie haben eine beruhigende Art."[632]

Insgesamt sprachen die Probanden positiv über ihre Erfahrungen mit der Arrestanordnung, wenn auch nicht gerade enthusiastisch. Die meisten von ihnen kam mit den Anforderungen der Strafe gut zurecht. Die angegebenen Vor- und Nachteile der Anordnung deckten sich weitgehend mit den Angaben der befragten Probanden der Pilotprojekte 1989/90. [633]

(ii)   Meinungen der sonstigen involvierten Personen und Institutionen

Die Richter, vor allem die Laienrichter, waren sehr zögerlich, was die Verhängung der neuen Strafe anging, besonders in den ersten Monaten der Versuche. Die magistrates zeigten Unsicherheit, welche Stelle die neue Strafe im Strafrechtssystem einnehmen sollte. Positiv vermerkt wurde die Tatsache, daß – anders als bei anderen community-Strafen – die Verletzung der Anordnung sofort entdeckt werden konnte. Die Befragten waren meistens der Meinung, daß eine Hausarrestanordnung an der Spitze der community sentences rangiert, und daß es sich hier um eine Alternative zur Freiheitsstrafe handelt. Sie sahen diese Strafe als überwiegend punitiv an. Der Bewährungsdienst schien sich gegen electronic monitoring zu stellen, zumindest in der Anfangszeit der Versuche. Die Beteiligten der übrigen Institutionen berichteten, daß der probation service im Laufe der Zeit eine positivere Haltung einnahm.

---

[631] Es ging um einen Probanden in Norfolk, der angab, ein Monitoring Beamter sei sehr heftig mit ihm gewesen, als er gegen die Arrestzeiten verstieß und zu spät nach Hause zurückkehrte, was er abstritt. Diese Erfahrung führte dazu, daß der Proband seine Einwilligung in das Projekt zurückzog.

[632] Das Personal von Geografix hatte ihm während einer Auseinandersetzung mit seiner Freundin geholfen. Letztere hatte dazu geführt, daß der Proband aus der gemeinsamen Wohnung ausziehen wollte, was gegen die Anordnung verstoßen hätte. So versuchte das Personal, das Problem zu lösen. Am Ende blieb der Proband in der Wohnung. Home Office/Mair/Mortimer, Curfew Orders with Electronic Monitoring, 1996, S. 22

[633] Siehe unter F. II. 3. c) (6) (iv) Probanden

(5) Die Kosten des Hausarrestes

Zwar entstanden bei der Berechnung der Kosten von electronic monitoring ähnliche Probleme wie sechs Jahre zuvor,[634] die letzte Forschungsstudie von 1997 startete aber dennoch den Versuch, die relativen Kosten der Sanktion zu errechnen. Tabelle 35 gibt die durchschnittlichen Kosten einer Bewährungsstrafe, einer community service order und einer Arrestanordnung mit electronic monitoring wieder.

Tabelle 35 Durchschnittliche Kosten der verschiedenen Strafsanktionen[635]

Art der Strafe	Kosten der Sanktion
Bewährungsstrafe	£ 2.200
Community Service Order	£ 1.700
Hausarrest mit electronic monitoring	£ 1.900

Die durchschnittlichen Gesamtkosten einer Arrestanordnung wurden auf der Basis der durchschnittlichen Hausarrestperiode und der durch die Home Office Economics Unit geschätzten monatlichen Kosten der Strafmaßnahme errechnet. Die Berechnung beinhaltet die durch die Vertragspartner aufgestellten ungefähren Fixkosten, sowie die aus der aktuellen Überwachung erwachsenden Kosten. Die durchschnittlichen Kosten einer Bewährungsanordnung und einer community service order entstammen den *Probation Statistics, England und Wales, 1996.*

Es stellte sich als schwierig heraus, die durchschnittlichen Gesamtkosten einer Arrestanordnung mit denen einer Gefängnisstrafe zu vergleichen. Dennoch sollten die monatlichen Kosten pro Täter verglichen werden.. Für Arrestanordnungen mit electronic monitoring waren dies £760 (basierend auf der Schätzung der Home Office Economics Unit) und für Gefangene eines Kathegorie-C-Gefängnisses £1.420 (basierend auf dem *HM Prison Service Annual Report and Accounts 1994-95* und für 1996/97 fortgeschrieben). Eine Verurteilung zu electronic

---

[634] Schwierigkeiten bei der Kalkulation ergaben sich insbesondere aus der hohen Startinvestition, die sich erst durch entsprechend hohe Probandenzahlen rentieren mußte.
[635] Home Office/Mortimer/May, Electronic monitoring in practice: the second year of curfew orders, 1997, S. 42

monitoring beliefe sich danach – bei gleicher Straflänge – auf etwas mehr als die Hälfte der Kosten einer Gefängnisstrafe (53, 3 Prozent).

Zusammenfassend ergibt sich daraus, daß die Kosten einer durchschnittlich langen Arrestanordnung geringer ausfielen als die einer durchschnittlichen Bewährungsanordnung. Verglichen mit der community service order ist die curfew order allerdings kostenträchtiger. Bei monatlicher Betrachtung erscheint die Arrestanordnung weit preisgünstiger als eine Freiheitsstrafe derselben Länge.

(6)   Schlußfolgerungen und Aussicht

Nach Auswertung der Daten zu den ersten zwei Jahren der Projekte kam man zu der Schlußfolgerung, daß electronic monitoring durchaus „funktionieren kann" und daher zukunftsträchtig sei.[636] Als positiv wurde dabei angesehen, daß die Technik einen sehr zufriedenstellenden Standard erreicht habe und auch das Personal grundsätzlich in der Lage sei, einen Service auf hohem Niveau zu bieten. Ferner war man der Ansicht, daß electronic monitoring eine Alternative zur Gefängnisstrafe darstellen könne. Was die finanzielle Seite angeht, so sei zu erwarten, daß die Kosten bei steigenden Anordnungszahlen abnehmen. Erfreulich sei ferner die wachsende Akzeptanz der Sanktion von Seiten der Richterschaft.[637]

Für die Zukunft stellt der letzte Forschungsbericht die weitere Ausdehnung der elektronischen Überwachung auf die Gebiete *Cambridgeshire*, *West Yorkshire* und *Middlesex* in Aussicht.[638] Hinzu kommt, daß der Crime Sentences Act von 1997 die Anwendung der neuen Sanktion auch für 10 bis 15jährige eröffnet. Insofern tritt eine neue Zielgruppe in den Kreis der möglichen Probanden. Die Tatsache, daß die Labour-Regierung den Einsatz der Arrestüberwachung fördert, die Sanktion regional sowie auf bisher nicht erfaßte Tätergruppen ausdehnt, ist ein

---

[636] Home Office/Mair/Mortimer, Curfew Orders with Electronic Monitoring, 1996, S. 39; Home Office/ Mortimer/May, Electronic monitoring in practice: the second year of curfew orders, 1997, S. 45

[637] Home Office/Mortimer/May, Electronic monitoring in practice: the second year of curfew orders, 1997, S. 45

[638] Dazu auch Shaw, Electronic Monitoring: What are the Real Issues?, 1997, S. 620

Zeichen dafür, daß die Labour Party ihre Haltung gegenüber electronic monitoring überdacht hat. Während ihrer Zeit in der Opposition hatte sie keinen Zweifel daran gelassen, daß electronic monitoring als neue Strafsanktion abzulehnen sei. Seit ihrem überragendem Wahlsieg im Mai 1997 hat sich diese Einstellung grundlegend geändert.[639]

Auch Stimmen aus dem Bewährungsdienst äußern sich mittlerweile positiver. *Geoff Dobson*, der Vizevorsitzende der *Association of Chief Officers of Probation* (ACOP) sagte, er sei von der Verbesserung der technischen Ausstattung überzeugt worden. Allerdings erklärte *Harry Fletcher*, der stellvertretende Generalsekretär der *National Association of Probation Officers* (NAPO): „Ich kann noch nicht erkennen, daß tagging bisher zur Verbrechensreduzierung oder zur Verringerung der Gefängnispopulation beigetragen hat".[640]

Tabelle 36 Gesetzgebungsakte oder Maßnahmen mit Relevanz für die curfew order/electronic monitoring; Inhalt/Bedeutung.

Jahr	Gesetzgebungsakte/Maßnahmen	Inhalt/Bedeutung
1982	Criminal Justice Act 1982	Einführung einer nächtlichen Ausgangssperre für Jugendliche unter 17 Jahren als Zusatzbedingung der supervision order Gründung der *Offenders Tag Association*
1989/ 1990	Projekte mit electronic monitoring	Pilotprojekte mit electronic monitoring als Bedingung der Haftverschonung (bail)
1991	Criminal Justice Act 1991	Einführung der curfew order mit electronic monitoring; Eingliederung bei den community sentences
1994	Criminal Justice and Public Order Act 1994	Ermöglichung der phasenweisen Einführung von curfew orders mit electronic monitoring auf Versuchsbasis
Ab 1995	Projekte mit electronic monitoring	Die zweiten Veruche mit electronic monitoring. Diesmal in Verbindung mit der curfew order
1997	Crime Sentences Act 1997	Abschaffung des Einwilligungserfordernisses bei der curfew order mit electronic monitoring

5. Die Diskussion in England

Die Einführung der mit electronic monitoring verbundenen curfew order löste anfangs – wie bereits angedeutet – größtenteils negative Reaktionen aus. Die *National Association for the*

---

[639] Benetto, Prisoners Face Early Release as Tagging Scheme Expands, The Independent, 13.11.1997, S. 10
[640] Benetto, Prisoners Face Early Release as Tagging Scheme Expands, The Independent, 13.11.1997, S. 10

177

Care and Resettlement of Offenders (NACRO), die *Howard League for Penal Reform* und der *Prison Reform Trust* meldeten allesamt Bedenken gegen electronic monitoring an, aus humanitären und praktischen Gründen.[641] Die NAPO verabschiedete eine Resolution gegen „tagging", und die ACOP veröffentlichte einen Artikel, in dem sie erklärte, electronic monitoring sei indiskutabel. Der Widerstand innerhalb des probation service überraschte nicht. Electronic monitoring bedeutet eine weitere Ausweitung ihrer Kontroll-Aufgaben. Während die community service order als strafende Sanktion wenigstens noch die Möglichkeit einer konstruktiven Gestaltung eröffnete, handelt es sich bei Hausarrest mit electronic monitoring nach Ansicht vieler Mitglieder des probation service um eine völlig unproduktive und rein punitive Sanktion, die lediglich die Überwachung des Verurteilten und keinerlei soziale Arbeit mit dem Straffälligen beinhaltet.

Die Labour Party mißbilligte die neue Strafe mit der Bemerkung, electronic monitoring sei „entwürdigend". Und konservative Hardliner bezeichneten die Pläne der Regierung als „Mic??key Mouse" (bezogen auf die aus der Comic-Welt entstammenden Ursprünge[642]) und als Scherz.[643] Die vehementeste Ablehnung ging jedoch von der *Prison Officers Association* (POA) aus. Diese erklärte, tagging sei allenfalls als Hilfsmittel der Landbevölkerung bei der Jagd mit Frettchen zu akzeptieren.[644] Der OTA-Begründer *Tom Stacey* war aber zuversichtlich, daß das Konzept des electronic monitoring eine Chance hätte, wenn Befürworter und Gegner in eine vernünftige Diskussion eintreten würden und das orwellsche Image vom „Big Brother" überwänden.[645]

---

[641] Wade, The Electronic Monitoring of Offenders, 1988, S. 8; Frost/Stephenson, A Simulation Study of Electronic Monitoring as a Sentencing Option, 1989, S. 91
[642] Siehe unter 1. Teil E. II. 3. Entstehung und Entwicklung in Amerika
[643] Muncie, „A prisoner in my own Home": The Politics and Practice of Electronic Monitoring, 1990, S. 72 (74)
[644] Wade, The Electronic Monitoring of Offenders, 1988, S. 8
[645] Zur Befürchtung der Kontrolle mit orwellschen Ausmaßen siehe Rorvik, As Man Becomes Machine, 1979, S. 60 f.

a) Eingriff in die Privatsphäre

Die Ablehnung der verschiedenen Gruppen beruht nicht zuletzt auf der Befürchtung, das Recht auf Privatsphäre könne durch electronic monitoring beeinträchtigt werden. Diese Sorge entspringt wiederum der Erkenntnis, daß die zunehmenden Möglichkeiten der Technik Einblicke und Eingriffe in den privaten Bereich vereinfachen und erweitern.[646] Zudem erwecke die Anonymität elektronischer Überwachungsmethoden den Eindruck heimlicher Beobachtung und bewirke die Errichtung unsichtbarer Wände. Eine Atmosphäre voller Heimtücke und Gefühlskälte erwachse hieraus, aufgrund derer, so argumentieren Kritiker, electronic monitoring für den Delinquenten eine größere Belastung darstelle als die Gefängnisstrafe.[647] Die Befürworter von electronic monitoring dagegen sind überzeugt, daß die elektronischen Schranken die persönliche Glaubwürdigkeit und das Verantwortungsbewußtsein des Straffälligen fördern können. Diesem werde die Möglichkeit gegeben, sich bewußt gegen eine Flucht oder sonstige Verstöße zu entscheiden.[648]

Das Problem des Eingriffs in die Privatsphäre bleibt jedoch bestehen. Es wurde zurecht die Frage gestellt: „Wenn der Gehalt des Rechts der menschlichen Würde und persönlichen Autonomie und sogar das politische und gesetzliche Konzept der Rechte des Individuums in gewissem Maße von der Verteidigung der Privatsphäre im eigenen Heim abhängt, zu welchem Grad werden diese Werte dann durch eine Politik herabgemindert, die das Heim des Straffälligen in sein Gefängnis verwandelt?"[649]

Die Befürworter der elektronischen Überwachung beharren jedoch darauf: Electronic monitoring garantiere mehr individuelle Freiheit, Privatsphäre und persönliche Würde als das Gefängnis. Zwar bewirke die Anwesenheit elektronischer Überwachung ohne Zweifel eine größere Beeinträchtigung der Privatsphäre als ihre Abwesenheit. Diese sei aber nicht zu verglei-

---

[646] Ball/Huff/Lilly, House Arrest and Correctional Policy: Doing Time at Home, 1988, S. 38
[647] Wade, The Electronic Monitoring of Offenders, 1988, S. 14
[648] Flynn, House Arrest: Florida's Alternative Eases Crowding and Tight Budgets, 1986, S. 64
[649] Ball/Huff/Lilly, House Arrest and Correctional Policy: Doing Time at Home, 1988, S. 129

chen mit der Eingriffsintensität einer Gefängnisstrafe.[650] Zudem vermeide electronic monitoring das Stigma einer Gefängnisstrafe und erlaube dem Straftäter, seine Familie zu unterstützen und seine sozialen Kontakte aufrecht zu erhalten.

Diese naheliegenden Argumente für electronic monitoring zeigen die Schwächen des argumentativen Unterbaus. Sobald der elektronisch überwachte Hausarrest nicht als direkte Alternative zur Gefängnisstrafe eingesetzt wird, entfällt sein ethisches und moralisches Fundament, denn es gibt offenbar keine eigene Rechtfertigung für seine Anwendung. Der Wert der Maßnahme liegt also bestenfalls in ihrer Qualität als Surrogat einer Haftstrafe und hängt damit entscheidend von ihrer praktischen Anwendung ab.

b)   Die richtige Zielgruppe

Mehrere Kommentatoren äußerten die Ansicht, wie bei allen Alternativen zur Gefängnisstrafe komme es darauf an, für electronic monitoring die geeigneten Kandidaten auszusieben (*„targetting")*. Nur sofern Haftkandidaten für electronic monitoring in Betracht gezogen werden, sei die elektronische Überwachung akzeptabel. Wie bereits erörtert, liegt eine solche Politik durchaus in der Absicht des Innenministeriums. Auch liberale Zeitungen wie der *Guardian* und Stimmen aus dem Bewährungsdienst wie *Wade*[651] unterstützten diese Position. Dennoch wurden Bedenken geäußert, daß neue Alternativen zur Freiheitsstrafe (community service, day centres, electronic monitoring) möglicherweise weichere Alternativen (sogenannte *soft options*) ersetzen (wie beispielsweise die probation order, Geldstrafen, conditional discharges).[652] Es heißt, daß Wachsamkeit geboten sei, um Erweiterungen des Netzes strafrechtlicher Sozialkontrolle vorzubeugen.[653] Dies wird auch damit begründet, daß keineswegs Konsens darüber herrsche, tagging nur auf solche Kandidaten zu beschränken, die Gefahr laufen, eine

---

[650]   Paparozzi, Electronic Monitoring in Parole Supervision: Passive Versus Active Systems, 1986, S. 9
[651]   Vgl. Wade, The Electronic Monitoring of Offenders, 1988, S. 15
[652]   Dem widersprechen jedoch Beispiele aus dem Jugendstrafrecht, wo es gelungen ist, haftgefährdete Angeklagte für community-Strafen auszufilteRn. Vgl. Nellis, The Electronic Monitoring of Offenders in England and Wales, 1991, S. 165 (178); Raynor, Probation as an Alternative to Custody, 1988
[653]   Nellis, The Electronic Monitoring of Offenders in England and Wales, 1991, S. 165 (178)

Haftstrafe zu erhalten. So sei zum Beispiel für die OTA der Aspekt der „Netzerweiterung" unwichtig. Electronic monitoring könne und solle für alle möglichen Straftäter genutzt werden, ob nun Schwerverbrecher oder Kleinkrimineller, ob Haftkandidat oder nicht. Denn es sei per se ein geringerer Eingriff in das Leben des Straftäters als andere Maßnahmen. In seiner Rede vor dem gemeinsamen Strafrechtsausschuß aller politischer Parteien am 26. Januar 1988 bezeichnete *Tom Stacey* die Beschränkung auf Haftkandidaten als unnötige Bedingung. Auch der Gerichtsbeamte, der das erste Pilot-Projekt betreute, war ähnlicher Auffassung, wie seine Beschreibung der Vorzüge erahnen läßt: „Electronic monitoring könnte das Gericht dazu veranlassen, unter bestimmten Umständen eine Haftstrafe nicht zu verhängen. Und selbst wenn electronic monitoring nicht nur in diesem Kontext verwendet würde, könnte es ein sehr nützliches zusätzliches Instrument für die Justiz sein, die Begehung weiterer Straftaten zu verhindern, zum Beispiel, wenn jemand den Hang hat, seine Verbrechen am Abend zu begehen."[654] Die Debatte um den Anwendungsbereich und die Zielgruppe der neuen Sanktion scheint längst noch nicht ausgefochten zu sein.

c) Kontrolle, Technik und Gesellschaft

Aber selbst wenn entschieden würde, electronic monitoring auf seine Funktion als Alternative zur Freiheitsstrafe zu beschränken und dies technisch zu bewerkstelligen wäre, sind weitere ethische und politische Aspekte zu bedenken. Die Prämisse, daß electronic monitoring für den Betroffenen weniger „schlimm" ist als eine Gefängnisstrafe, reicht nach Ansicht vieler Autoren für die Befürwortung dieser Sanktion nicht aus. Letztlich müsse jede Strafsanktion an ihren eigenen Eigenschaften und Vorzügen gemessen werden.[655]

Der OTA sei zwar zuzustimmen, daß tagging sich grundlegend von anderen Sanktionsformen unterscheidet. Die ethischen Prinzipien, von denen sich der Verband leiten läßt, erscheinen Kritikern indes vordergründig. Er sage zwar, prinzipiell gewähre electronic monitoring dem Straftäter den Vorteil, weiterhin innerhalb der Gemeinde zu verbleiben, bei Familie und

---

[654] Nellis, The Electronic Monitoring of Offenders in England and Wales, 1991, S. 165 (179)

Freundeskreis zu leben und seinem Beruf nachzugehen; das sei in vielen Fällen unzweifelhaft humaner als ein Gefängnisaufenthalt. Doch dabei – so die Kritiker – lasse die OTA außer acht, daß sich durch die elektronische Überwachung Nebeneffekte ergeben, die über die Beeinträchtigung der Privatsphäre des Einzelnen hinaus noch weitergehende, elementare Fragen aufwerfen. So befürchten manche Autoren, daß durch die von der OTA und andere[656] bevorzugte und möglicherweise bald entwickelte und eingesetzte mobile Überwachungsmethode in Zukunft öffentliche und private Räume und Bereiche, in denen sich der Bürger bisher frei und unbeobachtet bewegen konnte, zu strafrechtsrelevanten Räumen umgewidmet werden, in denen Bewegungen überwacht und der staatlichen Kontrolle preisgegeben sind.[657] Dies stelle eine fundamentale Erweiterung und Veränderung der Kontrolle dar, die der Staat über seine gesetzesbrechenden Bürger ausüben dürfe und müsse daher kritisch hinterfragt werden.[658] Es müsse verhindert werden, das „orwellsche Horrorszenarien" eines Tages Wirklichkeit werden. Gewichtige Fragen wirft auch der Umstand auf, daß die elektronische Überwachung privaten Unternehmen übertragen wurde.

d) Die Durchführung der Projekte durch private Unternehmen

Wie schon erwähnt, wurden die electronic monitoring-Programme bisher nicht von staatlichen Einrichtungen, sondern privaten Unternehmen ausgestattet und durchgeführt.[659] Die Einbindung privater Firmen in das englische Vollzugssystem ist nicht neu. 1988 faßte der damalige konservative Innenminister *Douglas Hurd* den Entschluß, Teile des Gefängniswesens von England und Wales zu privatisieren. Im April 1992 wurde das erste Gefängnis in private Hände übergeben: Die Untersuchungshaftanstalt *The Wolds Remand Prison on Humberside* für männliche Erwachsene im Nordosten Englands wird seitdem von der Wachschutzgesellschaft

---

[655] Nellis, The Electronic Monitoring of Offenders in England and Wales, 1991, S. 165 (179)

[656] Zum Beispiel Pease, Tags: The Future, 1997, S. 204 (205)

[657] Lilly, Tagging Reviewed, S. 229 (230 ff.); Nellis, The Electronic Monitoring of Offenders in England and Wales, 1991, S. 165 (179)

[658] Nellis, The Electronic Monitoring of Offenders in England and Wales, 1991, S. 165 (179)

[659] Siehe Pilotprojekte 1989/90 und Projekte ab 1995

Group 4 Securitas in allen Bereichen des Vollzugs betrieben.[660] Eine Reihe weiterer Privatisierungen folgte. Angesichts der Privatisierungsbewegung wurde die Befürchtung geäußert, daß zukünftige Initiativen im Strafrecht nicht deshalb gefördert werden, weil sie menschlicher oder effektiver, sondern weil sie profitabler sind. Multinationale Unternehmen, sogar große nationale Gesellschaften würden möglicherweise mehr Einfluß auf die Regierung ausüben als etablierte Strafrechtsreformgruppen.[661]

Wie die Privatisierung der Haftanstalten soll electronic monitoring der Notwendigkeit Rechnung tragen, öffentliche Ausgaben zu reduzieren. Damit paßt die Maßnahme in den Kontext der gegenwärtigen wirtschaftlichen und politischen Strömung, die die Entwicklung billigerer, aber gleichermaßen effektiver Kontrollmethoden begünstigt und sogar erfordert.[662] Hinter electronic monitoring steht zudem das in einer Marktwirtschaft legitime Interesse großer Unternehmen an der Erkundung und Ausschöpfung neuer Geschäftszweige im Bereich der „*personal communications networks*". Diese sind Teil der sogenannten „*sunrise industries*". Ihnen bietet die elektronische Überwachung von urbanem Raum eine lukrative Perspektive für die kommenden Jahre. Gegen die marktwirtschaftliche Macht der Elektrotechnik-, Telekommunikations- und Sicherheitsindustrie können sich die für Freiheit und bürgerliche Rechte eintretenden Strafrechtsreformgruppen nur schwer durchsetzen oder verkümmern gar zur Bedeutungslosigkeit.[663] Privatisierung ist auf Wachstum ausgerichtet. Die Elektronikindustrie verspricht sich einen neuen expandierenden Markt. Es ergeben sich daraus zwangsläufig Interessenkonflikte zwischen der Profitabsicht der Unternehmen und dem Ziel, electronic monitoring ausschließlich als Substrat zur Freiheitsstrafe einzusetzen. Wie electronic monitoring letztlich gehandhabt wird, ist eine politische Entscheidung. Die Regierung muß Druck auf die Gerichte ausüben, damit die Sanktion tatsächlich in ihrem Sinne genutzt wird. Wird die Regierung aber

---

[660] Zuvor waren schon einzelne Dienstleistungen im Bereich des Gefängniswesens an private Firmen ausgeschrieben worden, wie zum Beispiel Gerichtstransport- und Wachdienste. Zu Einzelheiten siehe Sparks, Can Prisons be Legitimate?, 1994, S. 14 ff.; Smartt, Privatisierung im englischen Strafvollzug: Erfahrungen mit englischen Privatgefängnissen, 1995, S. 290 ff.

[661] Nellis, The Electronic Monitoring of Offenders in England and Wales, 1991, S. 165 (172)

[662] Mathiesen, The Future Control Systems, 1983, S. 130, (140 f.); Box, Recession, Crime and Punishment, 1987, S. 107 ff.; Nellis, The Electronic Monitoring of Offenders in England and Wales, 1991, S. 165 (180)

183

von anderer Seite – zum Beispiel durch Einflußnahme der Unternehmen – unter Druck gesetzt, den Gebrauch von electronic monitoring keinen Beschränkungen zu unterwerfen, so könnte sich das kontraproduktiv auf ihre ursprüngliche Intention auswirken.

6. Zusammenfassung

Die Frage, die sich viele Beobachter in England und Wales stellen ist: Kann und soll dieser neuen Form der Kontrolle widerstanden werden?[664] Die meisten Befürworter bezweifeln, daß dies möglich ist. Es sei auch auf diesem Felde aussichtslos, den technologischen Fortschritt zu ignorieren. Was heute neu ist, werde morgen eine Alltäglichkeit sein.[665] Um der unerwünschten Vision vom „alles kontrollierenden Staat" engegenzuwirken, sprach das Innenministerium in seinem White Paper von 1990 offen von einer „segensreichen Technologie" und verglich electronic monitoring mit Entwicklungen, wie hoch technisierten Herzoperationen, Herzschrittmachern und Alarmanlagen für alte Menschen,[666] Errungenschaften, denen – so Nellis[667] – nur die aller schamlosesten „Luddites"[668] etwas entgegensetzen könnten.

Sicher ist, daß elektronisch überwachter Hausarrest die Zahl der persönlichen Kontakte mit sozial ausgebildetem Fachpersonal – ob für unterstützende oder kontrollierende Aufgaben – verringert, was bisher ein wesentlicher Bestandteil der Sozialarbeit mit Straftätern gewesen war. Diese vor allem durch den Bewährungsdienst übernommene Arbeit mit dem Straffälligen beinhaltet „delabeling": die Wiederherstellung des sozialen Wertes und der sozialen Position des Straftäters in der Gesellschaft (dadurch, daß der Täter beispielsweise einen Beitrag für die Gesellschaft leistet) und die Versöhnung des Straffälligen mit der Gesellschaft.[669] Damit soll unter anderem einer sozialen Stigmatisierung entgegengewirkt werden. Zwar argumentieren

---

[663] Nellis, The Electronic Monitoring of Offenders in England and Wales, 1991, S. 165 (180)
[664] Nellis, The Electronic Monitoring of Offenders in England and Wales, 1991, S. 165 (179)
[665] So Wheeler, Electronic Monitoring: A Humane Way of Keeping People Out of Prison, 1990, S. 144
[666] White Paper „Crime, Justice and Protecting the Public", 1990, para. 4.22, S. 23
[667] Nellis, The Electronic Monitoring of Offenders in England and Wales, 1991, S. 165 (180)
[668] Anhänger des englischen Arbeiters Ned Lud, der 1811-16 das Los der Arbeiter durch die Zerstörung der Maschinen in den Fabriken verbessern wollte.
[669] Young, Community Service Orders, 1979, S. 15

die Befürworter von electronic monitoring, daß die Sanktion des elektronisch überwachten Hausarrestes den Straftäter ja gerade davor bewahre, mit dem Stigma einer Gefängnisstrafe behaftet zu sein. Dabei wird aber übersehen, daß dem Straffälligen dafür ein anderes Stigma aufgedrückt wird: die visuelle Stigmatisierung des Überwachten durch das Tragen des Senders. Dieser läßt den Träger als „aktuelles oder potentielles Sanktionsopfer"[670] erscheinen. Die Maßnahme wird daher von einigen Kommentatoren als erniedrigend bezeichnet.[671] Hier werde ein Übel durch ein anderes Übel ersetzt. Hinzu tritt, daß es für die ausschließliche Verwendung von electronic monitoring zur Vermeidung einer Gefängnisstrafe keine Garantie gibt, auch wenn dies den Intentionen des Gesetzgebers sowie der in den Strafzumessungsprozeß involvierten Parteien (Richter, Bewährungsdienst etc.) entspricht.

Überdies tut sich ein weiteres Risiko auf. Die Eingriffsintensität des elektronisch überwachten Hausarrestes ist auch nach lebhafter Diskussion noch nicht abschließend geklärt. Hinweise ergeben sich bisher nur aus den Aussagen der Probanden der beiden Pilotprojekte. Diese lassen erkennen, daß die Maßnahme keinesfalls als „soft option" zu sehen ist.

---

[670] Cohen, Visions of Social Control, 1985, S. 224
[671] NACRO, The Electronic Monitoring of Offenders, S. 12

G.   Die Supervision Order

Section 7 Children and Young Persons Act 1969 ermächtigt den *youth court* (Jugendgericht) oder den Crown Court (nicht aber den magistrates' court für Erwachsene) eine *supervision order* zu verhängen. Es handelt sich hierbei um eine Strafsanktion für Kinder und Jugendliche im Alter zwischen 10 und 17 Jahren. Gemäß section 14 Children and Young Persons Act 1969 hat der Betreuer die Aufgabe, den Beaufsichtigten zu beraten, zu unterstützen und ihm Freund zu sein. Die von der probation order her bekannte Aufgabe des Betreuers „to advise, assist and befriend" ist also auch Wesensmerkmal der supervision order, die in vieler Hinsicht der probation order ähnelt, jedoch auch einige Besonderheiten aufweist. Die Einwilligung des Verurteilten ist nicht erforderlich, sofern keine zusätzlichen Auflagen der Beaufsichtigungs-anordnung hinzugefügt werden. Ferner wird die Durchführung der Aufsicht in der Regel vom örtlichen Sozialamt verwaltet und weniger häufig vom Bewährungsdienst.[672]

Die supervision order wurde zusammen mit der *care order* durch den Children and Young Persons Act 1969 eingeführt und stellt ein zentrales Element dieser auf Behandlung ausge-richteten Gesetzgebung dar.[673] Die Abschaffung der care order durch den Children Act 1989 führte dazu, daß die supervision order nun die einzige hauptsächlich Fürsorge gewährende Verfahrensweise für junge Straffällige geworden ist.[674] Mit Schaffung der community senten-ces durch section 6 Criminal Justice Act 1991 wurde die supervision order in die Reihe der community orders aufgenommen und die Obergrenze auf 17 Jahre angehoben (vgl. section 68 schedule 8 Criminal Justice Act 1991).

---

[672] Hungerford-Welch, Criminal Litigation and Sentencing, para. 17.5, S. 275; Ashworth, Criminal Litigation and Sentencing, 1996, para. 24.2.5.2, S. 331
[673] Harding/Koffman, Sentencing and the Penal System, 1995, S. 368
[674] Obwohl man die Existenz einiger „*welfare*"-Elemente in der attendance centre order und mancher kustodia-ler Maßnahmen nicht abstreiten kann. Vgl. Harding/Koffman, Sentencing and the Penal System, 1995, S. 371

Die Anordnung darf drei Jahre betragen und nach Erlaß des Criminal Justice Act 1982 zusätzliche Auflagen enthalten.[675] Die wohl wichtigste Auflage wird als *intermediate treatment* bezeichnet.[676] Die Idee des intermediate treatment besteht aus konstruktiven und anspruchsvollen Programmen in der Gemeinschaft, die auf schwierige junge Täter zugeschnitten sind, die andernfalls möglicherweise in eine Jugendhaftanstalt eingewiesen worden wären.[677] Die erhebliche Abnahme der Verhängung von Haftstrafen auf Jugendliche in den 80er Jahren wurde auf die Erfolge der neuen Initiative zurückgeführt, die Anfang der 80er Jahre über 100 Projekte ins Leben gerufen hatte.[678]

Tabelle 37 Verurteilungen zu supervision order wegen indictable offences; Anzahl ergangener Anordnungen und Anteil der Anordnungen im Vergleich zu allen übrigen Strafsanktionen.[679]

Jahr	Verurteilungen zu supervision order	Verurteilungen zu supervision order (%)	Jahr	Verurteilungen zu supervision order	Verurteilungen zu supervision order (%)
1971	16.500	5	1984	12.400	3
1972	15.600	5	1985	11.400	3
1973	16.200	5	1986	8.800	2
1974	18.600	5	1987	7.900	2
1975	17.400	4	1988	6.800	2
1976	16.100	4	1989	5.100	2
1977[(1)]	16.000	4	1990	4.900	1
1978	15.000	4	1991	4.500	1
1979	15.000	4	1992	4.500	1
1980	16.700	4	1993	6.000	2
1981	15.800	3	1994	7.500	2
1982	14.600	3	1995	8.100	3
1983	12.800	3	1996	8.500	3

(1) Ab 1977 können die Einführung einer neuen Berechnungspraxis und die Neudefinierung des Begriffs der »indictable offences« durch den Criminal Justice Act 1977 zu leichten Schwankungen führen.

---

[675] Section 17(a) und section 12 Children and Young Persons Act 1969 (nach Änderung durch den Criminal Justice Act 1982)
[676] Dabei handelt es sich hier allerdings nicht um einen gesetzlichen Terminus, sondern um eine Bezeichnung die dem White Paper „Children in Trouble" von 1968 entstammt
[677] Hungerford-Welch, Criminal Litigation and Sentencing, para. 17.5.4, S. 375
[678] Ashworth, Criminal Litigation and Sentencing, 1996, para. 24.2.5.2, S. 332
[679] Quelle: Home Office, Criminal Statistics England and Wales

Auch für die supervision order gelten die National Standards for the Supervision of Offenders in the Community 1995. Ziele und Methoden der Beaufsichtigung und Arbeit mit dem jungen Täter stimmen zum Großteil mit denen der probation order überein.[680] Gleiches gilt für die Durchsetzung der Anordnung und das Verfahren wegen Anordnungsverstoßes.[681]

Was die Anwendung der supervision order angeht, so ist ein Rückgang der Verurteilungsziffern zu beobachten, wobei nach einem Tiefpunkt Anfang der 90er Jahre nun wieder ein leichter Anstieg zu verzeichnen ist (vgl. Tabelle 37).

---

[680] Vgl. Home Office, National Standards for the Supervision of Offenders in the Community, chapter 4
[681] Hierzu siehe Home Office, National Standards for the Supervision of Offenders in the Community, chapter 4, no. 27-33 und section 15 Children and Young Persons Act 1969

H.   Die Attendance Centre Order

Gemäß section 16(2) Criminal Justice Act 1982 handelt es sich bei einem *attendance centre* um einen Ort, den ein verurteilter Straftäter unter 21 Jahren aufzusuchen hat, um unter Beaufsichtigung geeignete Aufgaben zu erfüllen. Das Ziel der attendance centre order ist, jungen Straftäter einige Stunden ihrer Freizeit am Wochenende (gewöhnlich Samstagmorgen oder - nachmittag) zu nehmen, sie in verschiedene konstruktive Aktivitäten einzubinden und ihre sportliche Betätigung zu fördern.[682] Die Mindestzahl an Stunden, die das Gericht verordnen kann, sind zwölf Stunden, es sei denn der Jugendliche ist unter 14 Jahren, und das Gericht ist der Ansicht, daß zwölf Stunden zu exzessiv sind.[683] Die Höchstdauer einer Anordnung beträgt 24 Stunden bei Jugendlichen unter 16 Jahren und 36 Stunden bei jugendlichen Tätern zwischen 16 und 21 Jahren.[684] Attendance centres werden gewöhnlich von Lehrern oder Polizeibeamten geführt, die sich nicht im Dienst befinden. Oft werden die Räumlichkeiten von Schulen, Jugendzentren oder Kirchen genutzt.[685]

Die attendance centre order wurde erstmals durch den Criminal Justice Act 1948 eingeführt. Section 7(3) Children and Young Persons Act 1969 sah später das allmähliche Auslaufen des Modells – gemeinsam mit den *detention centres*[686] – vor, doch langsam gewannen die attendance centres wieder Zuspruch von offizieller Seite, mit der Folge, daß section 16(1) Criminal Justice Act 1982 ihre weitere Existenz sicherten. Heute gibt es über hundert *junior attendance centres* in England und Wales. Die Zahl der Verurteilungen zu attendance centre sank allerdings um fast zwei Drittel von über 14.000 Anordnungen Anfang der 80er Jahre auf ca. 5.500 Anordnungen zwischen 1989 und 1996 (vgl. Tabelle 38).

---

[682] Ashworth, Criminal Litigation and Sentencing, 1996, para. 24.2.5.1, S. 331; Hungerford-Welch, Criminal Litigation and Sentencing, para. 17.6, S. 379
[683] Section 17(4) Criminal Justice Act 1982
[684] Section 17(5), geändert durch section 67(1)(b) Criminal Justice Act 1991
[685] Hungerford-Welch, Criminal Litigation and Sentencing, para. 17.5, S. 379
[686] Besserungsanstalt für Jugendliche und Heranwachsende

Tabelle 38 Verurteilungen zu attendance centre order wegen indictable offences; Anzahl ergangener Anordnungen und Anteil der Anordnungen im Vergleich zu allen übrigen Strafsanktionen.[687]

Jahr	Verurteilungen zu attendance centre order	Verurteilungen zu attendance centre order (%)	Jahr	Verurteilungen zu attendance centre order	Verurteilungen zu attendance centre order (%)
1971	5.900	2	1984	13.800	3
1972	6.400	2	1985	12.900	3
1973	6.700	2	1986	9.400	2
1974	8.200	2	1987	8.600	2
1975	8.100	2	1988	7.300	2
1976	8.800	2	1989	5.500	2
1977[(1)]	9.000	2	1990	5.700	2
1978	10.000	2	1991	5.700	2
1979	10.300	2	1992	5.200	2
1980	12.900	2	1993	5.200	2
1981	14,000	3	1994	5.600	2
1982	14.800	3	1995	5.500	2
1983	14.600	3	1996	5.400	2

(1) Ab 1977 können die Einführung einer neuen Berechnungspraxis und die Neudefinierung des Begriffs der »indictable offences« durch den Criminal Justice Act 1977 zu leichten Schwankungen führen.

Die ursprüngliche Intention der attendance centre order war die Bereitung eines „kurzen starken Schocks" für den jungen Täter. Es wird heute jedoch bezweifelt, ob diese Idee weiterhin Gültigkeit beanspruchen kann.[688] Die Jugendgerichte und Betreiber der Zentren scheinen attendance centre orders in sehr unterschiedlichen Weisen und für verschiedene Täter zu benutzen.[689] Die Natur der attendance centre order ist teilweise punitiv, in dem sie dem jungen Straftäter einen Teil seiner Freizeit nimmt. Es wird bisweilen aber auch ein präventiver Effekt zu erzielen versucht. Das Home Office hat diesbezüglich verlauten lassen, daß die attendance centre order dazu dienen könne, *hooligans* von Fußballspielen fernzuhalten.[690]

---

[687] Quelle: Home Office, Criminal Statistics England and Wales
[688] Ashworth, Criminal Litigation and Sentencing, 1996, para. 24.2.5.2, S. 331
[689] Siehe dazu ausführlicher Gelsthorpe/Tutt, The Attendance Centre Order, 1986, S. 146 ff.
[690] Hungerford-Welch, Criminal Litigation and Sentencing, para. 17.6.2, S. 380

Schließlich läßt die Maßnahme auch ein resozialisierendes Element erkennen. Das Innenministerium erklärt dazu, die Anordnung könne den Straftäter eine konstruktive Ausfüllung seiner Freizeit und Disziplin lehren.[691] Die Vorschriften über das Verfahren wegen Anordnungsverstoßes befinden sich in section 19(1) Criminal Justice Act 1982 und section 67 Criminal Justice Act 1991 und beinhalten weitestgehend dieselben Grundsätze wie die Vorschriften zu den übrigen community sentences.

---

[691] Home Office Circular 69/1990

2.Teil - Neuere Entwicklungen im Bereich der ambulanten Sanktionen in Deutschland

A. Einleitung – Die Diskussion um ambulante Strafsanktionen in Deutschland

Charakteristisch für die derzeitige Kriminalpolitik in Deutschland sind die Tendenz zum Ausbau präventiver Maßnahmen einerseits und die Diskussion zur Entwicklung neuer ambulanter Sanktionen andererseits. Dabei gelten präventive Maßnahmen vor allem Kindern und Jugendlichen. Daneben können alle Bemühungen genannt werden, die im Rahmen der Familien-, Sozial- und Bildungspolitik und auf der Ebene der Arbeitsmarkt-, Wohnungsbau- und Gesundheitspolitik dazu dienen, kriminelle Gefährdungen durch potentielle Rechtsbrecher sowie kriminalitätsfördernde Gelegenheiten zu vermindern.[692]

Auf sekundärer Ebene stellt sich die Frage nach der sinnvollsten Reaktion auf abweichendes Verhalten. In diesem Zusammenhang werden bereits seit geraumer Zeit die Zweckmäßigkeit und praktische Durchführbarkeit neuer ambulanter Strafsanktionen diskutiert.[693] Diese sollen – wie in England und Wales – als Alternativen zur Freiheitsstrafe angewendet werden. Einer der Hauptgründe für die verstärkte Orientierung hin zu den Strafsanktionen außerhalb der Gefängnisse betrifft die Freiheitsstrafe selbst. Die mit ihr verbundenen Nachteile haben in der Vergangenheit für viel Kritik gesorgt und die Suche nach Alternativen unentbehrlich gemacht.

---

[692] Heinz, Neue Formen der Bewährung in Freiheit in der Sanktionspraxis der Bundesrepublik Deutschland, 1985, S. 955
[693] Siehe dazu auch: Dünkel/Spieß, Alternativen zur Freiheitsstrafe, 1983; Isola, Alternativen zum Strafvollzug, 1978, S. 35 ff.; Kunert, Alternativen zum Freiheitsentzug nach deutschem Recht, 1978, S. 23 ff.; Müller-Dietz, Zur Entwicklung von Alternativen zum strafweisen Freiheitsentzug, 1978, S. 28 ff.; Mutz, Alternativen zur Freiheitsstrafe. Situation der Bewährungs- und Straffälligenhilfe in 11 europäischen Ländern im Jahre 1983, 1983, S. 258 ff.; Dünkel/Spieß, Perspektiven der Strafaussetzung zur Bewährung und Bewährungshilfe im zukünftigen deutschen Strafrecht, Bewährungshilfe, 1992, S. 117 ff.; Walter, Strafvollzug, 1991, Rn. 38; Bundesministerium der Justiz (Hrsg.), Neue ambulante Maßnahmen nach dem Jugendgerichtsgesetz, 1986; Horn, Empfehlen sich Änderungen und Ergänzungen bei den strafrechtlichen Sanktionen ohne Freiheitsentzug?, 1992

I. Kritik an der Freiheitsstrafe

Die Argumente gegen den stationären Strafvollzug betreffen vor allem die skeptische Einschätzung seines bessernden Potentials.[694] Dabei werden folgende Kritikpunkte vorgebracht:

1. Der Freiheitsentzug führt dazu, daß der Verurteilte aus seinem bisherigen Lebensbereich herausgerissen wird. Im Einzelfall kann dies eine sinnvolle Trennung von einem schädlichen Milieu bedeuten. Oft aber werden dadurch vor allem wichtige soziale Bindungen zerstört, die dem Gefangenen nach seiner Entlassung Halt geben.[695]

2. Der Vollzug einer Freiheitsstrafe führt zudem zum Verlust von Arbeitsplatz oder Lehrstelle – soweit vorher vorhanden. Die Möglichkeiten zur Verbesserung der Berufsperspektive durch Ausbildung im Strafvollzug sind demgegenüber sehr begrenzt. Die Arbeitslosigkeit stellt für den Straffälligen eine weitere Hürde bei der Rückkehr zu einem geregelten Leben ohne Straftaten dar.

3. Die Reglementierung des Lebens im Strafvollzug behindert in erheblichen Maße das Erlernen von Selbstverantwortung. Langer Freiheitsentzug kann im Extremfall zu einem Verlernen von Lebenstüchtigkeit führen.[696]

4. Der Strafvollzug denunziert den Betroffenen als „Kriminellen". Diese Stigmatisierung ruft gesellschaftliche Reaktionen hervor, welche die (Re-)Integration des Bestraften in die Gesellschaft ernsthaft gefährden.

5. Im Strafvollzug steht der Verurteilte in permanenten Kontakt mit anderen Straffälligen, deren kriminelle Karriere möglicherweise schon weiter fortgeschritten ist. Insofern führt die

---

[694] Dazu auch Heinz, Neue Formen der Bewährung in Freiheit in der Sanktionspraxis der Bundesrepublik Deutschland, 1985, S. 955 (956 f.); Albrecht, Spezialprävention angesichts neuer Tätergruppen, 1985, S. 831 (839); Weigend, Sanktionen ohne Freiheitsentzug, 1992, S. 345 (349)

[695] Streng, Strafrechtliche Sanktionen, 1991, S. 98

[696] Man spricht im Extremfall von einem Persönlichkeitszerfall als Folge sehr langer Freiheitsstrafen. Jedoch sind die Forschungsergebnisse hierzu höchst widersprüchlich. Eine differenzierende Betrachtungsweise wird man jedenfalls für angebracht halten dürfen, vgl. Streng, Strafrechtliche Sanktionen, 1991, S. 98

Freiheitsstrafe hinein in die „hohe Schule des Verbrechens". Es besteht die Gefahr, daß der Verurteilte hier kriminelle Techniken erlernt und antisoziale Orientierungen und Verhaltensweisen aus der Gefängnis-Subkultur übernimmt.[697]

Obwohl auch an Deutschland die Kunde von der „Abkehr von der Behandlungsideologie" nicht vorbeigegangen ist,[698] findet die Resozialisierung im Rahmen des Strafzwecks der Spezialprävention weiterhin Berücksichtigung bei der Strafzumessung. Ferner hat es der deutsche Gesetzgeber bei der Regelung des § 2 S. 1 StVollzG belassen, wonach der Gefangene befähigt werden soll, künftig in sozialer Verantwortung ein Leben ohne Straftaten zu führen. Vollzugsziel ist also die Resozialisierung des Gefangenen. Unter Berücksichtigung der oben genannten Problemaspekte des Strafvollzugs wird allerdings mittlerweile davon gesprochen, daß der Behandlungsgedanke im modernen Strafvollzug kaum mehr bewirken könne als eine Begrenzung des vom Vollzug selbst produzierten Schadens.[699] Es ist damit eine gewisse Ernüchterung eingetreten, die durchaus angebracht erscheint, um übertriebenen Hoffnungen an das Resozialisierungsmodell zu begegnen.

II. Die deutsche Vollzugsituation

Neben der Kritik an der Freiheitsstrafe spielt die deutsche Vollzugssituation eine Rolle bei der Suche nach ambulanten Sanktionsformen. Die Gefangenenzahlen sind in den 90er Jahren kontinuierlich gestiegen. Zwischen 1993 und 1999 betrug der Zuwachs an Strafgefangenen und Sicherungsverwahrten in Deutschland 30 Prozent. Die Übersicht in Tabelle 39 spiegelt dabei nicht das volle Ausmaß der Belegungszahlen wider. Dargestellt werden zum Stichtag des 31. März lediglich die verurteilten Häftlinge, nicht jedoch zum Beispiel die Zahl der Untersu-

---

[697] Albrecht, Spezialprävention angesichts neuer Tätergruppen, 1985, S. 831 (839)

[698] Hilbers/Lange, Abkehr von der Behandlungsideologie?, 1973, S. 52 ff.; zusammenfassend zum Diskussionsstand: Kaiser, Resozialisierung und Zeitgeist, 1977, S. 359 ff.; dazu auch Weigend, „Neoklassizismus" – ein transatlantisches Mißverständnis, 1982, S. 801 ff.

[699] Albrecht, Spezialprävention angesichts neuer Tätergruppen, 1985, S. 831 (857 f.); Kunz, Soziales Lernen ohne Zwang, 1989, S. 75 (81); Streng, Strafrechtliche Sanktionen, 1991, S. 98

chungsgefangenen. Diesbezüglich ist auf Tabelle 40 zu verweisen, die einen Überblick über den Gesamtbestand der Gefangenen und Verwahrten enthält.

Tabelle 39 Bestand der Strafgefangenen und Sicherungsverwahrten in den Vollzugsanstalten; Stichtag 31. März.[700]

| Jahr | Bestand insgesamt | Früheres Bundesgebiet | |
		Männliche Gefangene	Weibliche Gefangene
1965	49.573	47.023	2.550
1970	35.927	34.793	1.134
1975	34.608	33.697	911
1980	42.235	40.779	1.456
1985	48.402	46.790	1.612
1986	45.342	43.736	1.606
1987	42.463	40.983	1.480
1988	41.293	39.825	1.468
1989	41.010	39.442	1.588
1990	39.178	37.602	1.576
1991	37.468	35.974	1.494
1992[(1)(2)]	39.493	37.923	1.570
		Deutschland	
1993[(2)]	41.596	39.996	1.600
1994	44.278	42.530	1.748
1995	46.516	44.810	1.706
1996	48.904	47.111	1.793
1997	51.642	49.754	1.888
1998	56.661	54.365	2.296
1999	59.707	57.240	2.467

(1) Einschließlich Berlin Ost; **(2)** Für Hamburg Ergebnisse aus 1991

Allerdings ist zu beachten, daß bei der Wahl des Stichtages zum 31. Dezember Verzerrungen auftreten können, da um die Jahreswende vielen Insassen Urlaub gewährt wird. Wie Tabelle 40 veranschaulicht, hat die Entwicklung der Gefangenenzahlen bisher noch nicht zu einer Überbelegung geführt, wie sie in England und Wales eingetreten ist,[701] doch stoßen die Haftanstalten auch in Deutschland mittlerweile an ihre Kapazitätsgrenzen.

---

[700] Quelle: Statistisches Bundesamt, Rechtspflege, Fachserie 10, Reihe 4.1: Strafvollzug – Demographische Merkmale der Stafgefangenen am 31.3..

[701] Siehe oben unter 1. Teil A. IV. Der Anstieg der Gefangenenzahlen und die Kapazitätskrise der Haftanstalten; Tabelle 4

Tabelle 40 Belegungsfähigkeit und Belegung; Stichtag 31.Dezember.[702]

Jahr	Früheres Bundesgebiet	
	Belegungsfähigkeit insgesamt	Belegung insgesamt
1985	63.230	50.225
1987	61.161	44.903
1989	59.459	43.900
1990	59.455	44.335
1991	59.002	45.892
1992[(1)(2)]	58.660	49.106
	Deutschland	
1993[(2)]	69.908	59.833
1994	70.766	60.289
1995	70.838	61.108
1996	71.343	64.680
1997	72.378	68.029
1998	73.980	69.917
1999	75.507	69.214

(1) Einschließlich Berlin Ost; **(2)** Für Hamburg Ergebnisse aus 1991

Im Folgenden soll die Situation in Deutschland im Bereich der Sanktionen ohne Freiheitsentzug dargestellt und eventuelle Unterschiede oder Gemeinsamkeiten zu England und Wales erörtert werden. Die Untersuchung orientiert sich dabei an den bereits im englischen Teil beschriebenen Sanktionen im Rahmen der community sentences, indem sie sich auf ähnliche Rechtsfolgen in Deutschland (oder im Falle der elektronischen Überwachung nur die Diskussion ihrer Einführung) beschränkt.

---

[702] Quelle: Statistisches Bundesamt, Rechtspflege, Fachserie 10, Reihe 4.2: Strafvollzug – Anstalten, Bestand und Bewegung der Gefangenen

B. Die Strafaussetzung zur Bewährung

Die nach der Geldstrafe wichtigste Alternative zur Freiheitsstrafe ist die Strafaussetzung zur Bewährung. Das deutsche Strafrecht kennt zwei Hauptformen der Strafaussetzung zur Bewährung: die anfänglich ausgesprochene Aussetzung der Vollstreckung einer Freiheitsstrafe zur Bewährung (§ 56 StGB, § 21 JGG) und die Aussetzung der Vollstreckung eines Strafrestes zur Bewährung (§ 57 StGB, §§ 88, 89 JGG). Beide Formen sind im Allgemeinen Strafrecht und im Jugendstrafrecht enthalten. Bei der Darstellung der Strafaussetzung zur Bewährung muß differenziert werden. Die anfängliche Strafaussetzung und die nachträgliche Strafrestaussetzung sind Rechtsinstitute mit unterschiedlichem Rechtscharakter.[703] Sie sind aus unterschiedlichen Anlässen entstanden und sie dienen unterschiedlichen Zwecken. Ähnlichkeiten besitzen sie allenfalls unter kriminalpolitischen Aspekten.[704]

Im Folgenden soll der Überblick auf die Rechtsfolge der anfängliche Strafaussetzung zur Bewährung beschränkt werden. Diese Maßnahme entspricht in ihrer rechtlichen Konstruktion zwar nicht der englischen Strafsanktion *probation*, sondern eher der oben beschriebenen *suspended sentence*.[705] Die anfängliche Strafaussetzung kommt der *probation* als eigenständiger Strafsanktion jedoch am nächsten und liefert den Ausgangspunkt für die deutsche Diskussion um eine dem englischen Vorbild nachgebildete eigenständige „Bewährungs*strafe*".[706]

---

[703] Damian, Die (anfängliche) Strafaussetzung und die (nachträgliche) Aussetzung des Strafrestes, 1990, S. 55 (56 f.)

[704] Kriegsmann, Einführung in die Gefängniskunde, 1912, S. 134; Schönke/Schröder-Stree, StGB, 1985, § 56, Rn. 4, § 57, Rn. 2; Dreher/Tröndle, StGB, 1984, § 56, Rn. 1a, § 57, Rn. 1a; Jescheck, Lehrbuch des Strafrechts, 1978, S. 647, 684; Maurach/Gössel/Zipf, Strafrecht Allgemeiner Teil – Teilband 2, 1984, § 65 II, Rn. 12

[705] Siehe oben unter 1. Teil C. II. 1. Suspended Sentence

[706] Die deutsche Strafrestaussetzung entspricht hingegen der englischen *parole* (siehe dazu oben unter 1. Teil C. II. 2. Parole). Eine vertiefende Darstellung ihrer gesetzlichen Vorschriften und historischen Hintergründe würde den gesetzten Rahmen – mit Schwerpunkt auf den englischen Trend zur eigenständigen ambulanten Sanktionen im Rahmen der *community sentences* und vergleichbaren Sanktionen oder Diskussionen in Deutschland – sprengen und soll daher hier nicht vertieft werden. Verwiesen sei auf die Ausführungen im Rahmen der gemeinnützigen Arbeit, bei denen die Strafrestaussetzung ansatzweise mit erörtert wird (Siehe dazu oben unter 2. Teil C. I. 1. d) Gemeinnützige Arbeit im Rahmen der Strafrestaussetzung).

I. Inhalt und Vorschriften der Strafaussetzung zur Bewährung im Allgemeinen Strafrecht

1. Die anfängliche Strafaussetzung zur Bewährung im Allgemeinen Strafrecht, § 56 ff. StGB

Mit dem Rechtsinstitut der Strafaussetzung zur Bewährung hat der Gesetzgeber ein wichtiges Instrument der resozialisierenden Einwirkung auf den Täter ohne Freiheitsentzug geschaffen.

Tabelle 41 Strafaussetzung zur Bewährung nach Allgemeinem Strafrecht; Aufteilung nach Verurteilungen zu Freiheitsstrafe, Anzahl der Strafaussetzungen zur Bewährung und Prozentsatz der Strafaussetzung im Verhältnis zu den Verurteilungen zu Freiheitsstrafe.[707]

Jahr	Verurteilungen zu Freiheitsstrafe	Aussetzung der Freiheitsstrafe zur Bewährung	Strafaussetzung im Verhältnis zur Freiheitsstrafe (in Prozent)
1955	141.809	42.406	35,2
1960	149.683	49.971	38,2
1965	174.831	58.617	33,5
1970	88.248	46.972	53,2
1975	88.162	53.437	60,6
1980	104.850	68.878	65,6
1985	111.876	74.147	66,2
1986	107.312	73.260	68,2
1987	108.528	74.239	68,4
1988	108.214	74.305	68,6
1989	104.890	70.783	67,4
1990	102.454	69.705	68,0
1991	100.766	68.407	67,8
1992	103.187	70.936	68,7
1993	110.429	76.496	69,2
1994	114.749	79.127	68,9
1995	115.767	80.516	69,5
1996	121.326	84.452	69,6

Seit Einführung der Strafaussetzung zur Bewährung im Allgemeinen Strafrecht im Jahre 1953 durch das 3. Strafrechtsänderungsgesetz hat sich diese Form der strafrechtlichen Intervention zu einer bedeutenden Erledigungsform von Strafverfahren entwickelt. Fast 70 Prozent aller

Verurteilungen zu Freiheitsstrafe werden heute zur Bewährung ausgesetzt (zur Entwicklung in den letzten Jahren siehe Tabelle 41).

Aufgabe und Ziel dieses Rechtsinstituts ist es in erster Linie, die Zurückdrängung kurzer und mittelfristiger Freiheitsstrafen zu bewirken und dabei die Reintegration des Straffälligen in die Gesellschaft zu fördern.[708] Dabei verbindet das in den §§ 56 bis 56g StGB detailliert geregelte Rechtsinstitut die symbolische Kraft des Schuldspruchs mit dem (bedingten) Verzicht auf die Vollstreckung der Freiheitsstrafe. Gleichzeitig bleibt der Täter unter dem Damoklesschwert der drohenden Vollstreckung und wird auf diese Weise zu rechtstreuem Verhalten motiviert.[709] Überwiegend wird das Institut der Strafaussetzung zur Bewährung heute als Modifikation der Strafvollstreckung betrachtet,[710] wobei sie als „besondere ambulante Behandlungsart" eine gewisse Eigenständigkeit besitze.[711]

Durch Nebenbestimmungen, wie der Unterstellung bei einem Bewährungshelfer (§ 56d) oder der Erteilung von Weisungen (§ 56c) kann positiv auf die Beseitigung kriminogener Faktoren hingewirkt werden.[712] Ferner können Auflagen (§ 56b) strafähnliche Funktionen übernehmen.

Für den Anwendungsbereich der Strafaussetzung zur Bewährung ist zunächst die Länge der auszusetzenden Freiheitsstrafe von Bedeutung. Aus § 56 I, II und III StGB ergeben sich insgesamt drei Zeitbereiche, bei deren Vorliegen eine Freiheitsstrafe unter jeweils unterschiedlichen Voraussetzungen ausgesetzt werden muß oder kann:

---

[707] Quelle: Statistisches Bundesamt, Rechtspflege, Fachserie 10, Reihe 3: Strafverfolgung, sowie eigene Berechnungen

[708] Schönke/Schröder-Stree, StGB, 1997, § 56, Rn. 1

[709] Jescheck/Weigend, Lehrbuch des Strafrechts, 1996, S. 833

[710] Schönke/Schröder-Stree, StGB, 1997, § 56, Rn. 4; Dünkel, Strafaussetzung zur Bewährung und Bewährungshilfe im internationalen Vergleich, 1983, S. 399 (402); Jescheck/Weigend, Lehrbuch des Strafrechts, 1996, S. 834; Tröndle, StGB, 1997, § 56, Rn. 1a; Maurach/Gössel/Zipf, Strafrecht Allgemeiner Teil – Teilband 2, 1989, § 65 II, Rn. 12; BGHSt 24, 40 (43); BGHSt 31, 25 (28)

[711] BGHSt 24, 40 (43); BGHSt 31, 25 (28)

[712] Jescheck/Weigend, Lehrbuch des Strafrechts, 1996, S. 833

(1) Gemäß § 56 I i.V.m. III StGB werden Freiheitsstrafen in Höhe von einem bis unter sechs Monaten immer dann zur Bewährung ausgesetzt, „wenn zu erwarten ist, daß der Verurteilte sich schon die Verurteilung zur Warnung dienen lassen und künftig auch ohne die Einwirkung des Strafvollzugs keine Straftaten mehr begehen wird."[713]

(2) Im Bereich von sechs bis einschließlich zwölf Monaten Freiheitsstrafe gilt das unter (1) Gesagte mit der Einschränkung, daß eine Aussetzung ausscheidet, wenn die „Verteidigung der Rechtsordnung" die Vollstreckung gebietet (§ 56 III StGB).

(3) Freiheitsstrafen im Bereich von mehr als einem Jahr bis einschließlich zwei Jahren können ausgesetzt werden, „wenn nach der Gesamtwürdigung von Tat und Persönlichkeit des Verurteilten besondere Umstände vorliegen".[714] Im Rahmen der Ermessensentscheidung ist auch der in § 56 III StGB thematisierte Gesichtspunkt der „Verteidigung der Rechtsordnung" zu beachten.[715]

Diese Voraussetzungen orientieren sich an der Höhe der erkannten Strafe. Unerheblich ist, inwieweit wegen Anrechnung von Untersuchungshaft (gemäß § 51 StGB) Abzüge von der Strafe gemacht werden.[716]

a)   Aussetzung von Freiheitsstrafe bis zu einem Jahr

Nach § 56 I StGB ist die Strafaussetzung beim Vorliegen einer guten (Legalbewährungs-) Prognose im Bereich der Freiheitsstrafen bis einschließlich einem Jahr obligatorisch, sofern bei Strafen von sechs Monaten und mehr die Bedürfnisse der Verteidigung der Rechtsordnung nicht entgegenstehen (§ 56 III StGB).[717] Ausschlaggebend für die Aussetzungsentscheidung

---

[713] § 56 I S. 1 StGB; vgl. auch Streng, Strafrechtliche Sanktionen, 1991, S. 64
[714] § 56 II StGB
[715] Streng, Strafrechtliche Sanktionen, 1991, S. 64
[716] Allerdings lehnt die herrschende Meinung die Möglichkeit einer Aussetzung für den Fall ab, daß die verhängte Freiheitsstrafe voll durch Untersuchungshaft als verbüßt gilt; vgl. BGHSt 31, 25 ff.; SK-Horn, 1998, § 56, Rn. 8a
[717] Schönke/Schröder-Stree, StGB, 1997, § 56, Rn.1

ist jedoch letztlich die vom Richter zu stellende Prognose hinsichtlich des künftigen Legalverhaltens des Täters. § 56 I S. 1 StGB macht insoweit deutlich, daß es bei der Prognose nicht um eine Gesinnungsänderung[718] oder die Frage „anständigen", „moralischen" oder gar „gottgefälligen" Verhaltens geht,[719] sondern allein um das Unterlassen von Straftaten.[720] Herrschender Meinung zufolge genügt eine durch Tatsachen „begründete Wahrscheinlichkeit",[721] die aber mehr beinhalten muß als nur eine vage Möglichkeit künftiger Straffreiheit oder gar eine bloße Hoffnung.[722] Die Schwierigkeit der Einschätzung, wie sicher die Erwartung der Straffreiheit zu sein hat, versucht man mit der Ergänzung zu überbrücken, daß eine Strafaussetzung „aussichtsreich" sein muß.[723] Wenig hilfreich bei Zweifeln ist der Rückgriff auf den strafprozessualen „in dubio pro reo"– Grundsatz. Dessen Anwendung kommt lediglich hinsichtlich der Tatsachen in Betracht, die der Prognose zugrundeliegen.[724]

Welche Faktoren für die Prognosestellung zu berücksichtigen sind, bestimmt § 56 I S. 2 StGB. Genannt werden „namentlich" die Persönlichkeit des Verurteilten, sein Vorleben, Tatumstände, Nachtatverhalten, Lebensverhältnisse und schließlich die Wirkungen, die von der Strafaussetzung für den Verurteilten zu erwarten sind. Es handelt sich bei der Aufzählung um keine abschließende.[725]

In der Praxis werden zur Zeit rund drei Viertel aller Freiheitsstrafen bis zu einem Jahr zur Bewährung ausgesetzt.[726]

---

[718] BGHSt 7, S. 6 (9 f.)

[719] Maurach/Gössel/Zipf, Strafrecht Allgemeiner Teil – Teilband 2, 1989, § 65 II, Rn. 19

[720] Streng, Strafrechtliche Sanktionen, 1991, S. 66; Lackner-Lackner, StGB, 1997, § 56, Rn. 8

[721] BGHSt 7, S. 6 (10); Lackner-Lackner, StGB, 1997, § 56, Rn. 8; Jescheck/Weigend, Lehrbuch des Strafrechts, 1996, S. 836; Schönke/Schröder-Stree, StGB, 1997, § 56, Rn. 16

[722] Streng, Strafrechtliche Sanktionen, 1991, S. 66

[723] Vgl. BGHSt 7, S. 6 (10); BGH, NStZ 1986, 27; Maurach/Gössel/Zipf, Strafrecht Allgemeiner Teil – Teilband 2, 1989, § 65 II, Rn. 16

[724] Lackner-Lackner, StGB, 1997, § 56, Rn. 5; Jescheck/Weigend, Lehrbuch des Strafrechts, 1996, S. 836; Schönke/Schröder-Stree, StGB, 1997, § 56, Rn. 16; Tröndle, StGB, 1997, § 56, Rn. 5

[725] Schönke/Schröder-Stree, StGB, 1997, § 56, Rn. 18

[726] 1996 wurden 77 Prozent aller Freiheitsstrafe bis einschließlich einem Jahr zur Bewährung ausgesetzt; 1994 waren es 76, 4 Prozent; 1992: 75, 8 Prozent; 1990: 74, 4 Prozent; Quelle: Statistisches Bundesamt, Rechtspflege, Fachserie 10, Reihe 3: Strafverfolgung; sowie eigene Berechnungen

b) Aussetzung von Freiheitsstrafe über einem Jahr

Während im Falle der Strafaussetzung von Freiheitsstrafe bis zu einem Jahr die Präferenz des Gesetzgebers für eine Strafaussetzung durch die zwingende Regelung zum Ausdruck kommt, sind bei § 56 II StGB die Weichen weniger in Richtung auf eine Strafaussetzung gestellt. Im Bereich von mehr als einem Jahr bis einschließlich zwei Jahren Freiheitsstrafe muß nicht nur eine gute Prognose, sondern es müssen auch „nach der Gesamtwürdigung von Tat und Persönlichkeit des Verurteilten besondere Umstände vorliegen".[727] Dies sind nach der Rechtsprechung solche, „die im Vergleich mit gewöhnlichen, durchschnittlichen, allgemeinen oder einfachen Milderungsgründen besonderes Gewicht besitzen und eine Strafaussetzung trotz des erheblichen Unrechts- und Schuldgehalts der Tat als nicht unangebracht und den vom Strafrecht geschützten Interessen nicht zuwiderlaufend erscheinen lassen".[728]

Wegen der im Ansatz restriktiven Voraussetzungen und der nicht gebundenen Entscheidung des Richters ist die Aussetzung nach § 56 II StGB eher als Ausnahme- denn als Regelfall konzipiert.[729] Bemerkenswert ist daher, daß heute immerhin knapp zwei Drittel aller Freiheitsstrafen dieses Höhenbereiches ausgesetzt werden.[730]

c) Bewährungszeit

Die Bewährungszeit kann gemäß § 56a I S. 2 StGB mindestens zwei und maximal fünf Jahre betragen. Sie beginnt mit der Rechtskraft des Urteils (§ 56a II S. 1 StGB), unabhängig davon, ob sich der Verurteilte zu diesem Zeitpunkt auf freiem Fuß befindet oder in einer Anstalt

---

[727] Die Formulierung der „Gesamtwürdigung von Tat und Persönlichkeit des Verurteilten" wurde durch das Dreiundzwanzigstes Strafrechtsänderungsgesetz vom 13. April 1986 (BGBl. I 1986, S. 393 ff.) eingefügt. Zuvor war von den Gerichten häufig auf besondere Umstände in Tat *oder* Persönlichkeit abgestellt worden.

[728] BGH, NStZ 1986, S. 27; BGH, NStZ 1987, S. 21; Dafür ist eine umfassende Geamtwürdigung von Tat und Täter notwendig, wobei die persönlichkeitsbezogenen Merkmale zum Zeitpunkt der Urteilsfällung beurteilt werden müssen, vgl. BGH bei Dallinger, MDR 74, S. 365

[729] BGHSt 29, S. 319 (324)

[730] 1996 wurden 64, 7 Prozent aller Verurteilungen zu über einem Jahr bis zu zwei Jahren Freiheitsstrafe ausgesetzt; 1994 waren es 61, 5 Prozent; 1992: 59, 0 Prozent; 1990: 54, 1 Prozent. Quelle: Statistisches Bundesamt, Rechtspflege, Fachserie 10, Reihe 3: Strafverfolgung; sowie eigene Berechnungen

(z. B. Strafhaft) verwahrt wird.[731] Es ist demnach auch Bewährung in Unfreiheit möglich. Das Gericht bestimmt nach § 56a I S. 1 StGB die Dauer der Bewährungszeit. Diese Entscheidung trifft das Gericht innerhalb des gesetzlich vorgegebenen Spielraums nach seinem Ermessen. Als wesentlich wird dabei die Frage angesehen, wieviel Zeit benötigt wird, um auf den Verurteilten einzuwirken.[732] Die Festlegung der Frist erfolgt nicht im Tenor des Urteils (wie die Entscheidung über die Aussetzung), sondern in einem zugleich mit dem Urteil verkündeten Beschluß (§ 286a I StPO). Dasselbe gilt für weitere mit der Nichtvollstreckung der Freiheitsstrafe verbundene Nebenentscheidungen. Zu den wichtigsten Nebenentscheidungen gehören Auflagen, Weisungen und die Anordnung der Bewährungshilfe.

d) Auflagen, § 56b StGB

§ 56b StGB stellt es in das Ermessen des Gerichts, „dem Verurteilten Auflagen zu erteilen, die der Genugtuung für das begangene Unrecht dienen".[733] Systematisch betrachtet, handelt es sich bei Bewährungsauflagen um strafähnliche Sanktionen mit repressivem Charakter.[734] Sie sollen vor allem solchen Tätern ihre Verurteilung fühlbar machen, die der Aufsicht und Hilfe während der Bewährungszeit nicht bedürfen.[735] Die Auflagen dürfen an den Verurteilten keine unzumutbaren Anforderungen stellen (§ 56b I S. 2 StGB). Hierbei ist auch der Gedanke einer Proportionalität von Schuld und Strafe als begrenzendes Prinzip zu beachten.[736] Der Kreis der zulässigen Auflagen ist vom Gesetz abschließend geregelt.[737]

---

[731] Schönke/Schröder-Stree, StGB, 1997, § 56a, Rn. 3; Tröndle, StGB, 1997, § 56a, Rn. 1; Braunschweig NJW 64, S. 1581 (1584); OLG Köln, MDR 72, S. 437
[732] Schönke/Schröder-Stree, StGB, 1997, § 56a, Rn. 2
[733] § 56 I S. 1 StGB
[734] Schönke/Schröder-Stree, StGB, 1997, § 56b, Rn. 2; Lackner-Lackner, StGB, 1997, § 56b, Rn. 1; Pfohl, Gemeinnützige Arbeit als strafrechtliche Sanktion, 1983, S. 53; Tröndle, StGB, 1997, § 56b, Rn. 2
[735] Jescheck/Weigend, Lehrbuch des Strafrechts, 1996, S. 840; Lackner-Lackner, StGB, 1997, § 56b, Rn. 1
[736] Maurach/Gössel/Zipf, Strafrecht Allgemeiner Teil – Teilband 2, 1989, § 65 II, Rn. 39
[737] Tröndle, StGB, 1997, § 56b, Rn. 5

Von der Möglichkeit der Auflagenerteilung wurde 1996 in 54,7 Prozent aller Strafaussetzungen Gebrauch gemacht.[738]

(1) Schadenswiedergutmachung

Nach § 56b II S. 1 Nr. 1 StGB kann das Gericht dem Verurteilten auferlegen, „nach Kräften den durch die Tat verursachten Schaden wiedergutzumachen". Seiner systematischen Position entsprechend besitzt diese Auflage seit dem Verbrechensbekämpfungsgesetz von 1994[739] Vorrang vor allen anderen Auflagen. Das Stufenverhältnis wurde dadurch begründet, daß nunmehr nur dann eine andere Auflage erteilt werden soll, wenn die Erfüllung der Auflage einer Wiedergutmachung des Schadens nicht entgegensteht.[740] Ziel dieser Neuerung war es, den Schwerpunkt auf die Belange des Opfers zu setzen und dessen Interesse an einer Schadenskompensation und an friedensstiftenden Ausgleichsmaßnahmen zu berücksichtigen.[741]

Nach allgemeiner Ansicht handelt es sich bei der Wiedergutmachungsauflage um eine besonders sinnvolle Anforderung an den Verurteilten.[742] Zum einen wird ihm nachdrücklich seine Verantwortung dem Geschädigten gegenüber verdeutlicht, zum anderen nützt es dem Opfer, wenn sein Schadensersatzanspruch gegen den Täter durch den Druck der Auflage besser realisiert werden kann.[743] Darüber hinaus gewinnt man der Wiedergutmachungsauflage neuerdings noch eine weitergehende kriminalpolitische Perspektive ab: Im Rahmen von Restitutionsprogrammen wird versucht, im Vorfeld der Hauptverhandlung einen Täter-Opfer-Ausgleich herzustellen. In dessen Rahmen verpflichtet sich der Täter zur Schadenswiedergutmachung. Auf der Basis der Wiederherstellung des durch die Tat gestörten sozialen Friedens kann der Richter dann von der Verhängung der ursprünglich eigentlich tatadäquaten, vollstreckbaren Frei-

---

[738] 1994 wurden bei 51, 8 Prozent der Strafaussetzungen Auflagen erteilt; 1992: 53, 2 Prozent; 1990: 53, 3 Prozent; Quelle: Statistisches Bundesamt, Rechtspflege, Fachserie 10, Reihe 3: Strafverfolgung; sowie eigene Berechnungen
[739] Verbrechensbekämpfungsgesetz vom 28.10.1994, BGBl. I, 1994, S. 3186
[740] § 56 II S. 2 StGB
[741] Tröndle, StGB, 1997, § 56b, Rn. 2
[742] Dazu Frehsee, Schadenswiedergutmachung als Instrument strafrechtlicher Sozialkontrolle, 1987, S. 231 ff.
[743] Streng, Strafrechtliche Sanktionen, 1991, S. 71

heitsstrafe absehen und die Strafe zur Bewährung aussetzen.[744] Dennoch wird die Wiedergut-machungsauflage derzeit wenig genutzt. Zwar gibt die amtliche Statistik hierzu nichts her, doch haben Aktenauswertungen deutliche Hinweise auf die immer noch geringe Praxisrele-vanz dieser Bewährungsauflage erbracht.[745]

(2) Geldauflage

Die Praxis der Auflagenerteilung wird von der Geldauflage dominiert.[746] Die Verpflichtung, „einen Geldbetrag zugunsten einer gemeinnützigen Einrichtung" (§ 56b II S. 1 Nr. 2 StGB) oder „zugunsten der Staatskasse" (§ 56b II S. 1 Nr. 4 StGB) zu zahlen, ist keine Geldstrafe im Sinne der §§ 40 ff. StGB. Es besteht nach herrschender Meinung daher auch kein bestimmtes Mindest- und Höchstmaß.[747] Allerdings gebieten das Verhältnismäßigkeitsprinzip und die Zu-mutbarkeitsgrenze in Absatz 1, Satz 2, daß sich die Inanspruchnahme des Verurteilten in ei-nem angemessenen Verhältnis zur Tatschwere und Tatschuld bewegt.[748]

(3) Gemeinnützige Leistungen

Schließlich kann das Gericht dem Verurteilten gemäß § 56b II S. 1 Nr. 3 StGB die Erbringung „gemeinnütziger Leistungen" auferlegen. Hierzu soll auf das nachfolgende Kapitel zur Arbeit

---

[744] Dabei wird die im Rahmen des Restitutions-Programms in den Details schon geklärte Verpflichtung zur Schadenswiedergutmachung dem Verurteilten als Auflage gegeben, vgl. Streng, Strafrechtliche Sanktionen, 1991, S. 71; Zur Wiedergutmachungsauflage siehe auch Frehsee, Schadenswiedergutmachung als Instrument strafrechtlicher Sozialkontrolle, 1987, S. 229 f.; Denkbar ist darüber hinaus auch die Bemühung um Täter-Opfer-Ausgleich nach Auferlegung von Schadenswiedergutmachung als Bewährungsauflage, vgl. Schreck-ling/Pieplow, Täter-Opfer-Ausgleich: Eine Zwischenbilanz nach zwei Jahren Fallpraxis beim Modellprojekt „Die Waage", 1989, S. 10 (13)

[745] Frehsee, Schadenswiedergutmachung als Instrument strafrechtlicher Sozialkontrolle, 1987, S. 264 f., 305; Albrecht, Legalbewährung bei zu Geldstrafe und Freiheitsstrafe Verurteilten, 1982, S. 167 f.

[746] Vgl. Albrecht, Legalbewährung bei zu Geldstrafe und Freiheitsstrafe Verurteilten, 1982, S. 168 mit Begrün-dung

[747] Lackner-Lackner, StGB, 1997, § 56b, Rn. 4; Tröndle, StGB, 1997, § 56b, Rn. 7; Schönke/Schröder-Stree, StGB, 1997, § 56b, Rn. 11; OLG Stuttgart, NJW 54, S. 522

[748] Schönke/Schröder-Stree, StGB, 1997, § 56b, Rn. 11; Lackner-Lackner, StGB, 1997, § 56b, Rn. 4; Tröndle, StGB, 1997, § 56b, Rn. 7

als Strafe verwiesen werden, in dessen Rahmen auch die Erbringung gemeinnütziger Leistungen als Bewährungsauflage erörtert wird.[749]

e)   Weisungen, § 56c StGB

Gemäß § 56c StGB ist das Gericht angehalten, dem Verurteilten für die Dauer der Bewährungszeit Weisungen zu erteilen, „wenn er dieser Hilfe bedarf, um keine Straftaten mehr zu begehen". Die Weisungen sollen eine pädagogische Hilfe gewähren und die Lebensführung des Betroffenen positiv beeinflussen.[750] Weisungen kommen aufgrund ihrer spezialpräventiven Zielsetzung vor allem bei kriminell Gefährdeten in Betracht,[751] also bei einer Gruppe, bei der die positive Prognose vergleichsweise große Risiken in sich birgt.[752] Daher kann die Erteilung nicht nur der erfolgreichen Durchführung der Bewährung dienen, sondern auch der Verbesserung der Prognose, bzw. der Legitimierung der Strafaussetzung.[753]

Wie die Auflagen dürfen auch die Weisungen keine unzumutbaren Anforderungen an den Verurteilten stellen (§ 56c I S. 2 StGB). Gegenstand des Gebots ist hier jedoch nicht die Zumutbarkeit von Leistungen, sondern die Zumutbarkeit von Anforderungen an die Lebensführung. Nach der Rechtsprechung sind die Grenzen dann überschritten, „wenn die Anforderungen billigenswerte Interessen des Verurteilten unangemessen beeinträchtigen."[754] Ferner dürfen die Anforderungen nicht gesetzwidrig sein.[755] Verglichen mit den Auflagen verdient dieses Verbot eher Beachtung, da § 56c II einen offenen Katalog von möglichen Weisungen enthält, der einen Spielraum für anderweitige Eingriffe in die Freiheit der Lebensführung des Verurteilten bietet.

---

[749] Siehe unter 2. Teil C. I. 1. b) (1) Arbeitsauflage, § 56 b StGB
[750] Tröndle, StGB, 1997, § 56c, Rn. 1
[751] Lackner-Lackner, StGB, 1997, § 56c, Rn. 1
[752] Tröndle, StGB, 1997, § 56c, Rn. 1
[753] Streng, Strafrechtliche Sanktionen, 1991, S. 73
[754] Nürnberg NJW 59, S. 1451
[755] Lackner-Lackner, StGB, 1997, § 56c, Rn. 2; vgl. auch Jescheck/Weigend, Lehrbuch des Strafrechts, 1996, S. 842; Schönke/Schröder-Stree, StGB, 1997, § 56c, Rn. 8

Die vom Gesetz nicht vorgegebenen richterlichen Weisungen müssen – zumindest auch – darauf ausgerichtet sein, die in § 56c I S. 1 StGB genannte Zielbestimmung zu erfüllen.[756] Die angestrebte Beeinflussung der Lebensführung und Resozialisierung[757] steht somit einer ausschließlich auf Sicherung oder Überwachung ausgerichteten Weisung entgegen.[758] Gleiches gilt für Weisungen, die Strafcharakter haben[759] und daher den numerus clausus der Auflagen unterlaufen.[760] Nur mit Einwilligung des Verurteilten darf die Weisung erteilt werden, „sich einer Heilbehandlung oder einer Entziehungskur zu unterziehen" (§ 56c III Nr. 1 StGB) oder „in einem geeigneten Heim oder einer geeigneten Anstalt Aufenthalt zu nehmen" (§ 56c III Nr. 2 StGB).

Weisungen werden weniger häufig erteilt als Auflagen, obwohl Weisungen gemäß § 56c I S. 1 StGB obligatorisch sind, wenn der Verurteilte „dieser Hilfe bedarf, um keine Straftaten mehr zu begehen". 1996 machten die Gerichte in 40, 8 Prozent der Strafaussetzungen von dieser Möglichkeit Gebrauch.[761]

f)   Bewährungshilfe, § 56d StGB

Einen besonderen Fall der Weisung regelt § 56d StGB, der das Gericht dazu ermächtigt, den Verurteilten für die Dauer oder einen Teil der Bewährungszeit der Aufsicht und Leitung eines Bewährungshelfers zu unterstellen. Eine solche Weisung greift am stärksten in die Lebensführung des Verurteilten ein[762] und ist – anders als im Jugendstrafrecht (vgl. § 24 JGG) – auch nur dann zulässig, wenn wegen der Unzulänglichkeit anderer Weisungen zur Rückfallverhü-

---

[756] Lackner-Lackner, StGB, 1997, § 56c, Rn. 4
[757] Schönke/Schröder, StGB, 1997, § 56c, Rn. 1
[758] Lackner-Lackner, StGB, 1997, § 56c, Rn. 4
[759] Jescheck/Weigend, Lehrbuch des Strafrechts, 1996, S. 842
[760] Streng, Strafrechtliche Sanktionen, 1991, S. 74
[761] 1994 waren es 41, 4 Prozent; 1992: 41, 1; 1990: 38, 6 Prozent; Quelle: Statistisches Bundesamt, Rechtspflege, Fachserie 10, Reihe 3: Strafverfolgung; sowie eigene Berechnungen
[762] Jescheck/Weigend, Lehrbuch des Strafrechts, 1996, S. 844

tung sonst die Vollstreckung der Freiheitsstrafe angeordnet werden müßte.[763] Eine besondere Veranlassung zum Einsatz dieser ambulanten, „spezialpräventiven Behandlungsmethode"[764] sieht der Gesetzgeber, wenn bei einem Verurteilten von unter 27 Jahren eine Freiheitsstrafe von mehr als neun Monaten ausgesetzt wird. Gemäß § 56d II ordnet das Gericht dann „in der Regel" Bewährungshilfe an. Abweichungen von dieser Regel sind begründungspflichtig.[765]

Mit Blick auf die in § 56d II StGB zum Ausdruck kommende Präferenz des Gesetzgebers sprechen für die Anordnung der Bewährungshilfe folgende Faktoren: Jugend,[766] Freiheitsstrafendauer an der Obergrenze des Aussetzbaren, psychische Labilität, fehlende soziale Integration, mehr als unerhebliche kriminelle Vorbelastung, vorhergegangenes Bewährungsversagen.[767] Die Bedeutung dieser Faktoren wird allerdings für jeden Einzelfall unterschiedlich ausfallen. Wie bei den übrigen Nebenbestimmungen dürfen auch mit der Anordnung der Bewährungshilfe keine unzumutbaren Einschränkungen der Lebensführung verbunden sein.[768]

Bis 1986 war die Bewährungsaufsicht an die Dauer der Bewährungszeit gebunden. Daraus entstand der Konflikt, daß eine Überbeanspruchung des Probanden mitunter nur durch eine Verkürzung der Bewährungszeit zu bewirken war. Seit Inkrafttreten des 23. Strafrechtsänderungsgesetzes vom 13. April 1986[769] kann die Unterstellungszeit auf einen Teil der Bewährungszeit beschränkt werden (vgl. § 56 I StGB).

Während der Unterstellungszeit steht der Bewährungshelfer dem Verurteilten helfend und betreuend zur Seite (§ 56d III S. 1), um diesem eine Bewährung in Freiheit zu ermöglichen bzw. zu erleichtern. Andererseits ist der Bewährungshelfer aber auch Helfer des Gerichts, für das er

---

[763] Jescheck/Weigend, Lehrbuch des Strafrechts, 1996, S. 844; Lackner-Lackner, StGB, 1997, § 56d, Rn. 2; LK-Gribbohm, StGB, 1993, § 56d, Rn. 1, 2; SK-Horn, StGB, 1998, § 56d, Rn. 3; Streng, Strafrechtliche Sanktionen, 1991, S. 75
[764] Lackner-Lackner, StGB, 1997, § 56d, Rn. 1
[765] Streng, Strafrechtliche Sanktionen, 1991, S. 75
[766] Maurach/Gössel/Zipf, Strafrecht Allgemeiner Teil – Teilband 2, 1989, § 65 II, Rn. 50; Jescheck/Weigend, Lehrbuch des Strafrechts, 1996, S. 844
[767] Streng, Strafrechtliche Sanktionen, 1991, S. 75
[768] Lackner-Lackner, StGB, 1997, § 56d, Rn. 2
[769] Dreiundzwanzigstes Strafrechtsänderungsgesetz vom 13. April 1986, BGBl. I 1986, S. 393 ff.

die Erfüllung der Nebenbestimmungen zu überwachen und dem er über die Lebensführung des Verurteilten zu berichten hat (§ 56d III S. 2-4 StGB). Hieraus können Rollenkonflikte entstehen, die weiter unten näher erörtert werden sollen.[770]

Die Unterstellung unter Bewährungshilfe wird zunehmend angeordnet. Ihr Anteil bei den im Wege der „Regelaussetzung" (§ 56 I) ausgesetzten Freiheitsstrafe betrug im Jahre 1965 lediglich 2, 6 Prozent; 1975 wurden schon 12 Prozent der Fälle einem Bewährungshelfer unterstellt und 1991 waren es 25, 2 Prozent.[771]

g)   Widerruf der Strafaussetzung (§ 56f StGB) und Straferlaß (§ 56g StGB)

Die Strafaussetzung ist ihrer Natur nach eine vorläufige Maßnahme und macht in jedem Fall eine spätere endgültige Entscheidung darüber erforderlich, ob die Strafe vollstreckt oder erlassen werden soll. In Betracht kommen insofern der Widerruf der Strafaussetzung (§ 56f StGB) oder der Straferlaß (§ 56g StGB).

Ob ein Verstoß gegen die Strafaussetzung erfolgt ist und welche Folgen er nach sich zieht, richtet sich nach § 56f StGB. Hiernach widerruft das Gericht des ersten Rechtszuges (§ 462a II StPO) die Strafaussetzung, wenn der positiven Legalbewährungsprognose als Basis für die Strafaussetzung die Grundlage entzogen ist.[772] Dies ist dann der Fall, wenn der Proband eine Straftat begeht (§ 56f I S. 1 Nr. 1 und S. 2 StGB), wenn er gegen Weisungen gröblich oder beharrlich verstößt, oder wenn er sich der Aufsicht und Leitung des Bewährungshelfers beharrlich entzieht und dadurch Anlaß zu der Besorgnis gibt, daß er erneut Straftaten begehen wird (§ 56f I Nr. 2). Einen weiteren Widerrufsgrund stellen gröbliche oder beharrliche Verstöße gegen Auflagen dar (§ 56f I Nr. 3 StGB). Hier ist, anders als bei Weisungsverstößen, keine zusätzliche Prognose erforderlich, da die ahndenden Auflagen – falls vom Richter für notwendig gehalten – einen unverzichtbaren Bestandteil der Entscheidung darstellen.[773]

---

[770] Siehe weiter unten unter 2. Teil B. IV. 5.   Rollenverständnis und Rollenkonflikte der Bewährungshilfe
[771] Quelle: Kaiser, Kriminologie, 1996, § 93, Rn. 24, Tabelle 45, S. 1004
[772] Streng, Strafrechtliche Sanktionen, 1991, S. 78
[773] Streng, Strafrechtliche Sanktionen, 1991, S. 79

Die Berücksichtigung einer Straftat für § 56f I Nr. 1 StGB setzt voraus, daß diese entweder in der Bewährungszeit oder schon „in der Zeit zwischen Entscheidung über die Strafaussetzung und deren Rechtskraft begangen" (§ 56f I S. 2 StGB) wurde. Nicht erforderlich ist hingegen nach herrschender Meinung, daß die Tat schon abgeurteilt ist. Vielmehr soll genügen, daß ihre Begehung zur Überzeugung des Gerichts feststeht.[774] Die Begehung der in Rede stehenden Straftat muß dem Gericht den Schluß nahelegen, daß die positive Prognose hinfällig ist.[775] Der Verurteilte erweist sich demnach nicht automatisch durch die Straftat als „bewährungsunwürdig".[776]

Als „gröblicher" Verstoß wird die schuldhafte,[777] nach objektivem Gewicht und Vorwerfbarkeit schwerwiegende Zuwiderhandlung gegen eine zulässige[778] Weisung oder Auflage angesehen.[779] Für einen „beharrlichen" Verstoß ist eine wiederholte Zuwiderhandlung in ablehnender Haltung gegen den Zweck der Weisung oder Auflage erforderlich.[780]

Damit der Widerruf der Strafaussetzung wirklich *ultima ratio* bleibt, eröffnet § 56f II StGB die Möglichkeit, weitere Auflagen oder Weisungen zu erteilen oder Bewährungshilfe anzuordnen. Zudem können die Bewährungs- oder Unterstellungszeit verlängert werden. Auf diesem Wege kann unter Umständen eine Negativprognose im Sinne von § 56 I Nr. 1 und Nr. 2 vermieden und die Strafaussetzung aufrechterhalten werden.

Wird die Strafaussetzung nicht widerrufen, so erläßt das Gericht die Strafe nach Ablauf der Bewährungszeit gemäß § 56g I StGB.

---

[774] Lackner-Lackner, StGB, 1997, § 56f, Rn. 3; Jescheck/Weigend, Lehrbuch des Strafrechts, 1996, S. 846; Schönke/Schröder, StGB, 1997, § 56f, Rn. 3a; LK-Gribbohm, StGB, 1998, § 56f, Rn. 7, 8; Tröndle, StGB, 1997, § 56f, Rn. 3b; BVerfG, NStZ 1987, S. 118
[775] Schönke/Schröder, StGB, 1997, § 56f, Rn. 4; Lackner-Lackner, StGB, 1997, § 56f, Rn. 4; Tröndle, StGB, 1997, § 56f, Rn. 3c
[776] SK-Horn, StGB, 1998, § 56f, Rn. 12; Schönke/Schröder, StGB, 1997, § 56f, Rn. 4
[777] OLG Hamm, StV 1993, S. 259; LG Köln, StV 1994, S. 249 (250)
[778] Schönke/Schröder, StGB, 1997, § 56f, Rn. 6; OLG München, NStZ 85, S. 411; LG Aachen, NJW 57, S. 1120
[779] Lackner-Lackner, StGB, 1997, § 56f, Rn. 6; Beispiele bei Tröndle, StGB, 1997, § 56f, Rn. 4 f.
[780] Lackner-Lackner, StGB, 1997, § 56f, Rn. 6

Tabelle 42 Beendete Bewährungsaufsichten nach Unterstellungsgründen (§ 56 I und II StGB) und Beendigungsgründen.[781]

Jahr	Beendete Bewähr.-aufsichten	Aufhebung der Unter-stellung	Bewährung mit Strafer-laß	Bewährung mit Strafer-laß (Pro-zent)	Widerruf (auch) we-gen Straftat	Widerruf (auch) wg. Straftat (Prozent)	Widerruf aus sonsti-gen Grün-den
Beendete Bewährungsaufsichten (angeordnet nach § 56 I StGB)							
1981	8.079	461	4.115	50,9	2.722	33,7	781
1983	8.917	551	4.578	51,3	3.112	34,9	676
1985	10.499	666	6.001	57,2	3.287	31,3	545
1987	11.567	836	6.860	59,3	3.288	28,4	583
1989	13.136	942	7.727	58,8	3.768	28,7	699
1991	13.835	1.194	8.344	60,3	3.603	26,0	694
Beendete Bewährungsaufsichten (angeordnet nach § 56 II StGB)							
Jahr	Beendete Bewähr.-aufsichten	Aufhebung der Unter-stellung	Bewährung mit Strafer-laß	Bewährung mit Strafer-laß (Pro-zent)	Widerruf (auch) we-gen Straftat	Widerruf (auch) wg. Straftat (Prozent)	Widerruf aus sonsti-gen Grün-den
1981	508	28	256	50,4	188	37,0	36
1983	653	47	321	49,2	253	38,7	32
1985	983	68	550	56,0	329	33,5	36
1987	1.334	92	747	56,0	436	32,7	59
1989	1.952	151	1.138	58,3	581	29,8	82
1991	2.399	201	1.475	61,5	631	26,3	92

Von den 1991 beendeten Bewährungshilfeaufsichten nach § 56 I StGB schlossen 60, 3 Prozent die Bewährungszeit mit einem Straferlaß ab, bei 26 Prozent mußte die Strafaussetzung zur Bewährung wegen (oder auch wegen) Begehens einer Straftat widerrufen werden. Bei den Unterstellungen aufgrund von § 56 II StGB resultierten 61, 5 Prozent der Aufsichten in einem Straferlaß. Bei 26, 3 Prozent wurde die Strafaussetzung aufgrund Begehens einer neuen Straftat widerrufen. Es besteht insofern zwischen den Unterstellungen in der Folge von § 56 I-Aussetzungen und in der Folge von § 56 II-Aussetzungen kein nennenswerter Unterschied hinsichtlich der Erfolgsquote. Zur Entwicklung seit Anfang der 80er Jahre siehe Tabelle 42.

---

[781] Quelle: Statistisches Bundesamt, Rechtspflege, Fachserie 10, Reihe 5: Bewährungshilfe

II. Inhalt und Vorschriften der Strafaussetzung zur Bewährung im Jugendstrafrecht

1. Die anfängliche Strafaussetzung zur Bewährung im Jugendstrafrecht, § 21 JGG ff.

Wie das Allgemeine Strafrecht verpflichtet auch das Jugendstrafrecht den Richter, die Vollstreckung einer von ihm verhängten Freiheitsstrafe unter bestimmten Voraussetzungen auszusetzen. Doch weichen die jugendrechtlichen Regelungen der Strafaussetzung zur Bewährung in einigen Punkten von denjenigen des Allgemeinen Strafrechts ab.

Zu unterscheiden sind im Jugendstrafrecht die Aussetzung einer Jugendstrafe bis zu einem Jahr (§ 21 I JGG) und die Aussetzung einer Jugendstrafe zwischen einem und zwei Jahren (§ 21 II JGG). In beiden Fällen ist seit der Neufassung durch das 1. JGGÄndG von 1990[782] die Strafaussetzung obligatorisch, wenn dem Jugendlichen im Zeitpunkt der tatrichterlichen Entscheidung eine günstige Prognose gestellt werden kann.[783]

a) Aussetzung von Jugendstrafe bis zu einem Jahr, § 21 I JGG

Nach § 21 I S. 1 JGG wird eine Jugendstrafe von nicht mehr als einem Jahr von Anfang an zur Bewährung ausgesetzt, wenn zu erwarten ist, daß der Jugendliche sich schon die Verurteilung zur Warnung dienen lassen und auch ohne die Einwirkung des Strafvollzuges unter der erzieherischen Einwirkung in der Bewährungsfrist künftig einen rechtschaffenen Lebenswandel führen wird.

Bei guter Prognose muß also die Strafe zur Bewährung ausgesetzt werden. Dabei spielt es keine Rolle, ob die Jugendstrafe wegen in der Tat zum Ausdruck gekommener „schädlicher Nei-

---

[782] Erstes Gesetz zur Änderung des Jugendgerichtsgesetzes vom 30. August 1990, BGBl I, 1990, S. 1853

[783] Zuvor entsprachen die Voraussetzungen einer Strafaussetzung bei Jugendstrafe von über einem Jahr denjenigen im Allgemeinen Strafrecht bei gleicher Freiheitsstrafendauer. Der Richter konnte die Strafe zur Bewährung aussetzen, wenn besondere Umstände in der Tat und in der Persönlichkeit vorliegen (§ 21 II JGG alte Fassung).

gungen" oder wegen „Schwere der Schuld" verhängt worden ist (vgl. § 17 II JGG).[784] Eine

dem § 56 III StGB entsprechende Vorschrift fehlt im Jugendgerichtsgesetz. Demnach darf die

Strafaussetzung nicht aus generalpräventiven Gründen verweigert werden, etwa weil die Verteidigung der Rechtsordnung es gebietet.[785] Die Prognose bezieht sich zunächst – wie im Erwachsenenstrafrecht – auf die Warnungswirkung durch die Verurteilung.[786] Darüber hinaus richtet sich die Prognose darauf, daß der Jugendliche „unter der erzieherischen Einwirkung in der Bewährungszeit künftig" – das heißt nicht nur während des Bewährungszeitraums – einen „rechtschaffenen Lebenswandel" führen wird.[787] Dabei sind wie im Allgemeinen Strafrecht die Persönlichkeit des Betroffenen, sein Vorleben, die Umstände seiner Tat, sein Verhalten nach der Tat, seine Lebensverhältnisse und die Wirkungen zu berücksichtigen, die von der Aussetzung für ihn zu erwarten sind.[788]

Tabelle 43 Verurteilungen zu Jugendstrafe; Strafaussetzung zur Bewährung bei Jugendstrafe bis zu einem Jahr und zwischen einem und zwei Jahren.[789]

Jahr	Verurteilte zu Jugendstrafe	Jugendstrafe bis zu einem Jahr § 21 I JGG			Jugendstrafe über einem und bis zu zwei Jahren, § 21 II JGG		
		Vollstreckte Jugendstrafen	Ausgesetzte Jugendstrafen	Prozentsatz ausgesetzter Jugendstrafe	Vollstreckte Jugendstrafen	Ausgesetzte Jugendstrafen	Prozentsatz ausgesetzter Jugendstrafe
1985	17.672	11.493	9.093	79,1	4.343	11.843	42,4
1987	15.054	9.552	7.685	80,4	4.051	2.046	50,5
1989	13.090	8.139	6.439	79,1	3.738	1.928	51,5
1991	12.938	7.472	5.889	78,8	4.113	2.237	54,3
1993	13.991	7.957	6.204	77,9	4.519	2.542	56,2
1995	13.880	7.890	6.193	78,4	4.496	2.682	59,6
1996	15.146	8.650	6.889	79,6	4.886	2.874	58,8

---

[784] Böhm, Jugendstrafrecht, 1996, S. 217
[785] Eisenberg, JGG, 1997, § 21, Rn. 5; Brunner/Dölling, JGG, 1996, § 21, Rn. 8
[786] Eisenberg, JGG, 1997, § 21, Rn. 14
[787] § 21 I S. 1 JGG
[788] § 21 I S. 2 JGG
[789] Quelle: Statistisches Bundesamt, Rechtspflege, Fachserie 10, Reihe 3: Strafverfolgung; sowie eigene Berechnungen

Wie aus Tabelle 43 zu ersehen ist wird die Jugendstrafe bis zu einem Jahr seit über zehn Jahren in bis zu 80 Prozent der Fälle zur Bewährung ausgesetzt.

b) Aussetzung von Jugendstrafe von einem bis zu zwei Jahren, § 21 II JGG

Seit 1990 muß der Richter auch Jugendstrafen von einem Jahr bis höchstens zwei Jahren unter bestimmten Voraussetzungen aussetzen.[790] Dabei wird die Strafaussetzung zusätzlich zur günstigen Prognose noch von dem negativ formulierten Erfordernis abhängig gemacht, daß „die Vollstreckung nicht im Hinblick auf die Entwicklung des Jugendlichen geboten ist" (§ 21 II JGG). Diese Formulierung wird im Schrifttum generell als nicht gelungen erachtet[791] und als Trostpflaster für diejenigen politischen Kräfte angesehen, die gegen eine Ausweitung der Aussetzungsmöglichkeiten Bedenken hatten.[792] Die praktischen Auswirkungen scheinen allerdings gering zu sein. Seit 1991 ist die Strafaussetzung zur Bewährung bei Jugendstrafe zwischen einem und zwei Jahren von 54, 3 Prozent auf 58, 8 Prozent (1996) gestiegen (vgl. Tabelle 43).

c) Bewährungszeit, § 22 JGG

Die Bewährungszeit beträgt gemäß § 22 I JGG mindestens zwei und höchstens drei Jahre. Sie kann bis auf vier Jahre verlängert[793] oder – allerdings nur in den Fällen des § 21 I JGG – auf ein Jahr verkürzt werden.[794] Die kürzere Dauer gegenüber den Erwachsenen (zwei bis fünf Jahre) wird damit gerechtfertigt, daß eine zu lange Dauer den Jugendlichen abstumpfen und entmutigen könnte.[795]

---

[790] Vgl. Erstes Gesetz zur Änderung des Jugendgerichtsgesetzes vom 30. August 1990, BGBl I, 1990, S. 1853
[791] Schaffstein/Beulke, Jugendstrafrecht, 1995, S. 133 f.; Böhm, Jugendstrafrecht, 1996, S. 218
[792] Böhm, Jugendstrafrecht, 1996, S. 218
[793] § 22 II S. 2 JGG
[794] § 22 II S. 2 und 3 JGG
[795] Schaffstein/Beulke, Jugendstrafrecht, 1995, S. 135; Böhm, Jugendstrafrecht, 1996, S. 221

d)   Weisungen und Auflagen, § 23 JGG

Der Jugendrichter soll grundsätzlich in allen Fällen der Strafaussetzung dem Verurteilten für die Dauer der Bewährungszeit Weisungen erteilten, um seine Lebensführung erzieherisch zu beeinflussen (§ 23 S. 1 JGG). Während das StGB solche Weisungen nur dann vorsieht, wenn der Verurteilte dieser Hilfe bedarf, um künftig keine Straftaten mehr zu begehen, bringt die Soll-Vorschrift des JGG zum Ausdruck, daß im Jugendstrafrecht von den Weisungen nur in besonders gelagerten und zu begründenden Ausnahmefällen abgesehen werden darf.[796]

Weiterhin kann der Richter dem Jugendlichen gemäß § 23 I S. 2 JGG Auflagen erteilen, die der Ahndung des begangenen Unrechts dienen.[797] Teilweise besteht die Auffassung, in Verbindung mit der Strafaussetzung im Jugendrecht diene auch die Auflage der Erziehung.[798] Diese Ansicht ist nicht zu teilen. Die Auflagen sind zur Gestaltung der Lebensführung des Probanden nicht geeignet.[799] Wie jede Ahndung dienen sie auch der Rückfallverhinderung durch Individualabschreckung. Weisungen hingegen haben die Funktion, Defiziten des Verurteilten entgegenzuwirken. Inhaltlich decken sich die Bewährungsweisungen und Bewährungsauflagen mit den Weisungen des § 10 JGG – dessen Aufzählung nur Beispielcharakter hat – und den Auflagen des § 15 JGG, der einen abschließenden Katalog aufweist.

e)   Bewährungshilfe, § 24, 25 JGG

Im Gegensatz zum Erwachsenenstrafrecht ist die Beiordnung eines Bewährungshelfers für Jugendliche und Heranwachsende obligatorisch (§§ 24, 25 JGG). Während früher der Proband während der gesamten Bewährungszeit dem Bewährungshelfer unterstellt wurde, ist nunmehr seit der Neufassung des § 24 JGG durch das 1. JGGÄndG 1990 zwischen der Dauer von Bewährungszeit und Unterstellungszeit zu unterscheiden. Gemäß § 24 I S. 1 JGG beträgt die Unterstellungszeit höchstens zwei Jahre. Der Richter kann aber die Unterstellung in der Be-

---

[796] Schaffstein/Beulke, Jugendstrafrecht, 1995, S. 136
[797] Schaffstein/Beulke, Jugendstrafrecht, 1995, S. 136
[798] Eisenberg, JGG, 1997, § 23, Rn. 5
[799] Böhm, Jugendstrafrecht, 1996, S. 222

währungszeit mehrfach anordnen, so daß die Zweijahresdauer unter Umständen überschritten wird.[800]

Wie im Erwachsenenstrafrecht hat der Bewährungshelfer die Aufgabe, den Probanden zu unterstützen und zu betreuen (vgl. § 24 III S. 1 JGG). Weisungen darf er ihm nicht erteilen. Solche zu erlassen, ist Sache des Richters.[801] Die Stellung des Bewährungshelfers ist im Jugendstrafrecht allerdings etwas stärker ausgebildet als im Allgemeinen Strafrecht.[802] Dieser hat ein Recht auf Zutritt zu dem Jugendlichen, und er kann von erziehungsrelevanten Personen und Institutionen „Auskunft über die Lebensführung des Jungendlichen verlangen" (§ 24 III S. 4, 5 JGG).[803]

f) Widerruf der Strafaussetzung (§ 26 JGG) und Erlaß der Jugendstrafe (§ 26a JGG)

Wie im Erwachsenenstrafrecht erfolgt der Widerruf der Strafaussetzung durch Beschluß des Richters und führt zur Vollstreckung der Jugendstrafe. Seine Voraussetzungen sind in dem ebenfalls durch das JGGÄnd von 1990[804] neugefaßten § 26 JGG abschließend aufgeführt. In Anlehnung an § 56f StGB darf danach die Aussetzung der Jugendstrafe nur widerrufen werden wenn der Jugendliche:

a) in der Bewährungszeit eine Straftat begeht und dadurch zeigt, daß die Erwartung, die der Strafaussetzung zugrunde lag, sich nicht erfüllt hat (§ 26 I S. 1 Nr. 1 JGG). Entsprechendes gilt, wenn die Tat in der Zeit zwischen der Entscheidung über die Strafaussetzung und deren Rechtskraft begangen worden ist (§ 26 I S. 2 JGG).

b) gegen Bewährungsweisungen gröblich oder beharrlich verstößt oder sich der Aufsicht und Leitung des Bewährungshelfer entzieht und dadurch Anlaß zu der Besorgnis gibt, daß er erneut Straftaten begehen wird (§ 26 I S. 1 Nr. 2 JGG)

---

[800] Vgl. § 24 II JGG
[801] Böhm, Jugendstrafrecht, 1996, S. 222
[802] Streng, Strafrechtliche Sanktionen, 1991, S. 77
[803] Weiteres dazu unten unter 2. Teil B. IV. 2) Rechtliche Stellung des Bewährungshelfers

c) gegen Auflagen gröblich oder beharrlich verstößt (§ 26 I S. 1 Nr. 3 JGG).

Widerruft der Jugendrichter die Strafaussetzung nicht, so erläßt er die Jugendstrafe nach Ablauf der Bewährungszeit (§ 26a JGG). Zugleich mit dem Erlaß der Strafe hat der Richter durch ausdrückliche Anordnung den Strafmakel für beseitigt zu erklären (§ 100 JGG). Zusammen mit der Vorschrift, daß während der noch laufenden Bewährungszeit die Strafe nicht in das Führungszeugnis aufgenommen werden darf (§ 32 II Nr. 3 BZRG), gewährleistet diese Bestimmung, daß dem Jugendlichen, der in der Bewährungszeit keinen Anlaß zum Widerruf gegeben hat, die für sein Fortkommen schädlichen Fernwirkungen der Strafe soweit wie möglich erspart bleiben.[805]

2. Die Aussetzung der Verhängung der Jugendstrafe, §§ 27 ff. JGG

Mit der Aussetzung der Verhängung einer Jugendstrafe gemäß den §§ 27 ff. JGG ist im Jugendstrafrecht eine Maßnahme geschaffen worden, die dem Erwachsenenstrafrecht fremd ist. Es handelt sich dabei nicht um eine bedingte Verurteilung, sondern um eine eigene Sanktion, die zwischen den Zuchtmitteln und der Verhängung einer Jugendstrafe zur Bewährung einzuordnen ist.[806] Die diesem Rechtsinstitut zugrundeliegende Situation ist folgende: Hat ein Jugendlicher oder Heranwachsender Straftaten von einigem Gewicht begangen und läßt sich bis zur Hauptverhandlung trotz sorgfältiger Untersuchungen der Jugendgerichtshilfe und vielleicht sogar durch weitere Sachverständige nicht sicher feststellen, daß in der Tat schädliche Neigungen zum Ausdruck gekommen sind, denen weder mit Zuchtmitteln noch mit Erziehungsmaßnahmen begegnet werden kann, steht der Jugendrichter vor einer schwierigen Entscheidung. Die Voraussetzungen zur Verhängung einer Jugendstrafe sind nicht gegeben.[807] Gleichzeitig ist unklar, ob andere Erziehungsmaßnahmen oder Zuchtmittel ausreichen. Berücksichtigt man den im Jugendstrafrecht vorherrschenden Gedanken der notwendigen Erzie-

---
[804] Erstes Gesetz zur Änderung des Jugendgerichtsgesetzes vom 30. August 1990, BGBl I, 1990, S. 1853
[805] Schaffstein/Beulke, Jugendstrafrecht, 1995, S. 136
[806] Ostendorf, JGG, 1997, Grdl. Z. §§ 27-30, Rn. 1
[807] Böhm, Jugendstrafrecht, 1996, S. 247

hung, erscheint die Anordnung einer aus Erziehungsgründen nicht angezeigten Maßnahme unzweckmäßig, ja sogar unzulässig.[808]

In solchen Zweifelsfällen stellt der Jugendrichter nach § 27 JGG die Schuld fest und setzt die Verhängung einer Jugendstrafe zur Bewährung aus. Die Bewährungszeit kann ein bis zwei Jahre betragen (§ 28 I JGG). Für diese Dauer oder einen Teil der Bewährungszeit wird der Jugendliche der Aufsicht und Leitung eines Bewährungshelfers unterstellt. Das Gericht erteilt weiterhin für die Dauer der Bewährungszeit Weisungen und Auflagen (§ 29 S. 2 JGG i.V.m. § 23 JGG). Stellt sich innerhalb der Bewährungszeit heraus, daß die schädlichen Neigungen doch derart sind, daß zu ihrer Behandlung die Verhängung von Jugendstrafe erforderlich ist, findet ein neuer Verhandlungstermin statt. In diesem wird dann über die Höhe der Jugendstrafe entschieden, die der Richter verhängt hätte, wenn bereits im ersten Termin die schädlichen Neigungen des Jugendlichen bekannt gewesen wären.[809] Andernfalls wird der Schuldspruch getilgt und die Straftaten des Jugendlichen oder Heranwachsenden erfahren keine weitere Reaktion.[810]

Der Jugendrichter hat bei Schwierigkeiten mit dem Probanden während der Bewährungszeit die Möglichkeit, Weisungen zu verändern, ihre Befolgung oder die Erfüllung von Auflagen durch Jugendarrest zu erzwingen,[811] die Bewährungszeit – wenn sie weniger als zwei Jahre beträgt – auf die Höchstdauer von zwei Jahren verlängern und die Unterstellung unter die Aufsicht und Leitung eines Bewährungshelfers in diesem Umfang erweitern.[812]

---

[808] Abgesehen vom Fall der Jugendstrafe wegen Schwere der Schuld; Böhm, Jugendstrafrecht, 1996, S. 247
[809] § 30 I JGG
[810] § 30 II JGG
[811] Brunner/Dölling, JGG, 1996, § 27, Rn. 4
[812] Böhm, Jugendstrafrecht, 1996, S. 248

218

III. Kriminalpolitischer Hintergrund und Entwicklung der anfängliche Strafaussetzung

Die Geschichte der anfänglichen Strafaussetzung im deutschen Rechtskreis reicht zurück bis in die Zeit des Mittelalters. Regelungen dieser Art waren in einzelnen Stadtrechten sowie im Institut der Friedensbürgschaft des gemeinen Rechts enthalten.[813] Weitere Möglichkeiten wurden dann im 19. Jahrhundert in Preußen geschaffen. Durch „allerhöchste Order vom 19.7.1825" konnte bei Kindern und Jugendlichen zugunsten erzieherischer Maßnahmen von der Strafvollstreckung abgesehen werden, sofern sich die Betreffenden besserten.[814] Wenn auch diese frühen Formen der anfänglichen Strafaussetzung nicht Auslöser für die moderne Entwicklung der Sanktion waren und diese auch nicht entscheidend geprägt haben, so zeigen sie doch, daß dem deutschen Rechtsbereich das Prinzip der anfänglichen Strafaussetzung nicht unbekannt war.[815]

1. Erste Impulse aus dem Ausland im 19. Jahrhundert: Die anglo-amerikanische *probation* und das franko-belgische Modell des *sursis*

Anlaß und Impulse für die Weiterentwicklung der anfänglichen Strafaussetzung in der heutigen Form gaben frühe Ausprägungen dieses Rechtsinstituts im anglo-amerikanischen und im französisch/belgischen Rechtsbereich.[816] Grund für die Entwicklung der Strafaussetzung waren auch hier die Probleme mit der Freiheitsstrafe. Diese hatte sich im Laufe des 19. Jahrhunderts zur hauptsächlichen Sanktion des Strafrechts unter Verdrängung der früheren Leibes-

---

[813] Liszt, Bedingte Verurteilung und bedingte Begnadigung, 1908, S. 1 (6); Tögel, Frühformen der Strafaussetzung und der Strafentlassenenhilfe, 1985, S. 157 (164 f.); Damian, Die (anfängliche) Strafaussetzung und die (nachträgliche) Aussetzung des Strafrestes, 1990, S. 55 (72)

[814] Kriegsmann, Einführung in die Gefängniskunde, 1912, S. 87; Diese Maßnahme wurde durch weitere Verfügungen vom 20.1.1847, 9.4.1857, 16.9.1882 und vom 1.10.1904 bestätigt, vgl. Liszt, Bedingte Verurteilung und bedingte Begnadigung, 1908, S. 1 (7)

[815] Damian, Die (anfängliche) Strafaussetzung und die (nachträgliche) Aussetzung des Strafrestes, 1990, S. 55 (72)

[816] Kaiser/Kerner/Schöch, Strafvollzug, 1992, § 3, Rn. 15 ff.; Grau/Schäfer, Das Preußische Gnadenrecht, 1931, S. 247 f.; Kriegsmann, Einführung in die Gefängniskunde, 1912, S. 87 f.; Liszt, Bedingte Verurteilung und bedingte Begnadigung, 1908, S. 1 (8 ff.); Schmidt, Einführung in die Geschichte der deutschen Strafrechtspflege, 1965, S. 400

und Körperstrafen[817] entwickelt und war geprägt von spezifischen Problemen der Vollstrec??kung sowie dem Mangel an Sanktionsalternativen im Bereich der leichteren und mittleren Kriminalität.[818] Die Krise des Gefängniswesens war schon ausgangs des 18. Jahrhunderts offenkundig geworden, wozu nicht zuletzt die Situationsanalysen von Gefängisreformern wie John Howard[819] und Heinrich Wagnitz[820] beigetragen hatten. Insbesondere die Nachteile der kurzen Freiheitsstrafe wurden früh deutlich.[821] Ihre Abschreckungswirkung auf Straftäter war gering. Sie besserte die Straftäter nicht, sondern wirkte mit der Gefahr der „kriminellen Infektion" einer Besserung sogar entgegen.[822] Die anfängliche Strafaussetzung sollte daher eine Alternative zum Strafvollzug sein nicht – wie die nachträgliche Aussetzung – sein Bestandteil.[823]

Mit der zweiten Hälfte des 19. Jahrhunderts begann auch in Deutschland die Diskussion „gegen" die kurzfristige Freiheitsstrafe. Hierbei orientierte man sich vor allem an der anglo-amerikanischen *probation*. Anregungen erfolgten jedoch auch aus dem kontinental-europäischen Bereich, nämlich in Gestalt des franko-belgischen „sursis"-Systems.

Erste offizielle Berichte über Frühformen der Strafaussetzung (sowie der bedingten Entlassung) finden sich in den USA seit 1830, in Europa erst in der zweiten Hälfte des 19. Jahrhunderts. Die amerikanische Variante entstand im Staate Massachusetts ohne gesetzliche Regelung aus der dem amerikanischen Strafprozeß eigentümlichen Zweiteilung des Strafverfahrens in ein Schuld- und ein Straffestsetzungsverfahren. Dabei konnte der Strafrichter im Straf-

---

[817] Zur Entwicklung vgl. Hippel, Die geschichtliche Entwicklung der Freiheitsstrafe, 1928, S. 1 (2 ff.)

[818] Dünkel, Die Geschichte des Strafvollzug als Geschichte von (vergeblichen?) Vollzugsreformen, 1983, S. 28 ff.

[819] Howard, The State of Prisons in England und Wales with Preliminary Observations and an Account of Some Foreign Prisons and Hospitals, 1777

[820] Wagnitz, Historische Nachrichten und Bemerkungen über die merkwürdigsten Zuchthäuser in Deutschland, 1791

[821] Schmidt, Einführung in die Geschichte der deutschen Strafrechtspflege, 1965, S. 400; Damian, Die (anfängliche) Strafaussetzung und die (nachträgliche) Aussetzung des Strafrestes, 1990, S. 55 (72)

[822] Schmidt, Einführung in die Geschichte der deutschen Strafrechtspflege, 1965, S. 400

[823] Dazu auch Grau/Schäfer, Das Preußische Gnadenrecht, 1931, S. 247 ff.; Lenz, Die anglo-amerikanische Reformbewegung im Strafrecht, 1908, S. 140, S. 90, Liszt, Bedingte Verurteilung und bedingte Begnadigung, 1908, S. 1 (6); Peters, Die kriminalpolitische Stellung des Strafrichters bei der Bestimmung der Strafrechtsfolgen, 1932, S. 163

verfahren gegen Kinder (bis zu 16 Jahren) nach der Schuldfeststellung das Strafverfahren aussetzen und dem minderjährigen Täter die Möglichkeit einer Bewährung einräumen.[824] Dieser wurde weiterhin durch staatliche Gerichtshelfer während der Bewährungszeit unterstützt. Diese Form der Bewährungshilfe wurde – nach einführenden Regelungen – schließlich 1891 für alle Gerichte des Staates Massachusetts verbindlich. Nach und nach übernahmen alle amerikanischen Bundesstaaten die anfängliche Strafaussetzung in Gestalt der *probation*. Sie wurde zunächst nur für Kinder fortentwickelt, später aber auch auf Erwachsene angewandt. Im Jahre 1908 hatten 25 Staaten das Probations-System eingeführt, wobei neun Staaten die Maßnahme auch für Erwachsene zuließen.[825]

Wie bereits oben dargestellt,[826] verlief die Entwicklung in England ganz ähnlich. Frühe Formen der bedingten Strafaussetzung bestanden in Gestalt der *recognizances* und fanden schließlich ihren gesetzlichen Niederschlag in den Consolidating Acts von 1961, im Summary Jurisdiction Act von 1879 und im First Offenders Act 1887.[827] Die Institution der Bewährungshilfe wurde erst später auf eine gesetzliche Grundlage gestellt. In England und Wales folgte man mit dem Probation of Offenders Act 1907 dem amerikanischen Vorbild.

In Belgien erfuhr das Rechtsinstitut der anfänglichen Strafaussetzung mit dem *Sursis*-System eine etwas andere Ausprägung. Die erste gesetzliche Regelung im kontinental-europäischen Bereich erging in Belgien mit dem Gesetz vom 31. Mai 1888, dem *loi établissant la libération conditionnelle et les condamnations conditionnelles dans le système pénal*.[828] Sie sah für kurze Freiheitsstrafen bis zu sechs Monaten eine bedingte Verurteilung vor. Bewährte sich der Verurteilte innerhalb der Bewährungsfrist, die zwischen drei und fünf Jahren lag, dann galt

---

[824] Damian, Die (anfängliche) Strafaussetzung und die (nachträgliche) Aussetzung des Strafrestes, 1990, S. 55 (72)

[825] Liszt, Bedingte Verurteilung und bedingte Begnadigung, 1908, S. 1 (14 ff.)

[826] Siehe unter 1. Teil C. III. Kriminalpolitischer Hintergrund und Entwicklung der Probation Order und des Probation Service

[827] Siehe unter 1. Teil C. III. 1. Ursprünge – recognizances und die police court mission

[828] Liszt, Bedingte Verurteilung und bedingte Begnadigung, 1908, S. 1 (22); Dünkel, Strafaussetzung zur Bewährung und Bewährungshilfe im internationalen Vergleich, 1983, S. 399; Damian, Die (anfängliche) Strafaussetzung und die (nachträgliche) Aussetzung des Strafrestes, 1990, S. 55 (73)

die Verurteilung als nicht erfolgt. Eine Vollstreckung des Urteils war damit nicht mehr möglich. Eine Aufsicht oder Betreuung während der Bewährungszeit stellte das *Sursis*-System
dem Probanden nicht zur Seite.[829] In Frankreich übernahm man das belgische Modell drei Jahre später mit dem *loi du 26 mars 1891 sur l'atténuation ou aggravation des peines (loi Bé-
renger* oder *loi du sursis).*[830]

Der wichtigste Unterschied der beiden Modelle – abgesehen vom Aspekt der Betreuung –
liegt im Verhältnis der Strafaussetzung zur Freiheitsstrafe.[831] Im Falle der *sursis* wurde die
Vollstreckung einer bereits festgelegten Freiheitsstrafe ausgesetzt.[832] Bei der *probation* in ihrer damaligen Ausgestaltung in England und Wales war die Höhe der Freiheitsstrafe zur Zeit
der Aussetzungsentscheidung unbestimmt. Diese wurde erst dann festgesetzt, wenn der Proband in irgendeiner Weise gegen die Bewährungsanordnung verstieß. Diese Ausgestaltung beruht auf dem Grundgedanken, daß die geeignete Strafe zum Zeitpunkt des Widerrufs entsprechend spezialpräventiven und anderen Bedürfnissen festgesetzt werden kann.[833] Auf der anderen Seite hat das Modell den Nachteil, daß der Verurteilte über die im Falle des Widerrufs
auszusprechende Sanktion im Unklaren bleibt. In Hinblick auf diese Rechtskonstruktion ähnelt die heutige anfängliche Strafaussetzung zur Bewährung im deutschen Recht eher der *sursis*, denn auch hier ist die Höhe der Freiheitsstrafe vor der Entscheidung über die Strafaussetzung zu bestimmen. Allerdings stellt die Aussetzung nach der deutschen Rechtskonstruktion
eine vorläufige Entscheidung dar, die je nach Verlauf der Bewährung in einem Widerruf der
Aussetzung oder einem Straferlaß mündet.[834] Die Verurteilung entfällt insofern nicht automatisch mit Ablauf der Bewährungsfrist, wie im Falle der *sursis*. Vielmehr wird die Strafe durch
Beschluß erlassen.

---

[829] Kriegsmann, Einführung in die Gefängniskunde, 1912, S. 88; Dünkel, Strafaussetzung zur Bewährung und
Bewährungshilfe im internationalen Vergleich, 1983, S. 399
[830] Dieses weicht in einigen Punkten von dem belgischen Gesetz ab, siehe dazu Liszt, Bedingte Verurteilung
und bedingte Begnadigung, 1908, S. 1 (26)
[831] Kober, Bewährungshilfe und Ursachen des Widerrufs, 1986, S. 17
[832] Kober, Bewährungshilfe und Ursachen des Widerrufs, 1986, S. 18
[833] Dünkel, Strafaussetzung zur Bewährung und Bewährungshilfe im internationalen Vergleich, 1983, S. 399
[834] Siehe oben unter 2. Teil B. I. 1. g) Widerruf der Strafaussetzung (§ 56f StGB) und Straferlaß (§ 56g StGB)

Bei der *probation* hingegen handelte es sich bis 1991 nicht um eine Bewährungs*strafe* – wie sie häufig irreführend bezeichnet wird[835] – sondern um die Aussetzung der Verhängung einer Strafe. Diese Rechtskonstruktion trägt der Zweiteilung des angelsächsischen Strafverfahrens Rechnung, von denen der erste der Schuldfeststellung und der zweite dem Strafausspruch dient.[836] Das deutsche Recht hat diese Variante bei der Aussetzung der Jugendstrafe nach § 27 JGG übernommen.[837] Auch hier stellt der Jugendrichter die Schuld fest und setzt die Verhängung der Jugendstrafe zur Bewährung aus.

Mit dem Criminal Justice Act 1991 stellt die probation order nunmehr eine eigene Strafsanktion dar. Bei Verstoß gegen die Bewährungsanordnung kann das Gericht eine andere Sanktion – unter anderem eine Freiheitsstrafe – an ihre Stelle setzen.[838]

2. Entstehung und Entwicklung der anfängliche Strafaussetzung im deutschen Rechtskreis als Maßnahme des Gnadenrechts Ende des 19. Jahrhunderts

a) Die Diskussion

Wie bereits beschrieben, begann die Diskussion um die anfängliche Strafaussetzung in Deutschland erst in der zweiten Hälfte des 19. Jahrhunderts im Zusammenhang mit der Kritik der kurzen Freiheitsstrafen. Aus dieser ergaben sich erste Bestrebungen zur Einführung der Strafaussetzung in Deutschland am Ende des Jahrhunderts.[839] Doch weder das Strafgesetzbuch des Norddeutschen Bundes noch das Reichsstrafgesetzbuch aus dem Jahre 1871 trafen ent-

---

[835] Vgl. Dünkel, Strafaussetzung zur Bewährung und Bewährungshilfe im internationalen Vergleich, 1983, S. 399; Dünkel, Probleme der Strafaussetzung zur Bewährung, 1983, S. 1039 (1062)

[836] Schaffstein/Beulke, Jugendstrafrecht, 1995, S. 140

[837] Schaffstein/Beulke, Jugendstrafrecht, 1995, S. 140; siehe auch oben unter 2. Teil B. II. 2. Die Aussetzung der Verhängung der Jugendstrafe, §§ 27 ff. JGG

[838] Siehe oben unter 1. Teil C. VII. 2. Verfahren wegen Anordnungsverstoßes

[839] Spieß, Strafaussetzung und Bewährungshilfe in der Bundesrepublik Deutschland, 1983, S. 23

sprechende Regelungen.[840] Das lag wohl daran, daß straftheoretische und praktische Bedenken dies verhinderten.[841]

In der rechtswissenschaftlichen und gesellschaftspolitischen Diskussion war die anfängliche Strafaussetzung umstritten. Während sich die Strafrechtslehrer *Wirth* und *Franz von Liszt* leidenschaftlich für die Sanktion einsetzten,[842] reagierten zum Beispiel die Vertreter der sogenannten klassischen Rechtsschule äußerst distanziert.[843] Auch in der Praxis verhielt man sich zurückhaltend: Der nordwestdeutsche Gefängnisverein lehnte diese Maßnahme ebenso ab, wie die preußischen Oberlandesgerichte und Staatsanwälte.[844]

b) Die ersten Regelungen einer anfängliche Strafaussetzung zur Bewährung

Zwar blieb die Haltung gegenüber der anfänglichen Strafaussetzung in der Rechtswissenschaft und in der Vollzugspraxis uneinheitlich. Dennoch bestand gleichzeitig ein dringender Handlungsbedarf.[845] Insbesondere bei Jugendlichen zeigte die Kriminalitätsstatistik eine beängstigende Zunahme registrierter Straftaten. Zudem stiegen die Rückfallraten.[846] Aus dieser

---

[840] Damian, Die (anfängliche) Strafaussetzung und die (nachträgliche) Aussetzung des Strafrestes, 1990, S. 55 (73)

[841] Feuerhelm, Stellung und Ausgestaltung der gemeinnützigen Arbeit im Strafrecht, 1997, S. 131; Damian, Die (anfängliche) Strafaussetzung und die (nachträgliche) Aussetzung des Strafrestes, 1990, S. 55 (73); Zu den Einwänden Liszt, Bedingte Verurteilung und bedingte Begnadigung, 1908, S. 1 (54 ff.)

[842] Im März 1888 unterbreitete Wirth dem preußischen Justizminister einen Gesetzesentwurf zur Einführung einer der angelsächsischen *probation* ähnlichen Rechtsfolge; vgl. Liszt, Bedingte Verurteilung und bedingte Begnadigung, 1908, S. 1 (42); *Franz von Liszt* nutzte die von ihm mitbegründete „Internationale kriminalistische Vereinigung", um seine Vorschläge zur Einführung dieser Maßnahme in Deutschland zu präsentieren; vgl. Damian, Die (anfängliche) Strafaussetzung und die (nachträgliche) Aussetzung des Strafrestes, 1990, S. 55 (74)

[843] In Deutschland bestand in Kreisen der Wissenschaft und Praxis eine heftige Gegenwehr, da die Maßnahme zum Vergeltungsgedanken sowie zum Prinzip der Strafpflicht des Staates im Widerspruch stehe, vgl. Schmidt, Einführung in die Geschichte der deutschen Strafrechtspflege, 1965, S. 40; Peters, Die kriminalpolitische Stellung des Strafrichters bei der Bestimmung der Strafrechtsfolgen, 1932, S. 163; Kriegsmann, Einführung in die Gefängniskunde, 1912, S. 89; sie sahen in der anfänglichen Strafaussetzung vielfach einen eklatanten Widerspruch zur Gerechtigkeit, vgl. Liszt, Bedingte Verurteilung und bedingte Begnadigung, 1908, S. 1 (51)

[844] Liszt, Bedingte Verurteilung und bedingte Begnadigung, 1908, S. 1 (43)

[845] Schmidt, Einführung in die Geschichte der deutschen Strafrechtspflege, 1965, S. 401 ff.; Feuerhelm, Stellung und Ausgestaltung der gemeinnützigen Arbeit im Strafrecht, 1997, S. 131

[846] Schmidt, Einführung in die Geschichte der deutschen Strafrechtspflege, 1965, S. 402

Lage suchte schließlich die Praxis einen Ausweg. Voran ging Sachsen mit der Verordnung vom 25. März 1895, es folgten Hesssen am 29. Juni 1895 und dann Preußen am 23.10.1895.[847] Durch den „allerhöchsten Erlaß vom 23.10.1895" führte Preußen beispielsweise die anfängliche Strafaussetzung in Form der „bedingten Begnadigung" ein.[848] Wurde ein Jugendlicher im Alter bis zu 18 Jahren zu einer Freiheitsstrafe bis zu 6 Monaten verurteilt, so konnte diese Freiheitsstrafe gnadenweise zur Bewährung ausgesetzt werden. Dies kam allerdings nur dann in Betracht, wenn mit einer guten Führung des Straftäters während der Bewährungszeit gerechnet werden konnte. Der Erlaß des preußischen Königs war Ausfluß des ihm zustehenden Gnadenrechts, dessen Ausübung durch Erlaß an den Justizminister delegiert wurde.

Andere deutsche Länder griffen diese Möglichkeit in der Folgezeit auf. Im Jahre 1900 hatten bereits 19 deutsche Länder die anfängliche Strafaussetzung in Form der „bedingten Begnadigung" geregelt, 1908 fehlten nur noch drei deutsche Länder.[849] Die Regelungen der Länder verfolgten häufig unterschiedliche Zwecke und wichen zum Teil sehr weit voneinander ab. Betroffen davon war der Personenkreis, auf den die Maßnahme anwendbar war, die Höhe der aussetzbaren Strafe und die Höhe der Bewährungsfristen.[850] Daher wurden schließlich unter Vermittlung des Reichsjustizamtes zwischen den Regierungen der einzelnen deutschen Bundesstaaten Grundsätze zur Vereinheitlichung der „bedingten Begnadigung" vereinbart. Diese galten ab dem 1. Januar 1903.[851] Die „bedingte Begnadigung" war danach insbesondere für Personen unter 18 Jahren und unabhängig von der Höhe der ausgesprochenen Strafe vorgesehen. Vorbestrafte wurden vom Genuß dieser Sanktion ausgeschlossen, und den Gerichten sollte im Verfahren eine Mitwirkungsmöglichkeit eingeräumt werden.

---

[847] Liszt, Bedingte Verurteilung und bedingte Begnadigung, 1908, S. 1 (45)

[848] Liszt, Bedingte Verurteilung und bedingte Begnadigung, 1908, S. 1 (45); Kriegsmann, Einführung in die Gefängniskunde, 1912, S. 89/130

[849] Liszt, Bedingte Verurteilung und bedingte Begnadigung, 1908, S. 1 (45)

[850] Damian, Die (anfängliche) Strafaussetzung und die (nachträgliche) Aussetzung des Strafrestes, 1990, S. 55 (75)

[851] Grau/Schäfer, Das Preußische Gnadenrecht, 1931, S. 248; Liszt, Bedingte Verurteilung und bedingte Begnadigung, 1908, S. 1 (47)

Zwar wurde die „bedingte Begnadigung" kontinuierlich fortentwickelt,[852] eine gesetzlich geregelte anfängliche Strafaussetzung wird im Allgemeinen Strafrecht aber erst mit dem Dritten Strafrechtsänderungsgesetz von 1953 eingeführt.

3. Die besonderen Entwicklungen im Bereich des Jugendrechts

Ende des 19. Jahrhunderts setzte sich im deutschen Strafrecht die Sonderbehandlung jugendlicher Straftäter durch. Beeinflußt wurde diese von der Entwicklung im anglo-amerikanischen Recht[853] von neuen biologischen und psychologischen Einsichten der soziologischen Rechtsschule sowie von der Jugendbewegung und der Jugendgerichtsbewegung.[854] Auch bestanden – sowohl im anglo-amerikanischen als auch im deutschen Rechtsbereich – enge Verbindungen zu der allgemeinen Reformbewegung des Strafrechtes. Insofern ging die jugendrechtliche Sonderbehandlung aus einer Phase der Neuerungen mit hervor, in der bereits seit den 80er Jahren *Franz von Liszt* und die von ihm geführte „moderne Schule" der Strafrechtswissenschaft die Umwandlung des alten tatvergeltenden Strafrechts in ein spezialpräventives Täterstrafrecht forderte.[855]

Schließlich wurden jedoch neue gesetzliche Regelungen für Jugendliche noch früher realisiert. Ein Grund dafür war der seit 1882 alarmierende Anstieg der Jugendkriminalität im Gebiet des Deutschen Reiches.[856] In der Bestrebung, neue Wege zu finden, um dieser Gefahr zu begegnen, wurden mehrere Forderungen erhoben. Diese betrafen die Behandlung Jugendlicher im Rahmen eines besonderen Verfahrens,[857] die Schaffung eines gesonderten Jugendgerichts[858]

---

[852] Zur Entwicklung der anfängliche Strafaussetzung in Form der „bedingten Begnadigung" am Beispiel Preußens siehe Damian, Die (anfängliche) Strafaussetzung und die (nachträgliche) Aussetzung des Strafrestes, 1990, S. 55 (76 f.)

[853] Damian, Die (anfängliche) Strafaussetzung und die (nachträgliche) Aussetzung des Strafrestes, 1990, S. 55 (79)

[854] Schaffstein/Beulke, Jugendstrafrecht, 1995, S. 24

[855] Schaffstein/Beulke, Jugendstrafrecht, 1995, S. 24, 25

[856] Damian, Die (anfängliche) Strafaussetzung und die (nachträgliche) Aussetzung des Strafrestes, 1990, S. 55 (79)

[857] In Amerika war dies erstmalig 1863 in Massachusetts geregelt worden.

[858] Ein solches wurde gesetzlich erstmalig 1907 im Staat Illinois eingerichtet.

sowie spezieller Jugendstrafanstalten[859] und die Einführung der Bewährungsstrafe und Bewährungshilfe („Schutzaufsicht") für Jugendliche.[860] Ferner sollte die Strafmündigkeit neu geregelt werden.[861] Die ausländischen Anregungen und die Forderungen der kriminalpolitischen Reformer – denen der Juristentag, die Internationale Kriminalistische Vereinigung und die neugeschaffenen Jugendgerichtstage ein Forum boten – fanden bald in weiten Kreisen Deutschlands Zustimmung.[862] Zwar resultierten daraus nicht direkt gesetzgeberische Lösungen. Teile dieser Forderungen konnten jedoch auf anderem Wege eingelöst werden. Gerichtsorganisatorische Maßnahmen schufen gesonderte Jugendgerichte (1908)[863] und 1912 entstand die erste Jugendstrafanstalt in Deutschland.[864] Zudem orientierten sich die nachträgliche Aussetzung des Strafrestes und die anfängliche Strafaussetzung zur Bewährung im Rahmen der Gnadenordnungen primär an Jugendlichen.[865] Im Jahre 1920 wurde dem Reichsrat der Entwurf eines Jugendgerichtsgesetzes vorgelegt, das dieser am 16.2.1923 nach eingehender Diskussion erließ.

a) Jugendgerichtsgesetz von 1923

Mit dem Jugendgerichtsgesetz von 1923 (JGG 1923) wurde erstmals die Strafaussetzung im Urteil, also aufgrund gerichtlicher Entscheidung, eingeführt.[866] Die Regelung lehnte sich an das Vorbild der *sursis* an.[867] Dabei konnte sich der Proband während einer zwei- bis höchstens

---

[859] In England stand für Jugendliche das *Borstal-System* zur Verfügung, siehe Glossar unter B. Borstal
[860] Schaffstein/Beulke, Jugendstrafrecht, 1995, S. 25 f.
[861] Das Reichsstrafgesetzbuch von 1871 sah die Strafmündigkeit mit Vollendung des 12. Lebensjahres vor. Besaß ein Jugendlicher zwischen 12 und 18 nicht die erforderliche Einsichtsfähigkeit, so konnte er freigesprochen werden, Damian, Die (anfängliche) Strafaussetzung und die (nachträgliche) Aussetzung des Strafrestes, 1990, S. 55 (79)
[862] Schaffstein/Beulke, Jugendstrafrecht, 1995, S. 25
[863] Allmenröder, Die Tätigkeit des Frankfurter Jugendrichters, 1912, S. 1
[864] Schaffstein/Beulke, Jugendstrafrecht, 1995, S. 26
[865] Siehe oben unter 2. Teil B. III. 2. b) Die ersten Regelungen einer anfängliche Strafaussetzung zur Bewährung
[866] Spieß, Strafaussetzung und Bewährungshilfe in der Bundesrepublik Deutschland, 1983, S. 23
[867] Hellwig, Jugendgerichtsgesetz, 1923, S. 131; Schaffstein/Beulke, Jugendstrafrecht, 1995, S. 130; Damian, Die (anfängliche) Strafaussetzung und die (nachträgliche) Aussetzung des Strafrestes, 1990, S. 55 (80)

fünfjährigen Bewährungszeit durch gute Führung den Straferlaß verdienen.[868] Davon abgesehen wies die Maßnahme einige Mängel auf, die bald zur Diskreditierung der neuen Einrichtung führten.[869] Das JGG 1923 stellte die Strafaussetzung auf Probe unabhängig von der Strafhöhe in das richterliche Ermessen und unterließ es, die Voraussetzungen, unter denen sie gewährt werden durfte, genauer zu bestimmen.[870] Das führte dazu, daß die Jugendgerichte die Sanktion zu häufig und mitunter in ungeeigneten Fällen anwandten.[871] Bedenklich erschien ferner die Handhabung der Eintragung in das Strafregister. Diese erfolgte auch, wenn die Strafe nach Ablauf der Bewährungszeit erlassen wurde, so daß der Jugendliche nicht den bisweilen heilsamen Schock als Sofortwirkung der Strafe, sondern nur die für sein weiteres Leben erheblichen Fernwirkungen der Verurteilung erfuhr.[872]

Der wichtigste Kritikpunkt betraf jedoch die Betreuung der Probanden. Für die Dauer der Probezeit konnten besondere Pflichten auferlegt werden, insbesondere die „Schutzaufsicht", eine Maßnahme, die das Jugendwohlfahrtsgesetz neu geregelt hatte.[873] Ursprünglich war vorgesehen, die Schutzaufsicht zwingend mit der Strafaussetzung zu verbinden, doch sah man schließlich davon ab. Maßgeblich hierfür waren weniger rechtliche Gesichtspunkte als vielmehr die Befürchtung, daß es über Jahre hinaus an geeigneten Kräften für die Schutzaufsicht fehlen werde.[874] So blieben die Probanden während der Probezeit meist sich selbst überlassen. Die Folgen dieser Mängel waren zum einen eine hohe Rückfallrate und zum anderen ein zunehmendes Unbehagen der Öffentlichkeit darüber, daß selbst schwere Straftaten keine ausreichende Sühne fanden.[875]

---

[868] Hellwig, Jugendgerichtsgesetz, 1923, S. 131 f., 144 f.; Spieß, Strafaussetzung und Bewährungshilfe in der Bundesrepublik Deutschland, 1983, S. 23
[869] Schaffstein/Beulke, Jugendstrafrecht, 1995, S. 130
[870] Hellwig, Jugendgerichtsgesetz, 1923, S. 131 f.
[871] Böhm, Jugendstrafrecht, 1996, S. 216
[872] Schaffstein/Beulke, Jugendstrafrecht, 1995, S. 130
[873] Hellwig, Jugendgerichtsgesetz, 1923, S. 144; Damian, Die (anfängliche) Strafaussetzung und die (nachträgliche) Aussetzung des Strafrestes, 1990, S. 55 (80)
[874] Hellwig, Jugendgerichtsgesetz, S. 147
[875] Schaffstein/Beulke, Jugendstrafrecht, 1995, S. 130

b) Das Jugendgerichtsgesetz vom 6.11.1943

Das Jugendgerichtsgesetz vom 6.11.1943 schaffte die Strafaussetzung zur Probe schließlich ab. Dabei wurde – abgesehen davon, daß sich die Strafaussetzung aus den genannten Gründen nicht bewährt hatte – auch darauf verwiesen, sie sei als „jüdisches Gedankengut" ein Fremd-körper im deutschen Strafrecht.[876]

4. Die Entwicklung der anfänglichen Strafaussetzung zur Bewährung nach 1945

Während der ersten Wahlperiode des Deutschen Bundestages 1949 bis 1953 mündeten die Bemühungen um eine Reformierung des Strafrechts – auch im Zusammenhang mit der Grün-dung des Vereins Bewährungshilfe e. V.[877] – zunächst in einer Erprobung der Bewährungs-hilfe in verschiedenen Städten. An Versuchsgerichten in Bonn, Essen, Freiburg, Hannover und Stuttgart waren Bewährungshelfer tätig, die mit Hilfe überregionaler Fördermittel be-schäftigt wurden.[878]

a) Das Dritte Strafrechtsänderungsgesetz von 1953[879]

Nach einigen Schwierigkeiten bei den Beratungen zum 3. Strafrechtsänderungsgesetz[880] traten am 1. Januar 1954 die damaligen §§ 23 ff. StGB in Kraft. Das Strafgesetzbuch sah dabei erst-mals sowohl Strafaussetzung und Strafrestaussetzung als auch die staatliche Bewährung vor.[881]

---

[876] Damian, Die (anfängliche) Strafaussetzung und die (nachträgliche) Aussetzung des Strafrestes, 1990, S. 55 (80); etwas allgemeiner dazu auch Schmidt, Einführung in die Geschichte der deutschen Strafrechtspflege, 1965, S. 426 f.

[877] Dieser wurde am 18. Juli 1951 gegründet, siehe dazu Clostermann, Der Verein Bewährungshilfe e.V., 1954, S. 4 ff.

[878] Wahl, Zur Einführung der Bewährungshilfe vor 25 Jahren, 1978, S. 5 (9)

[879] Drittes Strafrechtsänderungsgesetz vom 4. August 1953, BGBl. I, 1953, S. 735 ff.

[880] Siehe dazu Wahl, Zur Einführung der Bewährungshilfe vor 25 Jahren, 1978, S. 5 (11 ff.)

[881] Kober, Bewährungshilfe und Ursachen des Widerrufs, 1986, S. 18

Das Gericht konnte danach „die Vollstreckung einer Gefängnis- oder Einschließungsstrafe von nicht mehr als neun Monaten oder einer Haftstrafe aussetzen, damit der Verurteilte durch gute Führung während einer Bewährungszeit Straferlaß erlangen kann" (§ 23 I S. 1 StGB a.F.).

In § 24 StGB war ein Auflagenkatalog enthalten, von dem das Gericht in der Regel Gebrauch machen sollte. Zur Verfügung standen hier bereits Wiedergutmachung, Weisungen (damals noch bei den Auflagen eingegliedert), die Geldzahlung zugunsten einer gemeinnützigen Einrichtung. Ferner konnte das Gericht den Verurteilten in diesem Rahmen anweisen, sich der Aufsicht und Leitung eines Bewährungshelfers zu unterstellen.[882]

b) Das Jugendgerichtsgesetz von 1953[883]

Gleichzeitig mit dem Dritten Strafrechtsänderungsgesetz erfolgte auch eine Neuregelung des Jugendgerichtsgesetzes. Mit Inkrafttreten am 1. Oktober 1953 stand nun auch im Jugendrecht wieder die bedingte Strafaussetzung in der neuen Form der „Aussetzung der Jugendstrafe zur Bewährung" zur Verfügung. Die Bemühungen, die Mängel des JGG 1923 durch sinnvollere Regelungen zu vermeiden spiegelten sich wider in der Möglichkeit der Beiordnung eines hauptamtlichen Bewährungshelfers. Mit der Person des Bewährungshelfers, dem unter Leitung und Aufsicht des Jugendrichters die erzieherische Überwachung und Betreuung des Probanden obliegt, wurde nicht nur ein neues Organ der Strafjustiz geschaffen, sondern zugleich dem Strafrichter selbst ein neuer Aufgabenkreis übertragen, der für die sozial-wohlfahrtsstaatliche Tendenz der modernen justizpolitischen Entwicklung kennzeichnend ist.[884]

---

[882] § 24 I S. 2 Nr. 6 StGB a.F.
[883] Jugendgerichtsgesetz vom 4. August 1953, BGBl. I 1953, S. 751 ff.
[884] Schaffstein/Beulke, Jugendstrafrecht, 1995, S. 130, 131

c) Das 1. Gesetz zur Reform des Strafrechts von 1969[885]

Mit dem 1. Gesetz zur Reform des Strafrechts vom 25. Juni 1969 wurde der Anwendungsbereich der anfängliche Strafaussetzung zur Bewährung insgesamt stark ausgeweitet. Der Rahmen aussetzbarer Strafen, der bis dahin 9 Monate betrug, wurde auf ein Jahr erweitert, in besonderen Fällen sogar auf zwei Jahre.[886] Für letzteres mußten „besondere Umstände in der Tat und in der Persönlichkeit des Verurteilten" vorliegen. Diese Möglichkeit wurde auch in das JGG integriert.[887] Ferner entfielen restriktive Voraussetzungen wie die Verurteilung zu Freiheitsstrafe (zur Bewährung) im Zeitraum der vorangegangenen 5 Jahre als Hinderungsgrund für eine erneute Aussetzung (vgl. § 23 III Nr. 2 und 3 StGB 1953[888]). Schließlich wurde durch das 1. StrRG 1969 die Trennung von Auflagen (§ 24a StGB) und Weisungen (§ 24b StGB) vorgenommen.

d) Gesetz zur Reform des Strafrechts von 1975[889]

Mit der am 1. Januar 1975 in Kraft getretenen Neufassung des Strafgesetzbuches, wurde das neue Rechtsinstitut der Führungsaufsicht als „Maßregel zur Besserung und Sicherung" geschaffen. Damit war erstmals im Allgemeinen Strafrecht die obligatorische Beiordnung eines Bewährungshelfers vorgesehen.

e) Jugendgerichtsgesetz von 1990[890]

Durch das 1. JGGÄndG von 1990 sind die einschlägigen Bestimmungen der §§ 21 ff. JGG vorerst letztmalig inhaltlich geändert worden. Ausgeweitet wurde insbesondere die Möglichkeit der Strafaussetzung zur Bewährung im Bereich der Jugendstrafe von über einem Jahr bis zu zwei Jahren (§ 21 II JGG).

---

[885] Erstes Gesetz zur Reform des Strafrechts vom 25. Juni 1969, BGBl. I 1969, S. 645 ff.
[886] § 23 I, II StGB a. F., Erstes Gesetz zur Reform des Strafrechts vom 25. Juni 1969, BGBl. I 1969, S. 645 ff.
[887] Jugendgerichtsgesetz vom 4. August 1953, BGBl. I 1953, S. 751 (753)
[888] Vgl. Drittes Strafrechtsänderungsgesetz vom 4. August 1953, BGBl. I, 1953, S. 737
[889] Neufassung des Strafgesetzbuches vom 2. Januar 1975, BGBl. I 1975 S. 1 ff.
[890] Erstes Gesetz zur Änderung des Jugendgerichtsgesetzes vom 30. August 1990, BGBl I, 1990, S. 1853

Tabelle 44 Gesetzgebungsakte oder Maßnahmen mit Relevanz für die anfängliche Strafaussetzung zur Bewährung; Inhalt/Bedeutung.

Jahr	Gesetzgebungsakte/Maßnahmen	Inhalt/Bedeutung
1895	Sächsische Verordnung vom 25.3.1895 Hessische Verordnung vom 29.6.1895 Preußische Verordnung vom 23.10.1895	Erste Regelungen der gnadenweisen Aussetzung der Freiheitsstrafe zur Bewährung
1903	Grundsätze der Vereinheitlichung der "bedingten Begnadigung"	Vereinbarung zwischen den Regierungen der einzelnen deutschen Bundesstaaten unter Vermittlung des Reichsjustizamtes
1923	Jugendgerichtsgesetz von 1923	Einführung der Strafaussetzung zur Probe aufgrund jugendrichterlicher Entscheidung
1943	Jugendgerichtsgesetz von 1943	Abschaffung der Strafaussetzung zur Probe im Jugendrecht
1953	3. Strafrechtsänderungsgesetz von 1953 Jugendgerichtsgesetz von 1953	Einführung der anfängliche Strafaussetzung, der Strafrestaussetzung und der staatlichen Bewährungshilfe (Wieder-)Einführung der bedingten Strafaussetzung
1969	1. Gesetz zur Reform des Strafrechts von 1969	Ausehnung des Anwendungsbereichs der anfängliche Strafaussetzung
1975	Neufassung des Strafgesetzbuchs von 1975	Einführung der Führungsaufsicht als Maßregel der Besserung und Sicherung
1990	Jugendgerichtsgesetz von 1990	Ausdehnung des Anwendungsbereichs der anfängliche Strafaussetzung

IV. Die Bewährungshilfe

Die staatliche Bewährungshilfe wurde wie bereits beschrieben erst mit dem Dritten Strafrechtsänderungsgesetz von 1953 im deutschen Rechtsbereich gesetzlich eingeführt. Doch hatte es schon lange Zeit vorher Ansätze gegeben, die in Richtung auf eine Betreuung während der Bewährungszeit gingen.[891]

1. Entstehung und Entwicklung

Wie bei der Entstehung des Rechtsinstituts der Strafaussetzung zur Bewährung erfolgte auch hinsichtlich der Institution der Bewährungshilfe eine Orientierung anhand ausländischer Erfahrungen. Der Blick richtete sich wiederum auf die Entwicklungen im anglo-amerikanischen Bereich.

In Amerika waren durch die Gesetze vom 23. Juni 1869 und 15. Juni 1870 in Massachusetts sogenannte „visiting agents" geschaffen worden. Diese sollten für Anstaltszöglinge und Jugendliche dem Gericht eine Einschätzung und Beurteilung der Betroffenen ermöglichen. Etwas später, ab 1878 übernahmen sogenannte „probation officers" in Boston die Aufgabe, während einer Bewährungszeit die Besserung des Jugendlichen zu veranlassen. Diese *probation officers* rekrutierten sich aus den Beamten der Polizei und hatten die Befugnis, den Jugendlichen bei schlechter Führung zu verhaften.[892] Anders verlief die Entwicklung in England und Wales. Dort gingen die Bemühungen dahin, die Strafe mit Hilfe sogenannter „Friedensbürgschaften" des Arbeitgebers oder Lehrherrn auszusetzen.[893]

In Deutschland wurde – ungefähr zur selben Zeit – 1871 die nachträgliche Aussetzung des Strafrestes („vorläufige Entlassung")[894] in den einzelnen Bundesstaaten reichsgesetzlich geregelt. Sie ermöglichte, leitende und stützende Maßnahmen während der Bewährungszeit. Auch Gnadenregelungen zur anfänglichen Strafaussetzung und zur Strafrestaussetzung sahen solche

---

[891] Damian, Die (anfängliche) Strafaussetzung und die (nachträgliche) Aussetzung des Strafrestes, 1990, S. 55 (82)

[892] Damian, Die (anfängliche) Strafaussetzung und die (nachträgliche) Aussetzung des Strafrestes, 1990, S. 55 (81)

[893] Siehe unter 1. Teil C. III. 1. Ursprünge – recognizances und die police court mission, Fußnote 152

[894] Zur Entwicklung der nachträglichen Aussetzung des Strafrecht siehe Damian, Die (anfängliche) Strafaussetzung und die (nachträgliche) Aussetzung des Strafrestes, 1990, S. 55 (57 ff.)

Maßnahmen vor. Hierzu bediente man sich der „Polizeiaufsicht"[895] oder der „Schutzaufsicht".[896]

In der um die „geleitete" Bewährungszeit kreisenden Diskussion Anfang diesen Jahrhunderts wurden aber Lösungen gesucht, die vom Ansatz her offener waren als die anglo-amerikanische „Schutzaufsicht". Klärungsbedarf ergab sich dabei vor allem in drei Problembereichen: (1) Bewährungsaufsicht als Polizeifunktion oder Fürsorgefunktion, (2) Bewährungshilfe als Funktion öffentlicher Träger oder privater Träger, (3) Bewährungshilfe mit gleicher Stringenz für anfängliche Strafaussetzung und für Strafrestaussetzung.[897] *Franz von Liszt* schlug beispielsweise vor, daß Vereine, die sich mit der praktischen Wohlfahrtspflege befaßten, Fürsorger einsetzen sollten.[898] Andere hingegen waren der Ansicht, daß „Fürsorge" in der Strafrechtspflege nicht nur Pflicht der privaten Träger, sondern auch Pflicht des Staates sei.[899]

Schließlich konnte sich eine staatliche Fürsorge während der Bewährungszeit erst in den 50er Jahren diesen Jahrhunderts herausbilden, als im Zuge der Strafrechtsreform Versuchsprojekte mit einer der Justiz zugeordneten Bewährungshilfe gemacht wurden.[900]

2. Rechtliche Stellung des Bewährungshelfers

Das zuständige Gericht bestellt zur Durchführung der Bewährungshilfe einen bestimmten Bewährungshelfer. Diesem obliegt die Betreuung des Probanden. Er hat „im Einvernehmen

---

[895] Umhauer, Vorläufige Entlassung und Beurlaubung auf Wohlverhalten, 1928, S. 392 (404 f.); Görlich, Die vorläufige Entlassung, 1906, S. 85

[896] Umhauer, Vorläufige Entlassung und Beurlaubung auf Wohlverhalten, 1928, S. 392 (405); Damian, Die (anfängliche) Strafaussetzung und die (nachträgliche) Aussetzung des Strafrestes, 1990, S. 55 (82)

[897] Dazu ausführlich Damian, Die (anfängliche) Strafaussetzung und die (nachträgliche) Aussetzung des Strafrestes, 1990, S. 55 (82)

[898] Liszt, Bedingte Verurteilung und bedingte Begnadigung, 1908, S. 1 (75 f.)

[899] Sommer, Die Fürsorge im Strafrecht, 1925, S. 112 ff.

[900] Siehe oben unter 2. Teil B. III. 4. Die Entwicklung der anfängliche Strafaussetzung zur Bewährung nach 1945; Gründe für die späte Einrichtung einer staatlichen Bewährungshilfe werden in den unzureichenden theoretischen Überlegungen und mangelhaften Möglichkeiten der Praxis (strukturelle Defizite) Anfang des 19. Jahrhunderts gesehen, vgl. Damian, Die (anfängliche) Strafaussetzung und die (nachträgliche) Aussetzung des Strafrestes, 1990, S. 55 (83)

mit dem Gericht" die Erfüllung der Auflagen und Weisungen sowie der Anerbieten und Zusagen zu überwachen (§ 56d III S. 2 StGB).

Ein Anweisungsrecht gegenüber dem Verurteilten hat der Bewährungshelfer nicht.[901] Diese Befugnis kann ihm auch nicht in der Weise verliehen werden, daß der Richter dem Verurteilten die Weisung erteilt, Anweisungen des Bewährungshelfers zu befolgen. Vielmehr ist das Recht, Anordnungen im Sinne der §§ 56b und 56c auszusprechen, ausschließlich auf das Gericht übertragen worden.[902] Dieses kann darüber hinaus dem Bewährungshelfer besondere Anweisungen erteilen.[903] Insofern besitzt der Bewährungshelfer nach dem StGB keine starke Rechtsstellung.[904] Etwas besser sieht die rechtliche Position des Bewährungshelfers nach dem Jugendgerichtsgesetz aus. Dieses gibt dem Bewährungshelfer im Rahmen der Aussetzung der Jugendstrafe besondere Befugnisse.[905] Er hat das Recht auf Zugang zu dem Jugendlichen, und er kann von erziehungsrelevanten Personen und Institutionen „Auskunft über die Lebensführung des Jugendlichen verlangen" (§ 24 III S. 4, 5 JGG). Weiter zeigt sich die bessere Rechtsstellung des Bewährungshelfers durch seine Beteiligungsrechte im Verfahren. Der Bewährungshelfer hat ein Anwesenheitsrecht in der Hauptverhandlung (§ 48 II JGG) und es besteht die Pflicht, ihn vor weiteren gerichtlichen Bewährungsentscheidungen anzuhören (§ 58 I S. 2 JGG).

Der Bewährungshelfer ist dem unterstellenden Gericht auf Anforderung, in der Regel in bestimmten Zeitabständen sowie bei gravierenden Verstößen des Probanden berichtspflichtig (vgl. § 56 III S. 3, 4 StGB). Ein Zeugnisverweigerungsrecht steht der Bewährungshilfe nicht zu (vgl. 53, 53a StPO).[906]

---

[901] Lackner-Lackner, StGB, 1997, § 56d, Rn. 5

[902] Schönke/Schröder-Stree, StGB, 1997, § 56d, Rn. 4

[903] Spieß, Strafaussetzung und Bewährungshilfe in der Bundesrepublik Deutschland, 1983, S. 23 (35); Schönke/Schröder-Stree, StGB, 1997, § 56d, Rn. 5

[904] Streng, Strafrechtliche Sanktionen, 1991, S. 77

[905] Streng, Strafrechtliche Sanktionen, 1991, S. 77

[906] Spieß, Strafaussetzung und Bewährungshilfe in der Bundesrepublik Deutschland, 1983, S. 23 (35); dies wird weithin als entscheidendes Hemmnis für das Aufbauen eines Vertrauensverhältnisses zum Probanden angesehen. Andererseits ist das fehlende Zeugnisverweigerungsrecht aber konsequent angesichts der Doppelfunktion des Bewährungshelfers, der ja auch Überwachungsaufgaben zu übernehmen hat.

3. Institutionelle Eingliederung der Bewährungshilfe

Von der richterlichen Zuständigkeit für das jeweils individuelle Bewährungsverfahren ist die institutionelle Eingliederung der Bewährungshilfe zu unterscheiden. Die verschiedenen Bundesländer regeln die Anbindung an die Ressorts unterschiedlich. Überwiegend ist die Bewährungshilfe administrativ dem Bereich der Justiz zugeordnet[907] und untersteht demgemäß der Dienstaufsicht der Justizbehörde.[908] Nur einzelne Bundesländer (zum Beispiel die Stadtstaaten Berlin und Hamburg) haben die Bewährungshilfe (hauptsächlich die Bewährungshilfe für Jugendliche) den Jugend- und Sozialbehörden eingegliedert,[909] ohne daß damit aber grundsätzlich andere Organisationsformen verbunden wären.

Gemäß § 56d V StGB besteht die Möglichkeit der haupt- oder ehrenamtlichen Bewährungshilfe. In der Praxis wird die Bewährungshilfe allerdings im Regelfall von Beschäftigten des öffentlichen Dienstes hauptamtlich durchgeführt,[910] obwohl lediglich das JGG den hauptamtlichen Bewährungshelfer als Regelfall vorschreibt. Und auch hier ist die Bestellung eines ehrenamtlichen Bewährungshelfers zulässig, wenn dies aus Gründen der Erziehung zweckmäßig erscheint (§ 24 I JGG).[911]

Neben dem Staat als Anstellungsträger sind auf regionaler Ebene zahlreiche gemeinnützige Bewährungshilfevereine sowie der Berufsverband der deutschen Bewährungshelfer tätig, die jeweils aus öffentlichen Mitteln, Geldbußen und ähnlichen Quellen über eigene Ressourcen

---

[907] Im Gegensatz zur Bewährungshilfe in England und Wales, die ja dem Inneministerium zugehört, dazu oben unter 1. Teil C. IV. 1. Institutionelle Eingliederung des Probation Service

[908] Die Dienstaufsicht wird von Richtern des Landgerichts bzw. dem zuständigen Jugendrichter wahrgenommen, Dünkel, Strafaussetzung zur Bewährung und Bewährungshilfe im internationalen Vergleich, 1983, S. 399 (433)

[909] Kober, Bewährungshilfe und Ursachen des Widerrufs, 1986, S. 22; Dünkel, Strafaussetzung zur Bewährung und Bewährungshilfe im internationalen Vergleich, 1983, S. 399 (433); Spieß, Strafaussetzung und Bewährungshilfe in der Bundesrepublik Deutschland, 1983, S. 23 (35)

[910] Spieß, Strafaussetzung und Bewährungshilfe in der Bundesrepublik Deutschland, 1983, S. 23 (35); Streng, Strafrechtliche Sanktionen, 1991, S. 77; Dünkel, Strafaussetzung zur Bewährung und Bewährungshilfe im internationalen Vergleich, 1983, S. 399 (434)

[911] In England spielt die ehrenamtliche Bewährungshilfe eine etwas größere, wenngleich nicht dominierende Rolle, vgl. Dünkel, Neuere Entwicklungen im Bereich der Bewährungshilfe und -aufsicht im internationalen Vergleich, 1984, S. 162 (171)

verfügen. Mit diesen Mitteln werden zahlreiche Wohnprojekte, Übergangshäuser, eigene Schuldenregulierungsfonds und andere Projekte finanziert.[912] Größter Aufgabenbereich dieser Vereine ist die Entlassenenhilfe. In einigen deutschen Bundesländern – beispielsweise in Baden-Württemberg und Niedersachen – wurde in diesem Bereich ein breites Netz von Anlauf- und Beratungsstellen für Strafentlassene durch die private Trägerschaft eingerichtet.[913]

4. Arbeitsweise des Bewährungshelfers

Die Aufgabe des Bewährungshelfer besteht – wie schon angesprochen – darin, unter der Aufsicht des Gerichts die Lebensführung des Verurteilten zu überwachen, ihm als Ratgeber zur Seite zu stehen und die Erfüllung etwaiger Auflagen oder Weisungen sowie der Anerbieten und Zusagen zu überprüfen.[914] Seine Tätigkeit beginnt mit der Bestellung durch das Gericht. Nur ausnahmsweise tritt der Bewährungshelfer bereits vor dem gerichtlichen Bestellungsbeschluß in Aktion. Dies ist dann der Fall, wenn er mit Erstellung des (Jugend-) Gerichtshilfeberichts für einen Beschuldigten betraut wird, der ihm bereits früher unterstellt war. Auf diese Weise kann er dann auch Einfluß auf die Aussetzungsentscheidung des Gerichts nehmen.[915]

In der ersten Phase der Bewährungszeit wird die Arbeit des Bewährungshelfers durch die Notwendigkeit bestimmt, die wichtigsten existenzsichernden Maßnahmen einzuleiten, um so überhaupt die Voraussetzung für eine (Re-)Integration der Probanden zu schaffen. Die Schwerpunkte liegen demgemäß zu Beginn auf der Anleitung und Hilfe bei der Wohnungs- und Arbeitssuche oder der Klärung von Ausbildungsmöglichkeiten.[916] Bei suchtmittelgefährdeten oder abhängigen Probanden ist häufig die Suche nach geeigneten ambulanten oder stationären Therapiemöglichkeiten, gegebenenfalls die Lösung des Kostenproblems, erforderlich.

---

[912] Dünkel, Strafaussetzung zur Bewährung und Bewährungshilfe im internationalen Vergleich, 1983, S. 399 (434)

[913] Dünkel, Zur Situation und Entwicklung der Entlassenenhilfe, 1981, S. 202 f.; Schwind/Best, Alte und neue Wege in der Entlassenenhilfe, erläutert am Beispiel von Niedersachsen, 1981, S. 4 (5 ff.); Dünkel, Strafaussetzung zur Bewährung und Bewährungshilfe im internationalen Vergleich, S. 399 (434)

[914] Schönke/Schröder, StGB, 1997, § 56d, Rn. 2 ff.

[915] Spieß, Strafaussetzung und Bewährungshilfe in der Bundesrepublik Deutschland, 1983, S. 23 (38)

[916] Spieß, Strafaussetzung und Bewährungshilfe in der Bundesrepublik Deutschland, 1983, S. 23 (39)

Wie in England[917] arbeitet die Bewährungshilfe in Deutschland mit der Methode der sozialen Einzelfallhilfe (*social case work*).[918] Diese wird je nach Fortbildungsschwerpunkt durch weitere Methoden ergänzt.[919] Zunehmend bemühen sich beispielsweise Bewährungshelfer und ihre Fachverbände, neue Methoden der Gesprächsführung (etwa in Anlehnung an die Gesprächstherapie) aufzugreifen und verschiedene Ansätze zur Gruppenarbeit[920] mit dem Probanden oder zur gezielten Arbeit mit bestimmten Problemgruppen weiterzuentwickeln.[921] Häufig läßt allerdings die Inanspruchnahme durch Aufgaben der Existenzsicherung wenig Raum für die Erprobung neuer Arbeitsansätze. Ein weiteres Problem bereitet die oft sehr hohe Fallbelastung. 1991 hatte jeder Bewährungshelfer in Deutschland im Durchschnitt 60 Probanden zu betreuen.[922] Im Vergleich dazu liegt die Fallbelastung in England und Wales zwischen 30 und 35 Probanden pro Bewährungshelfer,[923] also wesentlich niedriger.

Diese schwierige Situation wird zudem dadurch verschärft, daß im Zuge einer veränderten Aussetzungspraxis zunehmend Verurteilte mit massiven Integrationsproblemen in das Tätigkeitsfeld der Bewährungshilfe eingeschlossen werden.[924] Dabei handelt es sich um eine problembelastete Klientel – Suchtgefährdete oder Abhängige (Alkohol und sonstige Drogen), langfristig Arbeitslose und Mehrfachauffällige –, bei der häufig bereits Versuche anderer Institutionen zur Integration fehlgeschlagen sind.[925] In diesem Zusammenhang verwundert es nicht, daß neuerdings Ansätze des anglo-amerikanischen Rechts, wie die „Intensivbewäh-

---

[917] Siehe oben unter 1. Teil C. VI. 2. Die Arbeitsweise des Probation Service

[918] Dünkel, Strafaussetzung zur Bewährung und Bewährungshilfe im internationalen Vergleich, S. 399 (440); Spieß, Strafaussetzung und Bewährungshilfe in der Bundesrepublik Deutschland, 1983, S. 23 (40)

[919] Kober, Bewährungshilfe und Ursachen des Widerrufs, 1986, S. 35

[920] Siehe dazu Lippenmeier/Sagebiel, Gruppenarbeit in der Bewährungshilfe der Bundesrepublik, 1983, S. 50 ff.

[921] Spieß, Strafaussetzung und Bewährungshilfe in der Bundesrepublik Deutschland, 1983, S. 23 (40); Kober, Bewährungshilfe und Ursachen des Widerrufs, 1986, S. 35

[922] Kaiser, Kriminologie, 1996, § 93, Rn. 29

[923] Dünkel, Strafaussetzung zur Bewährung und Bewährungshilfe im internationalen Vergleich, S. 399 (444)

[924] Spieß, Strafaussetzung und Bewährungshilfe in der Bundesrepublik Deutschland, 1983, S. 23 (38); Dünkel, Strafaussetzung zur Bewährung und Bewährungshilfe im internationalen Vergleich, S. 399 (440); Kober, Bewährungshilfe und Ursachen des Widerrufs, 1986, S. 26; zu den „Belastungen" des Probanden siehe auch Kerner/Hermann, Belastungen des Probanden, Situation des Bewährungshelfers und Bewährungserfolg, 1984, S. 136 ff.

[925] Spieß, Strafaussetzung und Bewährungshilfe in der Bundesrepublik Deutschland, 1983, S. 23 (38)

rung" (*intensive probation*) diskutiert, und zur Nachahmung empfohlen werden.[926] Denn eben diese wird ja in den USA sowie England und Wales bei schwierigen, oft wegen schwererer Delikte verurteilten Probanden herangezogen.[927]

5. Rollenverständnis und Rollenkonflikte der Bewährungshilfe

Wie ähnlich die Arbeit der Bewährungshilfe in Deutschland einerseits und in England und Wales andererseits ausgestaltet ist, spiegelt sich auch im Rollenverständnis der Bewährungshelfer wieder. Dieses ist in Deutschland stark durch die sozialpädagogische Ausbildung (an Fachhochschulen für Sozialarbeit und Sozialpädagogik) und die Orientierung an Berufsbild und Methodik des Sozialarbeiters geprägt.[928] Daraus ergeben sich – ähnlich wie in England und Wales – Spannungen bei der Einbindung der Bewährungshilfe in die Strafjustiz und der Anordnung der Bewährungsaufsicht im Rahmen des Strafurteils.[929] Die Bewährungsunterstellung, bzw. der damit verbundene Eingriff in das Leben des Probanden, wird von diesem nicht selten als Teil des „Strafübels" empfunden.[930] Eine tragfähige, dem Resozialisierungsziel dienende Vertrauensbeziehung kann nicht aufgebaut werden, wenn der Proband dem Bewährungshelfer Mißtrauen und Skepsis entgegenbringt. Von der anderen Seite betrachtet, kann der Betreuer den Bewährungserfolg nicht durch Zwang oder Widerrufsdrohungen herbeiführen.

Wie in England und Wales[931] sieht ein Großteil der Bewährungshelfer in Deutschland nicht die Überwachung des Probanden und gegebenenfalls die Durchsetzung des staatlichen Strafanspruchs als ihre Hauptaufgabe an, sondern vielmehr dessen Unterstützung beim Umgang mit den Problemen, die mit seiner Straffälligkeit in Zusammenhang stehen.[932] Fürsorgerische

---

[926] Vgl. Janssen, Neuere Trends und Modellversuche in der Bewährungshilfe in den USA, 1983, S. 105 (107)

[927] Siehe oben unter 1. Teil C. VI. 4. Intensive Probation

[928] Spieß, Strafaussetzung und Bewährungshilfe in der Bundesrepublik Deutschland, 1983, S. 23 (36)

[929] Siehe dazu Jung, Anmerkung zur Rechtsstellung des Bewährungshelfers, 1990, S. 511 (513 ff.)

[930] Streng, Strafrechtliche Sanktionen, 1991, S. 77; Spieß, Strafaussetzung und Bewährungshilfe in der Bundesrepublik Deutschland, 1983, S. 23 (36)

[931] Siehe oben unter 1. Teil C. VI. 2. Die Arbeitsweise des Probation Service und 1. Teil C. VII. 3. Durchsetzungspraxis

[932] Spieß, Strafaussetzung und Bewährungshilfe in der Bundesrepublik Deutschland, 1983, S. 23 (36)

und sozialpädagogische Aspekte stehen im Vordergrund der Arbeit. Dafür sprechen auch die Bestrebungen, die Berichtspflicht gegenüber dem zuständigen Gericht zu lockern und dem Bewährungshelfer ein modifiziertes Zeugnisverweigerungsrecht einzuräumen.[933] Letzteres wurde dem Sozialarbeiter jedoch vom Bundesverfassungsgericht versagt.[934]

V. Reformforderungen und Rechtsvergleich

Die in der Literatur vorgebrachten Reformvorschläge beziehen sich in erster Linie auf die Strafaussetzung zur Bewährung im Allgemeinen Strafrecht. Das liegt unter anderem daran, daß das Jugendstrafrecht mit seinen eigenständigen Auflagen (§ 15 JGG) und Weisungen (§ 10 JGG) einen größeren Sanktionskatalog zur Verfügung stellt und daher flexibler auf abweichendes Verhalten des Jugendlichen reagieren kann. Beispielsweise besteht die Möglichkeit der eigenständigen Betreuungsweisung nach § 10 I Nr. 5 JGG, so daß die Forderung nach einer selbständigen „Bewährungsstrafe" hier bereits erfüllt ist.

1. Erweiterung der Aussetzungsmöglichkeiten

Die derzeitigen Reformforderungen im Bereich der Strafaussetzung zur Bewährung betreffen zunächst einmal die Erweiterung der Aussetzungsmöglichkeiten im Allgemeinen Strafrecht.

In den letzten Jahren ist die Anwendung der Strafaussetzung in der Praxis ständig ausgedehnt worden. Dies gilt nicht nur für die absoluten Probandenzahlen sowie den Prozentsatz ausgesetzter Freiheitsstrafen,[935] sondern auch für die anvisierte Zielgruppe, die mittlerweile auch Probanden mit größerem Mißerfolgsrisiko einschließt.[936] Gleichzeitig ist die Widerrufsquote

---

[933] Spieß, Strafaussetzung und Bewährungshilfe in der Bundesrepublik Deutschland, 1983, S. 23 (36)
[934] Siehe BVerfGE 33, S. 367 (376 ff.); dazu auch Kühne, Zeugnisverweigerungsrecht im Strafprozeß – neue Wege für die Anwendung von Grundrechten? - BVerfGE 33, 367, 1973, S. 685 ff.
[935] Siehe oben unter 2. Teil B. I. 1. Die anfängliche Strafaussetzung zur Bewährung im Allgemeinen Strafrecht, § 56 ff. StGB; Tabelle 41
[936] Siehe oben unter 2.Teil B. IV. 4. Arbeitsweise des Bewährungshelfers; dazu auch Weigend, Sanktionen ohne Freiheitsentzug, 1992, S. 345 (351)

leicht gesunken.[937] Infolge dieser Entwicklung wird der Gesetzgeber dazu aufgefordert, mehr Mut zu beweisen und die Strafaussetzung zur Bewährung auf Freiheitsstrafen über zwei Jahre (bis zu drei Jahren) auszudehnen.[938] Damit würde sich die Strafaussetzung zur Bewährung einen Schritt in Richtung der englischen probation bewegen, bei der kein festgesetztes Strafmaß bezüglich der aussetzbaren Strafe vorhanden ist.[939] Gleichzeitig wird aber auch gefordert, daß durch kleinere Probandengruppen eine intensivere Betreuung seitens des Bewährungshelfers möglich wird.[940]

Weiterhin finden sich in der Literatur Bestrebungen, die Anwendung der Strafaussetzung zur Bewährung durch eine offene Gesetzeskorrektur auszudehnen.[941] Beispielsweise werden die Prognoseanforderungen in § 56 I StGB als zu hoch eingeschätzt. Diese – so die Kritiker – führten zu einer unerwünscht restriktiven Handhabung der Bewährungsaussetzung. Daher wird verlangt, daß die Bewährung schon dann zulässig sein soll, wenn die vollstreckbare Freiheitsstrafe voraussichtlich nicht besser rückfallverhindernd wirkt als eine Strafaussetzung.[942] Daneben wird die Ansicht vertreten, daß für die Nichtaussetzung sogar eine Schlechtprognose notwendig sein soll, d.h., daß die Strafaussetzung schon dann anzuordnen ist, „solange wir nicht sagen können, daß der Täter eine Persönlichkeitsstruktur aufweist, auf Grund derer es in bestimmten – naheliegenden – Situationen zur Begehung von Straftaten kommt".[943]

[937] Siehe oben unter 2. Teil B. I. 1. g) Widerruf der Strafaussetzung (§ 56f StGB) und Straferlaß (§ 56g StGB), Tabelle 42
[938] Spieß, Strafaussetzung und Bewährungshilfe in der Bundesrepublik Deutschland, 1983, S. 23 (45); Dünkel, Rechtliche, rechtsvergleichende und kriminologische Probleme der Strafaussetzung, 1983, S. 1039 (1046); Dünkel, Strafaussetzung zur Bewährung und Bewährungshilfe im internationalen Vergleich, 1983, S. 399 (456); Weigend, Sanktionen ohne Freiheitsentzug, 1992, S. 345 (351); Jung, Fortentwicklung des strafrechtlichen Sanktionssystems, 1986, S. 741 (742); Kaiser, Kriminologie, 1996, § 94, Rn. 5
[939] Siehe oben unter 1. Teil C. I. Inhalt und Vorschriften der Probation Order
[940] Weigend, Sanktionen ohne Freiheitsentzug, 1992, S. 345 (351); Kaiser, Kriminologie, 1996, § 93, Rn. 29
[941] Streng, Strafrechtliche Sanktionen, 1991, S. 67
[942] SK-Horn, StGB, 1998, § 56, Rn. 11b
[943] Frisch, Prognoseentscheidungen im Strafrecht. Zur normativen Relevanz empirischen Wissens und zur Entscheidung bei Nichtwissen, 1983, S. 134

2. Statt „Strafaussetzung zur Bewährung" eine „Bewährungsstrafe"

Noch weiter geht die Forderung, eine eigenständige, der englischen probation nachgebildete Bewährungsstrafe einzuführen. Entsprechend dem englischen Modell soll bei dieser Maßnahme nicht die Verschonung vom Vollzug der Freiheitsstrafe, sondern die positiven Pflichten des Verurteilten im Vordergrund stehen.[944] Die Regelung müßte somit die vorrangige Bedeutung der Auflagen und Weisungen auch nach außen hin betonen. Bisweilen wird hier von einer Übertragung der jugendrechtlichen „Betreuungsanweisung" (§ 10 I Nr. 5 JGG) in das Erwachsenenstrafrecht gesprochen.[945]

Als entscheidend wird jedoch vor allem die Frage der „back-up sanction", also der Ersatzsanktion im Falle des Mißerfolgs, angesehen.[946] Zum Teil wird vorgeschlagen, im Urteil weiterhin eine bestimmte Freiheitsstrafe für den Fall festzusetzen, daß der Täter die Chance der Bewährung vergibt.[947] Hiergegen wird jedoch eingewandt, daß sich dadurch für § 56 StGB lediglich die äußere Form der Sanktionsentscheidung ändere, nicht jedoch eine sachgerechte Abstufung der Sanktionsfolgen herbeigeführt werde.[948] Eine inhaltliche Neuerung sei nur zu bewirken, wenn die staatliche Reaktion auf einen Fehlschlag in einer anderen ambulanten Sanktion bestünde (wie beispielsweise einer Geldstrafe) oder zunächst überhaupt offenbliebe.[949] Auch hier lehnt sich der Vorschlag an das Vorbild aus England und Wales an, wo im

---

[944] Weigend, Sanktionen ohne Freiheitsentzug, 1992, S. 345 (357); dafür Horn, Neuerungen der Kriminalpolitik im deutschen Strafgesetzbuch 1975, 1977, S. 547 (568); Horn, „Bewährungsstrafe": Bewährung, sonst Strafe, 1990, S. 81 f.; Horn, Empfehlen sich Änderungen und Ergänzungen bei den strafrechtlichen Sanktionen ohne Freiheitsentzug?, 1992, S. 828 (829 ff.); auch Dünkel/Spieß, Alternativen zur Freiheitsstrafe, 1983, S. 503 (510)

[945] Dünkel/Spieß, Kriminalpolitische Bewertung der Strafaussetzung und Folgerungen für die Praxis in der Bundesrepublik, 1983, S. 503, 505 f.; Weigend, Sanktionen ohne Freiheitsentzug, 1992, S. 345 (357); Schöch, Empfehlen sich Änderungen und Ergänzungen bei den strafrechtlichen Sanktionen ohne Freiheitsentzug? – Gutachten C für den 59. Deutschen Juristentag, 1992, S. C102 f., C108

[946] Ebenso die Einschätzung bei Schöch, Empfehlen sich Änderungen und Ergänzungen bei den strafrechtlichen Sanktionen ohne Freiheitsentzug? – Gutachten C für den 59. Deutschen Juristentag, 1992, S. C96; Weigend, Sanktionen ohne Freiheitsentzug, 1992, S. 345 (357)

[947] So Horn, Neuerungen der Kriminalpolitik im deutschen Strafgesetzbuch 1975, 1977, S. 547 (568); Horn, „Bewährungsstrafe": Bewährung, sonst Strafe, 1990, S. 81 (82); Horn, Empfehlen sich Änderungen und Ergänzungen bei den strafrechtlichen Sanktionen ohne Freiheitsentzug?, 1992, S. 828 (830)

[948] Weigend, Sanktionen ohne Freiheitsentzug, 1992, S. 345 (357)

[949] Weigend, Sanktionen ohne Freiheitsentzug, 1992, S. 345 (357 f.)

Falle eines Verfahrens wegen Anordnungsverstoßes mehrere Reaktionsmöglichkeiten offen stehen, die von der Geldstrafe über die community service order bis hin zur Freiheitsstrafe ein flexibles Instrumentarium bieten.[950]

Für die Ahndung der Nicht- oder Schlechterfüllung der primären ambulanten Sanktion mit Freiheitsentzug wird von anderer Seite vorgebracht, daß die drohende Freiheitsstrafe eine optimale Rückfallprophylaxe darstelle.[951] Dies muß jedoch nicht bedeuten, daß neben der Freiheitsstrafe als Ersatzsanktion nicht ein weiteres Repertoire an Reaktionsmöglichkeiten zur Verfügung stehen kann und soll. In diesem Sinne kritisiert *Weigend* das starre System im Falle eines Bewährungsversagens. Dieses beschränke das Gericht auf die Wahl zwischen zwei möglicherweise unangemessenen Reaktionsweisen: die Vollstreckung des überproportional harten Freiheitsentzugs oder das schlichte Dulden des Verstoßes.[952] In Hinblick auf das Abschreckungspotential von Ersatzsanktionen sei ferner nicht die Schärfe der Sanktion allein maßgeblich, sondern die Tatsache, daß der Täter damit rechnet, bei Fehlverhalten zur Verantwortung gezogen zu werden.[953]

3. Das Vorbild England und Wales

Wie gesagt orientiert sich der Vorschlag sehr eng am Vorbild der probation. Berücksichtigt man, daß sich auch die Arbeitsweisen des probation service sowie der deutschen Bewährungshilfe weitgehend ähneln, so erscheint es nicht abwegig, daß im Zuge der Einführung einer „Bewährungsstrafe" ähnliche Probleme auftreten, wie in England. Diese betreffen weniger die dogmatische Ausgestaltung der probation als vielmehr die Konflikte, die sich für das ausführende Personal, also den probation service aus der Umwandlung der „Strafaussetzung" zur „Bewährungsstrafe" ergeben. Die Probleme, die aus der Doppelfunktion des Bewährungshel-

---

[950] Siehe oben unter 1. Teil C. VII. 2. Verfahren wegen Anordnungsverstoßes
[951] So sieht es Dölling, Die Weiterentwicklung der Sanktionen ohne Freiheitsentzug im deutschen Strafrecht, 1992, S. 259 (280); vgl. auch Jescheck, Die Krise der Kriminalpolitik, 1979, S. 1037 (1061)
[952] Weigend, Sanktionen ohne Freiheitsentzug, 1992, S. 345 (358)

fers – Hilfe und Kontrolle – erwachsen, werden noch dadurch vergrößert, daß der probation order – und damit auch der obligatorischen Unterstellung bei einem Bewährungshelfer – eigener Strafcharakter zukommt. Indem die Kontrolle des Probanden nicht mehr als notwendiges Übel der Bewährungsdurchführung, sondern als gewollter Bestandteil einer „anspruchsvollen"[954] Strafsanktion aufzufassen ist, verschärft sich die Identitätskrise des probation service.

Diese Entwicklung in England und Wales geht einher mit den Bestrebungen von staatlicher Seite, die Arbeit des probation service stärker zu reglementieren, seine Unabhängigkeit zu beschneiden und seine primäre Ausrichtung auf Sozialarbeit zu revidieren.[955] Dementsprechend wird vorgeschlagen, die Voraussetzung eines Diploms in Sozialarbeit für den Beruf des Bewährungshelfers zu streichen. Stattdessen sollen Mitarbeiter des Bewährungsdienstes zukünftig auch aus den Reihen des Militärs und der Polizei rekrutiert werden.[956] Für den probation service, der eine lange Tradition helfender und fürsorgeorientierter Arbeit aufweisen kann, müssen solche Überlegungen als schmerzlich bezeichnet werden.

Diese Entwicklung läßt sich sicherlich nicht einfach auf Deutschland übertragen. Dennoch regt sie zum Nachdenken an. Die Einführung einer echten Bewährungsstrafe stellt den Gesetzgeber – sowie Wissenschaft und sonstige an Strafrechtsreformen beteiligte Institutionen – vor eine schwierige Aufgabe: Soll in Deutschland die Durchführung der Bewährung als Form auftragsgebundener Sozialarbeit mit ihrer für die fürsorgerische Tätigkeit erforderlichen Unabhängigkeit erhalten bleiben, müssen Lösungen gefunden werden, die die Bewährungshilfe davor bewahren, zum alleinigen Vollzugsorgan der staatlichen Strafrechtspflege zu degenerieren. Bereits jetzt ist die rechtliche Stellung des Bewährungshelfers geprägt durch eine weitreichende Abhängigkeit von Justizorganen: Bestellung und Möglichkeit der Anweisung durch

---

[953] Hier soll im übrigen gerade die Ungewißheit des Täters über die Art der staatlichen Reaktion auf ein etwaiges Fehlverhalten während der Bewährungszeit abschreckend wirken; vgl. Weigend, Sanktionen ohne Freiheitsentzug, 1992, S. 345 (358)

[954] So häufig vom Londoner Home Office propagiert, vgl. unter 1. Teil B. II. 3. White Paper „Crime, Justice and Protecting the Public" 1990; dazu auch 1. Teil C. III. 4. Criminal Justice Act 1991

[955] Hutchings, Soziale Dienste im Justizsystem von England und Wales, 1996, S. 275 ff.

[956] Hutchings, Soziale Dienste im Justizsystem von England und Wales, 1996, S. 275 (278)

den Richter, Aufsicht durch die Justizbehörde, und Berichterstattungspflicht. Und schon die bestehende Rechtslage eröffnet nach der Ansicht *Jungs* kaum „rechtspolitischen Bewegungsspielraum mit Blick auf konkrete Rechte und Pflichten sowie mit Blick auf den Rollenkonflikt des Bewährungshelfers".[957] Das heißt, daß Forderungen nach Erweiterung des Handlungsspielraums und „Emanzipation" der Bewährungshilfe,[958] nach Eingrenzung der Berichtspflicht sowie Einführung eines berufsrollenspezifischen Zeugnisverweigerungsrechts[959] daran scheitern, daß „unverrückbare Funktionsvorgaben des Systems der Kriminalrechtspflege" entgegenstehen.[960] Wird nun der Aufgabenbereich der Bewährungshilfe um die Aufsicht über eine Strafsanktion erweitert, besteht die Gefahr, daß bestehende Spielräume weiter reduziert werden und die Orientierung an sozialarbeiterischen Ziele und Arbeitsweisen immer mehr aus dem Blickwinkel gerät.

---

[957] Jung, Anmerkung zur Rechtsstellung des Bewährungshelfers, 1990, S. 511 (521)

[958] Müller/Otto, Sozialarbeit im Souterrain der Justiz. Plädoyer zur Aufkündigung einer verhängnisvollen Allianz, 1986, S. VII (XIII); Maelicke, Brauchen wir ein Bundesresozialisierungsgesetz?, 1986, S. 203 (204)

[959] Siehe dazu Kühne, Zeugnisverweigerungsrecht im Strafprozeß – neue Wege für die Anwendung von Grundrechten? – BVerfGE 33, 367, 1973, S. 658 ff.

[960] Jung, Anmerkung zur Rechtsstellung des Bewährungshelfers, 1990, S. 511 (521)

C. Die gemeinnützige Arbeit

I. Vorschriften

Die Erbringung von Arbeitsleistungen gibt es im deutschen Strafrecht in vielfältiger Form und auf verschiedenen Stufen des Verfolgungs- und Sanktionierungsprozesses. Sie spielt eine beachtliche Rolle im Jugendstrafrecht und taucht an zahlreichen Stellen im Allgemeinen Strafrecht auf. Im Folgenden soll ein Überblick der Vorschriften gegeben werden, die eine Arbeitssanktion enthalten. Dabei werden auch solche Regelungen berücksichtigt, die die Verpflichtung zur Arbeitsleistung als strafähnliche Sanktion oder als Einstellungsvoraussetzung beinhalten.

1. Regelungen im Allgemeinen Strafrecht

Im Allgemeinen Strafrecht ermöglicht eine Fülle von Vorschriften die Verpflichtung zur Arbeitsleistung. Diese kann beispielsweise mit einer Einstellung des Verfahrens verbunden werden oder Gegenstand einer Straf- bzw. Strafrestaussetzung zur Bewährung sein. Auch wird sie als Ersatzsanktion eingesetzt. In keinem der Fälle stellt die Arbeitssanktion jedoch eine eigenständige Strafsanktion dar.

a) Gemeinnützige Arbeit als Einstellungsvoraussetzung, § 153a stop

Die 1974 eingeführte Vorschrift des § 153a stop beinhaltet ein vereinfachtes Erledigungsverfahren, das die Zurückdrängung des Strafens im Bereich der kleineren Kriminalität bezweckt.[961] Dabei wird die endgültige Einstellung des Verfahrens durch die Staatsanwaltschaft davon abhängig gemacht, daß der Beschuldigte bestimmte Auflagen oder Weisungen erfüllt.[962] § 153a I S. 1 Nr. 3 stop enthält die Auflage, „sonst gemeinnützige Leistungen zu erbringen". Diese kommt insbesondere dann in Betracht, wenn der Betroffene zur Zahlung einer

---

[961] Kleinknecht/Meyer-Goßner, StPO, 1997, § 153a, Rn. 1, 2; HK-Krehl, StPO, 1997, § 153a, Rn. 1

ausreichenden Geldleistung nicht in der Lage ist, und sofern am Ort eine Organisation für die Ableistung solcher Auflagen besteht.[963] Voraussetzung ist die Zustimmung des für die Eröffnung des Hauptverfahrens zuständigen Gerichts sowie des Beschuldigten (§ 153a I S. 1 1. Hs. Stop). § 153a stop enthält keine Regelung zu den zeitlichen Grenzen der Arbeitsverpflichtung. Zu beachten ist jedoch der Grundsatz, daß im Verfahren nach § 153a I stop an den Beschuldigten keine unzumutbaren Anforderungen gestellt werden dürfen.[964]

Zwar hat das Verfahren nach § 153a I stop grundsätzlich in der Praxis eine erhebliche Bedeutung. Doch der Anteil der Arbeitsauflagen in diesem Zusammenhang ist eher gering.[965] Von 219.748 Einstellungen nach § 153a I stop im Jahre 1994[966] wurden nur 2139 Verfahren auf diese Weise erledigt. Dies entspricht einer Quote von etwa einem Prozent.[967]

Unter den gleichen Voraussetzungen kann das Gericht gemäß § 153a II stop nach Klageerhebung mit Zustimmung der Staatsanwaltschaft und des Angeschuldigten das Verfahren einstellen. Im Rahmen dieser Vorschrift ist ebenfalls eine Arbeitsauflage möglich. Statistische Angaben über die Häufigkeit dieser Form der Arbeitssanktion sind nicht erhältlich.[968]

---

[962] HK-Krehl, StPO, 1997, § 153a, Rn. 2

[963] LR-Rieß, StPO, 1989, § 153a, Rn. 48; HK-Krehl, StPO, 1997, § 153a, Rn. 26

[964] Kleinknecht/Meyer-Goßner, StPO, 1997, § 153a, Rn. 21, Pfeiffer/Fischer-Pfeiffer, StPO, 1995, § 153a, Rn. 2; LR-Rieß, StPO, 1989, § 153a, Rn. 39, 48; In diesem Zusammenhang wird nach ausführlicher Diskussion von Feuerhelm eine Höchstgrenze von 120 Stunden Arbeit im Verfahren nach § 153a I StPO und 360 Stunden im Verfahren nach § 153a II StPO vertreten, siehe Feuerhelm, Stellung und Ausgestaltung der gemeinnützigen Arbeit im Strafrecht, 1997, S. 176 ff. (Ergebnis auf S. 179)

[965] Dölling, Die gemeinnützige Arbeit als eigenständige strafrechtliche Sanktion, 1990, S. 363 (364)

[966] Bundesgebiet ohne Mecklenburg-Vorpommern

[967] Angaben nach Feuerhelm, Stellung und Ausgestaltung der gemeinnützigen Arbeit im Strafrecht, 1997, Tabelle 1, S. 10; Die Anteile der übrigen Auflagen und Weisungen belaufen sich wie folgt: Wiedergutmachung (§ 153a I 1 Nr. 1 StPO): 2716 (1, 2 Prozent); Geldbuße (§ 153a I 1 Nr. 2 StPO): 213.932 (97, 4 Prozent); Unterhaltsleistungen (§ 153a I 1 Nr. 4 StPO): 961 (0, 4 Prozent).

[968] Feuerhelm weist jedoch darauf hin, daß Einzelangaben einen größeren Gebrauch dieser Maßnahme im Vergleich zu § 153a I StPO vermuten lassen, Feuerhelm, Stellung und Ausgestaltung der gemeinnützigen Arbeit im Strafrecht, 1997, S. 10

b)   Auflagen und Weisungen im Rahmen der Strafaussetzung zur Bewährung im Hauptverfahren

(1)   Arbeitsauflage, § 56b StGB

Eine weitere Möglichkeit der Anordnung gemeinnütziger Arbeit befindet sich in den Vorschriften über die Strafaussetzung zur Bewährung. Gemäß § 56b II S. 1 Nr. 3 StGB ist das Gericht dazu befugt, dem Verurteilten eine Arbeitsauflage zu erteilen. Wie bereits oben beschrieben ist Voraussetzung hierfür die Verurteilung zu einer Freiheitsstrafe, deren Vollstrec??kung zur Bewährung ausgesetzt ist (§ 56 I StGB).[969] Systematisch betrachtet, stellen die Auflagen nach § 56b StGB strafähnliche Sanktionen mit repressivem Charakter dar.[970]

Die Arbeitsauflage soll insbesondere dann zur Anwendung kommen, wenn die Geldbuße wegen der wirtschaftlichen Verhältnisse des Betroffenen ausscheidet, wenn die Geldbuße zur Genugtuung nicht ausreicht, oder wenn Grund zu der Annahme besteht, daß der Verurteilte Genugtuungsleistungen nicht persönlich erbringen, sondern auf andere abwälzen will.[971] Sie ist nicht abhängig von einem Einverständnis des Betroffenen, kann aber – wie andere Anordnungen im Rahmen der Strafaussetzung zur Bewährung – nicht vollstreckt werden.[972] Allerdings drohen dem Betroffenen im Falle der Nichterfüllung erhebliche Nachteile in Gestalt eines möglichen Widerrufs der Strafaussetzung. Aufgrund dieser Möglichkeit der zwangsweisen Verpflichtung zur Arbeitsleistung wurde über die Verfassungsmäßigkeit der Arbeitsauflage in § 56b StGB lange gestritten. Viele sahen hierin einen Verstoß gegen Art. 12 GG.[973]

---

[969]   Ausführlicher zur Strafaussetzung zur Bewährung siehe oben unter 2. Teil B. I. 1. Die anfängliche Strafaussetzung zur Bewährung im Allgemeinen Strafrecht, § 56 ff. StGB

[970]   Schönke/Schröder-Stree, StGB, 1997, § 56b, Rn. 2; Lackner-Lackner, StGB, 1997, § 56b, Rn. 1; Pfohl, Gemeinnützige Arbeit als strafrechtliche Sanktion, 1983, S. 53; Tröndle, StGB, 1997, § 56b, Rn. 2

[971]   Feuerhelm, Stellung und Ausgestaltung der gemeinnützigen Arbeit im Strafrecht, 1997, S. 14

[972]   Feuerhelm, Stellung und Ausgestaltung der gemeinnützigen Arbeit im Strafrecht, 1997, S. 15

[973]   Für einen Verstoß: LK-Ruß, StGB, 1985, § 56b, Rn. 13; Mrozynski, Offene Fragen der gemeinnützigen Arbeit Straffälliger, 1987, S. 272 (274); Schönke/Schröder-Stree, StGB, 1991, § 56 b, Rn. 15; Ulsamer, Auflagen und Weisungen bei der Strafaussetzung zur Bewährung, 1962, S. 168 f.; Gerken/Henningsen, Arbeit als strafrechtliche Sanktion?, 1989, S. 222 (225 ff.); Preis, Verfassungsmäßigkeit strafrechtlicher Arbeitsauflagen, 1990, S. 159 (162); dagegen: Lackner-Lackner, 1995, § 56 b, Rn. 6; Tröndle, StGB, 1997, § 56b, Rn. 8

Am 14.11.1990 hat das Bundesverfassungsgericht zu dieser Frage Stellung genommen.[974] Es verneinte die Verfassungswidrigkeit der Norm mit der Begründung, begrenzte Arbeitspflichten, die als Folge einer begangenen Straftat auferlegt werden, tangierten nicht den Schutzbereich des Art. 12 II und III GG. Die Auflage sei keine Strafe, die einen Zwang zur Arbeit darstelle, sondern sie diene lediglich dazu, die Vollstreckung einer an sich verwirkten Freiheitsstrafe abzuwenden.[975] Das Gericht entnimmt aus der spezifischen Zweckrichtung der Bewährung – nämlich die Durchführung der Bestrafung selbst zu vermeiden – daß die Bewährungsauflage als Minus hierzu die Sanktionsintensität einer Strafe nicht erreichen dürfe. Zudem schließe das Gesetz unzumutbare Anforderungen ausdrücklich aus und verpflichte zur Rücksichtnahme auf den Betroffenen.[976]

Was den zeitlichen Umfang der Arbeitsauflage betrifft, so sind auch hier weder Ober- noch Untergrenzen gesetzlich festgesetzt. Die Dauer der Arbeitspflicht sowie die Art der Tätigkeit bestimmt der Richter.[977] Eine Belastungsobergrenze wird allerdings ausdrücklich in § 56b I S. 1 StGB angedeutet, der das Verbot unzumutbarer Anforderungen ausspricht. Hieraus ergeben sich jedoch keine fixierbaren Zeitgrenzen.[978]

Wie bereits beschrieben wurden die Bewährungsauflagen 1994 durch das Verbrechensbekämpfungsgesetz[979] in ein Stufenverhältnis gebracht, in welchem der Wiedergutmachungsauflage Vorrang eingeräumt wird.[980] Indirekt hat hierdurch eine Abwertung der Arbeitsauflage stattgefunden.

Stree sieht zudem einen Verstoß gegen Art. 103 II GG, siehe Schönke/Schröder, Stree, 1997, § 56b, Rn. 13-15

[974] BVerfGE 83, S. 119 ff.

[975] BVerfGE 83, S. 119 (127)

[976] BVerfGE 83, S. 119 (127)

[977] Stree hält die Arbeitsauflage daher mit Blick auf Art. 103 II GG für zu unbestimmt.

[978] Feuerhelm erstellt hier wiederum im Wege der Auslegung und Abwägung eine maximale Arbeitsdauer von 360 Stunden, siehe Feuerhelm, Stellung und Ausgestaltung der gemeinnützigen Arbeit im Strafrecht, 1997, S. 183

[979] Verbrechensbekämpfungsgesetz vom 28.10.1994, BGBl. I, 1994, S. 3186

[980] Vgl. § 56b II S. 2 StGB

Statistiken zur Häufigkeit der Arbeitsauflage im Rahmen des § 56b II S. 1 Nr. 3 StGB stehen nicht zur Verfügung. Es wird jedoch vermutet, daß der Arbeitsauflage im Rahmen der Strafaussetzung zur Bewährung – ähnlich wie bei § 153a StPO – nur eine geringe Bedeutung zukommt.[981]

(2) Arbeitsweisung, § 56c StGB

Wie schon im Rahmen der Strafaussetzung zur Bewährung erörtert, soll das Gericht dem Verurteilten gemäß § 56c StGB für die Dauer der Bewährungszeit Weisungen erteilen, wenn dies erforderlich erscheint, um den Verurteilten bei seiner Legalbewährung zu unterstützen. Zwar wird die Weisung, gemeinnützige Arbeit zu leisten, im Gesetz nicht ausdrücklich genannt. Doch handelt es sich bei der Aufzählung in Absatz 2 um keine abschließende.[982] Es wird daher angenommen, daß unter bestimmten Umständen eine Ableistung gemeinnütziger Arbeit im Rahmen der unbenannten Weisungen zulässig ist. Voraussetzung sei jedoch, daß der Betroffene konkrete Defizite im Arbeitsbereich aufweist.[983] Grundsätzlich ist das Einverständnis des Betroffenen bei Weisungen nach § 56c StGB nicht erforderlich. Bei der Beseitigung von Problemen im Arbeitsbereich wird allerdings eine gewisse Bereitschaft des Probanden notwendig sein, um Erfolge zu erzielen.

Die Dauer der Arbeitsweisung ist nicht bezifferbar. Zwar ist gemäß § 56c I StGB auch für die Weisung niedergelegt, daß an die Lebensführung des Betroffenen keine unzumutbaren Anforderungen gestellt werden dürfen. Die konkrete zeitliche Ausgestaltung muß sich aber im Ergebnis an den individuellen Problemlagen des Probanden orientieren.[984]

---

[981] So Feuerhelm, Stellung und Ausgestaltung der gemeinnützigen Arbeit im Strafrecht, 1997, S. 15
[982] Schönke/Schröder, Stree, StGB, 1997, § 56c, Rn. 3; Tröndle, StGB, 1997, § 56c, Rn. 5
[983] Vgl. SK-Horn, StGB, 1998, § 56b, Rn. 11; Tröndle, StGB, 1997, § 56c, Rn. 5; Feuerhelm, Stellung und Ausgestaltung der gemeinnützigen Arbeit im Strafrecht, 1997, S. 35
[984] Feuerhelm, Stellung und Ausgestaltung der gemeinnützigen Arbeit im Strafrecht, 1997, S. 185

c) „Freie Arbeit" als Ersatzsanktion bei uneinbringlichen Geldstrafen, Art. 293 EGStGB i.V.m. Länderverordnungen

Ihre größte Bedeutung für die Justizpraxis im Allgemeinen Strafrecht erlangte die gemeinnützige Arbeit im Laufe der letzten Jahre zur Abwendung der Ersatzfreiheitsstrafe bei uneinbringlichen Geldstrafen. Dies ist vor allem darauf zurückzuführen, daß die Geldstrafe von allen Sanktionen mit Abstand am häufigsten verhängt wird.[985] Im Fall einer uneinbringlich gewordenen Geldstrafe treten mit steigender Anwendung dieser Strafe immer öfter Ersatzsanktionen an ihre Stelle. Dabei kam bisher in erster Linie die Anordnung einer Ersatzfreiheitsstrafe nach § 43 StPO in Betracht.[986] Kritiker der Ersatzfreiheitsstrafe wiesen darauf hin, daß mit dieser Sanktion alle Nachteile der kurzfristigen Freiheitsentziehung verbunden seien.[987] Daher wurde angeregt, vermehrt auf die zwar im Sanktionenrecht seit längerem vorgesehene, aber in der Praxis kaum genutzte Tilgung der Geldstrafe durch freie Arbeit zurückzugreifen.[988]

Seit 1947 enthält das EGStGB mit Art. 293 die Möglichkeit, die Vollstreckung einer Ersatzfreiheitsstrafe durch „freie Arbeit" abzuwenden.[989] Dies kann auf Antrag des Betroffenen hin gestattet werden. Die geleistete Tätigkeit muß unentgeltlich sein und darf nicht erwerbswirtschaftlichen Zwecken dienen (Art. 293 I S. 3 EGStGB). Ferner werden die Länder ermächtigt, Ausführungsbestimmungen zu erlassen, welche die Einzelheiten der Ableistung regeln. Seit Januar 1997 ist die Tilgung uneinbringlicher Geldstrafen durch freie Arbeit fast im gesamten

---

[985] 1996 wurden 682.844 Angeklagte verurteilt. Davon erhielten 561.238 Angeklagte, also ca. 82 Prozent eine Geldstrafe, vgl. Statistisches Bundesamt, Rechtspflege, Fachserie 10, Reihe 3: Strafverfolgung 1996
[986] Zur Entwicklung der Ersatzfreiheitsstrafen Heinz, Neue Formen der Bewährung in Freiheit in der Sanktionspraxis der Bundesrepublik Deutschland, 1985, S. 955 (963 f.); Schädler, Das Projekt „Gemeinnützige Arbeit" – die nicht nur theoretische Chance des Art. 293 EGStGB, 1983, S. 5 (S. 7)
[987] Schädler, Das Projekt „Gemeinnützige Arbeit" – die nicht nur theoretische Chance des Art. 293 EGStGB, 1983, S. 5 (6 f.); Zimmermann, Tilgung uneinbringlicher Geldstrafen durch freie Arbeit, 1982, S. 113 ff. (115 f.)
[988] Zur Entwicklung der gemeinnützigen Arbeit als Reaktion auf die Ausdehnung der Geldstrafe Schöch, Möglichkeiten und Grenzen der Behandlung Straffälliger in Freiheit, 1984, S. 29 (45)
[989] Ihrer Struktur nach beruht die Vorschrift des Art. 293 EGStGB auf § 28b des StGB und § 7 des Geldstrafengesetzes von 1921, vgl. Feuerhelm, Stellung und Ausgestaltung der gemeinnützigen Arbeit im Strafrecht, 1997, S. 16

251

Bundesgebiet möglich. Rechtsgrundlagen sind meist Verordnungen.[990] In Bayern und in Sachsen hingegen beruht die freie Arbeit auf Verwaltungsvorschriften.[991]

Wie bei anderen Vorschriften mit Bezug zur Arbeitsstrafe sind die zeitlichen Grenzen der Arbeitsleistung nicht ausdrücklich durch Art. 293 EGStGB normiert. Da die freie Arbeit an Stelle der Ersatzfreiheitsstrafe zur Anwendung kommt, hängt sie aber in gleicher Weise von der Anzahl der Tagessätze der verhängten Geldstrafe ab, die mit ihr getilgt werden soll. Gemäß § 40 I StGB darf eine Geldstrafe bis zu 360 Tagessätze – im Falle der Gesamtstrafenbildung bis zu 720 Tagessätze[992] – betragen. Einem Tagessatz entspricht nach § 43 StGB ein Tag Freiheitsstrafe. Die Zeitgrenzen der Arbeitssanktion bestimmen sich also danach, wieviele Stunden Arbeit für einen Tag Freiheitsstrafe bzw. einen Tagessatz Geldstrafe angesetzt werden.

---

[990] Baden-Württemberg: Verordnung über die Abwendung der Vollstreckung von Ersatzfreiheitsstrafen durch freie Arbeit vom 2. Juli 1986, GBl 1986, S. 291; Berlin: Verordnung über die Abwendung der Vollstrec??kung von Ersatzfreiheitsstrafen durch freie Tätigkeit vom 6. Dezember 1985, GVBl 1985, S. 1416; Brandenburg: Verordnung über die Abwendung der Vollstreckung einer Ersatzfreiheitsstrafe durch freie Arbeit vom 4. März 1992, GVBl II, S. 86; Bremen: Verordnung über die Tilgung uneinbringlicher Geldstrafen durch freie Arbeit vom 11. Januar 1982, Gbl 1982, S. 9 f., geändert durch die Bekanntmachung vom 16. August 1988 g) Nr. 38, Gbl 1988, S. 231; Hamburg: Verordnung über die Tilgung uneinbringlicher Geldstrafen durch freie Arbeit vom 18. Dezember 1984, HambGVBl Teil I 1984, S. 263; Hessen: Verordnung über die Tilgung uneinbringlicher Geldstrafen durch freie Arbeit vom 20. August 1981, GVBl Teil I 1981, S. 298 f., mit ÄnderungsVO vom 7. August 1982, GVBl Teil I 1982, S. 212, vom 22. Dezember 1982, GVBl Teil I, 1982, S. 1, vom 27. April 1983, GVBl Teil I 1983, S. 72 und vom 1. August 1983, GVBl Teil I 1983, S. 131; Mecklenburg-Vorpommern: Verordnung über die Abwendung der Vollstrec??kung einer Ersatzfreiheitsstrafe durch freie Arbeit vom 23. Februar 1993, GVOBl 1993, S. 172; Niedersachsen: Verordnung über die Abwendung der Vollstreckung von Ersatzfreiheitsstrafen durch freie Arbeit vom 12. Juli 1989, Nieders. GVBl 1989, S. 293; Nordrhein-Westfalen: Verordnung über die Tilgung uneinbringlicher Geldstrafen durch freie Arbeit vom 6. Juli 1984, GVBl 1984, S. 469 f.; Rheinland-Pfalz: Landesverordnung über die Abwendung der Vollstreckung von Ersatzfreiheitsstrafen durch freie Arbeit vom 6. Juni 1988, GVBl 1988, S. 110 f.; Saarland: Verordnung über die Abwendung der Vollstreckung von Ersatzfreiheitsstrafen durch freie Tätigkeit vom 21. Juli 1986, Amtsblatt des Saarlandes 1986, S. 632 f.; Sachsen-Anhalt: Verordnung über die Abwendung der Vollstreckung von Ersatzfreiheitsstrafen durch freie Arbeit vom 21. September 1993, S. 564 f.; Schleswig-Holstein: Landesverordnung über die Abwendung der Vollstreckung von Ersatzfreiheitsstrafen durch freie Arbeit vom 12. Februar 1993, GVOBl 1993, S. 129 f.; Thüringen: Verordnung über die Tilgung uneinbringlicher Geldstrafen durch freie Arbeit vom 19. Januar 1993, GVBl 1993, S. 146

[991] Bayern: Bekanntmachung des Bayerischen Staatsministeriums der Justiz, Gz. 4321-II-6316/82: Tilgung uneinbringlicher Geldstrafen durch gemeinnützige Arbeit, BayJMBL 1986, S. 190 f., geändert durch Bekanntmachung vom 13. März 1995, BayJMBl 1995, S. 52; Sachsen: Tilgung uneinbringlicher Geldstrafen durch freie Arbeit, vorläufige Regelung des Sächsischen Staatsministeriums der Justiz vom 18. Mai 1993, geändert mit Anordnung vom 21. Juni 1995

[992] Siehe § 54 II S. 2 StGB

Diesbezüglich wurde schon kritisiert,[993] daß die Bundesländer unterschiedliche Umrechnungsmaßstäbe anwenden.[994] Eine Untersuchung aus den Jahren 1986/87 ergab, daß sich die abzuleistenden Stundenzahlen zwischen 6 und 894 Stunden bewegten, wobei der Durchschnitt der Arbeitsdauer bei 132 Stunden lag.[995] Gesetzliche Beschränkungen in Form einer Zumutbarkeitsgrenze sind nicht vorhanden.

Zwar spielt die gemeinnützige Arbeit auf der Grundlage des Art. 293 EGStGB eine weit größere Rolle als im Rahmen zahlreicher anderer Vorschriften. Doch trägt sie neben der Ersatzfreiheitsstrafe und der Bezahlung eher selten zur Erledigung uneinbringlicher Geldstrafen bei. Von den 1987/88 uneinbringlich gewordenen Geldstrafen wurden 82, 7 Prozent der Verfahren durch Zahlung, 11, 5 Prozent durch Ersatzfreiheitsstrafe und lediglich 5, 8 Prozent durch Ableistung gemeinnütziger Arbeit abgeschlossen.[996]

d)   Gemeinnützige Arbeit im Rahmen der Strafrestaussetzung

Die §§ 57 ff. StGB geben dem Gericht die Möglichkeit, die Strafe nach Verbüßung eines Teils der Freiheitsstrafe auszusetzen. Dabei unterscheidet das Gesetz zwischen Aussetzung des Strafrestes bei zeitiger Freiheitsstrafe (§ 57 StGB) und Aussetzung des Strafrestes bei lebenslanger Freiheitsstrafe (§ 57a StGB).

---

[993] Albrecht/Schädler, Die gemeinnützige Arbeit auf dem Weg zur eigenständigen Sanktion?, 1988, S. 278 (279); Schall, Die Sanktionsalternative der gemeinnützigen Arbeit als Surrogat der Geldstrafe, 1985, S. 104 (108, 109 f.); Albrecht, Ansätze und Perspektiven für die gemeinnützige Arbeit in der Strafrechtspflege, 1985, S. 121 (126); Pfohl, Entwicklung und Perspektiven der gemeinnützigen Arbeit, 1985, S. 110 (117)

[994] Dieser schwankt zwischen 6 und 10 Stunden Arbeit pro Tagessatz, bzw. für einen Tag Freiheitsstrafe, in Ausnahmefällen liegt er sogar bei nur 3 Stunden; vgl. Schall, Die Sanktionsalternative der gemeinnützigen Arbeit als Surrogat der Geldstrafe, 1985, S. 104 (105); Albrecht, Ansätze und Perspektiven für die gemeinnützige Arbeit in der Strafrechtspflege, 1985, S. 121 (126); Bayern und Sachsen haben allerdings kürzlich ihre Quote der Mehrheit angepaßt: 6 Stunden Arbeit entsprechen seit Mai 1995 einem Tagessatz Geldstrafe, vgl. BayJMBl 1996, S. 52 und Anordnung des Sächsischen Staatsministeriums der Justiz vom 21.6.1995

[995] Feuerhelm, Gemeinnützige Arbeit als Alternative in der Geldstrafenvollstreckung, 1991, S. 79; Die abgearbeiteten Tagessätze wurden mit einer Umrechnungsquote von 6 Stunden multipliziert

[996] Feuerhelm, Gemeinnützige Arbeit als Alternative in der Geldstrafenvollstreckung, 1991, S. 70

(1) Aussetzung des Strafrestes bei zeitiger Freiheitsstrafe, § 57 StGB

Setzt das Gericht nach Teilverbüßung einer zeitigen Freiheitsstrafe den Strafrest zur Bewährung aus, so kann mit dieser Entscheidung gemäß der Verweisung in § 57 III S. 1 1. Hs. StGB eine Auflage verbunden werden (die §§ 56a bis 56g gelten entsprechend). Damit ist auch die Auflage der gemeinnützigen Leistungen in § 56b II Nr. 3 StGB erfaßt. Wie alle Auflagen hat die Verpflichtung zu gemeinnützigen Leistungen auch im Rahmen der Strafrestaussetzung repressiven Charakter (vgl. § 56b I S. 1 StGB).[997] Dies könnte sich auf die Zulässigkeit der Arbeitsauflage im Rahmen des § 57 StGB auswirken. Die Vorschrift enthält zwei unterschiedliche Formen der Strafrestaussetzung: Die Vollstreckung kann nach zwei Dritteln (§ 57 I StGB) oder auch nach der Hälfte der Zeit (§ 57 II StGB) ausgesetzt werden. Dabei ist nur in letzterem Fall die Einbeziehung von generalpräventiven Überlegungen und Aspekten des Schuldausgleichs zulässig.[998] Bei der Entscheidung nach § 57 I StGB hingegen darf sich das Gericht lediglich von spezialpräventiven Kriterien leiten lassen.[999]

Berücksichtigt man bei einer Strafrestaussetzung nach der Hälfte der Zeit sämtliche Strafzwecke, also auch die des Schuldausgleichs oder des Genugtuungsbedürfnisses, so kann die Auferlegung von gemeinnützigen Leistungen in bestimmten Fällen gerechtfertigt sein. Dies ist dann denkbar, wenn ein darüber hinaus bestehendes Genugtuungsbedürfnis zwar nicht die Strafrestaussetzung an sich verhindert, aber eine Reaktion im Rahmen der Auflagen erforderlich macht.[1000] Was die Zeitgrenzen der Arbeitsauflage angeht, so sind die zu § 56b StGB erarbeiteten Grundsätze übertragbar, wobei die Arbeitsauflage im Rahmen des § 57 StGB aufgrund der bereits verbüßten Teilstrafe kürzer anzulegen ist. Konkrete Zeitangaben können aber auch hier nicht gemacht werden.

---

[997]   OLG Zweibrücken, JR 1991, S. 290

[998]   OLG Karlsruhe, MDR 1988, S. 879; Zipf, Anmerkung zum Beschluß des OLG Düsseldorf, 1988, S. 292 (293 f.); Lackner-Lackner, StGB, 1997, § 57, Rn. 20; Streng, Strafrechtliche Sanktionen, 1991, S. 102; Schönke/Schröder-Stree, StGB, 1997, § 57, Rn. 25

[999]   Streng, Strafrechtliche Sanktionen, 1991, S. 101; Lackner-Lackner, StGB, 1997, § 57, Rn. 8

[1000] Lackner-Lackner, StGB, 1997, § 57, Rn. 23

Problematischer erscheint die Zulässigkeit der Auflagen bei einer Strafrestaussetzung nach zwei Dritteln verbüßter Strafe. Zwar wird die Überlegung angestellt, Gesichtspunkte des Schuldausgleichs und der Genugtuung – die bei der Entscheidung über die Aussetzung selbst nicht berücksichtigt werden dürfen – bei der Folgeentscheidung zur Begründung von Auflagen heranzuziehen. Abgelehnt wird eine solches Vorgehen jedoch von *Feuerhelm* mit dem Argument, Funktionen des Schuldausgleichs, der Sühne und der Genugtuung seien bereits in einem solchen Maße erfüllt, daß die Entscheidung über die Strafrestaussetzung einschließlich damit verbundener Auflagen allein prognostischen Kriterien folgen könne.[1001]

In der Literatur wird die Auflagenerteilung im Rahmen der Strafrestaussetzung oft negativ beurteilt. Sie stelle eine Belastung des Verurteilten nach seiner Entlassung dar und stehe mit Intentionen des Gesetzes nicht in Einklang.[1002] In der Praxis wird die Möglichkeit der Auflagenerteilung[1003] und insbesondere die Arbeitsauflage[1004] nur wenig genutzt.

In Betracht kommt ferner die Anordnung der Arbeitsverpflichtung im Rahmen der unbenannten Weisungen nach § 56c StGB, die durch den Verweis in § 57 III S. 1 1. Hs. StGB ebenfalls erfaßt sind. Zwar wird die Erteilung von Weisungen im Falle der Strafrestaussetzung bei zeitiger Freiheitsstrafe als zulässig und auch zweckmäßig angesehen.[1005] Doch wird man die Weisung, gemeinnützige Arbeit zu leisten, auch hier nur unter engen Voraussetzungen in Betracht ziehen können.[1006] Bezüglich der zeitlichen Grenzen sei auf die Ausführungen zu § 56c StGB verwiesen.[1007]

[1001] Feuerhelm, Stellung und Ausgestaltung der gemeinnützigen Arbeit im Strafrecht, 1997, S. 19 mit weiteren Gegenargumenten

[1002] Lackner-Lackner, StGB, 1997, § 57, Rn. 23; LK-Gribbohm, StGB, 1993, § 57, Rn. 61; bezüglich der Geldbuße Tröndle, StGB, 1997, § 57, Rn. 10

[1003] LK-Gribbohm, StGB, 1993, § 57, Rn. 61; Tröndle, StGB, 1997, § 57, Rn. 10

[1004] Pfohl, Gemeinnützige Arbeit als strafrechtliche Sanktion, 1983, S. 73

[1005] Tröndle, StGB, 1997, § 57, Rn. 10; Schönke/Schröder-Stree, StGB, 1997, § 57, Rn. 32

[1006] Siehe Erläuterungen unter 1. Teil B. I 1. b) (2) Die Erbringung gemeinnütziger Arbeit im Rahmen einer Weisung nach § 56c StGB

[1007] Siehe unter 1. Teil C. I 1. b) (2) Arbeitsweisung, § 56c StGB

(2) Aussetzung des Strafrestes bei lebenslanger Freiheitsstrafe, § 57a StGB

Seit Mai 1982 ist es gemäß § 57a StGB möglich, auch lebenslange Freiheitsstrafen zur Bewährung auszusetzen.[1008] Auch in dieser Vorschrift befindet sich eine Verweisung auf die Ermächtigung zur Auflagenerteilung in § 56b StGB (vgl. § 57a III S. 2 StGB).

Wieder ergeben sich Konflikte zwischen der Funktion der Arbeitsauflage – Genugtuung für begangenes Unrecht – und der Grundentscheidung über die Strafaussetzung. Bei der Aussetzungsentscheidung ist zwar gemäß § 57a I Nr. 2 StGB ebenso die Schwere der Schuld zu prüfen. Eine Übertragung der zu § 57 II StGB dargelegten Argumente dürfte jedoch ausgeschlossen sein.[1009] Gemäß § 57a I Nr. 1 StGB kommt die Strafaussetzung nur in Betracht, sofern bereits fünfzehn Jahre der Strafe verbüßt sind. Danach erscheint es unvertretbar, mit einer Verpflichtung zur Arbeitsleistung begangenes Unrecht zusätzlich auszugleichen.[1010] Insofern ist die Anordnung, gemeinnützige Leistungen zu erbringen, im Rahmen der Strafrestaussetzung bei lebenslanger Freiheitsstrafe als unzulässig anzusehen.

Es besteht jedoch die Möglichkeit der Erteilung von Weisungen im Rahmen der Strafrestaussetzung bei lebenslanger Freiheitsstrafe (§ 57a III S. 2 StGB i.V.m. § 56b II Nr. 3 StGB).[1011] Es gelten wiederum die bereits beschriebenen Einschränkungen.[1012] Insofern dürfte die Anordnung, gemeinnützige Arbeit zu leisten, kaum praxisrelevant sein.

[1008] Eingeführt durch das 20. Strafrechtsänderungsgesetz vom 8. Dezember 1981, BGBl I, 1981, S. 1329

[1009] Zu § 57 II StGB siehe oben unter 2. Teil C. I. 1. d) (1) Aussetzung des Strafrestes bei zeitiger Freiheitsstrafe, § 57 StGB

[1010] Feuerhelm, Stellung und Ausgestaltung der gemeinnützigen Arbeit im Strafrecht, 1997, S. 22, mit weiteren Ausführungen zur Unzulässigkeit der Arbeitsauflage im Rahmen der Aussetzung bei lebenslanger Freiheitsstrafe; andere Stimmen in der Literatur weisen daraufhin, daß der Richter in der Regel von Auflagen absehen wird, Schönke/Schröder-Stree, StGB, 1997, § 57a, Rn. 16; Tröndle, StGB, 1997, § 57a, Rn. 14

[1011] Wie bei Strafrestaussetzung im Falle einer zeitigen Freiheitsstrafe wird auch im Falle einer lebenslangen Freiheitsstrafe die Erteilung von Weisungen nach § 56c für zulässig erachtet, vgl. Tröndle, StGB, 1997, § 57a, Rn. 14; Schönke/Schröder-Stree, StGB, 1997, § 57a, Rn. 16

[1012] Siehe Erläuterungen unter 1. Teil C. I 1. b) (2) Arbeitsweisung, § 56c StGB

e) Sonstige Möglichkeiten

Verweisungen auf die Möglichkeit der Auflagenerteilung nach § 56b StGB befinden sich in weiteren – teilweise entlegenen – Gesetzen, so zum Beispiel im Wehrstrafrecht und im Betäubungsmittelstrafrecht. Hierzu sei auf die Ausführungen von *Feuerhelm* verwiesen, der sich ausführlich mit diesen Möglichkeiten der Verhängung von Arbeitsstrafen auseinandersetzt.[1013]

2. Regelungen im Jugendstrafrecht

Wie das Allgemeine Strafrecht eröffnet das Jugendstrafrecht in zahlreichen Fällen die Möglichkeit, mit gemeinnütziger Arbeit als Sanktion auf strafbares Verhalten zu reagieren. Die Erbringung von Arbeitsleistungen kann mit einer Einstellung des Verfahrens verbunden oder anläßlich einer förmlichen Verurteilung angeordnet werden. Ferner kann die gemeinnützige Arbeit Gegenstand von Auflagen oder Weisungen im Rahmen einer Straf- oder Strafrestaussetzung zur Bewährung sein.

a) Gemeinnützige Arbeit als Einstellungsvoraussetzung, §§ 45, 47 JGG

Zunächst einmal kommt die Anordnung gemeinnütziger Arbeit als Bedingung für die Einstellung des Strafverfahrens in Betracht. Diese kann im Jugendstrafrecht auf verschiedenen Ebenen erfolgen. Vor Einreichung der Anklage kann der Staatsanwalt allein (§ 45 I und II JGG)[1014] oder mit Zustimmung des Richters (§ 45 III JGG) von der Verfolgung absehen. Nach Einreichung der Anklage kann der Richter unter ähnlichen Voraussetzungen das Verfahren einstellen (§ 47 JGG).

[1013] Siehe Feuerhelm, Stellung und Ausgestaltung der gemeinnützigen Arbeit im Strafrecht, 1997, S. 25 ff.; diskutiert – und unter bestimmten Voraussetzungen bejaht wird von Feuerhelm ferner die Möglichkeit der Arbeitsauflage bei Aussetzung einer Ersatzfreiheitsstrafe, siehe S. 23 ff.

[1014] Die Anregung gemeinnütziger Arbeit durch den Staatsanwalt gemäß § 45 I JGG ist als unzulässig anzusehen wegen fehlender Anregungskompetenz des Staatsanwalts. Ebenso unzulässig ist eine Anregung gemeinnütziger Arbeit durch die Polizei („Polizeidiversion"). Auch die Vorschrift des § 153a StPO ist nicht auf das Jugendstrafrecht anwendbar. Vgl. dazu ausführlich, Feuerhelm, Stellung und Ausgestaltung der gemeinnützigen Arbeit im Strafrecht, 1997, S. 37-44

§ 45 III JGG ermächtigt die Staatsanwaltschaft dazu, beim Jugendrichter die Anordnung von Weisungen oder Auflagen anzuregen. Zu den Maßnahmen, die der Jugendrichter bei einem geständigen Jugendlichen in diesem Verfahren ergreifen kann, gehören auch Arbeitsweisungen (§ 10 I S. 3 Nr. 4 JGG) und Arbeitsauflagen (§ 15 I S. 1 Nr. 3 JGG). Eine Arbeitsweisung kommt dann in Betracht, wenn die Lebensführung des Jugendlichen geregelt und dadurch seine Erziehung gefördert werden soll.[1015] Die Arbeitsauflage hingegen soll dem Jugendlichen das Unrecht seiner Tat zum Bewußtsein bringen.[1016]

Weiterhin kann der Jugendrichter nach Einreichung der Anklage das Verfahren gemäß § 47 JGG einstellen. Er hat dabei die Befugnis, alle Maßnahmen anzuordnen, die bei einer Einstellung nach § 45 III JGG zulässig wären. So besteht wieder die Möglichkeit der Arbeitsweisung (§ 47 I S. 1 Nr. 3 i.V.m. §§ 45 III, 10 I S. 3 Nr. 4 JGG) und der Arbeitsauflage (§ 47 I S. 1 Nr. 3 i.V.m. §§ 45 III, 15 I S. 1 Nr. 3 JGG).

Weder im Falle des § 45 III JGG noch bei einer Einstellung nach § 47 JGG kann die Durchführung der Auflagen und Weisungen erzwungen werden.[1017] Ebenso scheidet die Anordnung von Jugendarrest aus.[1018] Konsequenz der Nichterfüllung ist vielmehr die Fortsetzung des Verfahrens.

Das Verbot des Jugendarrestes bei Nichterfüllung ist für die Zeitgrenzen der Arbeitsanordnungen insofern von Bedeutung, als eine Übertragung der Arrestlänge damit ausscheidet. Für den Fall der Arbeitsweisung kommt wiederum die Unzumutbarkeitsgrenze zum Tragen.[1019] Die genauere Festlegung von absoluten Höchstgrenzen muß aber entfallen, da letztlich die Erziehungsbedürftigkeit des Jugendlichen maßgebend ist.[1020]

[1015]   Diemer/Schoreit/Sonnen-Diemer, JGG, 1997, § 10, Rn. 5; Eisenberg, JGG, 1997, § 10, Rn. 3
[1016]   Eisenberg, JGG, 1997, § 15, Rn. 3
[1017]   Feuerhelm, Stellung und Ausgestaltung der gemeinnützigen Arbeit im Strafrecht, 1997, S. 47
[1018]   Vgl. die Ausschlußbestimmungen in § 45 III S. 3 JGG und § 47 I S. 5 JGG
[1019]   § 10 I S. 2 JGG
[1020]   Feuerhelm, Stellung und Ausgestaltung der gemeinnützigen Arbeit im Strafrecht, 1997, S. 191 f.

Auch die Vorschriften über die Arbeitsauflage ermangeln einer ausdrücklichen Zeitbestimmung. Es wird jedoch gefordert, daß die Dauer der Arbeitsauflage im Rahmen einer Einstellung des Verfahrens den Betroffenen deutlich weniger belasten dürfe, als diejenige im Rahmen eines Urteils im Hauptverfahren.[1021] Beziffert wird diese Forderung mit der Höchstdauer von zwei Wochen.[1022]

Der Sanktionierung nach § 45 III JGG kommt in der Praxis eine nicht unerhebliche Bedeutung zu. Werden im Rahmen dieser Einstellungsnorm über die Ermahnung hinausgehende Maßnahmen ergriffen, so sind dies meistens die Anordnung von Arbeitsleistungen oder die Geldbuße.[1023]

b) Weisungen und Auflagen im Hauptverfahren

Das JGG gestattet ferner, gegen einen Jugendlichen Arbeitsleistungen als Weisung und als Auflage durch Urteil anzuordnen. Zentrale Vorschriften sind § 10 und § 15 JGG, auf die auch schon in den Einstellungsnormen verwiesen wurde.

(1) Arbeitsweisung, § 10 I S. 1 JGG

Nach der Legaldefinition der Weisungen in § 10 I S. 1 JGG sollen diese richterlichen Erziehungsmaßregeln „die Lebensführung des Jugendlichen regeln und dadurch seine Erziehung fördern und sichern". In diesem Rahmen kann der Jugendrichter anordnen, daß der Betroffene Arbeitsleistungen zu erbringen hat (§ 10 I S. 3 Nr. 4 JGG). Da sich Weisungen an Erziehungsdefiziten zu orientieren haben, muß auch die Arbeitsweisung dazu geeignet sein, erzieherisch auf den Jugendlichen einzuwirken. Hierzu wird in der Rechtsprechung die Meinung vertreten, daß die Arbeitsweisung nur dann zur Anwendung kommen darf, wenn die Einstellung des Ju-

---

[1021]   Hierzu weiter unten
[1022]   Feuerhelm, Stellung und Ausgestaltung der gemeinnützigen Arbeit im Strafrecht, 1997, S. 191
[1023]   Heinz, Neues zur Diversion im Jugendstrafverfahren, 1993; S. 355 (358 f.); Gréus, Das Absehen von der Verfolgung jugendlicher Straftäter in der Praxis, 1978, S. 210 ff.; Hering/Sessar, Praktizierte Diversion, 1990, S. 68, wonach in Lübeck immerhin 18, 1 Prozent der 1983 nach § 45 I JGG a. F. behandelten Verfahren eine Arbeitsleistung zum Gegenstand hatten.

gendlichen zur Arbeit einen Sozialisationsmangel darstellt.[1024] In der Literatur ist man überwiegend der Auffassung, daß die Verpflichtung zur Arbeitsleistung allgemein unter erzieherischen Aspekten eingesetzt werden kann.[1025]

Das Jugendgericht bestimmt in seinem Urteil die Dauer der Arbeitsweisung und legt eine Frist fest, innerhalb derer die Weisung zu erfüllen ist. Zeitgrenzen sind nicht gesetzlich normiert. Diese müssen sich vielmehr wieder an der Zumutbarkeitsgrenze (§ 10 I S. 2 JGG) ausrichten. Ein genau bestimmbarer Zeitraum ist daraus jedoch nicht zu entnehmen. Ähnlich wie bei den Arbeitsweisungen nach § 56c StGB[1026] muß sich die Dauer an den individuellen Defiziten des Betroffenen orientieren.[1027]

Seit den 70er Jahren hat die Arbeitsweisung im Jugendstrafrecht enorm an Bedeutung zugenommen. Damals diente sie als Bestandteil der Diversionsbewegung der Vermeidung des Jugendarrestes, der von vielen als schädlich angesehen wurde.[1028] Überdies gestand man der Arbeitsleistung auch einen eigenen erzieherischen Sinn zu.[1029] Zur Verfassungsmäßigkeit der Arbeitsweisung nahm das Bundesverfassungsgericht 1987 Stellung.[1030] Dieses verneinte einen Verstoß gegen verfassungsrechtliche Normen. Die Schutzbereiche des Art. 12 II und III GG seien nicht berührt, da die Arbeitsweisung vom Richter im Rahmen eines gesetzlichen Sanktionssystems verhängt werde und der Erziehung von Jugendlichen und Heranwachsenden verpflichtet sei.[1031] Nicht bezweckt sei die Ahndung und Sühne des Täters.[1032]

[1024]   BayObLG, StV, 1984, S. 254 (255); BGH bei Holtz, Rechtsprechung, 1976, S. 632 (634); KG, NJW, 1965, S. 29 (30); BayObIG bei Bär, Rechtsprechung, 1988, S. 361 (366)
[1025]   Böhm, Jugendstrafrecht, 1996, S. 171; Brunner/Dölling, JGG, 1996, § 10, Rn. 9a; DBH, Stellungnahme zum Referentenentwurf eines Ersten Gesetzes zur Änderung des Jugendgerichtsgesetzes, 1988, S. 240, (245); Kreutzer, Arbeit in Strafrecht, Strafvollzug und Bewährungshilfe, 1985, S. 490, (493)
[1026]   Siehe unter 2. Teil C. I. 1. b) (2) Arbeitsweisung, § 56c StGB
[1027]   Feuerhelm, Stellung und Ausgestaltung der gemeinnützigen Arbeit im Strafrecht, 1997, S. 188
[1028]   Pfeiffer, Kriminalprävention im Jugendgerichtsverfahren, 1989, S. 141 ff.; S. 175 ff.
[1029]   Mohr, Neue ambulante Maßnahmen nach dem Jugendgerichtsgesetz, 1989, S. 197, (199)
[1030]   BVerfGE 74, S. 102 ff.
[1031]   BVerfGE 74, S. 102 (122)
[1032]   BVerfGE 74, S. 102 (123)

Gerade in den 80er Jahren nahm die Arbeitsweisung eine dominierende Stellung innerhalb der ambulanten Maßnahmen im Jugendstrafrecht ein.[1033] Eine Erhebung im Bezirk des Amtsgerichts Köln in der Zeit von 1984 bis 1988 beispielsweise ergab einen Prozentsatz zwischen 83,8 und 97,4 Prozent für Verurteilungen zu gemeinnütziger Arbeit im Vergleich zu anderen sozialpädagogischen Maßnahmen (Täter-Opfer-Ausgleich, Betreuungsanweisung, sozialer Trainingskurs, Mofakurs).[1034] Ferner behauptete sich die Arbeitsweisung auch im Vergleich zu allen übrigen Sanktionen.[1035] In den Jahren 1984 bis 1988 wurde in Köln fast konstant ein Viertel sämtlicher anklagefähiger Verfahren gegen Jugendliche und Heranwachsende durch Anordnung einer Arbeitsweisung beendet.[1036] Seit der Einführung der vorwiegend repressiven Arbeitsauflage in § 15 JGG geht die Zahl der Arbeitsweisungen allerdings zurück.[1037] Dies legt den Schluß nahe, daß die Praxis Arbeitsweisungen auch als ahndende Maßnahme verwendet hat.[1038]

(2) Arbeitsauflage, § 15 I S. 1 Nr. 3 JGG

Seit 1990 wurde dem Jugendstrafrecht eine weitere Variante der Arbeitssanktion hinzugefügt. Mit Inkrafttreten des 1. JGGÄndG[1039] kann die Erbringung von Arbeitsleistungen auch als Auflage gemäß § 15 I S. 1 Nr. 3 JGG angeordnet werden. Ergebnis dieser Neuerung ist, daß dem Jugendlichen nun ausdrücklich auch dann Arbeitsleistungen auferlegt werden können,

---

[1033] Heinz/Huber, Ambulante sozialpädagogische Maßnahmen für junge Straffällige, 1986, S. 37 (45); Heinz, Neue ambulante Maßnahmen nach dem Jugendgerichtsgesetz, 1986, S. 22 (30)

[1034] Angaben nach Feuerhelm, Stellung und Ausgestaltung der gemeinnützigen Arbeit im Strafrecht, 1997, S. 53 mit Verweis auf die von Schreckling mitgeteilten Zahlen, vgl. Schreckling, Täter-Opfer-Ausgleich nach Jugendstraftaten in Köln, 1990, S. 49 (Abb. 6.3)

[1035] Pfeiffer bezeichnet sie als „die am häufigsten eingesetzte Sanktion des JGG", vgl. Pfeiffer, Ambulante Maßnahmen nach dem JGG, 1986, S. 44 (52)

[1036] 1984: 25,3 Prozent, 1985: 24,6 Prozent, 1986: 25,9 Prozent, 1987: 23,8 Prozent, 1988: 24,5 Prozent, siehe Feuerhelm, Stellung und Ausgestaltung der gemeinnützigen Arbeit im Strafrecht, 1997, S. 53 nach den von Schreckling mitgeteilten Zahlen, vgl. Schreckling, Täter-Opfer-Ausgleich nach Jugendstraftaten in Köln, 1990, S. 50 (Tabelle 6.3)

[1037] Feuerhelm, Stellung und Ausgestaltung der gemeinnützigen Arbeit im Strafrecht, 1997, S. 57

[1038] Auch heute wird der Arbeitsweisung in der Praxis höchst selten eine erzieherische Funktion zugebilligt, vgl. Ludwig-Mayerhofer/Rzepka, Diversion und Täterorientierung im Jugendrecht, 1998, S. 17 (22); Hering/Sessar, Praktizierte Diversion, 1990, S. 132 f.

[1039] Erstes Gesetz zur Änderung des Jugendgerichtsgesetzes vom 30. August 1990, BGBl I, 1990, S. 1853

wenn ihm – wie in § 13 JGG für die Zuchtmittel definiert – eindringlich zum Bewußtsein gebracht werden muß, daß er für das von ihm begangene Unrecht einzustehen hat.[1040] Damit ergibt sich im Jugendstrafrecht eine zweispurige Rechtskonstellation wie bei der Strafaussetzung zur Bewährung im Allgemeinen Strafrecht: Es ist zu unterscheiden zwischen der am Straffälligen und seinen Defiziten orientierten Weisung und der repressiv ausgerichteten Auflage. Es gibt Hinweise darauf, daß diese begrifflich klar zu unterscheidenden Zielrichtungen in der Praxis verwässern. So wird beobachtet, daß eine Differenzierung bei der Ableistung der Arbeiten kaum stattfindet.[1041]

Wie in den übrigen Fällen der Arbeitssanktion gilt auch für die Arbeitsauflage nach § 15 JGG lediglich die Zumutbarkeitsgrenze bei der Bestimmung der Anordnungsdauer (vgl. § 15 I S. 2 JGG).[1042]

Was die quantitative Bedeutung der Arbeitsauflage angeht, so nimmt diese schon kurz nach ihrer Einführung eine wichtige Stellung ein. Bereits 1991 wurden Arbeitsauflagen bei 20,4 Prozent der Gesamtverurteilungen Jugendlicher angeordnet; für Heranwachsende betrug die Quote 9,8 Prozent. Seitdem war ein ständiger Anstieg zu verzeichnen. 1994 nimmt die Arbeitsauflage für Jugendliche schon 38,9 Prozent ein; für Heranwachsende liegt die Quote bei 21,1 Prozent.[1043]

c)   Strafaussetzung zur Bewährung, §§ 21 ff. JGG

Gemäß den §§ 21 ff. JGG kann die Verurteilung zu einer Jugendstrafe von nicht mehr als zwei Jahren zur Bewährung ausgesetzt werden. Mit dieser Entscheidung kann das Gericht die

---

[1040]   Diese Alternative war auch schon von vielen Seiten gefordert worden: Bietz, Erziehung statt Strafe?, 1981, S. 212 (216); Böttcher/Weber, Erstes Gesetz zur Änderung des Jugendgerichtsgesetzes, 1990, S. 561 (565 f.); Miehe, Verfassungsrechtliche Grenzen jugendrechtlicher Weisungen, 1987, S. 112 (119)
[1041]   Ludwig-Mayerhofer/Rzepka, Diversion und Täterorientierung im Jugendrecht, 1998, S. 17 (22)
[1042]   Zu erwägen ist jedoch eine Höchstgrenze von acht Wochen, vgl. Feuerhelm, Stellung und Ausgestaltung der gemeinnützigen Arbeit im Strafrecht, 1997, S. 190
[1043]   Siehe Feuerhelm, Stellung und Ausgestaltung der gemeinnützigen Arbeit im Strafrecht, 1997, S. 57 und Tabelle 5 im Anhang; in den Jahren 1992/93 belaufen sich die Quoten wie folgt: Jugendliche: 1992: 28, 5 Prozent; 1993: 35, 4 Prozent; Heranwachsende: 1992: 14, 7 Prozent; 1993: 18, 1 Prozent

Erteilung von Weisungen und Auflagen verbinden (§ 23 I JGG). Das Gericht ist damit dazu befugt, Arbeitsweisungen und Arbeitsauflagen zu verhängen.[1044] Die Zustimmung des Betroffenen ist hierfür nicht erforderlich.

Wie in anderen Fällen ergeben sich unmittelbar aus dem Gesetz keine Anhaltspunkte, welche über die zulässige Dauer der Arbeitsweisung oder Arbeitsauflage Aufschluß geben könnten. Gerade bei der Arbeitsweisung muß die Festlegung absoluter Grenzen entfallen, da diese dem Zweck dient, individuelle Defizite zu beseitigen.[1045] Auch im Falle der Arbeitsauflage ist die Höchstdauer nicht bezifferbar.[1046]

Empirische Untersuchungen zur Art und Häufigkeit der Nebenentscheidungen bei der Strafaussetzung zur Bewährung sind kaum erhältlich. Lediglich einzelne und ältere Studien deuten auf eine geringe Anwendung der Arbeitssanktion hin.[1047]

d)   Aussetzung der Verhängung einer Jugendstrafe, §§ 27 ff. JGG

Auch im Rahmen der Aussetzung der Verhängung einer Jugendstrafe[1048] gemäß §§ 27 ff. JGG können dem Jugendlichen gemäß der Verweisung in § 29 S. 2 JGG Weisungen und Auflagen nach § 23 JGG erteilt werden. Erfaßt sind damit auch die Arbeitsweisung und die Arbeitsauflage.[1049] Diese zur Ausgestaltung der Bewährungszeit ergriffenen Maßnahmen sollen – über ihre Zweckbestimmung im Rahmen des Bewährungsrechts (§§ 21 ff. JGG) hinaus – Auf-

---

[1044]   Arbeitsweisung: §§ 23 I S. 4, 10 I S. 3 Nr. 4 JGG und Arbeitsauflage: §§ 23 I S. 4, 15 I S. 1 Nr. 3 JGG
[1045]   Siehe auch unter 1. Teil C. I. 2. b) (1) Arbeitsweisung, § 10 I S. 1 JGG
[1046]   Vertreten wird in Anlehnung an die Höchstgrenze bei der Anordnung einer Arbeitsauflage durch Urteil eine Dauer von höchstens acht Wochen, siehe Feuerhelm, Stellung und Ausgestaltung der gemeinnützigen Arbeit im Strafrecht, 1997, S. 190, 192 f.
[1047]   Schünemann, Bewährungshilfe bei Jugendlichen und Heranwachsenden, 1971, S. 132; Vogt, Strafaussetzung zur Bewährung und Bewährungshilfe bei Jugendlichen und Heranwachsenden, 1972; Heinz/Huber, Ambulante sozialpädagogische Maßnahmen für junge Straffällige, 1986, S. 37 (49)
[1048]   Dazu oben ausführlicher unter 2. Teil B. II. 2. Die Aussetzung der Verhängung der Jugendstrafe, §§ 27 ff. StGB
[1049]   Für die Arbeitsweisung gemäß §§ 29 S. 2, 23 I S. 4, 10 I S. 3 Nr. 4 JGG und für die Arbeitsauflage gemäß §§ 29 S. 2, 23 I S. 4, 15 I S. 1 Nr. 3 JGG

schluß darüber geben, ob und in welchem Umfang schädliche Neigungen vorliegen.[1050] Während es bei der Arbeitsweisung unproblematisch erscheint, daß die Ergebnisse einer erzieherischen Einwirkung eine Indizwirkung für die Entscheidung des Richters nach § 30 JGG entfalten kann,[1051] erscheint dieses im Falle der Auflagen eher zweifelhaft. Die Arbeitsauflage ist dadurch gekennzeichnet, daß sie einen ahndenden Ordnungsruf für den Täter darstellen soll. Da sie als Sanktion tatbezogen, also rückwärtsgerichtet ist, vemag sie über Erziehungsmängel des Täters keine Kenntnisse zu vermitteln, die der Richter in seiner späteren Entscheidung nach § 30 JGG verwerten könnte.[1052] Es wird daher vertreten, im Rahmen der Aussetzung der Verhängung einer Jugendstrafe lediglich die Arbeitsweisung, nicht jedoch die Arbeitsauflage zuzulassen.[1053]

Wie in bereits oben genannten Fällen der Arbeitssanktion im Jugendstrafrecht ist die genaue Eingrenzung der Dauer der zu erbringenden Arbeitsleistungen nicht bezifferbar.

Die Aussetzung der Verhängung einer Jugendstrafe spielt in praktischer Hinsicht nur eine geringe Rolle.[1054] So fallen auch die Arbeitsweisung oder die Arbeitsauflage als Maßnahmen im Rahmen dieser Sanktionsmöglichkeit für das gesamte Jugendstrafrecht nicht ins Gewicht.

e) Strafrestaussetzung, § 88 JGG

Wie im Allgemeinen Strafrecht, besteht auch im Jugendstrafrecht die Möglichkeit, den Rest einer Jugendstrafe zur Bewährung auszusetzen, sofern der Jugendliche einen Teil seiner Strafe verbüßt hat (§ 88 JGG). Diese Entscheidung kann wiederum die Anordnung von Arbeitsauf-

---

[1050] Brunner, JGG, 1991, § 29, Rn. 2; Eisenberg, JGG, 1997, § 29, Rn. 2; Brunner/Dölling, JGG, 1996, § 29, Rn. 22

[1051] So sieht es Feuerhelm, Stellung und Ausgestaltung der gemeinnützigen Arbeit im Strafrecht, 1997, S. 59

[1052] Feuerhelm, Stellung und Ausgestaltung der gemeinnützigen Arbeit im Strafrecht, 1997, S. 60

[1053] Feuerhelm, Stellung und Ausgestaltung der gemeinnützigen Arbeit im Strafrecht, 1997, S. 61; allgemein gegen Auflagen: Kreischer, Die Aussetzung der Verhängung der Jugendstrafe (§ 27 JGG) in ihrer praktischen Bedeutung, 1970, S. 50; anderer Ansicht: Ostendorf, Bewährung ohne Freiheitsstrafe – eine Falltür im Jugendstrafrecht?, 1981, S. 378 (379); audrücklich für die Arbeitsauflage im Rahmen der §§ 27 ff. JGG: Schaffstein/Beulke, Jugendstrafrecht, 1995, S. 141

[1054] Eisenberg, JGG, 1997, § 27, Rn. 14 ff.

lagen oder Arbeitsweisungen mit sich bringen.[1055] Dabei fügt sich die Arbeitsweisung als erzieherische Maßnahme in das System der Strafrestaussetzung ein. Sie kann der Strukturierung der Lebensführung des Entlassenen dienen und dessen erste Zeit in Freiheit erleichtern. Problematisch erscheint hingegen wiederum die Zulässigkeit einer Arbeitsauflage im Rahmen der Strafrestaussetzung. Die Funktion der Auflage, die Tat des Betroffenen zu ahnden, muß im Falle einer bereits zum Teil verbüßten Jugendstrafe nicht mehr erfüllt werden, denn der Jugendliche hat seinen „Denkzettel" bereits erhalten.[1056] Eine darüber hinausgehende Berücksichtigung anderer Strafzwecke, wie der Ausgleich der Tatschuld oder das Genugtuungsinteresse,[1057] müssen bei der Entscheidung über die Strafrestaussetzung entfallen.[1058] Zulässig ist insofern lediglich die Erteilung einer Arbeitsweisung im Rahmen der Strafrestaussetzung. Die Dauer der Arbeitsweisung muß sich auch hier wieder an den Defiziten des Jugendlichen orientieren. Angaben zur Häufigkeit der Anordnung von Auflagen und Weisungen bei der Strafrestaussetzung sind nicht erhältlich.

f) Koppelungen von Maßnahmen im Jugendstrafrecht und sonstige Möglichkeiten

Das Jugendrecht erlaubt dem Richter, verschiedene zulässige Maßnahmen miteinander zu kombinieren, um so für den einzelnen Jugendlichen eine geeignete Reaktion auf seine Straftat zu finden. Ferner befinden sich weitere Möglichkeiten der Verhängung von Arbeitssanktionen im Betäubungsmittelrecht und im Gnadenverfahren.[1059]

[1055] Für die Arbeitsweisung: §§ 88 VI S. 1, 23 I S. 4, 10 I S. 3 Nr. 4, für die Arbeitsauflage: §§ 88 VI S. 1, 23 I S. 4, 15 I S. 1 Nr. 3 JGG

[1056] Brunner/Dölling, JGG, 1996, § 88, Rn. 8

[1057] Wie oben erörtert im Falle des § 57 II StGB, siehe unter 2. Teil C. I. 1. d) (1) Aussetzung des Strafrestes bei zeitiger Freiheitsstrafe, § 57 StGB

[1058] Eisenberg, JGG, 1997, § 88, Rn. 9

[1059] Siehe dazu ausführlich Feuerhelm, Stellung und Ausgestaltung der gemeinnützigen Arbeit im Strafrecht, 1997, S. 66 ff. und 70 ff.

II. Kriminalpolitischer Hintergrund und Entwicklung der gemeinnützigen Arbeit

Die Idee, Arbeitsleistungen im Rahmen strafrechtlicher Sanktion anzuordnen, reicht in der Geschichte sehr weit zurück. Ansätze hierzu gab es bereits im Altertum und im Mittelalter.[1060] Die Verpflichtung zur Erbringung von Arbeitsleistungen wurde schon frühzeitig als ambulante Strafe verhängt, oft aber auch im Rahmen stationärer Strafen. Daher wird die Geschichte der Arbeitsstrafe üblicherweise gemeinsam mit der Entstehung der Freiheitsstrafe betrachtet.[1061] Ein Großteil der Veröffentlichungen zur Arbeitsstrafe beginnt die historische Darstellung der Arbeit als ambulanter Strafe mit dem sächsischen Codex Augusteus von 1698.[1062] *Feuerhelm* zeigt jedoch in seiner Untersuchung der Geschichte der ambulanten Arbeitssanktion, daß sich strukturell ähnliche Strafen bereits vor dieser Zeit nachweisen lassen,[1063] die jedoch im Folgenden außerhalb der Betrachtung bleiben sollen.

1. Die Zeit der Aufklärung – Der sächsische Codex Augusteus von 1698

Die Zeit der Aufklärung ab dem 17. Jahrhundert brachte neue Denkansätze im Strafrecht, die durch die Naturrechtslehren und insbesondere das Vernunftrecht geprägt waren.[1064] Vor allem in der Wissenschaft setzte man sich mit der Rechtfertigung staatlichen Strafens und der Verhältnismäßigkeit der Strafen auseinander.[1065] Für die Entwicklung der Arbeit als strafrechtliche Sanktion bedeutete die Zeit der Aufklärung eine Zeit des quantitativen Aufschwungs. In

---

[1060] Vgl. dazu ausführlich Feuerhelm, Stellung und Ausgestaltung der gemeinnützigen Arbeit im Strafrecht, 1997, S. 85 ff. und 89 ff.

[1061] Kriegsmann, Einführung in die Gefängniskunde, 1912, S. 3; Delaquis, Einführung in das Gefängniswesen, 1924, S. 340 (342); Ebeling, Beiträge zur Geschichte der Freiheitsstrafe, 1935, S. 15 ff.

[1062] Rosenfeld, Welche Strafmittel können an die Stelle der kurzfristigen Freiheitsstrafe gesetzt werden?, 1890, S. 109 (314); Liszt, Kriminalpolitische Aufgaben (1889-1892), 1905, S. 290 (370); Pfohl, Gemeinnützige Arbeit als strafrechtliche Sanktion, 1983, S. 21 ff.

[1063] Feuerhelm, Stellung und Ausgestaltung der gemeinnützigen Arbeit im Strafrecht, 1997, S. 85 ff.

[1064] Dazu Rüping, Grundriß der Strafrechtsgeschichte, 1998, S. 55 ff.; Schmidt, Einführung in die Geschichte der deutschen Strafrechtspflege, 1965, S. 212 f.

[1065] Rüping, Grundriß der Strafrechtsgeschichte, 1998, S. 58 ff.; Seelmann, Zum Verhältnis von Strafzwecken und Sanktionen in der Strafrechtsliteratur der Aufklärung, 1989, S. 335 (348 ff.)

der Praxis dominierte die Anwendung des *opus publicum*[1066] verbunden mit einer Unterbringung im Zuchthaus.[1067] Ambulante Formen nahmen nur eine untergeordnete Stellung ein. In der strafrechtswissenschaftlichen Literatur wurde die Arbeitsstrafe eingehend behandelt, wobei in ihrer Begründung Abschreckungs- und Nützlichkeitserwägungen überwogen.[1068]

Im sächsischen Recht wurden ambulante Formen der Arbeitsstrafe erstmals als eigenständige Sanktionsmittel erwähnt. Der sächsische Codex Augusteus aus dem Jahre 1698[1069] schuf die Möglichkeit, eine „Abarbeitung" bzw. „Hand-Arbeit" neben der Geld- oder Gefängnisstrafe anzuordnen. Für die Umrechnung galt, daß drei Tage Handarbeit einem Tag Gefängnisstrafe entsprechen sollten.[1070]

Schon der Codex Augusteus weist Argumente für die Einführung der neuen Strafsanktion auf, die später noch eine Rolle spielen sollten. Begründet wird Arbeitsstrafe mit ihrer Ersatzfunktion zur Freiheitsstrafe, die als erfolglos bezeichnet wird, „da weder der Besserungs- noch auch nur der Abschreckungszweck beim Thäter oder andern erreicht wird."[1071] Die Freiheitsstrafe sei überdies schädlich wegen der Gefahr krimineller Infizierung, und weil „der Famili-

---

1066 Das *opus publicum* (öffentliche Arbeit) ist bereits in den Rechten des Altertums zu finden. Im römischen Reich konnte diese Form der Zwangsarbeit lebenslänglich oder auf Zeit verhängt werden. Die Betroffenen mußten Arbeiten verrichten, die ansonsten von Unfreien übernommen wurden, wie beispielsweise Straßenausbesserung, Kloakenreinigung, Arbeiten in den öffentlichen Bädern, Steinbrüchen oder bei den Pumpen (vgl. Kleinschrod, Über die Strafe der öffentlichen Arbeiten, 1789, S. 20 f.) Zwar fand das *opus publicum* keinen Eingang in die Peinliche Gerichtsordnung Kaiser Karls V (Constitutio Criminalis Carolina) von 1532. Mit dem Eindringen römisch-rechtlicher Einflüsse in die deutsche Rechtskultur verbreitete sich diese Sanktion in der Rechtspraxis und wurde zum entscheidenden Merkmal dieser Zeit; vgl. Kleinheyer, Freiheitsstrafen und Strafen mit Freiheitsentzug, 1990, S. 102 (108).

1067 Kleinschrod, Über die Strafe der öffentlichen Arbeiten, 1789, S. 35 ff.; Seelmann, Zum Verhältnis von Strafzwecken und Sanktionen in der Strafrechtsliteratur der Aufklärung, 1989, S. 335, (349); Hegler, Die praktische Thätigkeit der Juristenfakultäten des 17. Und 18. Jahrhunderts, 1899, S. 87 ff.

1068 Seelmann, Zum Verhältnis von Strafzwecken und Sanktionen in der Strafrechtsliteratur der Aufklärung, 1989, S. 335, (338, 341 f.)

1069 Abgedruckt bei Rosenfeld, Welche Strafmittel können an die Stelle der kurzfristigen Freiheitsstrafe gesetzt werden?, 1890, S. 109 (314 ff.)

1070 Vgl. Rosenfeld, Welche Strafmittel können an die Stelle der kurzfristigen Freiheitsstrafe gesetzt werden?, 1890, S. 109 (315). Dieses unausgewogene Verhältnis wurde jedoch 1783 geändert. In § 15 wurde nun ein Tag Handarbeit einem Tag Gefängnisstrafe gleichgesetzt (siehe S. 316).

1071 Rosenfeld, Welche Strafmittel können an die Stelle der kurzfristigen Freiheitsstrafe gesetzt werden?, 1890, S. 109 (315); vgl. Pfohl, Entwicklung und Perspektiven der gemeinnützigen Arbeit, 1985, S. 110 (112)

envater abgehalten wird, sich und den Seinen das tägliche Brot zu verdienen, dem faulenzenden Gesindel aber willkommene Gelegenheit zum Müssiggang geboten wird".[1072] Neu an der sächsischen Handarbeitsstrafe war nicht die Entdeckung der Arbeitsstrafe in ihrer ambulanten Form, sondern vielmehr die Betonung und Empfehlung der Sanktion. Denn zuvor waren die Sicherung während der Arbeit und die Art der Unterbringung während der arbeitsfreien Zeit eher der jeweiligen örtlichen Praxis überlassen worden.[1073]

2. Entwicklungen im 19. Jahrhundert

Im 19. Jahrhundert nahm die Popularität des *opus publicum* schließlich ab. Zum Teil wurde die oft als „Kettenstrafe" bezeichnete Sanktion abgeschafft,[1074] in anderen Ländern hielt man an ihr fest, verband sie aber mit unterschiedlichen Formen der Freiheitsstrafe.[1075] Hingegen wurde die sächsische Handarbeitsstrafe im Thüringischen Strafgesetzbuch von 1850[1076] und im Königlich-Sächsischen Criminalgesetzbuch von 1855[1077] auf der Grundlage eines Entwurfs von 1838[1078] weitergeführt und ausgebaut.

Ein weiteres Anwendungsgebiet für die ambulante Arbeitsstrafe eröffnete sich im Bereich der Holz- und Forststrafsachen. Bereits 1814 konnte in Sachsen für Forst- und Jagdvergehen die „Hand-Arbeit" anstelle der Gefängnisstrafe treten.[1079] In Preußen durfte ab 1821 im Falle un-

[1072] Rosenfeld, Welche Strafmittel können an die Stelle der kurzfristigen Freiheitsstrafe gesetzt werden?, 1890, S. 109 (315 f.); vgl. Pfohl, Entwicklung und Perspektiven der gemeinnützigen Arbeit, 1985, S. 110 (112); Pfohl, Gemeinnützige Arbeit als strafrechtliche Sanktion, 1983, S. 21

[1073] Feuerhelm, Stellung und Ausgestaltung der gemeinnützigen Arbeit im Strafrecht, 1997, S. 106

[1074] So in Baden und Württemberg; vgl. Wahlberg, Die Strafmittel, 1871, S. 431 (458 f.)

[1075] So in Bayern, Braunschweig und Hannover, vgl. Wahlberg, Die Strafmittel, 1871, S. 431 (458)

[1076] Siehe Rosenfeld, Welche Strafmittel können an die Stelle der kurzfristigen Freiheitsstrafe gesetzt werden?, 1890, S. 109 (331 ff.); Pfohl, Entwicklung und Perspektiven der gemeinnützigen Arbeit, 1985, S. 110 (112)

[1077] Vgl. Rosenfeld, Welche Strafmittel können an die Stelle der kurzfristigen Freiheitsstrafe gesetzt werden?, 1890, S. 109 (333 ff.)

[1078] Rosenfeld, Welche Strafmittel können an die Stelle der kurzfristigen Freiheitsstrafe gesetzt werden?, 1890, S. 109 (319 ff.)

[1079] Rosenfeld, Welche Strafmittel können an die Stelle der kurzfristigen Freiheitsstrafe gesetzt werden?, 1890, S. 109 (317 ff.)

einbringlicher Geldstrafen Forstarbeit angeordnet werden.[1080] Eine ähnliche Regelung traf die badische Verordnung über das Verfahren in Forststrafsachen von 1865. Allerdings mußte hier bei uneinbringlichen Geldstrafen zwingend „öffentliche Arbeit" geleistet werden.[1081]

In den Jahren nach 1880 gewann das Konzept der Erbringung von Arbeitsleistungen ohne Einsperrung weiterhin an Popularität,[1082] wenn auch die Handarbeitsstrafe nur in einigen deutschen Staaten und lediglich als Ersatzsanktion zur Gefängnis- oder Geldstrafe vorgesehen war.[1083] Schließlich wird die ambulante Arbeitsstrafe auch Thema der Juristentage 1891, 1893 und 1895, wobei eine breitere Erörterung der Sanktion auf dem 23. Juristentag 1895 stattfand.[1084] Hier legte *Felisch* ein umfangreiches Gutachten über das Abverdienen von Geldstrafen vor.[1085] Nach eingehender Diskussion befürwortete der Juristentag die Einführung der Arbeitsstrafe als Surrogat für die Ersatzfreiheitsstrafe.[1086]

3. Die Zeit bis 1933

In der Zeit zwischen 1900 und 1933 wurde die Diskussion um die ambulante Arbeitssanktion fortgesetzt. Insbesondere in den Entwürfen zum Strafgesetzbuch fand sie ihren Niederschlag. Im Jugendstrafrecht sowie bei der Strafaussetzung zur Bewährung eröffneten sich neue Anwendungsbereiche für die Arbeit als Sanktion.

[1080] Vgl. Felisch, Gutachten, 1895, S. 277 (281); Pfohl, Gemeinnützige Arbeit als strafrechtliche Sanktion, 1983, S. 22

[1081] § 48 der Verordnung vom 20.1.1865; vgl. Rosenfeld, Welche Strafmittel können an die Stelle der kurzfristigen Freiheitsstrafe gesetzt werden?, 1890, S. 109 (337)

[1082] Hierzu auch Pfohl, Gemeinnützige Arbeit als strafrechtliche Sanktion, 1983, S. 23 ff.; für das Ausland: Liszt, Kriminalpolitische Aufgaben (1889-1892), 1905, S. 373 ff.; Rosenfeld, Die Regelung der Geldstrafe, 1892, S. 135 (206 ff.)

[1083] So zum Beispiel ausdrücklich in Art. 23 des Sächsischen StGB von 1855: „Auf Handarbeitsstrafe ist niemals das Erkenntnis zu richten". Vgl. Rosenfeld, Welche Strafmittel können an die Stelle der kurzfristigen Freiheitsstrafe gesetzt werden?, 1890, S. 109 (333)

[1084] Hierzu auch Pfohl, Gemeinnützige Arbeit als strafrechtliche Sanktion, 1983, S. 24 f.

[1085] Felisch, Gutachten, 1895, S. 277 ff.

[1086] Verhandlungen des Dreiundzwanzigsten Deutschen Juristentages 1895, S. 423 f.

a) „Freie Arbeit" als Ersatzsanktion bei uneinbringlichen Geldstrafen vor 1933

Nach ersten Ansätzen in den Entwürfen zum Strafgesetzbuch, die ambulante Arbeit als Ersatzsanktion bei Geldstrafen zuzulassen,[1087] schaffte § 7 des Geldstrafengesetzes von 1921[1088] erstmals für das gesamte Reichsgebiet die Möglichkeit, uneinbringliche Geldstrafen abzuarbeiten. Diese Vorschrift lautete: „Die Vollstreckungsbehörde kann dem Verurteilten gestatten, eine uneinbringliche Geldstrafe durch freie Arbeit zu tilgen. Das Nähere regelt die Reichsregierung mit Zustimmung des Reichsrats. Soweit dies nicht geschieht, sind die obersten Landesbehörden ermächtigt, das Nähere zu regeln." Mit „freier Arbeit" sollte klargestellt werden, daß die Maßnahme vom Einverständnis des Verurteilten abhängig war.[1089]

1924 übernahm das StGB die Regelung des Geldstrafengesetzes ohne inhaltliche Änderungen.[1090] § 28b StGB eröffnete dem Richter die Möglichkeit, „freie Arbeit" zur Vermeidung der Ersatzfreiheitsstrafe anzuordnen, doch die Praxis machte wohl kaum Gebrauch davon.[1091] Dies wird unter anderem damit begründet, daß es die einzelnen Länder versäumten, die erforderlichen Ausführungsvorschriften zu schaffen.[1092] Lediglich in Thüringen seien entsprechende „Versuche" gemacht worden und diese ohne „größere Erfolge".[1093]

[1087] Trotz einiger Bedenken, wurde im Vorentwurf zum Strafgesetzbuch von 1909 eine Abverdienensregelung für uneinbringliche Geldstrafen geschaffen (Vorentwurf StGB 1909, § 32). Ähnliche Regelungen enthielt der Gegenentwurf 1911 (Gegenentwurf StGB 1911, § 63), der Entwurf der Strafrechtskommission 1913 (Kommissionsentwurf StGB 1913, § 70) und schließlich auch der Entwurf von 1919 (Entwurf StGB 1919, § 58).

[1088] Gesetz zur Erweiterung des Anwendungsgebietes der Geldstrafe und der Einschränkung der kurzen Freiheitsstrafen vom 21. Dezember 1921

[1089] Hellwig, Das Geldstrafengesetz, 1924, S. 7

[1090] Verordnung über Vermögensstrafen und Bußen vom 6. Februar 1924, RGBl 1924, Teil I, S. 45

[1091] Auf Schwierigkeiten wurde schon zu Anfang hingewiesen: Hellwig, Das Geldstrafengesetz, 1924, S. 115; Aschaffenburg, Das Verbrechen und seine Bekämpfung, 1923, S. 308

[1092] Baumann, Beschränkung des Lebensstandards anstatt kurzfristiger Freiheitsstrafe, 1968, S. 41; Pfohl, Gemeinnützige Arbeit als strafrechtliche Sanktion, 1983, S. 30

[1093] Best, Studien über die Anwendung der fakultativ angedrohten Geldstrafen im Deutschen Reiche, 1932, S. 19

b) Die Arbeitsauflage im Rahmen der Strafaussetzung zur Bewährung vor 1933

Wie bereits oben dargestellt, waren die Entwicklungen Anfang des 20. Jahrhunderts in vielerlei Hinsicht richtungsweisend für die Strafaussetzung zur Bewährung, in deren Rahmen heute eine Arbeitsauflage oder Arbeitsweisung verhängt werden können.[1094] Da die Strafaussetzung zunächst als Gnadenentscheidung ausgestaltet war,[1095] erschien es nicht naheliegend, dem Betroffenen besondere Pflichten aufzuerlegen. Erst nachdem in Preußen die Strafaussetzung mit der Verhängung einer Geldbuße verbunden werden konnte, wurde 1921 zunächst für den Bereich der zur Bewährung ausgesetzten Ersatzfreiheitsstrafen die Möglichkeit der freien Arbeit als Bewährungsauflage eingeführt.[1096] Spätere Quellen lassen jedoch vermuten, daß die Arbeitsauflage im Rahmen der Strafaussetzung zur Bewährung nicht auf den Randbereich der ausgesetzten Ersatzfreiheitsstrafen beschränkt geblieben ist.[1097]

Im Bereich der „vorläufigen Entlassung" sah schon § 24 des Strafgesetzbuchs von 1871 die Möglichkeit vor, den Strafgefangenen bei ihrer vorzeitigen Entlassung Verpflichtungen aufzuerlegen. Die Erbringung von Arbeitsleistungen scheint jedoch von den gesetzlich nicht näher definierten Verpflichtungen nicht eingeschlossen gewesen zu sein.[1098] In den 30er Jahren enthielten landesgesetzliche Vorschriften schließlich die Möglichkeit, dem Betroffenen Geldzahlungen aufzuerlegen.[1099] Arbeit als Auflage war in den Entwürfen vor 1933 aber nicht enthalten.

[1094] Zur Entwicklung der anfänglichen Strafaussetzung zur Bewährung siehe oben unter 2. Teil B. III. Kriminalpolitischer Hintergrund und Entwicklung der anfänglichen Strafaussetzung

[1095] Siehe oben unter 2. Teil B. III. 2. Entstehung und Entwicklung der anfänglichen Strafaussetzung im deutschen Rechtskreis als Maßnahme des Gnadenrechts Ende des 19. Jahrhunderts

[1096] Vgl. letzter Absatz der Allgemeinen Verfügung des preußischen Justizministeriums vom 29.6.1921, in: prJMBl 1921, S. 368 ff.

[1097] Vgl. die Ausführungen von Hellwig, Das Geldstrafengesetz, 1924, S. 114, der in seinem Kommentar zum Geldstrafengesetz 1924 allgemein die Möglichkeit der Auflage „freier Arbeit" bei der Aussetzung der Strafvollstreckung nennt.

[1098] Feuerhelm, Stellung und Ausgestaltung der gemeinnützigen Arbeit im Strafrecht, 1997, S. 130

[1099] So die Regelungen in Baden, Bayern, Sachsen, vgl. Umhauer, Vorläufige Entlassung und Beurlaubung auf Wohlverhalten, 1928, S. 392 (416 f., 421, 427)

c)   Jugendstrafrecht vor 1933

Im Jugendgerichtsgesetz von 1923 befanden sich schließlich Regelungen zur Strafaussetzung (§ 12 JGG 1923) sowie ein Katalog von Erziehungsmaßregeln (§ 7 I Nr. 3 JGG 1923).[1100] Die Arbeit als Sanktion wird allerdings nicht ausdrücklich erwähnt. Ein Teil der Literatur betrachtete sie aber als mögliche Konkretisierung der besonderen Verpflichtungen, die im Rahmen der obengenannten Vorschriften verhängt werden konnten.[1101] Nicht abschließend geklärt wurde jedoch die dogmatische Einordnung der Arbeit.[1102]

4.   Die Arbeitsstrafe im Nationalsozialismus

Auch in der Zeit des Nationalsozialismus gab es im Bereich der ambulanten Arbeitssanktion neue Denkansätze und Reformvorhaben. Für die Tilgung uneinbringlicher Geldstrafen wurde beispielsweise die Erweiterung der Regelung des § 28b StGB vorgeschlagen.[1103] So war im Entwurf der Strafrechtskommission von 1935 eine Vorschrift enthalten, nach der die Vollstreckungsbehörde in der Regel den Ersatz der Geldstrafe durch „freie Arbeit" anordnen sollte.[1104] Als Ersatzsanktion war Freiheitsentzug in Form der Haft vorgesehen.

Überdies wurde in der Literatur häufig eine Ausweitung der Anwendung der „freien Arbeit" gefordert.[1105] Es äußerten sich aber auch Kritiker zur Arbeitsstrafe, die die Stellung der Arbeit in der nationalsozialistischen Werteordnung gefährdet sahen.[1106] Dem Arbeitsethos des Staates

---

[1100]   Siehe dazu auch 2. Teil B. III. 3. a) Jugendgerichtsgesetz von 1923

[1101]   Für Arbeit im Rahmen der Strafaussetzung nach § 12 JGG 1923: Peters, Jugendgerichtsgesetz vom 16. Februar 1923, 1942, S. 45; Für Arbeit als Erziehungsmaßregel nach § 7 JGG: Hellwig, Jugendgerichtsgesetz, 1923, S. 109; Peters, Jugendgerichtsgesetz vom 16. Februar 1923, 1942, S 31

[1102]   Teilweise wurde die Arbeitsauflage analog zum Allgemeinen Strafrecht als Erschwerungsanordnung mit Vergeltungscharakter verstanden, vgl. Peters, Jugendgerichtsgesetz vom 16. Februar 1923, 1942, S. 45

[1103]   Dazu auch Pfohl, Gemeinnützige Arbeit als strafrechtliche Sanktion, 1983, S. 30 ff.

[1104]   Entwurf StGB 1935, § 48

[1105]   Stock, Die Strafe als Dienst am Volke, 1933, S. 108 f.; Schaffstein, Nationalsozialistisches Strafrecht, 1934, S. 603 (618); Siegert, Grundzüge des Strafrechts im neuen Staate, 1934, S. 67; Rietzsch, Die Strafen und Maßregeln der Sicherung, Besserung und Heilung, 1935, S. 118 (146 f.); Schirach, Jugend vor dem Richter, 1939, S. 65 (67)

[1106]   Wolf, Das künftige Strafensystem und die Zumessungsgrundsätze, 1935, S. 559 f.

widerspreche es, daß den „ehrenhaften jungen deutschen Männern, die im Arbeitsdienst ein entsagungsreiches und hartes Leben im Dienst der Nation führen, das Bild geboten würde, daß gefangene Verbrecher in gleicher Weise leben."[1107] Gerade hier wird deutlich, daß die Stellungnahmen vom ideologischen Geist der Zeit geprägt waren. So besagte auch der Entwurf 1936, daß der Antrag auf Verrichtung freier Arbeit nur dann bewilligt werden sollte, wenn der Verurteilte „dessen würdig" sei.[1108] Letztlich aber blieb die Rechtslage im Allgemeinen Strafrecht zur Zeit der NS-Diktatur bestehen.

Im Bereich des Jugendstrafrechts fand demgegenüber eine größere Weiterentwicklung statt. Prägend war vor allem der Erlaß des Reichsjugendgerichtsgesetzes (RJGG) im Jahre 1943. Aus der Praxis ist allerdings zu erfahren, daß die Arbeitsauflage im Jugendstrafrecht bereits vor 1943 genutzt wurde.[1109] Sie kam als Erziehungsmaßregel, im Gnadenverfahren, bei der Strafaussetzung zur Bewährung[1110] und beim Abarbeiten uneinbringlicher Geldstrafen[1111] zur Anwendung. Zudem wurde die Arbeitsauflage als Disziplinarmittel der Hitlerjugend eingesetzt, wo sie im Gegensatz zu den Erziehungsmaßregeln des JGG 1923 erzwungen werden konnte.[1112]

Die entscheidende Neuerung des RJGG von 1943 bestand darin, daß die Arbeit im Jugendstrafrecht erstmals ausdrücklich gesetzlich erwähnt wird. § 30 RJGG (Absehen von der Verfolgung) und 31 RJGG (Einstellung des Verfahrens) eröffneten dem Richter die Möglichkeit, dem Jugendlichen eine Arbeitsauflage zu erteilen.[1113] Wie aus Richtlinie Nr. 2 zu § 30 RJGG ersichtlich ist, sollte die Sanktion eine besonders geeignete erzieherische Maßnahme bei ge-

---

[1107] Wolf, Das künftige Strafensystem und die Zumessungsgrundsätze, 1935, S. 559 f.
[1108] Entwurf StGB 1936, § 44 f.
[1109] Bauer, Die Nürnberger Jugendgerichtspraxis, 1939, S. 505 f.; Hoyer, Arbeitsauflagen, ein wertvolles Zuchtmittel des Jugendrichters, 1942, S. 807; Kümmerlein, Arbeitsauflagen, ein wertvolles Zuchtmittel des Jugendrichters, 1942, S. 806 f.; Kühnlenz, Die Arbeitsauflage in der Praxis des Jugendgerichts, 1943, S. 336 ff.
[1110] Bauer, Die Nürnberger Jugendgerichtspraxis, 1939, S. 505 (506)
[1111] Kruse, Jugendgerichtshilfe, 1937, S. 523 (529 f.)
[1112] Kühnlenz, Die Arbeitsauflage in der Praxis des Jugendgerichts, 1943, S. 336 (338)
[1113] Diese können auch von der Staatsanwaltschaft angeregt werden (§ 30 I RJGG 1943).

ringen Verstößen darstellen.[1114] Richtlinie Nr. 5 zu § 9 RJGG bestimmt ferner, daß die Arbeitsauflage auch im Rahmen der Zuchtmittel als besondere Pflicht angeordnet werden könne.[1115] So ergab sich schon damals eine zweispurige Verwendungsmöglichkeit der Arbeit als Sanktion. Insgesamt betrachtet liegt die Bedeutung der NS-Zeit für die Entwicklung der ambulanten Arbeit als Strafe jedoch in dem weiteren konsequenten Einsatz der Arbeit als vergeltender Sanktion.[1116] Während heute die Entwicklung einer Sanktion angestrebt wird, die weniger in den Persönlichkeits- und Freiheitsbereich des Straftäters eingreift als beispielsweise die Freiheitsstrafe und dennoch eine entsprechende oder bessere spezialpräventive Wirkung erzielt, stand damals das Gemeinschaftsinteresse im Vordergrund.[1117] Zum Zwecke der Sühne sollten sozial nützliche Leistungen erbracht werden, die im Interesse der Volksgemeinschaft standen und sich durch einen besonders starken Eingriff in die Persönlichkeit des Trägers auszeichneten: Frondienste, Arbeitslager, harte Arbeiten im Moor wurden hierzu als Beispiele in der Literatur angeführt.[1118]

Allerdings muß hier differenziert werden: Die Stellungnahmen zur ambulanten Arbeitssanktion betonen neben der Gemeinnützigkeit der Arbeiten, daß die Betroffenen nicht zusammen mit Personen eingesetzt werden sollten, die Arbeitsdienst bei der Hitlerjugend oder anderen Organisationen verrichteten.[1119] Kriegshilfsdienst, Arbeitseinsätze bei der Hitlerjugend und freiwilliger Arbeitsdienst stellten ehrenvolle Arbeiten dar. Entscheidend dabei war nicht der Inhalt der Arbeit, sondern die gesellschaftliche Stellung der jeweiligen Arbeitskräfte. Diese machte die Arbeit selbst zu einer „ehrenvollen" Aufgabe, bei der Straftäter nur gestört hätten.[1120]

[1114] Abgedruckt bei Kümmerlein, Reichsjugendgerichtsgesetz, 1944, S. 91 ff.

[1115] Abgedruckt bei Kümmerlein, Reichsjugendgerichtsgesetz, 1944, S. 51

[1116] Feuerhelm, Stellung und Ausgestaltung der gemeinnützigen Arbeit im Strafrecht, 1997, S. 144

[1117] Pfohl, Entwicklung und Perspektiven der gemeinnützigen Arbeit als strafrechtliche Sanktion, 1985, S. 110 (112, 113)

[1118] Wolf, Das künftige Strafensystem und die Zumessungsgrundsätze, 1935, S. 544 (559 ff.)

[1119] Wolf, Das künftige Strafensystem und die Zumessungsgrundsätze, 1935, S. 544 (559 f.); dazu auch Wolff, Jörg, Jugendliche vor Gericht im Dritten Reich, 1992, S. 20; Feuerhelm, Stellung und Ausgestaltung der gemeinnützigen Arbeit im Strafrecht, 1997, S. 144

[1120] Wolf, Das künftige Strafensystem und die Zumessungsgrundsätze, 1935, S. 559 f.

5. Entwicklungen seit 1945 in der Bundesrepublik

Bereits kurze Zeit nach Ende des 2. Weltkrieges gingen von Baden-Württemberg neue Impulse für die Arbeitssanktion aus.[1121] Ein „Runderlaß" an alle Staatsanwaltschaften und Gerichte erlaubte 1947 im Wege des Gnadenerweises die Tilgung von Freiheitsstrafen bis zu einem Jahr durch freie Arbeit.[1122] Nach der erforderlichen Stellung eines Antrags wurde der Betrof-fene schließlich für kriegsbedingte Aufräum- oder Aufbauarbeiten eingesetzt. Praktische Schwierigkeiten – beispielsweise waren viele nicht zu schwerer körperlicher Arbeit in der Lage (Schwerbeschädigte und ältere Menschen) – und das Überangebot an Arbeitskräften nach der Währungsreform im Juli 1948 führten schließlich dazu, daß das Experiment im Sande verlief.[1123]

a) „Freie Arbeit" als Ersatzsanktion bei uneinbringlichen Geldstrafen

In der Reformdiskussion zum 2. StrRG ab Mitte der 50er Jahre stellte die ambulante Arbeit als Rechtsfolge einen umstrittenen Diskussionspunkt dar. Was die Regelung des bis dahin weiterhin geltenden § 28b StGB anging, so wurden in den verschiedenen Sitzungen der Strafrechtskommission von den Gegnern der Abarbeitung uneinbringlicher Geldstrafen deren mangelnde Praktikabilität vorgebracht.[1124] Andere wollten die bestehende Vorschrift beibehalten.[1125] Letztlich kam man in der Strafrechtskommission zu keinem Konsens über die Arbeitsstrafe.[1126] In den später folgenden Entwürfen zum StGB befaßte man sich entweder gar nicht oder nur oberflächlich mit dem Thema. Während die Entwürfe 1958 und 1959 die Regelung

---

[1121] Pfohl, Gemeinnützige Arbeit als strafrechtliche Sanktion, 1983, S. 32 f.

[1122] Pfohl, Entwicklung und Perspektiven der gemeinnützigen Arbeit als strafrechtliche Sanktion, 1985, S. 110 (113)

[1123] Pfohl, Entwicklung und Perspektiven der gemeinnützigen Arbeit als strafrechtliche Sanktion, 1985, S. 110 (113)

[1124] Bockelmann, Wie würde sich ein konsequentes Täterstrafrecht auf ein neues Strafgesetzbuch auswirken?, 1954, S. 29 (44); Niederschriften 1-Welzel, 1956, S. 102 f.; Niederschriften 1-Krille, 1956, S. 106; Nieder-schriften 1-Fränkl, 1956, S. 377; Niederschriften 1-Rösch, 1956, S. 381; Niederschriften 4-Schaf-heutle, 1958, S. 251; Niederschriften 12-Krille, 1958, S. 444

[1125] Niederschriften 4-Schäfer, 1958, S. 249; vgl. auch die Abstimmung in Niederschriften 4, 1958, S. 257

[1126] Siehe Abstimmung in Niederschriften 4, 1958, S. 356 und 527 f.; Feuerhelm, Stellung und Ausgestaltung der gemeinnützigen Arbeit im Strafrecht, 1997, S. 146

des § 28b StGB unangetastet ließen,[1127] sah der Entwurf 1960 die Tilgung uneinbringlicher Geldstrafen nicht mehr vor.[1128] Auch im Entwurf 1962 fehlte eine entsprechende Vorschrift, mit der Begründung, die Schwierigkeiten bei einer solchen Regelung seien größer als die Vorteile.[1129]

Während die Rechtswissenschaft uneinig blieb und auch der Gesetzgeber keine weiteren Schritte unternahm, wurde in der Praxis die Initiative ergriffen, um das Institut der gemeinnützigen Arbeit weiterzuentwickeln. In Hamburg wurde 1968 eine Verordnung auf der Grundlage des § 28b StGB erlassen.[1130] Danach konnte ein Betroffener durch eine Stunde Arbeit einen Betrag von DM 3, 60 von der Geldstrafe tilgen.[1131]

1974 wurde die Vorschrift des § 28b StGB schließlich als Art. 293 in das EGStGB eingefügt. Erst mehr als zehn Jahre nach der Hamburger Durchführungsverordnung nahmen auch weitere Bundesländer das Angebot in Art. 293 EGStGB wahr. Nach weiteren Modellprojekten[1132] in Berlin (1978), Hessen (1981) und Bremen (1982) ist eine Tilgung uneinbringlicher Geldstrafen in den alten Bundesländern seit Anfang 1987 flächendeckend möglich.[1133] In den neuen Bundesländern steht lediglich in Sachsen noch eine Umsetzung der Ermächtigung in Art. 293 EGStGB aus.

[1127] Entwurf StGB AT 1958, § 60; Entwurf StGB E 1959, § 60
[1128] Vgl. Entwurf StGB E 1960, § 55
[1129] Entwurf StGB E 1962, § 55, Begründung auf S. 172
[1130] Verordnung über die Tilgung uneinbringlicher Geldstrafen vom 3. Dezember 1968, Hamburgisches Gesetz- und Verordnungsblatt 1968, S. 267
[1131] § 2 der Verordnung über die Tilgung uneinbringlicher Geldstrafen vom 3. Dezember 1968
[1132] Siehe dazu auch Pfohl, Gemeinnützige Arbeit als strafrechtliche Sanktion, 1983, S. 39 ff.
[1133] Siehe Verordnungen unter 2. Teil B. 1. 1. c) Abwendung einer Ersatzfreiheitsstrafe, Art. 293 EGStGB i.V.m. Länderverordnungen

b) Gemeinnützige Arbeit als Alternativsanktion, § 52 AE von 1966

Einen wesentlich neuen Ansatz auf dem Gebiet der ambulanten Arbeitssanktion enthielt der Alternativentwurf (AE) der Strafrechtslehrer von 1966.[1134] Zwar stand auch hier die Arbeitsstrafe im Zusammenhang mit der Geldstrafe.[1135] Die Tatsache, daß die Vorschrift auf die Feststellung der Uneinbringlichkeit der Geldstrafe verzichtet, zeigt jedoch, daß nicht nur die Vorschrift des § 28b StGB übernommen werden sollte.[1136] Vielmehr stellte der Entwurf dem Betroffenen eine echte Wahlmöglichkeit zwischen Geldstrafe und gemeinnütziger Arbeit zur Verfügung.[1137] Die zu erbringenden Arbeitsleistungen sollten im Rahmen kommunaler Arbeit, Arbeit in Krankenhäusern, Erziehungsanstalten oder ähnlichen Einrichtungen stattfinden.[1138] Dabei waren die Tätigkeiten nach normalem Tariflohn zu entlohnen, von dem ein Teil zur Tilgung der Geldstrafe einzuziehen war. Den Rest des Lohnes sollte der Betroffene erhalten. Dies sei schon deshalb notwendig, damit der Täter den von ihm eventuell angerichteten Schaden wiedergutmachen und seine Familie weiter unterhalten könne.[1139]

Die Mehrheit des Strafrechtssonderausschussses des Deutschen Bundestages zeigte sich jedoch vom Vorschlag des Entwurfs wenig überzeugt. Dies lag vor allem an den bisherigen negativen Erfahrungen mit der Vorschrift des § 28b StGB.[1140] Praktische Schwierigkeiten, der

---

[1134] Dazu Baumann, Beschränkung des Lebensstandards anstatt kurzfristiger Freiheitsstrafe, 1968, S. 41 f., 58 f.; Blau, Die gemeinnützige Arbeit als Beispiel für einen grundlegenden Wandel des Sanktionswesens, 1986, S. 189 (196)

[1135] Die Vorschrift des § 52 AE befand sich im zweiten Titel „Strafen ohne Freiheitsentzug" unter der Überschrift „Geldstrafe"; Die Vorschrift selbst ist überschrieben mit „Ersatz durch gemeinnützige Arbeit".

[1136] Vgl. Pfohl, Gemeinnützige Arbeit als strafrechtliche Sanktion, 1983, S. 111

[1137] Baumann, Beschränkung des Lebensstandards anstatt kurzfristiger Freiheitsstrafe, 1968, S. 72 f.

[1138] Alternativ-Entwurf StGB 1966, Begründung, S. 99; Baumann, Beschränkung des Lebensstandards anstatt kurzfristiger Freiheitsstrafe, 1968, S. 42; Pfohl, Gemeinnützige Arbeit als strafrechtliche Sanktion, 1983, S. 114 f.

[1139] Alternativ-Entwurf StGB 1966, Begründung, S. 99; Pfohl, Gemeinnützige Arbeit als strafrechtliche Sanktion, 1983, S. 117

[1140] Pfohl, Entwicklung und Perspektiven der gemeinnützigen Arbeit als strafrechtliche Sanktion, 1985, S. 110 (113); Feuerhelm, Stellung und Ausgestaltung der gemeinnützigen Arbeit im Strafrecht, 1997, S. 148

hohe Kostenaufwand der Strafvollstreckung, Stigmatisierungsprobleme, sozialpsychologische Gründe (Arbeit ist keine Strafe) wurden außerdem ins Feld geführt.[1141]

c) Die Arbeitsauflage im Rahmen der Strafaussetzung zur Bewährung

Nach dem 2. Weltkrieg entwickelten sich im Allgemeinen Strafrecht unterschiedliche Formen der Arbeitsauflage. Zunächst einmal bestand weiterhin die schon im Strafgesetzbuch von 1871 vorgesehene Möglichkeit der Strafrestaussetzung (§§ 23 bis 26 RStGB) und der damit verbundenen Auflagenerteilung (§ 24 RStGB). 1953 wurde die Regelung der Strafaussetzung – einschließlich der Auflagenerteilung – mit dem 3. Strafrechtsänderungsgesetz[1142] um die anfängliche Strafaussetzung erweitert. Allerdings fand die Arbeit dabei keinen Eingang in den offenen Auflagenkatalog des § 24 StGB.[1143]

In den Entwürfen zur Strafrechtsreform ab 1958 war schließlich eine Leistungsauflage enthalten. Der Entwurf 1958 und der Entwurf 1959 sahen beispielsweise die Auflage vor, „über die Rechtspflicht zur Wiedergutmachung hinausgehende Leistungen zu erbringen."[1144] Eine Begründung für eine ähnliche Vorschrift lieferte der Entwurf 1960. Es handele sich hier um die „Anerkennung einer in der Praxis eingeführten Übung".[1145]

Die heutige Fassung des § 56b StGB, nach der das Gericht dem Verurteilten auferlegen kann „sonst gemeinnützige Leistungen zu erbringen", geht auf die Beratungen des Sonderausschusses zurück (1966-1969).[1146] Die inhaltliche Ausgestaltung des Begriffes der „gemeinnützigen Leistungen" wurde im Zuge der Entscheidung für diese Formulierung nicht weiter disku-

---

[1141]   Vgl. Sonderausschuß in: BT-Drs. 5/4095, S. 18 f.; Pfohl, Entwicklung und Perspektiven der gemeinnützigen Arbeit als strafrechtliche Sanktion, 1985, S. 110 (113)

[1142]   3. StRÄndG vom 4. August 1953, BGBl. I, 1953, S. 735

[1143]   Vgl. § 24 I StGB i.d.F. des 3. StRÄndG 1953, BGBl. I, 1953, S. 738

[1144]   Entwurf StGB AT 1958, § 77 I Nr. 5; Entwurf StGB E 1959, § 77 I Nr. 5

[1145]   Entwurf StGB E 1960, Begründung, S. 191

[1146]   Vgl. Sonderausschuß V, 1966-69, S. 668 f.

Tiert.[1147] Seit Inkrafttreten des 1. StrRG 1969[1148] wird die Arbeit als Leistungspflicht ausdrücklich im Katalog der Auflagen (§ 24a II Nr. 3 StGB a. F.) genannt. Klargestellt wurde mit dem 1. StrRG 1969 ferner die sühnende Funktion der Auflagen.[1149]

Für die Strafrestaussetzung änderte sich die Rechtslage im Jahre 1953. Während diese bis 1953 in den §§ 23 bis 26 RStGB eigenständig geregelt war, bewirkte das 3. StrÄndG 1953,[1150] daß die bedingte Entlassung nunmehr den Vorschriften über die anfängliche Strafaussetzung zur Bewährung (§§ 23 bis 25 StGB 1953) nachgeordnet war. Eine Verweisung in § 26 III StGB 1953 erklärte die wesentlichen Regelungen der anfänglichen Strafaussetzung – die Auflagenerteilung inbegriffen – auch für den Fall der bedingten Entlassung für anwendbar. Dies hatte zur Auswirkung, daß die Bewährungsauflagen bei der Strafrestaussetzung in der Regel nur am Rande und ohne eigenständige Diskussion erörtert wurden.[1151]

1969 wurde die Arbeitsauflage bei der Verwarnung mit Strafvorbehalt (§§ 59 ff. StGB) mit dem 2. StrRG eingeführt.[1152] Der Verweis in 59a II StGB auf § 56b StGB ermöglichte die Anwendung der Arbeitsauflage aus dem Bewährungsrecht und stellte zugleich klar, daß dieser auch im Rahmen der Verwarnung mit Strafvorbehalt eine repressive Funktion zukam.[1153] In der Praxis wird das gesamte Rechtsinstitut der Verwarnung mit Strafvorbehalt eher selten angewendet.[1154] Statt dessen ist die Tendenz erkennbar, auf das Verfahren nach §§ 153a ff. StPO

[1147] Andere Vorschläge lauteten: „sonst Leistungen für die Einrichtungen der sozialen Hilfe zu erbringen", Sonst Leistungen zum Wohle der Allgemeinheit zu erbringen". Siehe Sonderausschuß V, 1966-69, S. 668 f.

[1148] Erstes Gesetz zur Reform des Strafrechts (1. StrRG) vom 25. Juni 1969, BGBl. I 1969, S. 645 ff.

[1149] Pfohl, Gemeinnützige Arbeit als strafrechtliche Sanktion, 1983, S. 53

[1150] Drittes Strafrechtsänderungsgesetz vom 4. August 1953, BGBl. I 1953, S. 735 ff.

[1151] Eine Ausnahme bildet der Entwurf zum Allgemeinen Teil 1958, der eine Auflagenerteilung im Rahmen der Strafrestaussetzung ablehnt, da Maßnahmen, die der Genugtuung dienen, nach der Entlassung aus dem Strafvollzug nicht mehr sinnvoll seien. Siehe Entwurf StGB AT 1958, Begründung, S. 82

[1152] Zweites Gesetz zur Reform des Strafrechts (2. StrRG) vom 4. Juli 1969, BGBl. I 1969, S. 717 (727)

[1153] LK-Gribbohm, StGB, 1993, § 59a, Rn. 3

[1154] Horn, Ist die Verwarnung mit Strafvorbehalt noch zu retten? 1980, S. 106 f.; Baumann, Über die Denaturierung eines Rechtsinstituts (§ 59 StGB), 1980, S. 464 ff.; Cremer, Erlebt die Verwarnung mit Strafvorbehalt – §§ 59 ff. StGB – eine (Re-)Naissance?, S. 449 (450); Dencker, Ein Plädoyer für § 59 StGB, in: StV 1986, S. 399; Pfohl, Gemeinnützige Arbeit als strafrechtliche Sanktion, 1983, S. 84

auszuweichen.[1155] Darin werden auch die Gründe dafür gesehen, daß die Arbeitsauflage in diesem Bereich ein Schattendasein führte[1156] und nicht vertieft diskutiert wurde.[1157] Das Verbrechensbekämpfungsgesetz[1158] von 1994 nimmt schließlich eine Änderung des § 59a II StGB vor und streicht die Arbeitsauflage als mögliche Nebenentscheidung. Hierzu wird in der Gesetzänderung erklärt, der sanktionsähnliche Charakter der Auflage stehe mit dem Verfahren der Verwarnung nicht in Einklang.[1159]

d) Gemeinnützige Arbeit als Einstellungsvoraussetzung, § 153a StPO

Die Vorschrift des § 153a StPO entstand 1974 mit dem EGStGB.[1160] Man reagierte damit auf eine Praxis, in der das Verfahren schon vor 1974 unter der Voraussetzung einer Geldleistung eingestellt werden konnte.[1161] Eine Rechtfertigung der Arbeitsauflage als Einstellungsvoraussetzung ist in den Gesetzesentwürfen nicht enthalten. Es wird vermutet, daß bei der Einführung des § 153a StPO die damals schon vorhandene Regelung des § 56b StGB vollständig übernommen wurde.[1162]

[1155] LK-Gribbohm, StGB, 1993, Vor § 59 bis 59c, Rn. 3
[1156] Albrecht, Ansätze und Perspektiven für die gemeinnützige Arbeit in der Strafrechtspflege, 1985, S. 121 (125)
[1157] Feuerhelm, Stellung und Ausgestaltung der gemeinnützigen Arbeit im Strafrecht, 1997, S. 157
[1158] Verbrechensbekämpfungsgesetz vom 28.10.1994, BGBl. I, 1994, S. 3186
[1159] BT-DR 12/6853, 1994, S. 23
[1160] BGBl. I, 1974, S. 469 (508 f.)
[1161] Kausch, Der Staatsanwalt – Ein Richter vor dem Richter? Untersuchungen zu § 153a StPO, 1980, S. 33 ff.
[1162] Rieß deutet – allerdings ohne Schlußfolgerung – auf die übereinstimmende Formulierung hin: LR-Rieß, StPO, 1989, § 153a, Rn. 48; vgl. auch Feuerhelm, Stellung und Ausgestaltung der gemeinnützigen Arbeit im Strafrecht, 1997, S. 158

e)   Jugendstrafrecht

Neue Entwicklungen auf dem Gebiet des Jugendstrafrechts kamen nach Zusammenbruch des Dritten Reichs mit dem Jugendgerichtsgesetz von 1953 in Gang.[1163] Der Gesetzgebungsentwurf der Bundesregierung sah die ambulante Arbeit als eigenständige Sanktion zunächst nicht vor.[1164] Auf Antrag des Bundesrates wurde jedoch die Arbeitsauflage als besondere Pflicht in § 5 II aufgenommen.[1165] Diese fand schließlich auch Eingang in das Jugendgerichtsgesetz – allerdings als Weisung nach § 10 I S. 2 Nr. 4 JGG. Die Diskussionen im Laufe des Gesetzgebungsverfahrens behandelten zwar allgemein das Verhältnis und die Schwierigkeiten der Abgrenzung von besonderen Pflichten und Weisungen.[1166] Auf die Arbeitsauflage wurde dabei jedoch nicht näher eingegangen. Mit der Entscheidung, die Arbeitsauflage bei den Weisungen einzuordnen, setzte sich der Gesetzgeber in Widerspruch zum Schrifttum, das diese Maßnahme überwiegend als Zuchtmittel verstanden wissen wollte.[1167] Auch für die Strafaussetzung zur Bewährung,[1168] die Aussetzung der Verhängung einer Jugendstrafe[1169] und die Strafrestaussetzung[1170] eröffnet das JGG 1953 die Anwendung der Arbeitsauflage (bzw. -weisung), ohne hierzu eine eigenständige Begründung zu liefern.

Die in der Folgezeit vorgebrachte Kritik an der undeutlichen Trennung zwischen besonderen Pflichten und Weisungen im JGG 1953 wurde oft anhand der Arbeitsauflage dokumentiert.

[1163]   Bis dahin wurde die Arbeitsauflage weiterhin im Rahmen der §§ 30 I S. 2, II RJGG (Absehen von der Verfolgung) und § 31 II S. 1 RJGG (Einstellung des Verfahrens durch den Richter) sowie als selbständiges Zuchtmittel nach § 9 RJGG erteilt; vgl. Potrykus, Kommentar zum Jugendgerichtsgesetz, 1952, S. 103

[1164]   Weder bei den Weisungen nach § 5, noch bei den abschließend aufge,ählten besonderen Pflichten nach § 9 wurde die Arbeitsauflage genannt. Vgl. BT-Dr 3264, 1953, S. 19 f.

[1165]   BT-Dr 3264, 1953, S. 53 (Begründung des Bundesrates), S. 62

[1166]   Feuerhelm, Stellung und Ausgestaltung der gemeinnützigen Arbeit im Strafrecht, 1997, S. 160 f.

[1167]   Peters, Werdendes Jugendstrafrecht, 1947, S. 22 f., 56 f.; Feuerhelm, Stellung und Ausgestaltung der gemeinnützigen Arbeit im Strafrecht, 1997, S. 172

[1168]   § 23 I S. 2 JGG 1953 i.V.m. § 10 I S. 2 Nr. 4 JGG

[1169]   §§ 29 S. 2, 23 I S. 2 i.V.m. § 10 I S. 2 Nr. 4 JGG

[1170]   Bei einer bestimmten Jugendstrafe: §§ 88 V S. 2, 23 I S. 2 i.V.m. § 10 I S. 2 Nr. 4 JGG; bei einer unbestimmten Jugendstrafe: §§ 89 III, 88 V S. 2, 23 I S. 2 i.V.m. § 10 I S. 2 Nr. 4 JGG

Diese sah man als Beleg dafür an, daß auch Weisungen sühnender Charakter zukommen dürfe, sofern erzieherische Ziele verfolgt würden.[1171] 1975 nahm der Gesetzgeber einige formale Änderungen vor. Dabei erfuhr die Einordnung der Arbeitsauflage – nun umbenannt in „Erbringung von Arbeitsleistungen" – als Weisung eine Bestätigung in den Begründungen.[1172]

[1171]   Potrykus, Weitere Zweifelsfragen nach dem neuen Jugendgerichtsgesetz, 1954, S. 821 f.; Dallinger/Lackner, JGG, 1955, S. 142 f.
[1172]   BT-Dr 7/550, 1975, S. 328: Die Arbeit sei keine Auflage, weil das Erbringen von Arbeitsleistungen im Bereich des Jugendrechts überwiegend der erzieherischen Beeinflussung der Lebensführung des Jugendlichen diene. Die „besonderen Pflichten" werden nun als „Auflagen" bezeichnet. Damit keine Mißverständnisse entstehen, ersetzt man die Formulierung „einer Arbeitsauflage nachzukommen" in I S. 2 Nr. 4 JGG durch „Arbeitsleistungen zu erbringen".

Tabelle 45 Gesetzgebungsakte oder Maßnahmen mit Relevanz für die gemeinnützige Arbeit als Sanktion; Inhalt/Bedeutung.

Jahr	Gesetzgebungsakte/Maßnahmen	Inhalt/Bedeutung
1698	Codex Augusteus von 1698	Einführung der "Hand-Arbeit" neben der Geld- oder Gefängnisstrafe
1814	Sächsische Verordnung von 1814	Handarbeit anstelle der Gefängnisstrafe bei Forst- und Jagdvergehen
1821	Holzdiebstahlsgesetz von 1821	Forstarbeit im Falle uneinbringlicher Geldstrafen
1850	Thüringisches Strafgesetzbuch von 1850	Ausbau der sächsischen Handarbeitsstrafe
1855	Königlich-Sächsisches Criminalgesetzbuch von 1855	Ausbau der sächsischen Handarbeitsstrafe
1865	Badische Verordnung über das Verfahren in Forststrafsachen von 1865	Forstarbeit ist zwingend vorgesehen im Falle einer uneinbringlichen Geldstrafe
1878	Preußisches Forstdiebstahlgesetz von 1878	Leistung von Forst- oder Gemeindearbeiten anstelle der Ersatzfreiheitsstrafe
1921	Geldstrafengesetz von 1921	Freie Arbeit zur Tilgung uneinbringlicher Geldstrafen
1924	Verordnung über Vermögensstrafen und Bußen von 1924	Übernahme der Regelung des Geldstrafengesetzes von 1921 in das Strafgesetzbuch
1943	Jugendgerichtsgesetz von 1943	Arbeit als Sanktion im Rahmen des Absehens von der Strafverfolgung und Einstellung des Verfahrens; Arbeit als besondere Pflicht im Rahmen der Zuchtmittel und als erzieherische Maßnahme bei geringen Verstößen
1953	Jugendgerichtsgesetz von 1953	Einführung der Arbeitsweisung nach § 10 JGG
1969	1. Gesetz zur Reform des Strafrechts von 1969	Aufnahme der gemeinnützige Arbeit in den Katalog der Auflagen bei der anfänglichen Strafaussetzung zur Bewährung
1974	Einführungsgesetz zum Strafgesetzbuch von 1974	Einführung des Art. 293 EGStGB: Freie Arbeit bei uneinbringlichen Geldstrafen Einführung der Einstellungsnorm des § 153a StPO mit der Anordnung gemeinnütziger Arbeit
1975	Neufassung des Strafgesetzbuchs von 1975	Einführung der Führungsaufsicht als Maßregel der Besserung und Sicherung
1990	Jugendgerichtsgesetz von 1990	Einführung der Arbeitsauflage nach § 15 JGG

III. Aufgaben und Ziele der Arbeitssanktionen

Im Folgenden soll untersucht werden, welche Aufgaben und Ziele mit der ambulanten Arbeit im deutschen Sanktionsrecht verfolgt werden. Zunächst einmal wird der Blick auf die Begriffe gerichtet, mit der die Arbeitssanktion im Gesetz umschrieben werden. Dabei ist zu beobachten, daß der Fülle gesetzlicher Normierungen eine ähnliche Vielzahl unterschiedlicher Bezeichnungen gegenübersteht. Im Allgemeinen Strafrecht wird von der „Erbringung gemeinnütziger Leistungen" gesprochen,[1173] das Jugendstrafrecht gebraucht die Bezeichnung „Erbringung von Arbeitsleistungen"[1174] und in Art. 293 EGStGB ist von „freier Arbeit" die Rede.

Auch in der Literatur ist man sich nicht einig. Teilweise wird gefordert, die im Jugendstrafrecht verwandte Terminologie derjenigen im Allgemeinen Strafrecht anzugleichen und durchgehend von „gemeinnützigen Leistungen" zu sprechen. Davon abgesehen tauchen die verschiedensten Begriffe auf, wie zum Beispiel „soziale Arbeitsstunden",[1175] „Sozialdienst",[1176] „Freizeitarbeit",[1177] „Dienstleistungsstrafe"[1178] und „Strafdienst"[1179]. Die konkrete Funktion der unterschiedlichen Formen der Arbeitssanktion geht jedoch aus den jeweils verwendeten Bezeichnungen nicht hervor, wenn auch die Tendenz zu einer eher erzieherisch-sozialen oder einer eher repressiv-ahndenden Zielbestimmung zum Teil anhand der Begriffsverwendung erkennbar ist. In der Regel muß bei der Funktionsbestimmung auf nähere Erläuterungen im Gesetz, die Systematik oder sonstige Anhaltspunkte zurückgegriffen werden.

a) Spezialprävention: Resozialisierung und Erziehung

Einige Vorschriften definieren die Anordnung gemeinnütziger Arbeit als spezialpräventive Maßnahmen. Dazu zählt als zentrale Regelung die Arbeitsweisung in 10 I S. 3 Nr. 4 JGG.[1180]

[1173]   § 153a I S. 1 Nr. 3 StPO, § 56b II S. 1 Nr. 3 StGB
[1174]   § 10 I S. 3 Nr. 4 JGG, § 15 I S. 1 Nr. 3 JGG
[1175]   Viehmann, Für ein neues Jugendkriminalrecht, 1992, S. 436 (457)
[1176]   Marks, Das Modell Brücke, 1981, S. 269 (271)
[1177]   Fritschka, Weisungen und Auflagen gegenüber Heranwachsenden aus der Sicht des Bewährungshelfers, 1977, S. 349 (352)
[1178]   Bemmann, Für eine Dienstleistungsstrafe, 1975, S. 211 ff.
[1179]   Mayer, Strafrechtsreform für heute und morgen, 1962, S. 120
[1180]   Bejaht man die Möglichkeit der Arbeitsweisung auch im Rahmen des § 56c StGB als Weisung bei der Strafaussetzung zur Bewährung, so wäre hier ebenfalls eine spezialpräventive Zielrichtung gegeben. Gleiches gilt für Vorschriften aus dem Jugendgerichtsgesetz, die mit § 10 I S. 3 Nr. 4 JGG in Verbindung gesetzt werden. Siehe Verweisungen in § 45 III JGG, § 23 I JGG, § 29 S. 2 JGG, § 88 VI S. 1 JGG

Entsprechend der allgemeinen Zielrichtung der Weisungen soll auch die Erbringung von Arbeitsleistungen dazu dienen, die Lebensführung des Jugendlichen zu regeln und dadurch seine Erziehung zu fördern und zu sichern. Dabei muß die Arbeit an konkreten Defiziten des Jugendlichen anknüpfen und zur Beseitigung seiner Probleme beitragen.

In der Literatur wird die Einordnung der Arbeitsweisung als spezialpräventive Maßnahme weiter konkretisiert. Sie verweist beispielsweise auf die Chance zum sozialen Lernen.[1181] Diese sei insbesondere dann gegeben, wenn der Kontakt zu Hilfsbedürftigen hergestellt werde[1182] oder die Ableistung der Arbeit in Gruppen erfolge.[1183] Ferner könne der Betroffene das Erlebnis des persönlichen Wertes sozialer Tätigkeit erfahren,[1184] wodurch der Reifungsprozeß des Jugendlichen gestützt werde.[1185] Damit die Arbeitsweisung der Resozialisierung des Verurteilten dienen kann, komme der pädagogischen Betreuung während der Arbeitsleistungen entscheidende Bedeutung zu.[1186] Gerade diese Voraussetzung gibt allerdings einigen Autoren Anlaß zur Kritik. In einer Vielzahl der Fälle finde die Durchführung der Arbeitsweisung ohne sozialpädagogische Betreuung statt.[1187] Darüber hinaus bringt ein Teil des Schrifttums Zweifel darüber zum Ausdruck, ob die Arbeitsweisung eine Resozialisierung des Jugendlichen überhaupt gewährleisten kann. Dieses werde ohne die Lieferung einer nachvollziehbaren Begrün-

---

[1181] Marks, Das Modell Brücke, 1981, S. 269 (274)
[1182] Fritschka, Weisungen und Auflagen gegenüber Heranwachsenden aus der Sicht des Bewährungshelfers, 1977, S. 349 (351 f.)
[1183] Hilse, Zur Umsetzbarkeit des Diversionsgedankens im Jugendgerichtsgesetz, 1984, S. 150 (168)
[1184] Bietz, Erziehung statt Strafe? Überlegungen zur Weiterentwicklung des Jugendkriminalrechts, 1981, S. 212 (216); ähnlich Dölling, Die gemeinnützige Arbeit als eigenständige strafrechtliche Sanktion, 1990, S. 363 (366)
[1185] Pfeiffer, Kriminalprävention im Jugendgerichtsverfahren, 1989, S. 154
[1186] Stemmildt, Jugendgerichtshilfe als sozialpädagogisches Angebot, 1990, S. 166 (168 f.); Baumann, Beschränkung des Lebensstandards anstatt kurzfristiger Freiheitsstrafe, 1968, S. 43, im Zusammenhang mit § 52 AE von 1966
[1187] Vgl. die Umfrage von Heinz/Huber, Ambulante sozialpädagogische Maßnahmen für junge Straffällige, 1986, S. 37 (48) die im Jahre 1983/84 eine Quote von über 90 Prozent der Arbeitsweisungen ohne Betreuung feststellt; vgl. auch Heinz, Neue ambulante Maßnahmen nach dem Jugendgerichtsgesetz, 1986, S. 22 (32); Eine Umfrage bei Jugendämtern in Baden-Württemberg 1983 und 1986 ergibt einen Prozentsatz von 23 Prozent, bzw. 33 Prozent betreuter Arbeitsweisungen, vgl. Heinz, Neue ambulante Maßnahmen nach dem Jugendgerichtsgesetz, 1987, S. 129 (145); siehe auch die Kritik zur „Massenabfertigung"

dung einfach behauptet.[1188] Darüber hinaus wird vorgebracht, daß die gemeinnützige Arbeit der Resozialisierung sogar im Wege stehen könne, da sie den Betroffenen demütige und stigmatisiere.[1189]

Insgesamt kann aus der gesetzlichen Systematik nur der Hinweis entnommen werden, daß einige Formen der Arbeitssanktion durch positiv-spezialpräventive Aufgaben definiert sind, wobei sich diese Vorgaben nicht weiter differenzieren oder vertiefen lassen. Die Inhalte der Tätigkeit scheinen keine Rolle zu spielen.

Hier ergeben sich Parallelen zu der englischen community service order, die gemäß der Einleitung der National Standards for the Supervision of Offenders in the Community von 1995 ebenfalls spezialpräventiv ausgerichtet ist.[1190] Dabei stimmen die im Rahmen der community service order zu erfüllenden Arbeitsleistungen mit denen der gemeinnützigen Arbeit im deutschen Recht in weiten Teilen überein.[1191] In der Literatur ist die Diskussion um das resozialisierende Potential der Maßnahme mittlerweile der Debatte zur Rolle des probation service bei der Durchführung der community service order gewichen.[1192] Der ursprünglich ganz der Behandlung verschriebene probation service betont neuerlich vor allem den Aspekt der Genugtuung im Zusammenhang mit den Aufgaben der community service order.[1193]

---

von Meyer/Hassemer, 10 Jahre Arbeit der Brücke-Projekte: Standort und Perspektiven, 1990, S. 36 (38 f.)

[1188] Bundesarbeitsgemeinschaft für ambulante Maßnahmen, Leitfaden für die Anordnung und Durchführung der neuen ambulanten Maßnahmen („Mindeststandards"), 1991, S. 288 (295); Maeck, Weisungen und Verpflichtungen gegenüber 18-20jährigen Straftätern, 1977, S. 364 (376 f.); Ortner/Wetter, Plädoyer für eine „befreiende Sozialarbeit". Gegen Sozialtechnik im Strafvollzug, 1986, S. 120 (131 f.)

[1189] Ostendorf, JGG, 1997, § 10, Rn. 12

[1190] Home Office, National Standards for the Supervision of Offenders in the Community, 1995, chapter 5, introd. No. 2; siehe dazu auch 1. Teil B. IV. Funktionen und Ziele der Community Service Order

[1191] Dazu ausführlicher weiter unten unter 2. Teil C. IV. Vollzug der Arbeitssanktionen

[1192] Siehe dazu Hine, Trying to unravel the Gordian Knot: an Evaluation of Community Service Orders, 1997, S. 96 ff.; Skinns, Community Service Practice, 1990, S. 65 ff.; Vass/Menzies, The Community Service Order as a Public and Private Enterprise, 1989, S. 255 ff.; McWilliams, Community Service National Standards: Practice and Sentencing, 1989, S. 121 ff.

[1193] Vgl. Home Office, Report on a Thematic Inspection of Community Service, 1988

b) Genugtuung: Sühne für begangenes Unrecht

Auch im deutschen Recht sind einige Formen der Arbeitssanktion auf Genugtuung für begangenes Unrecht gerichtet. Zu nennen sind insbesondere die Auflagen im Rahmen der § 153a StPO und § 56b StGB. Im Jugendrecht erfüllt die Arbeitsauflage gemäß § 15 JGG diese Funktion.

Die Maßnahmen des Allgemeinen Strafrechts dienen der Aufgabe, die Verurteilung für den Betroffenen fühlbar zu machen,[1194] das begangene Unrecht auszugleichen[1195] und dadurch einen Beitrag zur Wiederherstellung des Rechtsfriedens zu leisten,[1196] wobei die Proportionalität von Schuld und Strafe zu wahren ist.[1197] Als Zuchtmittel im Sinne des Jugendstrafrechts ist die Auflage dazu bestimmt, im Wege der Sühneleistung dem Jugendlichen das Unrecht seiner Tat deutlich zu machen,[1198] die Straftat des Jugendlichen zu ahnden[1199] und darüber hinaus der Genugtuung des Verletzten und der Rechtsgemeinschaft zu dienen.[1200]

Selten wird im Schrifttum etwas darüber ausgesagt, wie die Genugtuungs- und Ahndungsfunktion durch die Arbeitsauflagen umgesetzt werden soll. Die Auflagen werden allgemein als tatbezogene Sühneleistungen bezeichnet.[1201] Als Anknüpfungspunkt für die Ausgestaltung der Strafe dienen daher die Merkmale der Tat und der Schuld. Deren Schwere spiegelt sich in der Dauer der Arbeitsauflage wieder.[1202] Anders als im Falle der englischen Arbeitssanktion[1203]

[1194]   Lackner-Lackner, StGB, 1997, § 56b, Rn. 1; Streng, Strafrechtliche Sanktionen, 1991, S. 71
[1195]   Schönke/Schröder-Stree, StGB, 1997, § 56b, Rn. 4; Lackner-Lackner, StGB, 1997, § 56b, Rn. 1; Klein-knecht/Meyer-Goßner, StGB, 1997, § 153a, Rn. 13
[1196]   Schönke/Schröder-Stree, StGB, 1997, § 56b, Rn. 4 f.
[1197]   Streng, Strafrechtliche Sanktionen, 1991, S. 71
[1198]   Brunner/Dölling, JGG, 1996, § 15, Rn. 1; Eisenberg, JGG, 1997, § 15, Rn. 3; Ostendorf, JGG, 1997, § 15, Rn. 13
[1199]   Diemer/Schoreit/Sonnen-Diemer, JGG, 1995, § 15, Rn. 15; Brunner, JGG, 1991, § 13, Rn. 2; Schaff-stein/Beulke, 1995, S. 102
[1200]   Schaffstein/Beulke, 1995, S. 105 f.
[1201]   Brunner, JGG, 1991, § 15, Rn. 1; Diemer/Schoreit/Sonnen-Diemer, JGG, 1995, § 15, Rn. 2;
[1202]   Galaway, Restitutive Justiz. Programme, Strategien und Angebote, 1985, S. 471 (487)
[1203]   Hier wird immer wieder betont, daß die Strafe nicht in den zu erbringenden Arbeitsleistungen zu sehen ist, sondern im Verlust der Freizeit, siehe unter 1. Teil. B. II. 3. White Paper „Crime, Justice and Protec-

sieht die Literatur die Genugtuungsfunktion der Maßnahme nur vereinzelt dadurch verwirklicht, daß der Verurteilte einen Teil seiner Freizeit verliert.[1204] Ferner werden die Inhalte der Arbeitsleistungen insgesamt kaum durch diese Funktion der Auflage beeinflußt.[1205]

c) Diversion: Vermeidung kurzer Freiheitsstrafen

Weder aus den gesetzlichen Vorschriften noch aus der Systematik der Regelung des Art. 293 EGStGB und den hierauf basierenden Ausführungsverordnungen ergibt sich für die freie Arbeit im Rahmen der Geldstrafenvollstreckung ein Hinweis auf ihre straftheoretische Begründung oder Zielsetzung. Eine Rechtfertigung für diese Sanktion wird in erster Linie in der Vermeidung der Vollstreckung der Ersatzfreiheitsstrafe gesehen.[1206] Daneben enthalten Fürsprachen den Verweis auf eine spezialpräventive Wirkung der freien Arbeit.[1207] Das diese keine echte Zielsetzung der Sanktion darstellt, wird jedoch schon dadurch deutlich, daß der Resozialisierung des Betroffenen dienende Erwägungen keinen Einfluß auf die Dauer der Arbeit haben; diese ist stets von der Anzahl der Tagessätze abhängig.[1208]

Auch der community service order lagen bei ihrer Einführung in erster Linie pragmatische Erwägungen zugrunde. Die Einsetzung des „Wootton-Committee" durch das Innenministe-

---

ting the Public" 1990; 1. Teil D. II. 1. Aufgabe und Stellung der Community Service Order im Strafensystem nach ihrer Einführung in den 70er Jahren sowie 1. Teil D. V. 1. Art der Arbeit und Einsatzstellen

[1204] So sieht es Dölling, Die gemeinnützige Arbeit als eigenständige strafrechtliche Sanktion, 1990, S. 363 (365)

[1205] Feuerhelm, Stellung und Ausgestaltung der gemeinnützigen Arbeit im Strafrecht, 1997, S. 205

[1206] Baumann, Die Chance des Art. 293 EGStGB: Freie gemeinnützige Arbeit statt Ersatzfreiheitsstrafe, 1979, S. 290 (292 ff.); Schädler, Das Projekt „Gemeinnützige Arbeit" – die nicht nur theoretische Chance des Art. 293 EGStGB, 1983, S. 5 (S. 6 ff.); Krieg/Löhr u.a., Weil du arm bist, mußt du sitzen, 1984, S. 25 ff.; Albrecht, Ansätze und Perspektiven für die gemeinnützige Arbeit in der Strafrechtspflege, 1985, S. 121 (124 ff.); Pfohl, Entwicklung und Perspektiven der gemeinnützigen Arbeit, 1985, S. 110 (111 ff.); Schall, Die Sanktionsalternative der gemeinnützige Arbeit als Surrogat der Geldstrafe, 1985, S. 104 ff.; Rolinski, Ersatzfreiheitsstrafe oder gemeinnützige Arbeit?, 1981, S. 52 ff.

[1207] Albrecht, Ansätze und Perspektiven für die gemeinnützige Arbeit in der Strafrechtspflege, 1985, S. 121 (124); Rössner, Eine konstruktive Alternative zu Geld- und Freiheitsstrafe, 1985, S. 105 (107 ff.); Dölling, Die gemeinnützige Arbeit als eigenständige strafrechtliche Sanktion, 1990, S. 363 (365 f.)

[1208] Feuerhelm, Stellung und Ausgestaltung der gemeinnützigen Arbeit im Strafrecht, 1997, S. 206, Fn. 175; Zudem beziehen sich „Erfolgsmeldungen" in der Regel auf die durch die Sanktion ersparten Hafttage und nicht etwa auf etwaige „Resozialisierungserfolge", vgl. Informationen des Hessischen Ministeriums der Justiz in Zeitschrift für Strafvollzug und Straffälligenhilfe 1981, S. 237 und 1984, S. 232 f.

rium im Jahre 1970 war vor allem auf die Notwendigkeit zurückzuführen, die Verhängung der Freiheitsstrafe einzudämmen.[1209] In der Folgezeit blieben die Bemühungen um die community service order geprägt vom erstrebten Diversionseffekt der Maßnahme und weniger von deren – in den National Standards niedergelegten – resozialisierenden Zielsetzung.

d) Wiedergutmachung: Entschädigung des Opfers oder der Gesellschaft

Schließlich ist die Möglichkeit einer restitutiven Funktion der Arbeitssanktion zu erörtern. Im Gegensatz zur community service order enthält das deutsche Recht jedoch keinerlei Hinweise darauf, daß die gemeinnützige Arbeit eine Wiedergutmachung des Unrechts bezwecken soll.[1210] Auch systematisch betrachtet bieten die Sanktionen keinen Anlaß, eine „symbolische Wiedergutmachung" in der Ableistung der Arbeitsanordnungen zu sehen. Allerdings könnten Impulse für die Zukunft von der Praxis ausgehen. Beispielsweise schließen Modellprojekte zum Täter-Opfer-Ausgleich gemeinnützige Tätigkeiten in unterschiedlicher Ausgestaltung ein. So kann ein direkter Ausgleich im Wege der Arbeitsleistung zugunsten des Opfers erfolgen.[1211] Ferner wird die Arbeitsleistung als Maßnahme dann angeboten, wenn das Opfer zu einem Ausgleich nicht bereit ist.[1212] Größere praktische Relevanz besitzen jedoch sogenannte Opferfonds, bei denen das Opfer aus Mitteln eines Fonds entschädigt wird und der mittellose Täter das ihm zur Verfügung gestellte Darlehen durch Ableistung gemeinnütziger Arbeit abträgt.[1213] Auch der 1992 vorgelegten Alternativ-Entwurf Wiedergutmachung (AE-WGM) ent-

---

[1209] Siehe oben unter 1. Teil D. II. Kriminalpolitischer Hintergrund und Entwicklung der Community Service Order

[1210] Für die community service order siehe Home Office, National Standards for the Supervision of Offenders in the Community, 1995, chapter 5, no. 2, S. 34

[1211] Modell „Waage" in Köln: Schreckling, Ausgleichsverläufe und –erfolg bei der „Waage" Köln, 1991, S. 88 (92); Kawamura/Schreckling, Täter-Opfer-Ausgleich – eine professionelle soziale Intervention? Überlegungen zur Arbeitsmethodik vor dem Hintergrund der Waage-Fallpraxis, 1989, S. 77 (83); Dortmund: Witjes/Nießen/Bergschneider, Implementation von Täter-Opfer-Ausgleich, 1989, S. 223 (243); München und Landshut: Hartmann, Begleitforschung für die Modellprojekte in München und Landshut – Rückblick, Ausblick, erste Ergebnisse, 1989, S. 134 (142); Reutlingen: Dünkel/Rössner, Täter-Opfer-Ausgleich in der Bundesrepublik, Österreich und der Schweiz, 1987, S. 845, (866)

[1212] Für Kiel: Frehsee/Kröeger-Steffens, Die Brücke Kiel e.V., 1989, S. 283 (284); für Tübingen: Rössner, Auswertung des Tübinger Gerichtshilfe-Projekts, 1993, S. 99 (107)

[1213] Braunschweig: Staeter, Erfahrungsbericht über die Arbeit der Jugendstaatsanwälte in Braunschweig im Rahmen des Bundesmodellversuchs, 1984, S. 219 (221); Frehsee, Wiedergutmachung statt Strafe, 1982,

hält eine Regelung, in der die gemeinnützige Arbeit ausdrücklich als mögliche Wiedergutmachungsleistung zur Verfügung steht.[1214] Dahinter steht die Intention, dem Täter-Opfer-Ausgleich einen möglichst großen Anwendungsbereich zu eröffnen.[1215] Die gemeinnützige Arbeit kommt daher zum Einsatz, wenn der Rechtsfrieden durch Leistungen an den Verletzten nicht oder nicht in ausreichendem Maße wiederhergestellt werden kann. Denkbar sind Fälle, in denen ein personifizierbares Opfer nicht vorhanden oder wo das Delikt im Versuchsstadium steckengeblieben ist.[1216]

IV. Der Vollzug der Arbeitssanktionen

Wie im englischen Recht[1217] machen auch die deutschen Vorschriften keinerlei Angaben über die Art und den institutionellen Rahmen der Tätigkeiten, die infolge der unterschiedlichen Arbeitsanordnungen zu leisten sind. Weder die Einsatzstellen noch bestimmte Aufgaben werden im Gesetz genannt. Ein Teil der Sanktionen schreibt lediglich vor, daß es sich um „gemeinnützige Arbeit" handeln muß.[1218] Demgegenüber bieten die National Standards in England als einzigen Anhaltspunkt, daß die Arbeitsleistung im Rahmen der Anordnung in körperlicher oder intellektueller Hinsicht anspruchsvoll zu sein hat.[1219]

Im Folgenden soll kurz dargestellt werden, wie die Praxis in Deutschland die offenen gesetzlichen Vorgaben umsetzt, also welche Einsatzstellen Arbeitsplätze bereitstellen und welche Aufgaben die Betroffenen zu erfüllen haben. Dabei beziehen sich die Angaben in der Regel auf die jugendrechtliche Arbeitsweisung nach § 10 JGG und auf die freie Arbeit nach

---

S. 126 (133); Viet, Der Täter-Opfer-Ausgleich in der Jugendgerichtshilfe Braunschweig, 1989, S. 59 (63); Schultze, Der Täter-Opfer-Ausgleich im Jugendstrafrecht, 1984, S. 387 (389); Sollte, Rechtspflege und praktische Umsetzung des Täter-Opfer-Ausgleichs durch die Staatsanwaltschaft, 1993, S. 213 (215); weitere Nachweise bei Feuerhelm, Stellung und Ausgestaltung der gemeinnützigen Arbeit im Strafrecht, 1997, S. 209, Fn. 185

[1214] Alternativ-Entwurf Wiedergutmachung 1992, § 2 I S. 1 Nr. 5
[1215] Alternativ-Entwurf Wiedergutmachung, 1992, S. 40 f.
[1216] Alternativ-Entwurf Wiedergutmachung, 1992, S. 41 f.
[1217] Siehe unter 1. Teil B. V. 1. Art der Arbeit und Einsatzstellen
[1218] Im Allgemeinen Strafrecht: § 153a I S. 1 Nr. 3 StPO, § 56b II S. 1 Nr. 3 StGB
[1219] Siehe unter 1. Teil B. V. 1. Art der Arbeit und Einsatzstellen

Art. 293 EGStGB. Die übrigen Möglichkeiten, eine Arbeitssanktion zu verhängen, besitzen kaum Praxisrelevanz und werden daher in den Berichten auch nur selten behandelt.[1220]

1. Einsatzstellen

Die Ableistung der gemeinnützigen Arbeit findet im Rahmen einer Vielfalt von Einrichtungen und Organisationen statt. Dabei ist keine Differenzierung nach Art der Arbeitssanktion zu beobachten. So wird zum Beispiel die Durchführung jugendrechtlicher Arbeitsweisungen von ähnlichen Institutionen übernommen wie die gemeinnützige Arbeit nach Art. 293 EGStGB. Der Kreis der Institutionen und Organisationen reicht von staatlichen oder kommunalen Stellen über Wohlfahrtseinrichtungen bis zu privatrechtlichen Vereinen. Damit ergibt sich eine Situation, die derjenigen in England und Wales sehr nahe kommt. Auch dort ist eine große Bandbreite verschiedener Einrichtungen in die Durchführung der community service order eingebunden.[1221]

Für die Arbeitsweisung nach § 10 JGG nennt eine Umfrage aus dem Jahre 1984 folgende Arbeitsstellen: „Gartenanlagen, Krankenhäuser, Alten- und Pflegeheime, Behinderteneinrichtungen, Kindertagesheime, Kindergärten, Spiel- und Lerngruppen, Jugendherbergen und -heime, Bauhöfe, Tierheime und -parks, freie Wohlfahrtsverbände, kirchliche Einrichtungen, Sportvereine, Friedhöfe, Bahnhofsmissionen, Amtsgerichte (Akten sortieren, Reinigen, Schneeschippen), Büchereien, Landschafts-, Umweltschutz- und Straßenbauämter."[1222] Die freie Ar-

---

[1220] Zwar besitzt die 1990 eingeführte Arbeitsauflage nach § 15 JGG mittlerweile schon eine recht große Bedeutung (siehe oben unter 2. Teil C. I. 2. b) (2) Arbeitsauflage, § 15 I S. 1 Nr. 3 JGG), allerdings stehen noch kaum Berichte über Arbeitsplätze und Art der Tätigkeiten zur Verfügung.

[1221] Siehe dazu 1. Teil D. V. 1. Art der Arbeit und Einsatzstellen

[1222] Heinz, Neue ambulante Maßnahmen nach dem Jugendgerichtsgesetz, 1986, S. 22 (31); eine ähnliche Aufstellung findet sich bei Auchter-Mainz, Zusammenwirken zwischen Justiz und Sozialpädagogik, 1986, S. 106 (111); Marks, Entstehung und Praxis des Projektes Brücke Köln e.V., 1982, S. 126 (129); Pfeiffer, Kriminalprävention im Jugendgerichtsverfahren, 1989, S. 183 ff; Fritschka, Weisungen und Auflagen gegenüber Heranwachsenden aus der Sicht des Bewährungshelfers, 1977, S. 349 (352 f.)

beit nach Art. 293 EGStGB wird in der Regel in folgenden Einrichtungen abgeleistet: „Alten-
pflegeeinrichtungen, Kindergärten, Jugendheime, Krankenhäuser, Sanatorien, Behinderteneinrichtungen, Sanitätsorganisationen, Kirchengemeinden, Diakonisches Werk, Tierheime,
Sportvereine, Museen, Feuerwehren, Forstämter, Naturschutzverbände, Stadtverwaltungen
und Kurbetriebe."[1223] Ähnliche Einrichtungen werden für die eher seltenen Fälle genutzt, in
denen eine Arbeitssanktion nach anderen Vorschriften verhängt wird.[1224]

2. Art der Tätigkeiten

Auch was die Art der Tätigkeiten angeht, ergeben sich kaum Unterschiede zwischen der Ableistung im Rahmen der Arbeitsweisung nach dem JGG oder im Rahmen der Tilgung einer
uneinbringlichen Geldstrafe nach Art. 293 EGStGB. Es sind – wie bei der englischen Arbeitsstrafe[1225] – sozial ausgerichtete fürsorgliche Tätigkeiten sowie handwerkliche Arbeiten zu verrichten. Für die Arbeitsweisung nach § 10 JGG wurden in einer Untersuchung im Jahre 1984
folgende handwerkliche Aufgaben aufgeführt: „Hilfeleistungen für Hausmeister, Aufräu-
mungs-, Reinigungsarbeiten, Waldpflege, Wege und Plätze kehren, Schneeschippen, Anlegen
von Wanderwegen, Hilfsarbeiten bei Bauarbeiten, Renovierungen, Reparaturen, Spielplatz-
bau, Herstellung von Spielmaterial, Wartung und Reinigung von Geräten, Wagenwaschen,
Altkleider- und Altpapiersammlung.[1226] Soziale und fürsorgliche Tätigkeiten umfaßten: „Pfle-
gedienst, Stationshilfen, Küchenarbeit, Wäscherei, Behindertenbetreuung, Kinderbetreuung,
Schularbeitenhilfe, Einkauf, Hilfe im Haushalt, Vorlesen für ältere Menschen, Vorbereitung,

---

[1223] Zimmermann, Tilgung uneinbringlicher Geldstrafen durch freie Arbeit, 1982, S. 113 ff. (123); ähnliche
Einsatzstellen finden sich bei Schall, Die Sanktionsalternative der gemeinnützigen Arbeit als Surrogat der
Geldstrafe, 1985, S. 104 (105); Feuerhelm, Gemeinnützige Arbeit als Alternative in der Geldstrafenvollstreckung, 1991, S. 108; Schädler, Das Projekt „Gemeinnützige Arbeit" – die nicht nur theoretische
Chance des Art. 293 EGStGB, 1983, S. 5 (S. 8)
[1224] Feuerhelm, Stellung und Ausgestaltung der gemeinnützigen Arbeit im Strafrecht, 1997, S. 266; Eine Ü-
bersicht über die Häufigkeit der Frequentierung einzelner Beschäftigungsstellen gibt Feuerhelm auf Seite
267
[1225] Siehe dazu 1. Teil D. V. 1. Art der Arbeit und Einsatzstellen
[1226] Heinz, Neue ambulante Maßnahmen nach dem Jugendgerichtsgesetz, 1986, S. 22 (32)

Durchführung von öffentlichen Veranstaltungen."[1227] Die freie Arbeit nach Art. 293 EGStGB betrifft wiederum vergleichbare Tätigkeiten: „Der Einsatzbereich umfaßt z.B. bei den Forstämtern das Säubern des Waldes, das Ausbessern von Spazierwegen, das Ausheben von Gräben, die mechanische Unkrautbekämpfung sowie die Erhaltung von Schutzhütten, Grillplätzen oder Trimm-Dich-Pfaden. Ansonsten stehen meist Transport-, Instandhaltungs- und Aufräumarbeiten zur Verfügung. Auch zu gärtnerischen Aufgaben bei der Pflege von Außenanlagen sollen die arbeitswilligen Geldstrafenschuldner vielfach herangezogen werden. Für Frauen reicht die Tätigkeitspalette von Wasch- und Putzhilfen über die Mitarbeit in der Küche, bei der Essensausgabe oder in der Alt-Kleidersammelstelle bis zur Mithilfe beim Umbetten von Kindern, Alten und Kranken."[1228] Darüber hinaus zeigt die Tatsache, daß häufig pflegerische Aufgaben in Krankenhäusern, Betreuungseinrichtungen, karitativen Vereinen und Kirchengemeinden übernommen werden, daß nicht nur im Rahmen der erzieherisch ausgerichteten Arbeitsweisung auf sozial orientierte Tätigkeiten Wert gelegt wird.

V. Ersatzsanktionen bei Schlecht- oder Nichterfüllung

Entsprechend der vielfältigen Formen der Arbeitssanktion finden sich unterschiedliche Reaktionsformen auf Zuwiderhandlungen der Betroffenen. Zunächst einmal kommen im Allgemeinen Strafrecht sowie im Jugendstrafrecht Änderungen der Arbeitssanktion oder eine nachträgliche Auferlegung von Weisungen oder Auflagen in Betracht,[1229] wie es auch im Rahmen

---

[1227] Heinz, Neue ambulante Maßnahmen nach dem Jugendgerichtsgesetz, 1986, S. 22 (31); Andere Berichte enthalten ähnliche Angaben: Auchter-Mainz, Zusammenwirken von Justiz und Sozialpädagogik, 1986, S. 106 (111); Heinz, Neue ambulante Maßnahmen nach dem Jugendgerichtsgesetz, 1987, S. 129 (145) mit dem Hinweis auf die Zunahme der Einsätze bei Gartenarbeiten

[1228] Zimmermann, Tilgung uneinbringlicher Geldstrafen durch freie Arbeit, 1982, S. 113 ff. (123); Nach einer Befragung von *Block* werden vorwiegend Renovierungs-, Reparatur- und Hausmeisterarbeiten, Gartenarbeiten, die Pflege von Außenanlagen sowie Reinigungs- und Putzarbeiten geleistet, siehe Block, Befragung von Vermittlern, Geldstrafenschuldnern und Mitarbeitern der Beschäftigungsstellen zur Praxis der gemeinnützigen Arbeit, 1990, S. 97 (113)

[1229] Zum Beispiel im Allgemeinen Strafrecht in § 153a I S. 3 StPO und § 56f II Nr. 1 StGB und im Jugendrecht nach § 11 II JGG, § 15 III S. 2 JGG und § 23 I S. 4 JGG. Diese Möglichkeiten bestehen auch im Rahmen der § 45 III JGG und § 47 JGG; vgl. auch Feuerhelm, Stellung und Ausgestaltung der gemeinnützigen Arbeit im Strafrecht, 1997, S. 281, 286

der community service order möglich ist.[1230] Verstöße können aber auch – genau wie im englischen Recht – in Ersatzsanktionen resultieren.[1231] In diesem Zusammenhang ist zu beachten, daß Art und Umfang der Leistungspflichten im Rahmen der verschiedenen Arbeitssanktionen nicht gesetzlich fixiert sind. Lediglich in den untergesetzlichen Vorschriften zur freien Arbeit nach Art. 293 EGStGB finden sich einige allgemeine Regelungen.[1232] Infolgedessen besitzen die Beschäftigungsstellen insgesamt bei der Bewertung der erbrachten Leistungen einen erheblichen Spielraum.

1. Allgemeines Strafrecht

In den meisten Fällen kann ein Verstoß gegen die Arbeitsanordnung mit Freiheitsentzug – wenn auch in unterschiedlichen Ausgestaltungen – geahndet werden. Im Falle der Arbeitsauflage nach § 56b II StGB widerruft das Gericht die Strafaussetzung zur Bewährung, wenn der Proband „gröblich oder beharrlich" gegen die Auflage verstoßen hat.[1233] Dies hat zur Folge, daß der Betroffene die Freiheitsstrafe verbüßen muß. Bei gleichem Fehlverhalten kann eine Arbeitsweisung nach § 56c StGB widerrufen werden, wenn dieses Verhalten „Anlaß zu der Besorgnis gibt, daß er erneut Straftaten begehen wird".[1234] Dabei ist bei der Arbeitsweisung zu

---

[1230] Siehe unter 1. Teil D. VI. Die Durchsetzung der Community Service Order und das Verfahren wegen Anordnungsverstoßes

[1231] Ausführlich zu den Ersatzsanktionen im deutschen Strafrecht, Feuerhelm, Stellung und Ausgestaltung der gemeinnützigen Arbeit im Strafrecht, 1997, S. 281 ff.

[1232] Zumeist finden sich hier nur negative Umschreibungen der Anforderungen an den Betroffenen. Beispielsweise heißt es in Baden-Württemberg gemäß § 6 der Verordnung über die Abwendung der Vollstreckung von Ersatzfreiheitsstrafen durch freie Arbeit vom 2. Juli 1986: „Die Vollstreckungsbehörde widerruft die Gestattung, wenn der Verurteilte trotz Abmahnung des Beschäftigungsgebers mit seiner Arbeitsleistung hinter den Anforderungen zurückbleibt, die billigerweise an ihn gestellt werden können". Ähnliche Formulierungen sind in den meisten anderen Verordnungen enthalten, vgl. Berlin, Brandenburg, Hessen, Mecklenburg-Vorpommern, Nordrhein-Westfalen, Rheinland-Pfalz (jeweils in § 6), Sachsen-Anhalt (§ 8), Thüringen (§ 7). In anderen Verordnungen kann die Ersatzfreiheitsstrafe vollstreckt werden, wenn der Geldstrafenschuldner „wesentlich hinter den Anforderungen zurückbleibt" (Bremen, § 5), wenn er „trotz Abmahnung der Beschäftigungsstelle schlechte Arbeit leistet" (Hamburg, § 4), wenn er „nicht ordnungsgemäße Arbeit" leistet (Saarland, § 5 und Bayern, IV 1 d).

[1233] § 56f I S. 1 Nr. 3 StGB

[1234] Siehe § 56f I Nr. 2 StGB; Die Prognose setzt voraus, daß objektive und konkrete Verdachtsmomente für die Begehung von Straftaten vorhanden sind, vgl. OLG Hamm, MDR, 1976, S. 505; LG Hamburg, MDR 1976, S. 946 f. für einen Widerruf nach bedingter Entlassung

beachten, daß die Leistungen des Betroffenen aufgrund des defizitbezogenen Charakters der Maßnahme nicht schematisch beurteilt werden dürfen.[1235]

Im Falle der freien Arbeit nach Art. 293 EGStGB ergibt sich die Reaktion auf Verstöße unmittelbar aus dem Verfahren. Wird die Gestattung zur Tilgung der Geldstrafe widerrufen, so kommt es zur Vollstreckung der Freiheitsstrafe. Dabei werden Teilleistungen, die der Betroffene bereits durch Arbeit erbracht hat, auf die Anzahl der Tagessätze angerechnet.

Eine Ausnahme bilden die Vorschriften über die Einstellung des Verfahrens (§ 153a StPO). Hier setzt die Staatsanwaltschaft das Verfahren bei Nichterfüllung der Arbeitsauflage fort. Das Gesetz macht keinerlei Angaben darüber, wann die Auflage vom Betroffenen nicht erfüllt worden ist. Die Entscheidung darüber obliegt im Falle des Abs. 1 der Staatsanwaltschaft, im Falle des Abs. 2 dem Richter.

2. Jugendstrafrecht

Auch im Jugendstrafrecht sind freiheitsentziehende Sanktionen als Ersatzmaßnahmen bei Nichterfüllung der Arbeitsstrafe vorgesehen. Im Falle der durch Urteil verhängten Arbeitsweisungen (§ 10 JGG) und Arbeitsauflagen (§ 15 JGG) wird deren Nichterfüllung mit Jugendarrest nach § 11 III JGG geahndet.[1236] Gesetzliche Voraussetzung hierfür ist, daß der Jugendliche der Weisung bzw. der Auflage nach erfolgter Belehrung schuldhaft nicht nachkommt.[1237] Ferner fordert das Schrifttum, daß der Jugendarrest nur bei erheblichen Verstößen angeordnet werden dürfe.[1238] Zudem sei eine Differenzierung zwischen Arbeitsweisung und Arbeitsauflage angebracht. Dabei müsse der schuldhafte Verstoß bei der Arbeitsauflage erkennen lassen, daß der Jugendliche die Erfüllung verweigert, bei der Arbeitsweisung hingegen (zusätzlich),

---

[1235] Daher ist eine Gesamtwürdigung des Verstoßes vorzunehmen: vgl. OLG Düsseldorf, StV 1983, S. 70

[1236] Für die Arbeitsweisung nach § 11 III JGG; für die Arbeitsauflage nach § 15 III S. 2 JGG i.V.m. § 11 III JGG

[1237] § 11 III S. 1 JGG

[1238] Brunner, JGG, 1996, § 11, Rn. 4; Eisenberg, JGG, 1997, § 11, Rn. 18; mit weiterer Kritik am Arrest Frehsee, Der Ungehorsamsarrest – repressive Antwort auf schwierige Jugendliche?, 1990, S. 314 (326)

daß er sich einer Beeinflussung seiner Lebensführung insgesamt entziehen will und dadurch eine erneute Straffälligkeit droht.[1239]

Im Bewährungsrecht ist im Falle schuldhafter Zuwiderhandlung ebenfalls die Verhängung von Jugendarrest nach § 11 III JGG möglich.[1240] Darüber hinaus kann der Jugendrichter die Strafaussetzung widerrufen, sofern die Erteilung weiterer Weisungen oder Auflagen nicht ausreicht.[1241] Wie im Allgemeinen Strafrecht setzt ein Widerruf voraus, daß der Jugendliche gröblich oder beharrlich gegen die Arbeitsauflage verstoßen hat.[1242] Bei der Weisung muß hinzukommen, daß das Verhalten Anlaß zu der Besorgnis gibt, der Jugendliche werde weitere Straftaten begehen.[1243]

Bei der Erteilung von Arbeitsauflage und Arbeitsweisung im Rahmen des Einstellungsverfahrens nach § 45 III JGG ist die Verhängung von Jugendarrest infolge der Nichterfüllung ausgeschlossen.[1244] Statt dessen kann wie im Allgemeinen Strafrecht das Verfahren fortgesetzt werden.[1245] Ebenso verhält es sich im Falle einer richterlichen Einstellung nach § 47 JGG. Auch die Einstellungsnormen im Jugendstrafrecht enthalten keine genaueren Bestimmungen dazu, welche Verstöße des Jugendlichen zu einer Wiederaufnahme der Strafverfolgung führen können.

VI. Reformforderungen und Problembereiche

Viel ist geschrieben worden über die Arbeit als strafrechtliche Sanktion. Gerade in jüngerer Zeit wurde die Diskussion wieder lebhafter geführt. Dabei ist die Grundstimmung in der Literatur überwiegend als positiv zu werten. Allerdings wird auch Kritik vorgebracht – unter an-

---

[1239]   Feuerhelm, Stellung und Ausgestaltung der gemeinnützigen Arbeit im Strafrecht, 1997, S. 288
[1240]   § 23 I S. 4 JGG i.V.m. § 11 III JGG
[1241]   § 26 II Nr. 1 JGG
[1242]   § 26 I S. 1 Nr. 3 JGG
[1243]   § 26 I S. 1 Nr. 2 JGG
[1244]   § 45 III S. 3 JGG
[1245]   Eisenberg, JGG, 1997, § 45, Rn. 32

derem von Autoren, die die Arbeit als Bestandteil des Sanktionenrechts grundsätzlich befür-
worten.

1. Einführung einer eigenständigen Arbeitssanktion im Erwachsenenstrafrecht

Eines der Hauptthemen der Reformdiskussion um die Arbeit als Strafe ist die Einführung einer eigenständigen Arbeitssanktion im Erwachsenenstrafrecht. Eine solche Sanktion forderten
einige Rechtswissenschaftler schon in den 50er Jahren. Die Arbeit sollte bezahlt werden, wobei nur ein geringer Teil der Vergütung dem Betroffenen belassen werden sollte.[1246] Später
vorgeschlagene Konzeptionen enthielten hingegen die Verpflichtung zu unentgeltlicher gemeinnütziger Arbeit.[1247] Andere lehnten die Einführung einer selbständigen Arbeitssanktion
im Allgemeinen Strafrecht ab.[1248]

In jüngster Zeit wurde die Diskussion durch einen Bundesratsentwurf Anfang 1998 („Gemeinnützige Arbeit") neu belebt, der unter der Federführung Berlins ausgearbeitet worden
war. Am 7. Mai 1998 verwies der Bundestag diesen ohne Beratung an seinen Rechts- und In-

---

[1246] Günter, Tagung der Strafrechtslehrer in Hamburg, 1965, S. 70 (72); kritisch Frey, Ausbau des Strafensystems?, 1953, S. 3 (15 f.)

[1247] Kaufmann, Dogmatische und kriminalpolitische Aspekte des Schuldgedankens im Strafrecht, 1967,
S. 553 (557); Grünwald, Das Rechtsfolgensystem des Alternativentwurfs, 1968, S. 89 (107); Bemmann,
Für eine Dienstleistungsstrafe, 1975, S. 211 ff.; Grebing, Die Geldstrafe in rechtsvergleichender Darstellung, 1978, S. 1183 (1227 f.); Roxin, Zur Entwicklung der Kriminalpolitik seit den Alternativ-Entwürfen,
1980, S. 545 (550); Rössner, Eine konstruktive Alternative zu Geld- und Freiheitsstrafe, 1985, S. 105
(109); Schädler, Der „Weiße Fleck" im Sanktionensystem, 1985, S. 186 (191); Jung, Fortentwicklung des
strafrechtlichen Sanktionssystems, 1986, S. 741 (745); Blau, Die gemeinnützige Arbeit als Beispiel für
einen grundlegenden Wandel des Sanktionswesens, 1986, S. 189 (200); Albrecht/Schädler, Die gemeinnützige Arbeit auf dem Weg zur eigenständigen Sanktion?, 1988, S. 278 (283); Dölling, Die gemeinnützige Arbeit als eigenständige strafrechtliche Sanktion, 1990, S. 363 ff.; Dölling, Die Weiterentwicklung
der Sanktionen ohne Freiheitsentzug im deutschen Strafrecht, 1992, S. 259 (282); Horn, „Bewährungsstrafe": Bewährung, sonst Strafe, 1990, S. 81; Dünkel/Spieß, Perspektiven der Strafaussetzung zur Bewährung und Bewährungshilfe im zukünftigen deutschen Strafrecht, 1992, S. 117 (131); Schöch, Empfehlen sich Änderungen und Ergänzungen bei den strafrechtlichen Sanktionen ohne Freiheitsentzug? –
Gutachten C für den 59. Deutschen Juristentag, 1992, C96 ff.

[1248] Albrecht, Ansätze und Perspektiven für die gemeinnützige Arbeit in der Strafrechtspflege, 1985 S. 121
(130), mit der Bemerkung, für eine solche Strafe bestehe „derzeit kein Bedürfnis"; Mrozynski, Offene
Fragen der gemeinnützigen Arbeit Straffälliger, 1987, S. 272 ff.; Robra, Referat – Sitzungsbericht über
die Verhandlungen des 59. Deutschen Juristentages, 1992, O7 (O16) mit Hinweis auf die gegebene Ar-
beitsmarktlage und die äußerst begrenzte Zahl von Einsatzstellen.

nenausschuß. Der Entwurf sieht vor, daß ein Gericht statt Geldstrafen bis zu 180 Tagessätzen auch bis zu 540 Stunden gemeinnützige Arbeit verhängen kann.[1249]

Im Schrifttum wird als Voraussetzung für die Einführung einer eigenständigen Arbeitsstrafe im Allgemeinen Strafrecht eine eindeutige straftheoretische Begründung der Sanktion gefordert.[1250] Diese solle sich nicht lediglich durch ihre ambulante Form von der Freiheitsstrafe abgrenzen, sondern einen eigenen Präventionsgehalt aufweisen.[1251] Zudem setze die Einführung einer neuen eigenständigen Arbeitsstrafe im Erwachsenenstrafrecht voraus, daß Probleme bei den augenblicklich vorfindbaren Formen befriedigend gelöst werden.[1252] Die bereits vorhandene eigenständige Strafsanktion im Jugendstrafrecht und deren Umsetzung kann daher Vor- und Nachteile aufzeigen, die für eine entsprechende Sanktion im Erwachsenenstrafrecht von Bedeutung sein könnten.

2. Problembereiche der derzeitigen Arbeitssanktionen

Ein Problembereich betrifft die Dauer der möglichen Arbeitsleistungen. In weiten Teilen der Literatur ist man der Ansicht, die Festlegung von Obergrenzen sei zwingend erforderlich.[1253]

[1249] Süddeutsche Zeitung vom 8. Mai 1998, Seite 10
[1250] Feuerhelm, Stellung und Ausgestaltung der gemeinnützigen Arbeit im Strafrecht, 1997, S. 428
[1251] Rössner, Strafrechtsfolgen ohne Übelszufügung?, 1992, S. 409 (410) für ambulante Sanktionen allgemein
[1252] Feuerhelm, Stellung und Ausgestaltung der gemeinnützigen Arbeit im Strafrecht, 1997, S. 427
[1253] Für Obergrenzen bei § 153a I StPO: Weigend, Strafzumessung durch den Staatsanwalt?, 1984, S. 8 (25); Albrecht, Ansätze und Perspektiven für die gemeinnützige Arbeit in Jugendstrafverfahren, 1993, S. 355 (371, Fn. 110); Heinz, Neues zur Diversion im Jugendstrafverhahren, 1993, S. 355 (371, Fn. 110); für § 56b StGB: Dünkel, Zur Fortentwicklung von Bewährungshilfe und Strafentlassenenhilfe, 1990, S. 189 (193); Albrecht, Ansätze und Perspektiven für die gemeinnützige Arbeit in der Strafrechtspflege, 1985 S. 121 (131); für den Bereich des Jugendstrafrechts: Heinz, Diversion im Jugendstrafverfahren der Bundesrepublik Deutschland, 1994, S. 3 (98 f.); Albrecht, Ansätze und Perspektiven für die gemeinnützige Arbeit in der Strafrechtspflege, 1985 S. 121 (131)

Vor allem im Jugendrecht seien die Strafen zu lang.[1254] Als Obergrenze werden Zeitspannen zwischen 60[1255] bzw. 80 und 300[1256] Stunden genannt.

Ferner wird eine differenziertere Ausgestaltung der Arbeitsleistungen im Jugendrecht gefordert.[1257] Dies gilt auch für die Abgrenzung zwischen Arbeitsweisung und Arbeitsauflage im Allgemeinen Strafrecht. Die klare Trennung zwischen vorwiegend repressiv-ahndenden und spezialpräventiv-erzieherischen Zielen im Gesetz muß sich in der Umsetzung der Sanktionen in der Praxis fortsetzen.

Weitere Fragen werfen die vielen Verweise ohne eigenständige Begründung auf. Grundnormen für die Arbeit als Sanktion sind im Jugendrecht die §§ 10, 15 JGG und im Allgemeinen Strafrecht der § 56b StGB. In weiteren Anwendungsbereichen der Arbeitssanktion wird auf diese Normen verwiesen. Schwierigkeiten ergeben sich daraus, daß in den Verweisungsfällen eine eigene theoretische Begründung für die Anwendung der Grundnorm fehlt und eine Auslegung schon dadurch erschwert wird, daß die Bereiche aus denen verwiesen wird, oft ganz anderen Zielen folgen. Zum Teil führt dies sogar aus dogmatischer Sicht zur Unzulässigkeit der Arbeitssanktion.[1258] Daher wird eine stärkere theoretische Begründung für jede einzelne Form der Arbeitssanktion gefordert[1259] und speziell für die Arbeitsweisung im Jugendstraf-

---

[1254] Peterich, Entscheidungskriterien bei der Anordnung und inhaltliche Ausgestaltung der ambulanten Maßnahmen, 1986, S. 78 (81 ff.); Siehe Entscheidung des AG Saarbrücken in NStZ 84, S. 76 f. mit Anmerkung von HoRn. Der Saarbrücker Richter brachte das Kunststück fertig, eine Freiheitsstrafe von zwei Jahren und neun Monaten aussetzbar zu machen und verhängt daraufhin eine Arbeitsauflage von 900 Stunden!

[1255] Ostendorf, Anmerkung zu BVerfG, Beschluß vom 13.1.1987 – 2 BvR 209/84, 1988, § 10 Nr. 1 JGG, S. 30

[1256] Jehle, in: Verhandlungen des 59. Deutschen Juristentages, Band II (Sitzungsberichte), Teil O, 1992, S. O119 (O120); ansonsten werden vorgeschlagen 240 Stunden: Schöch, Empfehlen sich Änderungen und Ergänzungen bei den strafrechtlichen Sanktionen ohne Freiheitsentzug? – Gutachten C für den 59. Deutschen Juristentag, 1992, C87 f.; 270 Stunden: Stöckel, Referat – Sitzungsbericht über die Verhandlungen des 59. Deutschen Juristentages, 1992, S. O23 (O32); 120 Stunden: Streng, Die jugendstrafrechtlichen Sanktionen in der Reformdiskussion, 1993, S. 138 (139)

[1257] Arbeitsgruppe JGH in der DVJJ, Jugendgerichtshilfe – Standort und Wandel, 1991, S. 85 (94)

[1258] Siehe zum Beispiel bei der Strafrestaussetzung, vgl. 2. Teil C. I. 1. d) Gemeinnützige Arbeit im Rahmen der Strafrestaussetzung

[1259] Feuerhelm, Stellung und Ausgestaltung der gemeinnützigen Arbeit im Strafrecht, 1997, S. 76

recht.[1260] Angeregt wird ferner die Herstellung eines neuen theoretischen Bezugs zur Wiedergutmachung. Dabei müsse sich mehr mit der Arbeitsleistung als symbolischer Wiedergutmachung auseinandergesetzt werden.[1261]

Letztlich wird eine Vereinheitlichung der Tilgungsmaßstäbe im Rahmen des Art. 293 EGStGB empfohlen,[1262] um die Unterschiede in den Ländervorschriften auszugleichen.[1263]

VII. Rechtsvergleich: Community Service Order in England/Wales – Arbeit als Sanktion im deutschen Strafrecht

Die Arbeit als Sanktion ist sowohl in das Strafrechtssystem in England/Wales als auch in das der Bundesrepublik Deutschland eingegangen. Sie wurde jedoch in unterschiedlicher Weise in die Sanktionensysteme eingebunden und spielt in der Rechtspraxis – trotz einiger Gemeinsamkeiten – eine sehr unterschiedliche Rolle. Wichtige Anhaltspunkte für die jeweilige Ausgestaltung und Handhabung in der Praxis liefern die historischen und kulturellen Umfeldbedingungen, unter denen die Strafmaßnahme entstanden ist oder weiterentwickelt wurde. Weitere Kriterien für die Abgrenzung der Sanktionen im jeweiligen Land können im Rahmen der Gründe gefunden werden, die für die Einführung der Sanktion maßgeblich waren. Speziell soll die Arbeit als Strafe im Kontext der kriminalpolitischen Notwendigkeiten untersucht werden.

[1260] Heinz, Neue ambulante Maßnahmen nach dem Jugendgerichtsgesetz, 1987, S. 129 (133); Stemmildt, Jugendgerichtshilfe als sozialpädagogisches Angebot, 1990, S. 166 (168 f.)

[1261] Feuerhelm, Stellung und Ausgestaltung der gemeinnützigen Arbeit im Strafrecht, 1997, S. 75

[1262] Albrecht, Ansätze und Perspektiven für die gemeinnützige Arbeit in der Strafrechtspflege, 1985 S. 121 (130); Albrecht/Schädler, Die gemeinnützige Arbeit auf dem Weg zur eigenständigen Sanktion?, 1988, S. 278 (279); Schall, Die Sanktionsalternative der gemeinnützigen Arbeit als Surrogat der Geldstrafe, 1985, S. 104 (108); Pfohl, Entwicklung und Perspektiven der gemeinnützigen Arbeit, 1985, S. 110 (117)

[1263] Hierzu und zu der ablehnenden Haltung des Gesetzgebers (BT-Dr 10 / 5828, S. 5); Schöch, Empfehlen sich Änderungen und Ergänzungen bei den strafrechtlichen Sanktionen ohne Freiheitsentzug? – Gutachten C für den 59. Deutschen Juristentag, 1992, C86; gegen die Bemühung des Gesetzgebers bei der „marginalen Frage" des Anrechnungsmaßstabes Robra, Referat – Sitzungsbericht über die Verhandlungen des 59. Deutschen Juristentages, 1992, S. O7 (O16)

Anschließend soll auf die deutlichen Unterschiede im Bereich der gesetzlichen Regelung eingegangen werden. So ist hier zu beobachten, daß in England und Wales die Erbringung von
Arbeitsleistungen im Rahmen einer eigenständigen ambulanten Hauptsanktion angeordnet
werden kann, während diese in Deutschland – mit Ausnahme des Jugendrechts – in einer
Vielzahl von Vorschriften eher versteckt, bzw. als Zusatz auftaucht. Wie sich dies erklären
läßt, soll im Rahmen des gesetzlich-funktionalen Kontextes untersucht werden.

1. Arbeit als Strafe im kulturell-historischen Kontext

Für den Umgang mit der Arbeit als Strafe sind vor allem die politischen und sozialen Umfeldbedingungen und Entwicklungen in diesem Jahrhundert von Bedeutung. Während in Deutschland dieses Konzept durch die Zeit der NS-Diktatur und den dort betriebenen Mißbrauch sehr
an Akzeptanz verloren hat, erweckt die Arbeit in der *community* in England und Wales sehr
viel positivere Assoziationen. Zu denken ist vor allem an die englische Tradition des Freiwil-
ligeneinsatzes in den 60er und 70er Jahren, die sich bald auf die gemeinsame Arbeit mit Straffälligen erstreckte und in der Einführung der community service order mündete.[1264] In
Deutschland hingegen wird hinsichtlich der eher untergeordneten Stellung der Arbeit im
Sanktionenspektrum auf die ambivalente gesellschaftliche Bewertung der Arbeit verwiesen.[1265] Historische Hintergründe und soziale Wertungen spielen dabei eine Rolle. Zu denken ist in erster Linie an den Mißbrauch, der im Dritten Reich mit der Arbeit als Sanktion betrieben wurde. Gerade heute ist die Entschädigung von Zwangsarbeitern der nationalsozialistischen Diktatur ein wichtiges und vieldiskutiertes Thema. Daher wird im Umgang mit der
zwangsweise angeordneten Arbeit im Rahmen strafrechtlicher Sanktionen zur Sensibilität ge-
mahnt.

Die historischen Unterschiede spiegeln sich insbesondere in der Handhabung des Einwilligungserfordernisses wider. Während dieses in England und Wales vor kurzem durch den Cri-

---

[1264]   Siehe auch unter 1. Teil D. II. Kriminalpolitischer Hintergrund und Entwicklung der Community Service
Order
[1265]   Feuerhelm, Stellung und Ausgestaltung der gemeinnützigen Arbeit im Strafrecht, 1997, S. 415

me Sentences Act 1997 abgeschafft wurde,[1266] fordern Teile des deutschen Schrifttums die Einführung des Einwilligungserfordernisses für einige Formen der Arbeitssanktion. In den meisten Fällen ist die Einwilligung nämlich nicht erforderlich.[1267]

Für die Einführung werden zwei Argumente genannt: Zum einen setze die Strafvollstreckung ein bei anderen Strafen unnötiges Mindestengagement des Verurteilten voraus, das nicht erzwungen werden könne. Zum anderen seien auch heute noch etwaige Reminiszenzen an den Mißbrauch des Instituts im Dritten Reich zu berücksichtigen.[1268] So soll mit dem Erfordernis der Freiwilligkeit, einer Kollision mit den verfassungsrechtlichen Bestimmungen in Art. 12 II, III GG vorgebeugt werden,[1269] obwohl das Bundesverfassungsgericht sich im Falle der Arbeitsauflage im Bewährungsrecht sowie im Jugendrecht bereits gegen die Verfassungswidrigkeit ausgesprochen hat.[1270]

2. Arbeit als Strafe im Kontext kriminalpolitischer Notwendigkeiten

Ein weiterer wichtiger Faktor für die unterschiedliche Ausgestaltung und Bewertung der Arbeit als Sanktion betrifft die kriminalpolitischen Motive für die Einführung der Maßnahme.

[1266]   Siehe dazu oben unter 1. Teil D. II. 4. Die 90er Jahre

[1267]   Im Allgemeinen Strafrecht kann die gemeinnützige Arbeit ohne Einwilligung als Auflage im Rahmen einer Strafaussetzung zur Bewährung und im Rahmen der Strafrestaussetzung nach der Hälfte der Freiheitsstrafe auferlegt werden. Im Jugendrecht können die Erteilung von Arbeitsweisung nach § 10 JGG und von Arbeitsauflage nach § 15 JGG auch gegen den Willen des Jugendlichen erfolgen. Ebenso muß der Betroffene bei einer Arbeitsweisung oder –auflage bei Strafaussetzung zur Bewährung, bei Aussetzung der Verhängung einer Jugendstrafe und bei Strafrestaussetzung mit diesen Maßnahmen nicht einverstanden sein. Notwendige Zustimmungen zur Arbeit als Sanktion finden sich ausschließlich im Allgemeinen Strafrecht, so bei der Auflage im Rahmen der Einstellung nach § 153a StPO sowie bei der Abwendung der Ersatzfreiheitsstrafe nach Art. 293 EGStGB, wo der Betroffene sein Einverständnis durch einen entsprechenden Antrag dokumentieren muß. Einzelheiten zur Ausgestaltung des Einverständnisses erläutert Feuerhelm, Stellung und Ausgestaltung der gemeinnützigen Arbeit im Strafrecht, 1997, S. 196 ff.

[1268]   Pfohl, Entwicklung und Perspektiven der gemeinnützigen Arbeit, 1985, S. 110 (115); Baumann, Beschränkung des Lebensstandards anstatt kurzfristiger Freiheitsstrafe, 1968, S. 42; vgl. auch die Begründung zu § 52 AE, S. 105

[1269]   Vgl. die Begründung zu § 52 AE, S. 105; Pfohl, Gemeinnützige Arbeit als strafrechtliche Sanktion, 1983, S. 53

[1270]   Siehe oben unter 2. Teil C. I. 1. b) (1) Arbeitsauflage, § 56b StGB und 2. Teil C. I. 2. b) (1) Arbeitsweisung, § 10 I S. 1 JGG

Während allerdings die Gründe in England und Wales auf der Hand liegen, lassen sie sich in Deutschland angesichts der Fülle verschiedener Vorschriften und deren langer Vorgeschichte nicht zu einem einheitlichen Hauptmotiv zusammenfassen.

Hauptzweck der community service order war seit ihrer Einführung im Jahre 1972 stets die Entlastung der Haftanstalten. Dieses legen nicht nur die Gefängnisstatistiken zur damaligen Zeit, sondern auch die Stellungnahmen aus Politik und Literatur nahe.[1271] Ähnliche Ziele verfolgten auch einige Formen der Arbeitssanktion im deutschen Recht. Zu nennen ist insbesondere die Arbeitsweisung des Jugendrechts, die im Rahmen der Diversionsbewegung seit den 70er Jahren vorangetrieben wurde.[1272] Im Allgemeinen Strafrecht wird die gemeinnützige Arbeit vor allem als Hauptalternative zu der bei Uneinbringlichkeit der Geldstrafe eintretenden Ersatzfreiheitsstrafe gehandelt.[1273] Während jedoch in diesen beiden Fällen, die Suche nach Alternativen mit der als unproduktiv eingestuften (kurzen) Freiheitsstrafe zusammenhängt,[1274] stand in England und Wales meines Erachtens weniger die Sorge um die dissozialisierende Wirkung der Haft im Vordergrund, sondern vielmehr die aufgrund der wachsenden Gefangenenzahlen entstehenden finanziellen Probleme.

Daneben wurden zwar auch in England und Wales idealistische Motive verfolgt, wie die Resozialisierung des Straffälligen durch Förderung von Disziplin und sozialem Bewußtsein. Diese litten jedoch in der Zeit nach der Einführung der community service order immer mehr unter der Kapazitätskrise im Strafvollzug. Eine Verringerung der Häftlingszahlen sollte dadurch erreicht werden, daß auch Mehrfachstraffällige und Täter schwererer Delikte (wie beispielsweise Raub oder Einbruchsdiebstahl) in die Zielgruppen für ambulante Sanktionen einbezogen wurden. Dabei stellte sich zum einen das Problem, daß eine „zu nachsichtige" Behandlung Straffälliger in der Bevölkerung für wenig Popularität sorgte. Zum anderen bestand

---

[1271] Siehe unter 1. Teil D. II. Kriminalpolitischer Hintergrund und Entwicklung der Community Service Order

[1272] Siehe auch 2. Teil C. I. 2. b) (1) Arbeitsweisung, § 10 I S. 1 JGG; Pfeiffer, Kriminalprävention im Jugendge-richtsverfahren, 1989, S. 141 ff.; S. 175 ff.

[1273] Albrecht, Ansätze und Perspektiven für die gemeinnützige Arbeit in der Strafrechtspflege, 1985 S. 121

[1274] Siehe dazu auch 2. Teil A. I. Kritik an der Freiheitsstrafe

die Gefahr, daß die richterliche Umsetzung mangels Vertrauen in die ambulanten Sanktionen ausbliebe.[1275] Infolgedessen wurde die community service order (wie auch die übrigen community sentences) vom Innenministerium als „harte Strafe" mit vergeltendem Charakter dargestellt, deren sühnendes Potential einer Freiheitsstrafe in nichts nachsteht. Diese Art der „Werbung" wird heute durch die Bemühungen um eine restriktivere Durchführung der community service order ergänzt.[1276]

In Deutschland hingegen betonen Fürsprecher der Arbeit als Sanktion weniger das ahndende Potential der Strafe, als vielmehr deren integrativen Wert. Die Diskussion um die Einführung einer eigenständigen Arbeitsstrafe im Erwachsenenstrafrecht muß allerdings stets auch im Kontext der wachsenden Gefangenenzahlen gesehen werden. Der vor kurzem eingebrachte Gesetzesentwurf sieht die gemeinnützige Arbeit als Alternativsanktion zur Geldstrafe vor. Dabei ist zu vermuten, daß hiermit eine Tätergruppe angesprochen werden soll, die wegen ihrer schlechten Finanzlage in der Gefahr stünde, die Ersatzfreiheitsstrafe zu verbüßen. Diese soll wohl auch deshalb von der Freiheitsstrafe verschont werden, damit sie teure Haftplätze nicht in Anspruch nehmen.

3. Arbeit als Strafe im gesetzlich-funktionalem Kontext

Besonders gravierend ist der Unterschied zwischen der gesetzlichen Ausgestaltung der Arbeit als Strafe im Sanktionensystem von England und Wales einerseits und der Bundesrepublik andererseits. Dieser besteht nicht nur darin, daß die eigenständige Arbeitssanktion in England/ Wales einer Fülle unterschiedlicher Formen der Arbeit als Strafe in Deutschland gegenübersteht. Auch schlägt er sich in den Aufgaben und Zielen nieder, die mit der jeweiligen Maßnahme verfolgt werden sollen. Während in England und Wales die community service order eine Reihe unterschiedlicher Aufgaben zugleich erfüllen soll, verteilen sich diese im Rahmen

---

[1275] Zu den Spielräumen des englischen Richters und daraus erwachsenden Gesetzgebungsschwierigkeiten siehe oben unter 1. Teil B. II. 4. Criminal Justice Act 1991

[1276] Siehe dazu oben unter 1. Teil D. VI. Die Durchsetzung der Community Service Order und das Verfahren wegen Anordnungsverstoßes

des deutschen differenzierten Sanktionensystems auf zahlreiche Maßnahmen im Allgemeinen Strafrecht und im Jugendstrafrecht. Der *Advisory Council on the Penal System* („*Wootton-Committee*") beantwortet die Frage nach der Multifunktionalität der englischen Sanktion: Der Vorschlag, Straftäter zur Erbringung gemeinnütziger Arbeit zu verurteilen, soll Anhänger verschiedener Strafphilosophien ansprechen.[1277] Die Arbeitssanktion soll vergeltende, resozialisierende, und restitutive Elemente in sich vereinigen, so daß sich eine flexible Anwendung auf breiter Basis eröffnet. Letztlich wird damit der oben beschriebenen kriminalpolitischen Notwendigkeit entsprochen. Diese erfordert es, daß die Sanktion möglichst vielen Auffassungen zugänglich gemacht wird. In Deutschland stellt sich die Lage anders dar. Zwar wurde über die Jahre hinweg die Arbeit als Sanktionsmittel in weiten Teilen der Politik und Wissenschaft befürwortet. Doch fand sie bisher nur in begrenzter Weise, bzw. als Zusatz Eingang in das Sanktionsrecht. Dies läßt sich damit erklären, daß es bislang an der einenden Kraft eines dringenden Handlungsbedarfs fehlte.

[1277] Siehe oben unter 1. Teil D. II. 1. Aufgabe und Stellung der Community Service Order im Strafensystem nach ihrer Einführung in den 70er Jahren

D. Elektronisch überwachter Hausarrest

Angesichts wachsender Vollzugsprobleme und angeregt durch ausländische Vorbilder steht seit eigenen Jahren auch in Deutschland die Einführung des elektronisch überwachten Hausarrestes zur Diskussion. Eine Zwischenbilanz zog die Konferenz der Justizminister der Länder im Juni 1997 in Saarbrücken.[1278]

I. Die Justizministerkonferenz vom Juni 1997

Grundlage für die Erörterung der neuen Sanktion bildete unter anderem der Abschlußbericht der Arbeitsgruppe „Überlegungen zur Sanktionierung von massenhaft begangenen, geringfügigen Eigentums- und Vermögensdelikten". Diese Arbeitsgruppe war von den Konferenzen der Justizminister im November 1995 und im Juni 1996 damit beauftragt worden, Erfahrungen im Ausland auf dem Gebiet des Hausarrestes zu beobachten und zu dokumentieren.[1279] Tatsächlich konzentrierte sie sich jedoch auf die Erfahrungen in Schweden, so daß die Berliner Justizministerin Peschel-Gutzeit bei der Konferenz ankündigen konnte, das Land Berlin werde – fußend auf dem schwedischen Vorbild[1280] – eine Bundesratsinitiative einbringen. Die

---

[1278]   Vgl. den nichtveröffentlichten Beschlußvorschlag für die Justizministerkonferenz am 11./12.6.1997 in Saarbrücken, S. 3; zitiert nach Krahl, Der elektronisch überwachte Hausarrest, 1997, S. 457 (458)

[1279]   In dem Abschlußbericht wurden folgende Mindestanforderungen und mögliche Einsatzbereiche des elektronisch überwachten Hausarrestes benannt: 1) Es bedarf einer ausdrücklichen gesetzlichen Regelung; 2) Hausarrest kommt nur als Alternative in Betracht (a) zur kurzen Freiheitsstrafe (§ 47 StGB), (b) zur Ersatzfreiheitsstrafe oder (c) zur Straf- oder Untersuchungshaft; 3) Bei einer gesetzlichen Ausgestaltung müssen die Gesichtspunkte der Generalprävention, der Verhältnismäßigkeit und des Gleichbehandlungsgrundsatzes besonders berücksichtigt werden; 4) Es dürfen keine unverhältnismäßigen Kosten entstehen; vgl. Abschlußbericht der Arbeitsgruppe „Überlegungen zur Sanktionierung von massenhaft begangenen, geringfügigen Eigentums- und Vermögensdelikte" III. 10. Elektronisch überwachter Hausarrest, S. 12

[1280]   Im Rahmen des in Schweden im Jahre 1994 in einigen Landesteilen begonnenen zweijährigen Modellprojektes verhängte man Ausgangssperren für Straftäter, die zu maximal zwei Monaten Gefängnisstrafe verurteilt worden waren (Ostendorf, Die „elektronische Fessel" – Wunderwaffe im „Kampf" gegen die Kriminalität?, 1997, S. 473 (474)). Dabei erfolgten 50 Prozent der Verurteilungen wegen Trunkenheit im Straßenverkehr. Dies spiegelt die schwedische strafjustielle Praxis wider, kurze Freiheitsstrafen zu verhängen (85 Prozent aller in Schweden verhängten Freiheitsstrafen liegen unter einem Jahr). Neben der elektronischen Überwachung des Aufenthaltsortes wurde das gleichzeitig geltende Verbot des Alkoholgenusses sowie des Konsums anderer Drogen kontrolliert. Infolge der positiven Bewertung des Modellprojekts wurde das Programm erweitert. Seit 1997 wird die elektronische Überwachung flächendec??kend

Konferenz beschloß gegen die Stimmen von Bayern und Sachsen:[1281] „Die Justizministerinnen und -minister nehmen die Absicht der Berliner Senatorin für Justiz zur Kenntnis, eine Bundesratsinitiative zur Änderung des Strafvollzugsgesetzes einzuleiten, die auch in Deutschland – zunächst im Rahmen einer auf vier Jahre befristeten Erprobungsphase – die Ersetzung einer an sich zu verbüßenden Freiheitsstrafe durch einen elektronisch überwachten Hausarrest gestattet." Dabei bedeutet „zur Kenntnis nehmen" nicht, daß dem Vorschlag zugestimmt wird, sondern lediglich, daß die rechtspolitische Diskussion zu dem Thema eröffnet ist. Einzelne Bundesländer haben zeitlich begrenzte Modellvorhaben angekündigt. Erforderlich wäre jedoch die Änderung des Strafvollzugsgesetzes, der Bundestag und Bundesrat zustimmen müßten.

II. Die Initiative des Landes Berlin

Der Vorschlag des Landes Berlin orientiert sich insbesondere an einem Projekt zur Haftvermeidung im Zusammenhang mit kurzen Freiheitsstrafen, das in den Jahren 1994 bis 1996 in Malmö/Schweden durchgeführt worden war. Er enthält folgende Elemente:

1. Der elektronisch überwachte Hausarrest kann an die Stelle einer Freiheitsstrafe treten, die im offenen Vollzug und dort insbesondere in der Form des Freigangs verbüßt wird. Bei längeren im Freigang verbüßten Freiheitsstrafen können sich Freigang und Hausarrest auch abwechseln.

2. Der elektronisch überwachte Hausarrest kann im Rahmen einer Freiheitsstrafe eine Stufe der Entlassungsvorbereitung sein. Die Dauer kann bis zu drei Monate betragen.

---

angewandt. Gleichzeitig wurde sie auf Freiheitsstrafen bis zu drei Monaten ausgedehnt, wobei der letzte Monat bei erfolgreichem Verlauf der Maßnahme zur Bewährung ausgesetzt wird. 1999 soll sie als feste Vollzugsform gesetzlich verankert werden.

[1281] Die Justizminister Bayerns und Sachens – *Leeb* (CSU) und *Heitmann* (CDU) – lehnten es ab, die Pläne ihrer Kollegin Peschel-Gutzeit auch nur zur Kenntnis zu nehmen, vgl. Ostendorf, Die „elektronische Fessel" – Wunderwaffe im „Kampf" gegen die Kriminalität?, 1997, S. 473

3. Der elektronisch überwachte Hausarrest kann dort eingesetzt werden, wo eine kurzzeitige Freiheitsstrafe von bis zu sechs Monaten verhängt wurde. Statt einer Ersatzfreiheitsstrafe kommt er nur in besonderen Ausnahmefällen in Betracht.

4. Über den Ersatz einer Freiheitsstrafe durch elektronisch überwachten Hausarrest entscheidet im Falle der vollständigen Ersetzung eine Kommission, im Falle der Entlassungsvorbereitung die Konferenz nach § 159 StVollzG.

5. Die Verbüßung einer Freiheitsstrafe im Wege des elektronisch überwachten Hausarrestes setzt die Zustimmung des Verurteilten (im Regelfall seinen Antrag) voraus. Der Verurteilte muß eine feste Wohnung und einen Arbeitsplatz haben oder bereit sein, gemeinnützige Arbeit zu leisten. Die in derselben Wohnung lebenden erwachsenen Familienangehörigen erhalten vom elektronisch überwachten Hausarrest Kenntnis, sie können ihm begründet widersprechen.

6. Der Gebrauch von Rausch- und Suchtmitteln führt zur Ablösung aus dem elektronisch überwachten Hausarrest und zur Überführung in den allgemeinen Strafvollzug.

7. Verurteilte, die ihre Freiheitsstrafe durch Hausarrest verbüßen und einen Arbeitsplatz oder Vermögen haben, zahlen eine begleitende Buße in einen Opferfonds. Die Höhe der Buße könnte bei Verdienst aus einem Arbeitsverhältnis die Hälfte der Differenz zwischen Entgelt aus dem Arbeitsverhältnis und Sozialhilfesatz betragen.

III. Stand der Diskussion

Die Diskussion in der Bundesrepublik ergibt bisher noch kein klares Bild. Rechtspolitische und vollzugspragmatische Gesichtspunkte stehen in den Äußerungen der Bundesländer, der politischen Parteien und der Wissenschaft zueinander in Konkurrenz.

Wortführer unter den Reformern, die den technischen Fortschritt nutzen und so vor allem Kosten sparen wollen, sind die Stadtstaaten Hamburg und Berlin. So bezifferte Hamburgs Justizsenator *Hoffmann-Riem* die Kostenersparnis gegenüber dem geschlossenen Vollzug auf 85 Prozent.[1282] In Berlin und Hamburg zeichnen sich bereits entsprechende Modellprojekte ab.

Neben dem Motiv, die Gefängnisse zu entlasten, steht in der politischen und wissenschaftlichen Diskussion das Argument, daß der elektronisch überwachte Hausarrest bessere Möglichkeiten zur Resozialisierung biete. Es gelte den Verurteilten vor negativen Haftwirkungen zu bewahren.[1283] Er könne sein Leben in der gewohnten Umgebung weiterführen und verliere weder seine Arbeitsstelle noch seine sozialen Kontakte.

Dagegen warnen die Gegner des Reformprojektes – insbesondere die Justizminister der Freistaaten Bayern und Sachsen – davor, daß mit dem elektronisch überwachten Hausarrest die Freiheitsstrafe ihren eigentlichen Strafcharakter verliere. Sie wenden sich gegen eine Aufweichung des Sanktionenrechts.[1284]

Andere Kritiker heben tiefgreifende Gefahren für Kultur und Gesellschaft hervor. Sie befürchten eine „totale Kontrolle auch des Privatlebens". „Die Prangerwirkung des Hausarrests im sozialen Umfeld" entspreche längst überwundenem mittelalterlichen Denken.[1285]

1. Vereinbarkeit mit den Menschenrechten – Europäische Menschenrechtskonvention und deutsches Verfassungsrecht

Ein entscheidender Faktor in der Diskussion um den elektronischen Hausarrest ist seine Vereinbarkeit mit den Menschenrechten. Befürchtet werden Verstöße gegen die Europäische Menschenrechtskonvention sowie die deutsche Verfassung. Dabei stehen die Menschenwürde, die Freiheit der Person und der Privatsphärenschutz im Mittelpunkt der Betrachtung.

[1282] Siehe Kieler Nachrichten vom 25.6.1997

[1283] Laubenthal, Strafvollzug, 1995, Rn. 2; eher kritisch Walter, Strafvollzug, 1991, Rn. 139

[1284] Ostendorf, Die „elektronische Fessel" – Wunderwaffe im „Kampf" gegen die Kriminalität?, 1997, S. 473

[1285] So die Arbeitsgemeinschaft sozialdemokratischer Juristen in Schleswig-Holstein gemäß den Kieler Nachrichten vom 25.6.1997

a) Die Menschenwürde

Nach der herrschenden Objektformel verstößt eine Maßnahme dann gegen die Menschenwürde, wenn der Einzelne zum Objekt staatlichen Handelns gemacht wird. Der Mensch muß immer Zweck an sich selbst bleiben[1286] und darf daher keiner Behandlung ausgesetzt werden, die seine Subjektsqualität prinzipiell in Frage stellt.[1287] Dies gilt auch dann, wenn der Betroffene seine Einwilligung zu der in Rede stehenden Maßnahme gegeben hat, die nach bisheriger Konzeption des elektronischen Hausarrestes erforderlich ist. Art. 1 GG enthält einen unverfügbaren Wert, auf den der Einzelne nicht wirksam verzichten kann.[1288]

Mangels positiver Definition des Menschenwürdebegriffs hat die Literatur eine Kasuistik herausgebildet, anhand derer konkrete Fälle näher untersucht werden können. Danach verbietet sich insbesondere eine erniedrigende, diskriminierende oder diffamierende Behandlung durch den Staat. Ferner verbietet Art. 3 EMRK die grausame, erniedrigende, unmenschliche oder grob unangemessene Bestrafung. Die auf dieser Grundlage vorzunehmende Bewertung des elektronischen Hausarrestes, wird jedoch dadurch erschwert, daß Verurteilung und Bestrafung in der Regel eine gewisse Erniedrigung beinhalten.[1289] Dennoch kann eine darüber hinausgehende, nicht mehr tolerierbare Erniedrigung dann vorliegen, wenn die Behandlung den Betroffenen vor anderen in hohem Maße demütigt[1290] oder ihn in der Öffentlichkeit bloßstellt.[1291] Die Schwelle würde daher sicherlich überschritten, brächte man den elektronischen Sender an einem Halsband oder an ähnlich exponierter Stelle an. Keinen Bedenken hingegen begegnet eine Befestigung des Senders am Arm oder Bein, wo er durch Kleidung verdeckt werden kann oder etwa eine Identifizierung der Probanden mittels automatischen Stimmenvergleichs.[1292]

1286 BverfGE 45, 187 (228)
1287 BverfGE 30, 1 (26)
1288 BverwGE 64, 274 (279)
1289 Wittstamm, Elektronischer Hausarrest?, 1999, S. 110
1290 EKMR NJW 1978, S. 475
1291 EGMR, EuGRZ 1979, S. 164
1292 Letzteres wäre jedoch nur bei den Passiven Überwachungstechniken möglich

310

Ein anderer kritischer Aspekt ist die Herabwürdigung des Betroffenen zum reinen Kontroll-objekt durch Anwendung einer Überwachungstechnik, die jegliche menschliche Kontakte und Kommunikation überflüssig macht.[1293] Verglichen wird der elektronische Hausarrest mit dem zu vermeidenden stationären Vollzug. Dabei wird angeführt, daß der stationäre Vollzug nicht bloß verwahren, sondern vor allem resozialisieren soll. Zur Erreichung des Vollzugsziels ob-liegen dem Vollzugsdienst nicht nur die Überwachung und Verpflegung sondern auch eine Art Sozialdienst, der beim elektronischen Hausarrest weitestgehend entfällt. Gleichwohl ist ein kommunikatives Element darin zu sehen, daß der Betroffene nicht gänzlich isoliert wird, sondern vielmehr in seinem gewohnten Umfeld – Familie und Freundeskreis – verbleibt. In-soweit scheidet auch hier eine Menschenwürdeverletzung aus. Festzuhalten bleibt, daß Art. 1 I GG grundsätzlich der Einführung des elektronischen Hausarrestes nicht entgegensteht. Als Gestaltungsaspekt findet das Menschenwürdegebot jedoch bei der Anwendung dieser neuen Sanktionsform weiterhin Beachtung.[1294]

b) Die Freiheit der Person

Geschützt werden durch das Grundgesetz in Art. 2 II S. 2 GG und in Art. 104 GG die körper-liche Bewegungsfreiheit und damit das Recht, jeden beliebigen Ort aufzusuchen oder zu ver-lassen. Durch den elektronischen Hausarrest wird ohne Zweifel in den Schutzbereich einge-griffen, da der Betroffene durch öffentlichen Zwang an einem bestimmten Ort festgehalten wird. Der elektronische Hausarrest bedarf daher im Hinblick auf Art. 104 I S. 1 GG eines förmlichen Gesetzes und müßte des weiteren von einer richterlichen Entscheidung gedeckt sein, vgl. Art. 104 II GG.[1295]

[1293] Ausführlich dazu Wittstamm, Elektronischer Hausarrest?, 1999, S. 113 ff.
[1294] Walter, Elektronisch überwachter Hausarrest, 1999, S. 287 (291)
[1295] Walter, Elektronisch überwachter Hausarrest, 1999, S. 287 (291); Zur Abgrenzung Freiheitsentziehung und Freiheitsbeschränkung siehe Wittstamm, Elektronischer Hausarrest?, 1999, S. 123 ff.

c) Der Privatsphärenschutz

Unter den verfassungsrechtlichen Privatsphärenschutz fallen die in Art. 13 GG verbürgte Unverletzlichkeit der Wohnung, der Geheimnisschutz des Art. 10 GG sowie das subsidiär einschlägige allgemeine Persönlichkeitsrechts nach Art. 2 I GG iVm Art. 1 I GG. Auch hinsichtlich dieser Grundrechtsgarantien gilt es trotz erfolgter Einwilligung zum elektronischen Hausarrest die verfassungsmäßigen Einschränkungsvoraussetzungen zu beachten, zumal der Betroffene unter dem Druck drohender Inhaftierung steht.

Die in Art. 13 GG verbriefte Unverletzlichkeit der Wohnung wird schon allein dadurch tangiert, daß die Wohnung des Betroffenen betreten werden muß, um die Überwachungsanlage in der Wohnung des Betroffenen anzubringen und zu warten. Unabhängig von der Einwilligung des Betroffenen erlaubt Art. 13 VII GG jedoch Eingriffe aufgrund einer Vorschrift zur Verhütung dringender Gefahren für die öffentliche Sicherheit und Ordnung. Setzt man voraus, daß die überwachte Zielgruppe andernfalls aus präventiven Gründen stationär untergebracht werden müßte, wird man die Eingriffsvoraussetzungen wohl als erfüllt ansehen.[1296] Die Kontrollen mittels der installierten Überwachungsvorrichtung fallen hingegen schon gar nicht unter den Schutzbereich des Art. 13 GG, da lediglich Informationen hinsichtlich der Anwesenheit des Probanden in der Wohnung beschafft, nicht aber sonstige Lebensäußerungen erfaßt werden.[1297] Spezieller ist für diesen Fall Art. 10 GG. Dieser wird dadurch beeinträchtigt, daß der Justiz die zwischen Kontrollstelle und Proband erfolgten telefonischen Kontakte mitgeteilt werden. Es wird jedoch nicht gerade die persönliche Vertraulichkeit verletzt, da die Kontakte dem Überwachten als Anwesenheitskontrollen auferlegt werden und der Schutzzone des Art. 10 GG daher nicht unbedingt zuzuordnen sind.[1298]

Neben den im Grundgesetz ausdrücklich genannten Spezialgewährleistungen des Privatsphärenschutzes ergibt sich durch das Zusammenspiel von Art. 1 GG und Art. 2 GG des weiteren

---

[1296] Walter, Elektronisch überwachter Hausarrest, 1999, S. 287 (291)
[1297] Wittstamm, Elektronischer Hausarrest?, 1999, S. 130 ff.; Walter, Elektronisch überwachter Hausarrest, 1999, S. 287 (291)

ein Recht auf „freie Entfaltung der Persönlichkeit". Unter diesem Stichwort schützt das Recht auf informationelle Selbstbestimmung den Einzelnen vor jeglicher Erhebung und Verarbeitung personenbezogener Daten.[1299] Die Gewinnung von Informationen erfolgt jedoch beim elektronischen Hausarrest mehr beiläufig. Über die bereits erwähnten Anwesenheitskontrollen hinaus erhält das mit der Durchführung betraute Personal keinerlei weitergehende Informationen über das Privatleben des Betroffenen. Der Eingriff geht insofern nicht über die den strafrechtlichen Kontrollorganen bereits zugestandenen Kompetenzen hinaus.[1300]

Im Ergebnis ist wohl festzuhalten, daß der elektronische Hausarrest nicht allein aus verfassungsrechtlichen Gründen verworfen werden kann. Nichtsdestotrotz sind bei der Ausgestaltung der Sanktion Grundrechte zu beachten, in die je nach Intensität der praktizierten Überwachung eingegriffen wird.

2. Das Kostenargument – fragwürdige Kalkulationen

Als eines der wichtigsten Argumente für die Einführung der neuen Strafsanktion wird auch in Deutschland die erhoffte Kostenersparnis gegenüber dem konventionellen Strafvollzug vorgebracht.[1301] Beim Vollzug im eigenen Heim entfalle die aufwendige Herstellung und Unterhaltung von Haftplätzen. *Weigend* war daher bereits 1989 der Ansicht, daß der elektronischen Kontrolle des Hausarrestes schon aus Kostengründen die Zukunft gehöre.[1302]

Bei der optimistischen Einschätzung der Kostenentwicklung gehen die Befürworter allerdings meist von pauschalen und wenig spezifizierten Annahmen aus. Diese werden nicht auf der Grundlage der örtlich recht unterschiedlichen und überdies politisch gestaltbaren Gegebenheiten belegt und durchgerechnet. Das führt zu stark divergierenden Prognosen.

[1298]   Walter, Elektronisch überwachter Hausarrest, 1999, S. 287 (291)
[1299]   BverfGE 78, 77 (84)
[1300]   Wittstamm, Elektronischer Hausarrest?, 1999, S. 138
[1301]   Krahl, Der elektronisch überwachte Hausarrest, 1997, S. 457 (460)
[1302]   Weigend, Privatgefängnisse, Hausarrest und andere Neuheiten, 1989, S. 289 (299)

Krahl stellt beispielsweise folgende Berechnung auf:[1303] Ein Haftplatz in Berlin koste zur Zeit etwa 220 DM pro Tag.[1304] Für Niedersachsen wird ein Betrag (je nach Berechnungsmethode) von 100 bis 200 DM pro Hafttag angegeben.[1305] Der Sach- und Personalaufwand für die „elektronische Fessel" belaufe sich demgegenüber auf ca. 200 DM pro Tag. Es ergebe sich deshalb bestenfalls ein unveränderter Kostenaufwand.[1306] Weit günstiger beurteilt Berlins Justizsenatorin *Peschel-Gutzeit* (SPD) die Möglichkeiten, die Kosten des Vollzugs durch elektronische Fesseln drastisch zu senken. Dies würde lediglich den halben Betrag gegenüber einem Platz in einer Strafvollzugsanstalt erforderlich machen.[1307] In der *Rheinischen Post* ist zu lesen: „Rund 150 DM kostet ein Haftplatz in Nordrhein-Westfalen pro Tag, in Berlin sogar 180 Mark. Da wirkt eine Idee verlockend, die den Strafvollzug zu einem Drittel der Haftunterbringungskosten verspricht."[1308] Hamburgs Justizsenator *Hoffmann-Riem* (parteilos) hat nach Zeitungsmeldungen die Kostenersparnis sogar auf bis zu 85 Prozent beziffert.[1309] Dieselbe Einschätzung gibt *David Hunter* vom US-Hersteller *BI Inc.*.[1310]

Das Argument der geringeren Kosten eines elektronisch überwachten Hausarrestes gegenüber den Vollzugskosten einer Gefängnisstrafe setzt vor allem voraus, daß dieser als Alternative zur Gefängnisstrafe eingesetzt wird und nicht als eine neue Sanktion bzw. Reaktion unterhalb dieser strafjustiziellen Maßnahme.[1311] Schon eine „Reform", die darauf hinausliefe, auch Freigänger mit elektronischen Fußfesseln auszurüsten – wie vom Land Berlin vorgeschlagen, würde die Vollzugskosten in die Höhe treiben, statt sie zu mindern.

[1303] Krahl, Der elektronisch überwachte Hausarrest, 1997, S. 457 (458)

[1304] So die Berliner Justizsenatorin *Peschel-Gutzeit* (SPD), vgl. Frankfurter Allgemeine Zeitung vom 11.6.1997, S. 4

[1305] Alm-Merk, Nds. LT-Drucksache 12/2579, S. 3

[1306] Alm-Merk, Nds. LT-Drucksache 12/2579, S. 3

[1307] Siehe Frankfurter Allgemeine Zeitung vom 11.6.1997, S. 4; der gleichen Meinung ist Rechtsanwalt Michael Rietz, siehe Westfälische Nachrichten vom 13.9.1997

[1308] Stock, Rheinische Post, 19.6.1997, S. 3

[1309] Kieler Nachrichten vom 25.6.1997

[1310] Vgl. Kölnische Rundschau vom 13.6.1997, S. 3 sowie Frankfurter Allgemeine Zeitung vom 11.6.1997, S. 4

[1311] Ostendorf, Die „elektronische Fessel" – Wunderwaffe im „Kampf" gegen die Kriminalität?, 1997, S. 473 (475)

Zum anderen werden für eine einigermaßen zuverlässige Kalkulation Angaben zur Höhe der Investitionen für neue technische Ausrüstungen benötigt sowie zu den laufenden Kosten des mit der Durchführung betrauten Personals. Dagegen zu rechnen sind mögliche Einsparungen. Diese könnten sich nicht nur daraus ergeben, daß die Kosten der Verpflegung und des für den einzelnen aufgewendeten Personals wegfallen. Eine entscheidende Kostensenkung wäre vielmehr durch den Verzicht auf Neubau- und Renovierungsprojekte und die entfallenden immensen Unterhaltskosten der Haftanstalten zu erreichen.

Daraus ergibt sich, daß es bei dem Vergleich der Vollzugskosten auf eine Vielzahl von Faktoren ankommt: 1) Was kostet der Haftplatz unter Berücksichtigung der vorhandenen Kapazitäten und ihrer Auslastung? 2) Wie groß ist der Anteil der Gefangenen, die voraussichtlich ihre Freiheitsstrafen im Wege des Hausarrestes verbüßen? 3) Wieviele Haftplätze werden durch die neue Maßnahme überflüssig? 4) Kann eine Reduzierung der Häftlingszahlen zu Veränderungen bei der Kapazität und der personellen Ausstattung der Haftanstalten führen? 5) Was kostet die sachliche und personelle Ausstattung des elektronischen Hausarrestes unter Zugrundelegung einer bestimmten Quote im ambulanten Vollzug?

Letztlich ist hinsichtlich der Kostenfrage nur eine Annahme sicher: Je mehr Straffällige ihre Freiheitsstrafe zu Hause verbüßen, desto preisgünstiger wird sie im Vergleich zum stationären Strafvollzug.

Überdies ist auf Erfahrungen in England und Wales mit der *suspended sententence* hinzuweisen. Diese zeigten, daß sich die Richter bei der Verhängung ambulanter Sanktionen – als Surrogat der Freiheitsstrafe – oft für eine längere Dauer entschieden. Sie sahen darin offenbar einen Ausgleich für die vermeintlich mildere Sanktion. Übertragen auf die Gegenüberstellung von Haft und Hausarrest müßte für einen präzisen Kostenvergleich möglicherweise eine dreimonatige Gefängnisstrafe mit einer sechsmonatigen Hausarrestanordnung verglichen werden.

Jedenfalls läßt sich ein exakter Kostenvergleich nur im Nachherein anstellen. Auf welch wac??keligen Füßen Vorausberechnungen stehen können, haben die Versuche in England und Wales gezeigt. Sowohl bei den Pilotprojekten 1989/90 (Nottingham, North Tyneside und Tower Bridge) als auch nach dem ersten Jahr der Projekte von 1995/96 (Manchester, Norfolk und Berkshire) zeigte sich die Forschungsgruppe des Innenministeriums außerstande, genaue Zahlen zu nennen.[1312] Erst der letzte Forschungsbericht des Home Office von 1997 traf konkretere Aussagen über die finanzielle Seite des elektronisch überwachten Hausarrestes.[1313] Es erscheint deshalb fraglich, ob bereits erste Modellvorhaben – wie in Hamburg und Berlin – verläßliche Zahlen über die Rentabilität des elektronisch überwachten Hausarrestes liefern können.

3.   Ersatz für kurze Freiheitsstrafen – Chancen und Risiken

Nach dem Stand der Diskussion besteht bei den Befürwortern des elektronisch überwachten Hausarrestes in Deutschland in zwei Punkten Einigkeit. Zum einen soll er lediglich Freiheitsstrafen ersetzen. Zum anderen ist unumstritten, daß dabei nur kurze Freiheitsstrafen in Frage kommen, da bei diesen dem Sicherungszweck eine geringere Bedeutung zukommt als bei langen Freiheitsstrafen.

Wie indes exakt der Rahmen zu ziehen und auszufüllen ist, obliegt der Gestaltungsfreiheit des Gesetzgebers. Dabei sind in Deutschland andere Lösungen geboten, als insbesondere im anglo-amerikanischen und im schwedischen Rechtsraum. Auch dies schränkt die Vergleichbarkeit ein.

[1312]   Siehe oben unter 1. Teil F. II. 4. c) (7) (iv) Kosteneffizienz der Maßnahme; vgl. auch Home Office/Mair/Nee, Electronic Monitoring: The Trials and Their Results, 1990, S. 67; Home Office/Mair/Mortimer, Curfew Orders with Electronic Monitoring, 1996, S. 33 ff.

[1313]   Siehe oben unter 1. Teil F. II. 4. f) (5) Die Kosten des Hausarrestes; vgl. auch Home Office/Mortimer/May, Electronic monitoring in practice: the second year of curfew orders, 1997, S. 42

So werden in Schweden Delikte mit kurzen Freiheitsstrafen geahndet, bei denen sich das deutsche Recht mit Geldstrafen begnügt. Dies gilt vor allem für Straßenverkehrsdelikte. Bei Alkoholisierung des Fahrers droht einige Wochen Haft.[1314]

Der deutsche Gesetzgeber hat Freiheitsstrafen einem Stufenmodell unterworfen, das kurze Freiheitsstrafen nur unter restriktiven Voraussetzungen zuläßt. Drei Regelungen sind dabei für die Verhängung einer kurzen Freiheitsstrafe bis zu sechs Monaten maßgeblich:

1) § 38 II StGB: Das Mindestmaß der zeitigen Freiheitsstrafe beträgt einen Monat.

2) § 47 I StGB: Eine Freiheitsstrafe unter sechs Monaten verhängt das Gericht nur, wenn besondere Umstände, die in der Persönlichkeit des Täters liegen, die Verhängung einer Freiheitsstrafe zur Einwirkung auf den Täter oder zur Verteidigung der Rechtsordnung unerläßlich machen.

3) § 56 I, III StGB: Bei der Verurteilung zu Freiheitsstrafe von nicht mehr als einem Jahr setzt das Gericht die Vollstreckung der Strafe zur Bewährung aus, wenn zu erwarten ist, daß der Verurteilte sich schon die Verurteilung zur Warnung dienen lassen und künftig auch ohne die Einwirkung des Strafvollzugs keine Straftaten mehr begehen wird. Dabei sind namentlich die Persönlichkeit des Verurteilten, sein Vorleben, die Umstände seiner Tat, sein Verhalten nach der Tat, seine Lebensverhältnisse und die Wirkungen zu berücksichtigen, die von der Aussetzung für ihn zu erwarten sind. Hierbei ergibt sich aus § 56 III StGB, daß die Verteidigung der Rechtsordnung für die Aussetzungsentscheidung keine Relevanz hat.

Dieses Stufenmodell soll bewirken, daß auf normativer Ebene die Verhängung kurzer Freiheitsstrafen nur unter besonderen Voraussetzungen möglich ist. Eine Freiheitsstrafe von zwei

---

[1314] Aus dem Umstand, daß die Justizministerkonferenz sich trotzdem vor allem am schwedischen Modell orientiert zieht der hannoveraner Kriminologe *Marc Hudy* die Schlußfolgerung, die dortigen Erfahrungen seien „äußerst oberflächlich" ausgewertet worden (vgl. Süddeutsche Zeitung vom 16.6.1997, S. 1). Zu dem Schluß mangelnder Vergeichbarkeit kam auch die Kriminologin *Rita Haferkamp* bei ihrer Vorstellung der schwedischen Überwachungsprojekte anläßlich der Tagung „Strafe zuhause? Elektronisch überwachter Hausarrest " vom 23. bis 25. September 1998 in Aachen.

oder drei Wochen – wie sie in Schweden praktiziert wird – scheitert von vornherein an § 38 II StGB. Die Präferenzregel zugunsten der Geldstrafe in § 47 StGB eröffnet dem Freiheitsentzug zwischen einem und sechs Monaten nur einen beschränkten Anwendungsbereich in besonderen Fällen. Ist diese Hürde überwunden, muß der Richter die kurze Freiheitsstrafe bei günstiger Prognose wegen § 56 I StGB aussetzen.

Zu prüfen ist ferner, ob Straffällige, die durch das obengenannte Raster gefallen sind, überhaupt für den elektronisch überwachten Hausarrest in Frage kommen. Unter anderem sind bei der Entscheidung nach § 56 I StGB die Lebensverhältnisse des Verurteilten zu berücksichtigen. Dabei können sich Wohnsitzlosigkeit, Arbeitslosigkeit oder Alkohol- bzw. Drogenabhängigkeit auf die Sozialprognose negativ auswirken. Diese Faktoren stünden jedoch auch der Verhängung elektronisch überwachten Hausarrestes entgegen.

Innerhalb des restriktiven Strafrahmens ist nicht auszuschließen, daß sich in der Praxis Modalitäten herausbilden, die der ursprünglichen Zielsetzung des elektronisch überwachten Hausarrestes – Ersatz der Freiheitsstrafe – entgegenstehen. So wird befürchtet, daß solche Straffälligen unter Hausarrest gestellt werden könnten, für die ansonsten eine andere ambulante Maßnahme (wie beispielsweise die Strafaussetzung zur Bewährung) ausgereicht hätte.[1315] Es entstünde der gefährliche Anreiz, von dieser Sanktionsmöglichkeit auch dort Gebrauch zu machen, wo bisher eine mildere Strafe als ausreichend angesehen wurde.[1316] Ein Richter werde sich möglicherweise weniger schwer tun, eine kurze Freiheitsstrafe zu verhängen, wenn er damit rechnet, daß diese letztlich in Form des elektronisch überwachten Hausarrestes verbüßt wird.[1317] Dies führe dazu, daß durch eine auf den ersten Blick vergleichsweise human erscheinende Maßnahme die strafende Reaktion am unteren Ende des gesetzlichen Strafmaßes nicht eingeschränkt sondern eher ausgeweitet wird. Bezeichnet wird diese Entwicklung in der kri-

---

[1315] Walter, Kölner Stadt Anzeiger vom 19.6.1997, S. 31

[1316] Weigend, Privatgefängnisse, Hausarrest und andere Neuheiten, 1989, S. 289 (300); so auch Stern, Ein Auge ist das alles sieht..., 1990, S. 335 (341); Krahl, Der elektronisch überwachte Hausarrest, 1997, S. 457 (461)

[1317] Krahl, Der elektronisch überwachte Hausarrest, 1997, S. 457 (460)

minologischen Forschung als „net-widening-Effekt", also als Ausweitung des Netzes strafrechtlicher Sozialkontrolle.[1318]

Konkret wird insbesondere das Unterlaufen der oben erläuterten gesetzgeberischen Zielsetzung des § 47 StGB befürchtet, der die Verhängung einer Freiheitsstrafe unter sechs Monaten lediglich als Ausnahmefall vorsieht. Diese Regelung könnte mit dem Angebot eines ersatzweise angewandten elektronisch überwachten Hausarrestes dadurch ausgehebelt werden, daß bei einem Scheitern der Ersatzsanktion die kurzfristige Freiheitsstrafe mit ihren entsozialisierenden Wirkungen doch vollstreckt werden müßte.[1319]

4. Resozialisierungspotential – Argumente für und wider

Die Diskussion um die Einführung des elektronisch überwachten Hausarrestes in Deutschland verläuft im Wesentlichen in den gleichen Bahnen wie vor Jahren im anglo-amerikanischen Rechtskreis. Dabei werden Argumente meist pauschal übernommen, ohne eine tiefere Würdigung vorzunehmen.

So betonen die Befürworter die Resozialisierungschancen. Der Täter könne in seinem beruflichen und sozialen Lebensbereich verbleiben und sein Einkommen behalten. Er werde nicht mit der „totalen Institution Gefängnis" konfrontiert wird.[1320] Darüber hinaus seien viele Hausarrestprogramme an die Bedingung geknüpft, daß der Verurteilte einer Arbeit nachgeht, bzw. eine Lehre oder Weiterschulung macht, was zur langfristigen sozialen Reintegration beitrage.

Überdies ermögliche der Hausarrest in seiner praktischen Anwendung ein hohes Maß an Flexibilität. Die überwachten Zeiten könnten auf die individuellen Bedürfnisse des Verurteilten

---

[1318] Ostendorf, Die „elektronische Fessel" – Wunderwaffe im „Kampf" gegen die Kriminalität?, 1997, S. 473 (476)

[1319] Ostendorf, Die „elektronische Fessel" – Wunderwaffe im „Kampf" gegen die Kriminalität?, 1997, S. 473 (476)

[1320] Weigend, Privatgefängnisse, Hausarrest und andere Neuheiten, 1989, S. 289 (300); vgl. auch Krahl, Der elektronisch überwachte Hausarrest, 1997, S. 457

abgestimmt werden, wie beispielsweise Arbeitszeit, Arztbesuche, Einkäufe oder ähnliches.[1321] Zudem sei der Hausarrest eine Reaktionsmöglichkeit auf außergewöhnliche persönliche Umstände bei Straftätern, so zum Beispiel Schwangerschaft, körperliche oder geistige Behinderung, Krankheit (Aids) oder Alter.[1322]

Dem begegnen Kritiker des Reformprojekts mit dem Argument, der psychische Druck auf den Verurteilten werde gegenüber dem herkömmlichen Strafvollzug noch verstärkt. Insbesondere bei längerer Dauer und strikter Ausgestaltung könnten Prisonierungseffekte auftreten, wobei die unverschlossene Haustür eine ständige Versuchung darstelle, sich dem Hausarrest zu widersetzen.[1323] Es handele sich sozusagen um eine „psychische Fessel".[1324]

Geteilter Meinung sind Befürworter und Kritiker darüber, ob der elektronisch überwachte Hausarrest humaner sei als eine Haftstrafe und weniger zu einer Stigmatisierung des Delinquenten führt. Die Gegner der Maßnahme bringen vor, der Hausarrest lasse sich nicht diskret abwickeln, ähnele daher dem Pranger und führe ähnlich wie die Gefängnisstrafe zu gesellschaftlicher Ausgrenzung. Das deutsche Verfassungsverständnis verbiete Vollstreckungen, die etwas extrem Diskriminierendes haben.[1325] Abwertende Bezeichnungen, die häufig zu lesen sind, wie zum Beispiel „elektronische Hundeleine" und „elektronische Fußfessel", illustrieren die Problematik.[1326]

Jenseits des Resozialisierungsarguments kommt aus dem konservativen Lager der Überwachungsgegner das Argument, die öffentliche Sicherheit werde gefährdet. Die elektronische

---

[1321] Jolin/Rogers, Elektronisch überwachter Hausarrest: Darstellung einer Strafvollzugsalternative in den Vereinigten Staaten, 1990, S. 201 (207); Weigend, Privatgefängnisse, Hausarrest und andere Neuheiten, 1989, S. 289 (300)

[1322] Jolin/Rogers, Elektronisch überwachter Hausarrest: Darstellung einer Strafvollzugsalternative in den Vereinigten Staaten, 1990, S. 201 (207)

[1323] Weigend, Privatgefängnisse, Hausarrest und andere Neuheiten, 1989, S. 289 (300); Krahl, Der elektronisch überwachte Hausarrest, 1997, S. 457 (461)

[1324] Ostendorf, Die „elektronische Fessel" – Wunderwaffe im „Kampf" gegen die Kriminalität?, 1997, S. 473 (476)

[1325] So Kohlmann im Interview mit dem Kölner Stadt Anzeiger vom 23.1.1998, S. 4

[1326] Jolin/Rogers, Elektronisch überwachter Hausarrest: Darstellung einer Strafvollzugsalternative in den Vereinigten Staaten, 1990, S. 201 (205)

Überwachung ermögliche zwar die Feststellung, ob der Straftäter sich in der Wohnung auf-
hält. Sie könne diesen aber nicht davon abhalten, in der Wohnung oder von der Wohnung aus
Straftaten zu begehen.[1327] Ferner könne sie nicht verhindern, daß der Straftäter die Wohnung
verläßt. Daher sei die Öffentlichkeit im Gegensatz zur Gefängnisstrafe den Gefahren bei
Rückfälligkeit des Täters ausgesetzt.[1328]

5. Mitbetroffene Dritte

Nur am Rande taucht in der deutschen Diskussion die Frage auf, inwieweit und in welcher
Weise sich der elektronisch überwachte Hausarrest auf Familienangehörige positiv oder nega-
tiv auswirkt. Dabei wird befürchtet, daß eine erzwungene Anbindung an die Wohnung zu
Spannungen, in einigen Fällen auch zu Gewalt, in der Familie führen könnte.[1329] Auch die
Kontrollbesuche des Aufsichtspersonals seien als ein Eingriff in das Leben der Mitbewohner
zu betrachten.[1330]

Dabei handelt es sich allerdings – mangels deutscher Erfahrungen – um bloße Vermutungen,
die nicht einmal mit ausländischen Erfahrungen belegt werden. Detaillierte Untersuchungen
sind allerdings auch im Ausland bisher nicht vorgenommen worden. Vage Hinweise haben
sich lediglich aus den Forschungsstudien der Modellversuche in England und Wales[1331] sowie
einer informellen Befragung im Clackamas county-Hausarrestprojekt (USA) ergeben.[1332]

[1327] Stern, Ein Auge ist das alles sieht..., 1990, S. 335 (341)
[1328] Jolin/Rogers, Elektronisch überwachter Hausarrest: Darstellung einer Strafvollzugsalternative in den Vereinigten Staaten, 1990, S. 201 (206)
[1329] Stern, Ein Auge ist das alles sieht..., 1990, S. 335 (341); Ostendorf, Die „elektronische Fessel" – Wunderwaffe im „Kampf" gegen die Kriminalität?, 1997, S. 473 (476)
[1330] Krahl, Der elektronisch überwachte Hausarrest, 1997, S. 457 (461); Vosgerau, Elektronische Überwachung: Auf dem Weg zur Abschaffung von Freiheitsstrafen oder in die totale Kontrolle?, 1990, S. 166
(167)
[1331] Manche Angehörige empfanden die ständige Anwesenheit des Familienmitglieds als große Belastung.
Eine Ehefrau klagte gegenüber der Forschungsgruppe des Home Office: „Wir streiten uns die ganze
Zeit." Ein junger Proband gab zu: „Du bist ständig im Haus mit deinem Sender. Wenn es dir dann zu
blöd wird, läßt du es an der Familie aus." (Home Office/Mair/Nee, Electronic Monitoring: The Trials and
Their Results, 1990, S. 57).
[1332] Diese ergab, daß sich die Familienverhältnisse unter elektronisch gesicherten Hausarrestbedingungen
nicht verschlechtert hatten. Mehrere Ehefrauen gaben sogar mit Wohlwollen zu vermerken, daß sich ihr

Allerdings ist die Vergleichbarkeit der Reaktionsweisen der Delinquenten und ihrer Familien von Land zu Land, sogar von Region zu Region stark reduziert. Sie sind abhängig von unterschiedlichen kulturellen und sozio-ökonomischen Faktoren. Überdies spielt auch die individuelle Situation eine große Rolle, wie z.B. unterschiedliche Einkommens- und Wohnverhältnisse, die Größe der Familie sowie der Familienstand. Dies macht deutlich, daß in die Beurteilung der Maßnahme nicht nur Freiheitsrechte des Probanden, sondern auch diejenigen der Mitbewohner, also zum Beispiel der Familienangehörigen, einzubeziehen sind. Von solchen Überlegungen hat sich auch die Berliner Justizsenatorin *Peschel-Gutzeit* leiten lassen. Nr. 5 ihres Vorschlags sieht vor, die in derselben Wohnung lebenden erwachsenen Familienangehörigen über die Durchführung des elektronisch überwachten Hausarrestes zu informieren. Diese können ihm begründet widersprechen.[1333]

Mann zum ersten Mal seit langer Zeit mit ihr oder den Kindern beschäftigte, im Haushalt half oder am gemeinsamen Familientisch anwesend war. (Jolin/Rogers, Elektronisch überwachter Hausarrest: Darstellung einer Strafvollzugsalternative in den Vereinigten Staaten, 1990, S. 201 (206/207))

[1333] Vgl. den nichtveröffentlichten Beschlußvorschlag für die Justizministerkonferenz am 11./12.6.1997 in Saarbrücken, S. 3; zitiert nach Krahl, Der elektronisch überwachte Hausarrest, 1997, S. 457 (458)

Tabelle 46   Pro- und Kontra-Argumente in der Diskussion um die Einführung des elektronisch überwachten Hausarrestes.

Aspekt	Pro	Kontra
Kostengesichtspunkte	Geringerer Kostenaufwand im Vergleich zum stationären Strafvollzug	Kein seriöser Kostenvergleich
Diversionsbemühungen/ Zielgruppen	Vermeidung kurzer Freiheitsstrafen durch Hausarrest mit elektronischer Überwachung	Zielgruppe für Hausarrest mit elektronischer Überwachung nicht vorhanden Unterlaufen der Regelungen zu kurzen Freiheitsstrafen – Ausweitung des Netzes sozialer Kontrolle ("netwidening effekt")
Aspekte der praktischen Ausgestaltung des Hausarrestes mit elektronischer Überwachung	Verbleiben im sozialen Umfeld	Psychische Belastung des Überwachten
	Günstige Auswirkungen auf das familiäre Zusammenleben	Belastung des familiären Zusammenlebens/ Belastung Dritter
	Wegfall der Stigmatisierung durch Gefängnisaufenthalt	Stigmatisierung durch "Fußfessel"
	Flexibilität im Umgang mit der Ausgestaltung der Sanktion	Bedrohung der öffentlichen Sicherheit

Insgesamt kommt der Frage, inwieweit Freiheitsrechte durch den elektronisch überwachten Hausarrestes eingeschränkt werden, im deutschen Rechtssystem ein hoher Rang zu. So wird in der Literatur häufig darauf verwiesen, daß die neue Maßnahme einen Eingriff in die Grundrechte aus Art. 13 GG auf Unverletzlichkeit der Wohnung sowie einen Eingriff in Art. 1 I GG auf Schutz der Menschenwürde darstelle. Dabei soll Art. 13 GG nicht nur den Verurteilten selbst, sondern auch seine Mitbewohner schützen.

IV.   Das Vorbild England und Wales

Die deutsche Diskussion über die Einführung des elektronisch überwachten Hausarrestes greift die gleichen Argumente für und wider auf, wie die Erörterungen in England und Wales vor etwas zehn Jahren. Dennoch ist festzustellen, daß sie in letzter Zeit – wie erläutert – dem schwedischen Beispiel größere Aufmerksamkeit schenkt als dem anglo-amerikanischen.

Dafür findet sich auf den ersten Blick keine Erklärung. Zum einen hätte es nahegelegen, sich auch hier – wie bei der Strafaussetzung zur Bewährung und der gemeinnützige Arbeit – von den anglo-amerikanischen Vorbildern leiten zu lassen. Diese bestehen länger und haben einen breiteren Anwendungsrahmen als zum Beispiel das schwedische Reformmodell. Zum anderen sind die Vorbehalte gegenüber der Übertragbarkeit hier besonders begründet.[1334]

Der Grund für die Bevorzugung des schwedischen Modells war wohl eher politsch als methodisch begründet. Den Justizministerkonferenzen 1995 und 1996 erschien das Beispiel Schweden besonders attraktiv. Dort wurden die Erfahrungen mit dem elektronisch überwachten Hausarrest – offiziellen Mitteilungen zufolge – als Erfolg verbucht,[1335] während Zeitungsmeldungen die Versuche 1989/90 in England und Wales als „Desaster" bezeichneten.[1336] Auch die Schilderungen aus den USA klangen eher abschreckend.[1337]

Im Folgenden soll nun der Stand der deutschen Diskussion im Lichte der englisch/walisischen Entwicklung dargestellt werden. Dabei zeigt sich, daß sich Anlässe und Anstöße oft gleichen. Aufgrund der divergierenden Bedingungen, Strukturen und Traditionen werden jedoch daraus unterschiedliche Schlüsse gezogen. Einem Vergleich bieten sich ähnliche Anknüpfungspunkte wie bei der gemeinnützigen Arbeit als Strafrechtssanktion.

[1334] Siehe oben unter 2. Teil D. III. 2. Ersatz für kurze Freiheitsstrafen – Chancen und Risiken
[1335] So *Peschel-Gutzeit* gemäß Frankfurter Allgemeine Zeitung vom 11.6.1997, S. 4; Vgl. auch Gamillscheg, Kölner Stadt Anzeiger vom 19.6.1997, S. 31 Der Erfolg wird unter anderem darin gesehen, daß in der Zeit von Sommer 1994 bis Ende 1996 nur sechs Prozent der 1049 Teilnehmer wegen Mißbrauchs aus dem Projekt ausgeschlossen worden seien. Überdies koste der überwachte Hausarrest nur etwa die Hälfte des herkömmlichen Vollzugs (Frankfurter Allgemeine Zeitung vom 11.6.1997, S. 4)
[1336] Süddeutsche Zeitung vom 16.6.1997, S. 1; ähnlich Kölner Stadt Anzeiger vom 19.6.1997, S. 31
[1337] Siehe Die Zeit vom 11.7.1997, S. 57; Süddeutsche Zeitung vom 16.6.1997, S. 1

1. Die Kapazitätskrise als auslösender Faktor

Ebenso wie in England und Wales werden die Überlegungen zur Einführung des elektronisch überwachten Hausarrestes auch in Deutschland stark von dem Bemühen geprägt, die Gefängnisse zu entlasten. Während sich jedoch dort die Überbelegung bereits in den Jahren 1985 bis 1988 krisenhaft zuspitzte,[1338] zeichnete sich eine Überfüllung der Haftanstalten in Deutschland erst in den letzten Jahren ab.[1339] Darin ist wohl der Hauptgrund zu sehen, warum die Nutzung moderner elektronischer Überwachungsmöglichkeiten im Strafvollzug in England und Wales viel früher als in Deutschland gedanklich aufgegriffen und in die Praxis umgesetzt wurde. Hinzu kommt, daß schwere Gefängnismeutereien Mitte der 80er Jahre und Anfang der 90er Jahre den englischen Strafvollzug international in keinem guten Licht präsentierte und Reformen nötig machte.

2. Kritik an der Freiheitsstrafe

Die Unzufriedenheit mit den dissozialisierenden Folgen vor allem kurzfristiger Freiheitsstrafen wurde in beiden Ländern als Argument für den elektronisch überwachten Hausarrest ins Feld geführt. Während jedoch in Deutschland viel dafür spricht, daß es der tatsächlichen Einführung der Maßnahme einen kräftigen Schub versetzt oder dabei gar als Hauptmotiv in den Vordergrund tritt, spielte es bei der Einführung des electronic monitoring in England und Wales eine untergeordnete Rolle. Darauf läßt zweierlei schließen. Zum einen fiel die Einführung der Sanktion in eine Zeit, in der die Resozialisierungsideologie starke Rückschläge einstecken mußte. In den 80er Jahren setzte sich die auf Forschungsberichte fußende Ansicht durch, daß eine Behandlung von Straftätern im Strafvollzug keine Auswirkungen auf die Rückfallraten habe. Zum anderen fielen diese wissenschaftlichen Erkenntnisse über die Wir-

---

[1338] Die Gefangenenzahlen waren zwischen 1980 und 1986/87 von 42.246 auf 48.910 Inhaftierte gestiegen, also um 13, 6 Prozent. (Siehe dazu auch unter 1. Teil F. II. 4. a) Hintergründe). Die Gefängnisse litten unter der starken Überlegung, die in den Jahren 1985-1988 mit bis zu 40 Prozent ihren Höhepunkt erreichte (siehe dazu oben unter 1. Teil A. IV. Der Anstieg der Gefangenenzahlen und die Kapazitätskris der Haftanstalten; Tabelle 4)

[1339] Siehe dazu oben unter 2. Teil A. II. Die deutsche Vollzugssituation

kungslosigkeit der Resozialisierungsbemühungen bei der damaligen konservativen *Thatcher-Regierung* auf einen fruchtbaren Boden. Es kann daher davon ausgegangen werden, daß der als *Hardliner* bezeichnete Innenminister *Michael Howard* bei der Einführung des electronic monitoring nicht dadurch motiviert wurde, daß Straftäter mit Hilfe dieser Sanktion besser resozialisiert werden könnten. Hieraus läßt sich auch erklären, warum man bei der Ausgestaltung der curfew order mit electronic monitoring weitgehend auf betreuende Elemente verzichtete.

3. Das „Big-Brother"-Argument

Bedenken, daß die Einführung einer elektronischen Methode zur Überwachung von Strafgefangenen, die außerhalb von Gefängnissen in die Privatsphäre auch von mittelbar beteiligten Familienangehörigen hineinreicht, grundsätzlich zu einer Aushöhlung von Freiheitsrechten führen könnte, sind in beiden Ländern laut geworden.[1340] Sie lassen sich als „Big-Brother"-Argument kennzeichnen.

Dabei ist jedoch festzustellen, daß dieses Argument in unterschiedlichen Zusammenhängen auftaucht und mit unterschiedlicher Betonung und Intensität vorgebracht wird. So verbindet sich mit ihm in England und Wales eine grundsätzliche Ablehnung des electronic monitoring. In Deutschland erscheint es dagegen eher als warnender Hinweis darauf, welche Gefahren drohen würden, wenn die elektronische Überwachung nicht vor den im Grundgesetz festgeschriebenen Rechten haltmachen müßte. Dabei wird insbesondere auf das Recht auf Unverletzlichkeit der Wohnung nach Art. 13 GG[1341] und das Recht auf Schutz der Menschenwürde nach Art. 1 I GG[1342] verwiesen. Ein Eingriff in diese Grundrechte sei vor allem dann gegeben,

---

[1340] Siehe unter 1. Teil F. II. 5. Die Diskussion in England und Wales

[1341] Krahl, Der elektronisch überwachte Hausarrest, 1997, S. 457 (461); Weigend hält diese Ängste jedoch für eine eher „gefühlsmäßige" Opposition, siehe Weigend, Privatgefängnisse, Hausarrest und andere Neuheiten, 1989, S. 289 (301)

[1342] Ostendorf, Die „elektronische Fessel" – Wunderwaffe im „Kampf" gegen die Kriminalität?, 1997, S. 473 (476)

wenn der elektronisch überwachte Hausarrest mit einer visuellen Kontrolle durch videoge-stützte Aufzeichnungen oder einen Identitätsabgleich ergänzt würde.[1343]

Diese Konkretisierung angeblich in Deutschland drohender Gefahren macht den Unterschied deutlich. Großbritannien kennt keine Festschreibung von Grundrechten, über deren Einhaltung im Einzelfall entschieden werden kann. Daher bleibt grundlegender Kritik nur die Möglichkeit, sich an ungeschriebenen Verfassungsprinzipien auszurichten, wie sie sich in der britischen Rechtgeschichte herausgebildet haben.

Die Haltung gegenüber electronic monitoring beschreibt *Cohen* folgendermaßen: Die Überwachung von Straffälligen in ihrem privaten Bereich sei symptomatisch für die schleichende Entwicklung in Richtung auf eine totale soziale Disziplinierung und Manipulation einer immer größer werdender Zahl von Menschen im Namen des „humanitären Fortschritts".[1344] Es handele sich hier um einen Prozeß, der die Kontrolle von Straftätern aus dem Bereich der „geschlossenen Anstalten" heraus in die offene Gesellschaft trägt.[1345] Damit seien die Reformschlagwörter „*decarceration*"[1346] und „*community control*" weniger Ausdruck einer Bewegung hin zur Liberalisierung und Humanisierung des Strafensystems, sondern Merkmal der zunehmenden staatlichen Intervention und sozialen Kontrolle.[1347]

Zwar wird diese Kritik auch in England und Wales mit konkreten Hinweisen auf die Gefahr moderner Überwachungsmethoden begründet. So heißt es, die neue Ära der Überwachung – „the new age of surveillance" – sei gekennzeichnet durch einen wachsenden Bestand an Überwachungs- und Kontrollmethoden, mit denen die Bedeutung von Privatsphäre und Menschenrechten neu definiert würde. Diese seien in einem neuen Licht zu sehen seit der Gebrauch von Atemanalysegeräten, Bewegungsdetektoren, Kameraüberwachung, genetischen Fingerabdrücken, Abhörgeräten, Lichtschranken, Stimmerkennungsmechanismen zum Alltag gewor-

---

[1343] So die Möglicheiten der neuesten Technologie; vgl. Lindenberg, Überwindung der Mauern: Das elektronische Halsband, 1992, S. 72 f.

[1344] Cohen, Visions of Social Control, 1985, S. 124

[1345] Cohen, Visions of Social Control, 1985, S. 124

[1346] *Decarceration* als Gegenbegriff zu *incarceration* = Einkerkerung, Einsperrung

den ist.[1348] Dennoch läßt es das britische Verfassungsverständnis nicht zu, Gesetz und Praxis, die solche Methoden erlauben, auf ihre Verfassungsgemäßheit von einem obersten Verfassungsgericht überprüfen zu lassen.

Ein Vergleich über Vorzüge und Nachteile der unterschiedlichen Verfassungssystem würde den Rahmen dieser Arbeit sprengen. Nur soviel sei hier festgehalten: Das britische System zwingt mehr noch als das deutsche dazu, bei der Gesetzgebung auf die Einhaltung von Verfassungsgrundsätzen zu achten. Vielleicht hat dies in England und Wales zu der besonders ausgeprägten Sensibilität gegenüber den Auswirkungen von electronic monitoring beigetragen. In einer Bevölkerung, die Diskretion groß schreibt und die weder Personalausweise noch Meldepflicht kennt, sind staatliche Kontrollmechanismen, deren rechts- und gesellschaftsverändernde Wirkungen sich nicht übersehen lassen, denkbar unpopulär. Diese weitverbreiteten Widerstände haben indes nicht ausgereicht, die Einführung des electronic monitoring zu verhindern. Selbst nach den wenig erfolgversprechenden ersten Pilotprojekten ist electronic monitoring in den Jahren 1989/90 wurde die neue Sanktion nicht aufgegeben. Maßgeblich war dabei die große Akzeptanz der Sanktion innerhalb der strafrechtsrelevanten politischen Entscheidungsträger.

Würde der elektronisch überwachte Hausarrest auch in Deutschland eingeführt, bliebe bei verfassungsrechtlich begründeten Bedenken immerhin eine Chance, im Nachherein Korrekturen durch Klagen vor dem Bundesverfassungsgericht herbeizuführen.

[1347]   Cohen, Visions of Social Control, 1985, S. 131
[1348]   Lilly, Tagging Reviewed, 1990, S. 229 (230)

3. Teil - Gesamtwürdigung

Für eine Gesamtwürdigung der Funktionsweisen und Entwickungsperspektiven ambulanter Sanktionen in England und Wales einerseits und in Deutschland andererseits bietet es sich an, den Blick auf zwei Bereiche zu richten. Zum einen sind Unterschiede bei der gesetzlichen Ausgestaltung und Anwendung ambulanter Sanktionen festzustellen, zum anderen werden unterschiedliche kriminalpolitische Hintergründe und ideologische Strukuren deutlich.

A. Das System ambulanter Sanktionen – Funktionsweisen und Anwendungsmechanismen

Wie unterschiedlich die Systeme ausgestaltet sind, innerhalb derer ambulante Sanktionen angewendet werden, läßt sich am besten anhand der community service order in England und Wales und der gemeinnützigen Arbeit in Deutschland erläutern. Es wurde bereits darauf hingewiesen, daß die eigenständige Arbeitssanktion in England und Wales einer Fülle unterschiedlicher Formen der Arbeit als Strafe in Deutschland gegenübersteht.[1349] Noch deutlicher wird der Unterschied beim Vergleich der Auswahlverfahren, bzw. Entscheidungsstadien, die der Anwendung der Arbeitsleistungsstrafe vorgeschaltet sind. Dabei stellt sich die englisch/ walisische Praxis als „horizontales" System und die deutsche Praxis als „vertikales" oder „abgestuftes" System dar.

In England/Wales steht die community service order als eigenständige ambulante Sanktion auf einer Stufe neben mehreren anderen ambulanten Strafen sowie der Freiheitsstrafe. Sie hat den gleichen Rang und ist nicht etwa nachgeordnet. Bei der Sanktionsfindung läßt der Gesetzgeber dem Richter einen großen Ermessensspielraum. Er hat zu entscheiden, welche der zur Verfügung stehenden Strafen ihm im Einzelfall als angemessen, bzw. „gerecht" erscheint. Dies führt oft zu Unsicherheiten auf seiten der Gerichte und einer entsprechend uneinheitli-

---

[1349]   Siehe oben unter 2. Teil C. VII. 3. Arbeit als Strafe im gesetzlich-funktionalem Kontext

chen Strafpraxis. Hinsichtlich der community service order ist nicht eindeutig klar und nachvollziehbar, wann sie in Frage kommt und wann ihr andere Sanktionen vorzuziehen sind.[1350]

Im deutschen Sanktionensystem dagegen kommt der gemeinnützigen Arbeit ein geringerer Rang zu. Für die Richter kommt sie erst dann in Frage, nachdem vorrangige Sanktionsmöglichkeiten ausgeschöpft wurden. Deutlich wird das am Beispiel der gemeinnützigen Arbeit als Ersatzsanktion im Rahmen des Art. 293 EGStGB. Zunächst wird eine Geldstrafe verhängt. Kann oder will der Straftäter diese nicht bezahlen, muß er seine Strafe in Form der Freiheitsstrafe verbüßen. Diese wiederum kann durch die Leistung gemeinnütziger Arbeit getilgt werden. Bedenkt man, daß die Geldstrafe mit ihrem „Tagessatz"-system im Grunde an der Freiheitsstrafe ausgerichtet wird und diese auch ersetzt, so könnte man sogar eine weitere Stufe voranstellen. Das Ergebnis sähe dann so aus, wie auf Tabelle 47 dargestellt.

Tabelle 47   Anwendungssysteme der community service order in England/Wales einerseits und der gemeinnützigen Arbeit in Deutschland andererseits.

Anwendungssystem der community service order

| Community Service Order | ⇔ | probation order | ⇔ | combination order | ⇔ | curfew order | ⇔ | ggfls. jugendrechtliche Sanktion | ⇔ | Geld- strafe | ⇔ | Freiheits- strafe |

Anwendungssystem der gemeinnützigen Arbeit zur Tilgung uneinbringlicher Geldstrafen nach Art. 293 EGStGB

(Freiheitsstrafe)
⇓
Geldstrafe
⇓
Ersatzfreiheitsstrafe
⇓
gemeinnützige Arbeit

[1350]   Siehe oben unter 1. Teil D. II. 1. Aufgabe und Stellung der Community Service Order im Strafensystem nach ihrer Einführung in den 70er Jahren

Die unterschiedlichen Systeme spiegeln sich auch bei der Anwendung anderer ambulanter Sanktionen wider. So steht in England/Wales die probation als eigenständige Strafe neben den übrigen community sentences während in Deutschland eine Bewährungsanordnung die Aussetzung einer Freiheitsstrafe voraussetzt.

Bestrebungen, ambulante Sanktionen häufiger anzuwenden sehen sich in beiden Rechtssystemen mit unterschiedlichen Problemen konfrontiert. In England/Wales bestehen diese in der Auswahl, in Deutschland darin, daß ambulante Sanktionen überwiegen nur als sekundäre Sanktionen zum Einsatz kommen können.

B. Kriminalpolitische Hintergründe und ideologische Strukturen

Betrachtet man die Entwicklung, die die Verhängung ambulanter Strafen in England/Wales und in Deutschland während der letzten Jahrzehnte genommen hat, fällt ein Grundwiderspruch auf. Einerseits zeigt sich, daß die strenge Ahndung von Delikten durch Gefängnisstrafen im englisch-walisischen Rechtssystem eher noch stärker verankert ist als im deutschen. Dabei ließen sich alle britischen Regierungen von der auch in der Richterschaft tief verwurzelten Abneigung gegen eine Aufweichung des Sanktionssystems leiten. Andererseits aber haben diese Regierungen – ebenfalls ohne Unterschied – viel Kreativität entwickelt, für die Freiheitsstrafe ambulante Alternativen zu entwickeln. Sie schufen dabei ein breiter gefächertes Spektrum ambulanter Strafen als bisher im deutschen Rechtssystem verwirklicht. Überdies wurden sie als eigenständige Strafen ausgestaltet. Zwar wird zur Zeit auch in Deutschland diskutiert, ob bei der Strafaussetzung zur Bewährung und der gemeinnützigen Arbeit diesem Beispiel zu folgen ist. Jedoch sind bislang lediglich im Jugendrecht eigenständige ambulante Sanktionen in Gestalt der Auflagen und Weisungen eingeführt worden.

Insgesamt ist festzustellen, daß die Diskussion um das Sanktionenrecht in England und Wales eher in ruhigeren Bahnen verlief. Die feste Verankerung in Traditionen steht dort offenbar hektischen ideologischen Ausschlägen entgegen. Zudem vermittelt die liberale Tradition in England und Wales – wo der Schutz des Individuums gegenüber freiheitsbeschränkenden Eingriffen der Obrigkeit historisch tiefer verwurzelt ist und eine größere Kontinuität aufweist als in Deutschland – eine Sicherheit und Unbefangenheit, die es Politik und Wissenschaft in England und Wales erlaubt, auch rückschrittliche Ansätze gelassen vorzutragen und zu vertreten.

Während sich die englische Kriminalpolitik im Vergleich zur deutschen im letzten Jahrhundert ohne tiefgreifende ideologische Brüche entwickelte, stand das deutsche Recht stets im Spannungsfeld krasser historischer Veränderungen und war somit großen Herausforderungen ausgesetzt. So haben in Deutschland nicht zuletzt die Erfahrungen des Dritten Reiches dazu beigetragen, daß in der rechtspolitischen Diskussion Stimmen besonders deutlich hervortraten, die sich engagiert für den Schutz von Freiheitsrechten einsetzten und davon warnten, diese bei Straftätern – stärker als dem Strafzweck angemessen – einzuschränken. Die Diskussion stand stets im Zeichen der weitverbreiteten Überzeugung, daß Resozialisierung Vorrang haben müsse vor einer Bestrafung, die Straftäter lediglich „wegschließt", ohne zu ihrer Besserung beizutragen.

Insofern erscheint es auf den ersten Blick erstaunlich, daß ambulante Sanktionen, also eine vergleichsweise milde Bestrafungsform, im konservativ geprägtem England und Wales eine größere Bedeutung erlangten als in Deutschland. Darin liegt allerdings nur scheinbar eine Inkonsequenz des Denkens und Handelns. Der Widerspruch löst sich auf, wenn man ambulante Sanktionen lediglich in ihrer Rolle als Mittel zum Zweck sieht. Während sie in England und Wales vornehmlich als Instrument zur Linderung der Gefängniskrise eingesetzt wurden, sollten sie in Deutschland vor allem der Humanisierung des Strafvollzugs dienen. Wenn ambulante Sanktionen neuerdings auch hierzulande einen Beitrag zur Entlastung der Gefängnisse leisten sollen, so eher in dem Sinne, aus der Not eine Tugend zu machen.

Daß der Einsatz und die Entwicklung ambulanter Sanktionen in England und Wales anderen Motiven entsprang und nicht die gleichen Ziele verfolgte als in Deutschland, läßt sich auch aus den zeitlichen Abläufen erkennen. Immer wenn die Gefängniskrise als besonders erdrüc??kend empfunden wurde, sah sich der britische Gesetzgeber veranlaßt, nach kapazitätsentlastenden Alternativen Ausschau zu halten.[1351]

Dabei ist allerdings zu beachten, daß die Gefängnisüberfüllung nicht einfach durch ein Steigen der Kriminalitätsrate zu erklären ist. Eine zwingende Verbindung zwischen dem tatsächlichen Deliktsaufkommen und dem Gebrauch des Gefängnisses gibt es nicht. Daher ist der häufige Gebrauch freiheitsentziehender Sanktionen in England und Wales meines Erachtens eher auf die tiefverwurzelte Grundhaltung in der Richterschaft und Bevölkerung zurückzuführen,

---

[1351] Siehe dazu oben unter 1. Teil A. IV. Der Anstieg der Gefangenenzahlen und die Kapazitätskrise der Haftanstalten

nach der das Gefängnis eine angemessene und gerechte Reaktion auf abweichendes Verhalten darstellt. Dennoch war das britische Parlament nicht bereit, dem amerikanischen Vorbild zu folgen und den Neubau von Gefängnissen zu forcieren. Für eine solche Umorientierung der finanziellen Prioritäten fanden sich keine parlamentarischen Mehrheiten.[1352]

Ein Ausweg aus dem Dilemma – Ruf nach ungeschmälert strenger Bestrafung trotz bereits überfüllter Gefängnisse – erhoffte man sich deshalb von der Entwicklung neuer ambulanter Strafsanktionen. Es war dieser Pragmatismus, der die Strafrechtspolitik britischer Regierungen in den letzten Jahrzehnten geprägt hat, gleichgültig, ob *Labour* oder *Conservatives* die Politik bestimmten.

Der Erfolg blieb dieser Kriminalpolitik versagt. Die Hoffnung, die Richterschaft würde häufiger zu ambulanten Strafen greifen, statt zu Gefängnisstrafen, erfüllte sich nicht. Sie neigten lediglich dazu, alte ambulante Sanktionensformen durch neue zu ersetzen. Auch ließ sich die Richterschaft den traditionellen Ermessensspielraum bei der Strafzumessung nicht nehmen. Bestrebungen des Gesetzgebers dieser Art wurden heftig kritisiert und sogar boykottiert. Dies führte vereinzelt dazu, daß Gesetzesänderungen wieder rückgängig gemacht und den Richtern ihr Entscheidungsfreiraum zurückgewährt wurde.[1353]

Seitdem bemühte sich die Regierung, ambulante Sanktionen als besonders hart und anspruchsvoll zu propagieren, um für diese eine breitere Akzeptanz zu schaffen. Sie liegt damit im Trend der gegenwärtigen Entwicklungen in der englischen/walisischen Strafrechtspflege, die im Zeichen konservativer Rückbesinnung steht. Eine Renaissance erlebt die Vergeltungsideologie der Jahrhundertwende. Das seit Ende der 80er Jahre propagierte „just deserts"-Prinzip zielt darauf ab, begangenes Unrecht durch eine „angemessene" Strafe abzugelten. Dieser

---

[1352] Der Anstieg der Gefangenenzahlen und die Kapazitätskrise der Haftanstalten; Home Office, Prisons and the Prisoner, 1977, § 195 ff., S. 113 ff.; vgl. dazu oben unter 1. Teil A. IV. Der Anstieg der Gefangenenzahlen und die Kapazitätskrise der Haftanstalten

[1353] Siehe oben unter 1. Teil B. II. 4. Criminal Justice Act 1991

Schuldausgleich dient dazu, Gerechtigkeit zu schaffen. Individuelle Bedürfnisse der Delinquenten finden dabei kaum mehr Beachtung. Allein der probation service hält das Resozialisierungsziel aufrecht. Doch auch die Sozialarbeit der Bewährungshilfe wird immer mehr geprägt von einer Ideologie, die auf Bestrafung und Kontrolle der Straffälligen ausgerichtet ist. Erwartungen einer liberalen Reform, welche die Freiheitsrechte von Straftätern betont und ihre Resozialisierung fördert, sind nach dem Labour-Wahlsieg im Mai 1997 nicht erfüllt worden.[1354]

Auch in Deutschland hat der Wahlsieg von Rot-Grün im Oktober 1998 Hoffnungen auf eine stärkere Hinwendung zu liberalen Lösungen Auftrieb gegeben. Inwiefern sich diese realisieren oder zerschlagen, ist jedoch noch nicht abzusehen. Allerdings hat die Bundesministerin für Justiz, Herta Däubler Gmelin, eine Reformierung des Strafvollzugsgesetzes angekündigt, bei der ambulante Lösungswege wie die gemeinnützige Arbeit eine verstärkte Rolle spielen sollen.[1355]

Die Strafrechtspflege steht sowohl in England und Wales als auch in Deutschland vor Problemen und Herausforderungen. Obwohl die Lösungsansätze in Gestalt ambulanter Sanktionsformen durchaus in die gleiche Richtung gehen, werden Unterschiede in Tradition, Ideologie und Praxis deutlich. Ein Vergleich der Systeme – das sollte diese Arbeit aufzeigen – ist daher nützlich und geboten. Dieser ermöglicht einen fruchtbaren Austausch von Erfahrungen. Das Beispiel England und Wales könnte den deutschen Reformern zahlreiche Denkanstöße bieten und vor Illusionen schützen. Als Vorbild kann es allerdings nicht dienen. Andererseits würde es der Strafrechtspflege in England und Wales keinen Schaden bringen, sich aus der Umklammerung punitiv-konservativen Denkens zu lösen und sich auf ihre liberalen Traditionen

---

[1354] Statt dessen kündigte Großbritanniens Innenminister Jack Straw an, die Altersbeschränkungen für jugendliche Straftäter weiter nach zu verschieben, beispielsweise wolle er nun auch 10 bis 15jährige mittels electronic monitoring überwachen lassen; The Independent, 13.11.1997, S. 10

[1355] Herta Däubler Gmelin in Süddeutsche Zeitung v. 9.1.1999; Stern v. 10.12.1998, S. 232; Die Welt v. 9.3.1999, S. 3

zu besinnen, die ja weiter zurückreichen als auf dem europäischen Kontinent und von vielen großen Repräsentanten hochgehalten wurden, angefangen von John Locke mit seiner an den Grundfreiheiten der Menschen orientierten Limitation staatlicher Herrschaft.[1356]

[1356] Vgl. Dreier, Rechtsethik und staatliche Legitimität, 1993, S. 377 (384)

4. Teil - Glossar von Rechtsbegriffen und -institutionen in England und Wales

A. Bail und remand in custody

Die Entscheidung, ob *bail* zur Anwendung kommt oder ob der einer Straftat Verdächtige – oder sogar bereits Angeklagte – in Untersuchungshaft festzuhalten ist, wird vom Gericht getroffen. Bail bezeichnet folglich die Haftverschonung, welche in der Regel im Zusammenhang mit Auflagen gewährt wird. Die Frage nach der Haftverschonung stellt sich zumeist in der vorprozessualen Phase[1357].

I. Gründe die gegen bail und für eine Untersuchungshaft sprechen[1358]

Section 4, des Bail Act 1976 legt die grundsätzliche Bevorzugung einer Haftverschonung vor einer Inhaftierung fest. Ist jemand wegen der Begehung eines Delikts angeklagt, das mit Freiheitsentzug bestraft werden kann, so kann die Vermutung zugunsten einer Haftverschonung widerlegt werden.[1359] Die Voraussetzungen für die Untersuchungshaft sind in Schedule 1 Part I Bail Act 1976 niedergelegt. Die wichtigsten Voraussetzungen sind folgende:

Es besteht Grund zur Annahme, daß der Angeklagte:

1. sich einer Haftstrafe nicht stellen wird (Fluchtgefahr) oder

2. während der Haftverschonung weitere Straftaten begeht (Wiederholungsgefahr) oder

---

[1357] Untersuchungshaft kann ferner während des Strafprozesses und sogar nach Verurteilung angeordnet werden

[1358] Vgl. Hungerford-Welch, Criminal Litigation and Sentencing, 2.4., S. 43 ff.

[1359] Unter besonderen Voraussetzungen kann sogar der Verdächtige eines sogenannten „non-imprisonable offence" – also eines Delikts, das nicht mit Freiheitsheitsstrafe sanktioniert wird – in Untersuchungshaft untergebracht werden

3. beabsichtigt, Zeugen zu beeinflussen oder in sonstiger Weise das Verfahren zu stören (Verdunkelungsabsicht)[1360]

4. die Inhaftierung geschieht zum Schutze des Angeklagten[1361]

5. der Angeklagte leistet zum Zeitpunkt der Entscheidung gerade eine Freiheitsstrafe ab[1362]

6. der Angeklagte ist im Verlaufe des Verfahrens bereits wegen Flucht festgenommen worden.[1363]

Ferner sind gemäß Para. 9, Schedule 1, Part I, Bail Act 1976 folgende Faktoren durch das Gericht in Betracht zu ziehen:

1. Die Art des Delikts (Schwere der Tat)

2. Charakter des Angeklagten

3. Soziale und finanzielle Bindungen

4. Wahrscheinlichkeit der Verurteilung

II. Conditional und Unconditional Bail[1364]

Ordnet der magistrate unconditional bail an,[1365] so besteht die einzige Pflicht des Angeklagten darin, zum Verhandlungstag im Gericht zu erscheinen. In vielen Fällen hält es das Gericht jedoch für notwendig, dem Angeklagten Bedingungen aufzuerlegen oder Auflagen zu machen, um die Gefahr einer Flucht, Wiederholungstat oder Verdunkelung zu verringern.[1366] Die im

---

[1360] Para. 2, Schedule 1, Part I, Bail Act 1976
[1361] Para. 3, Schedule 1, Part I, Bail Act 1976
[1362] Para. 4, Schedule 1, Part I, Bail Act 1976
[1363] Para. 7, Schedule 1, Part I, Bail Act 1976
[1364] Vgl. Hungerford-Welch, Criminal Litigation and Sentencing, 2.5., S. 45 ff.
[1365] Haftverschonung ohne Bedingung oder Auflage
[1366] Para. 8, Schedule 1, Part I, Bail Act 1976

Bail Act 1976 erwähnten Bedingungen sind *surety*[1367] und *security*.[1368] Das Gericht kann jedoch darüber hinaus jede Auflage machen, die ihm notwendig und effektiv erscheint, um den obengenannten Gefahren zu begegnen. Die häufigsten Auflagen und Bedingungen sind:

1. Surety: Eine Person (nicht mit dem Angeklagten identisch) oder mehrere Personen verpflichten sich, einen bestimmten Betrag zu zahlen, falls der Angeklagte sich einer Haftstrafe oder anderen strafrechtlichen Maßnahmen entzieht.

2. Security: Der Angeklagte hinterlegt Geld oder sonstige Wertgegenstände am Gericht, die im Falle der Flucht des Angeklagten verwertet werden können.

3. Residence: Der Angeklagte wird dazu verpflichtet, an einer bestimmten Adresse zu wohnen.

4. Residence in einem bail hostel: Der Angeklagte muß in einem bail hostel wohnen und die dortigen Regeln einhalten.

5. Reporting: Dem Angeklagte wird auferlegt, sich an bestimmten Tagen, zu bestimmten Zeiten in einer Polizeiwache zu melden.

6. Curfew: Es wird Hausarrest verhängt, der zu bestimmten Tages- oder Nachtzeiten einzuhalten ist.

7. Auflage, ein bestimmtes Gebäude nicht zu betreten, oder sich einem bestimmten Ort oder einer bestimmten Adresse nicht zu nähern

8. Auflage, das Opfer oder Zeugen weder direkt noch indirekt zu kontaktieren

9. Ablieferung des Passes bei der Polizei

[1367]   Personalsicherheit, Bürgschaft
[1368]   Realsicherheit, Kaution

B. Borstal

Bis Anfang der 80er Jahre standen im Zentrum der zur Verfügung stehenden freiheitsentziehenden Sanktionen für Jugendliche und Heranwachsende *borstal training*[1369] und *detention centre* (Gefängnisstrafe). Nach der gesetzlichen Definition in section 43 (1) (c) des Prison Act 1952 handelte es sich bei einer borstal-Anstalt um „ein(en) Ort, in welchem Straftäter von 15 bis 21 Jahren beherbergt werden können und Training sowie Instruktionen erhalten, die zu ihrer Resozialisierung beitragen und weitere Verbrechen vermeiden sollen".

Borstal Training sollte ferner nach den Intentionen des Criminal Justice Act 1961, section 1 als Alternative zu mittellangen Gefängnisstrafen bis zu drei Jahren dienen. Es durfte für eine mit Gefängnis bedrohte Handlung verhängt werden, wenn das Gericht unter Berücksichtigung der Tatumstände, des Charakters des Angeklagten und seines Vorlebens sie für sinnvoll hielt. Ihre Dauer sollte nicht unter sechs Monaten betragen,[1370] durfte aber zwei Jahre nicht übersteigen.[1371]

Es handelte sich um eine unbestimmte Strafe, deren Länge nicht vom Gericht unter Schuldgesichtspunkten, sondern vom Innenminister auf Rat des *Institution-Board* im Zusammenwirken mit dem *Board of Visitors* unter Resozialisierungsgesichtspunkten bestimmt wurde.[1372] Der Zeitpunkt der Entlassung richtete sich nach dem Erfolg des Aufenthalts im borstal. Ende der 70er Jahre betrug die Dauer des Aufenthalts in borstal-Institutionen durchschnittlich zwischen 9,5 und 10 Monaten.[1373]

[1369] Zur Geschichte dieser Institution siehe Fox, The English Prison and Borstal System 1952; Hood, Borstal Re-Assessed, 1965

[1370] Eine kürzere Dauer bedurfte der Genehmigung des Innenministers

[1371] Prison Act 1952, section 45 in der Fassung des Criminal Justice Act 1961, section 11

[1372] Home Office, Prisons and the Prisoner, 1977, § 152, S. 48

[1373] Home Office, Prisons and the Prisoner, 1977, § 152, S. 48

Die Kritik an dieser Strafe, die sich im Vollzugssystem teilweise von Gefängnissen nicht unterschied, teilweise aber das Erziehungsprinzip streng durchführte, entzündete sich unter anderem daran, daß sie im Bereich der mittellangen Freiheitsstrafe die einzige Wahl war, obwohl sie ihrer Bestimmung nach eine Behandlungssanktion und keine Abschreckungs- oder Retributionsstrafe war. Die Gerichte waren daher gezwungen, auch solche Täter zu borstal zu verurteilen (mit der potentiellen Dauer von zwei Jahren), die sich für das borstal-Konzept nicht eigneten und auch keine so lange Freiheitsstrafe unter Schuldgesichtspunkten verdient hatten.[1374]

Der Criminal Justice Act 1982 reorganisierte schließlich das System der stationären Strafen für „young adult offenders", also Heranwachsende im Alter zwischen 17 und 21 Jahren. Die Gefängnisstrafe (detention centre) und borstal trainig wurden abgeschafft und durch die neue Strafe der „youth custody" (Jugendstrafe) ersetzt.[1375]

C.   Crown Court

Der *Crown Court* befaßt sich mit den *indictable offences*. Dem Crown Court sitzt stets ein Berufsrichter vor. Wird ein Fall vor dem Crown Court verhandelt, so sitzt der Richter immer mit einer Jury (Geschworene). Sehr schwerwiegende Straftaten werden gewöhnlich vor einem *High Court Judge* verhandelt; die meisten Fälle übernimmt allerdings ein *circuit judge*[1376], ein *recorder*[1377] oder ein *assistant recorder*[1378].

High Court Judges werden auf Vorschlag des Lord Chancellors von der Königin berufen. Es muß sich dabei um *barrister* oder *solicitor* handeln, die seit mindestens zehn Jahren als An-

---

[1374]   Zu Einzelheiten der Kritik siehe Home Office/Advisory Council, Young Adult Offenders, 1974, § 148 ff., S. 53 ff., § 78 ff., S. 21 ff.
[1375]   Bottoms, Limiting Prison Use, 1987, S. 190 (177)
[1376]   Der circuit judge sitzt dem circuit court vor, einem Gerichtshof, der periodisch in bestimmten Bezirken tagt
[1377]   Stadtrichter
[1378]   Assistent des Stadtrichters

wälte zugelassen sind. Die meisten sind bereits als Vertreter eines High Court Judges tätig gewesen. Auch ein circuit judge kann zum High Court Judge ernannt werden.

Circuit Judges, recorders und assistant recorders werden auf Vorschlag des Lord Chancellors von der Königin ernannt. Seit mindestens zehn Jahren praktizierende barrister und solicitor können zum recorder oder asssistant recorder berufen werden. Zum circuit judge können allerdings nur solche seit zehn Jahren zugelassene barrister und solicitor ernannt werden, die seit mindestens drei Jahren als recorder tätig waren.

Delikte, die vor dem Crown Court verhandelt werden können, werden wie folgt qualifiziert:

1. Klasse: Mord, Verrat; werden am High Court durch einen High Court Judge verhandelt;

2. Klasse: Totschlag, Abtreibung, Vergewaltigung, Kindermord, Geschlechtsverkehr mit einem Mädchen unter 13 Jahren, Inzest mit einem Mädchen unter 13 Jahren; werden gewöhnlich von einem High Court Judge verhandelt;

3. Klasse: alle solchen Delikte, die nur auf indictment anklagbar sind,[1379] außer den Delikten in Klassen 1,2 und 4; diese werden von einem High Court Judge, circuit judge oder recorder verhandelt;

4. Klasse: vorsätzliche schwere Körperverletzung, Raub, alle alternativ anklagbaren Straftaten; diese Tatbestände werden von einem circuit judge, recorder oder assistant recorder verhandelt.

Die verschiedenen Crown Courts sind in Ränge untergliedert; 1.,2., und 3. Rang. Vor den Gerichten ersten Ranges können alle *indictable offences* verhandelt werden; vor den Gerichten dritten Ranges können nur die weniger schwerwiegenden Straftaten verhandelt werden. Der Grund dafür ist, daß die Crown Courts dritten Ranges nicht den Service eines High Court

---

[1379] Also keine alternativ anklagbaren Delikte

Richters haben; bei Gerichten ersten Ranges ist dies stets der Fall, bei Gerichten zweiten Ranges manchmal.

D. Magistrates' Court

Die *magistrates' courts* sind besetzt von mindestens zwei, höchstens sieben „magistrates", die das summarische Verfahren durchführen. Der Begriff „magistrate" wird oft auch synonym gebraucht zu „Justice of the peace" (Friedensrichter). Magistrates sind meist Laienrichter, die im Hinblick auf notwendige juristische Kenntnisse den *clerk of the court*, einen juristisch ausgebildeten Gerichtsbeamten, befragen und ansonsten auf die *solicitors* oder *barristers* zugehen können.

Vor dem magistrates' court werden die *summary offences* und die *offences triable either way* verhandelt. Der magistrates court besteht gewöhnlich aus drei *magistrates* und einem *clerk*.[1380] Die Laienrichter sind Mitglieder der Öffentlichkeit die ausgesucht worden sind, als Friedensrichter zu Gericht zu sitzen. Sie werden ernannt durch den Lord Chancellor (section 6 Justices of the Peace Act 1979). Sie erhalten keine Bezahlung, können aber eine Entschädigung für Reiseausgaben und Verdienstausfall fordern. Jeder magistrate erhält eine Grundeinführung in das Recht, insbesondere Beweisführung und Verfahrensrecht.

In den größeren Städten gibt es häufig noch ein *stipendiary magistrate*.[1381] Diese erhalten ein Gehalt. Stipendiary magistrates werden aus dem Kreise der barrister und solicitor auf Vorschlag des Lord Chancellor durch die Königin berufen. Die barrister und solicitor müssen seit mindestens sieben Jahren praktiziert haben. Ein stipendiary magistrate kann einem Prozeß alleine vorsitzen (mit Ausnahme vom Jugendgericht) während wenigstens zwei Laienrichter bei einem *summary trial*[1382] anwesend sein müssen.

[1380]   Juristisch qualifizierter Gerichtsbeamter
[1381]   Berufsrichter
[1382]   Prozeß, der vor dem magistrates' court geführt wird, siehe *magistrates and magistrates' court*

E. Offences on Indictment

Manche Straftaten sind nur *on indictment*, das heißt *im formellen Verfahren* „verhandelbar".
Dieses sind Delikte, die ausschließlich vor dem Crown Court angeklagt werden können. Dazu
gehören alle *common law offences*,[1383] wie Mord, Totschlag, Behinderung der Rechtspflege
oder Verschwörung.[1384] Andere Tatbestände dieser Kategorie sind solche, die durch ein Gesetz
geschaffen worden sind, das eine Höchststrafe ausschließlich für die Verurteilung on indictment festlegt.[1385] Beispiele dafür sind: vorsätzliche, schwere Körperverletzung,[1386] Abtreibung, Verkehr mit einem Mädchen unter 13 Jahren,[1387] Unzucht (Päderastie oder Sodomie),[1388]
Inzest,[1389] Raub,[1390] Einbruchdiebstahl (schwerer Fall),[1391] Erpressung,[1392] Sachbeschädigung
oder Brandstiftung bei vorsätzlicher oder leichtfertiger Gefährdung eines Menschenlebens,[1393]
Gefährdung des Straßenverkehrs mit Todesfolge,[1394] Meineid,[1395] etc..[1396]

F. Summary Offences

Summary offences sind Delikte, die nach deutschem Verständnis reinen Bagatellcharakter haben. Es handelt sich um gesetzlich geschaffene Straftatbestände, die fast ausschließlich mit
Geldstrafe geahndet werden. Die wichtigsten sind: Verkehrsstraftaten (Beispiele: Überschrei-

---

[1383]   Straftatbestände, die aus dem common law stammen
[1384]   Hungerford-Welch, Criminal Litigation and Sentencing, 3.16, S. 90 f.
[1385]   Ashworth, 4.1.2, S. 65
[1386]   Section 18, Offences Against the Person Act 1861
[1387]   Section 5, Sexual Offences Act 1956
[1388]   Section 12, Sexual Offences Act 1956
[1389]   Sections 10,11, Sexual Offences Act 1956
[1390]   Section 8, Theft Act 1968
[1391]   Section 10, Theft Act 1968
[1392]   Section 21, Theft Act 1968
[1393]   Section 1 (2), Criminal Damage Act 1971
[1394]   Section 1, Road Traffic Act 1988
[1395]   Section 1, Perjury Act 1911
[1396]   Für weitere Delikte siehe Ashworth, Tabelle 4.1, Hungerford-Welch, Criminal Litigation and Sentencing,
         3.16, S. 90 f.

ten der Geschwindigkeitsgrenze, Fahren ohne Führerschein,[1397] Fahren ohne Versicherung, Überfahren einer roten Ampel. Nicht: Gefährdung des Straßenverkehrs, Bedrohung,[1398] Tätliche Beleidigung eines Polizeibeamten,[1399] Widerstand gegen Polizeibeamte,[1400] Belästigung,[1401] Sachbeschädigung (Schaden unter £ 2000),[1402] Trunkenheit und Erregung öffentlichen Ärgernisses, Nichtzahlen der Fernsehgebühren, etc.[1403]

G. Triable-either-way Offences

Triable-either-way offences, sind Delikte, die sowohl vor dem Crown Court als auch vor dem magistrates' court angeklagt werden können.[1404] So zum Beispiel: Zufügen einer schweren Körperverletzung,[1405] Widerstand gegen die Festnahme,[1406] Widerrechtlicher Verkehr mit einem Mädchen unter 16 Jahren,[1407] sexuelle Belästigung,[1408] Zuhälterei,[1409] Diebstahl,[1410] Hehlerei,[1411] Einbruchdiebstahl,[1412] Sachbeschädigung,[1413] Gefährdung des Straßenverkehrs,[1414] Landfriedensbruch,[1415] Banknotenfälschen,[1416] Drogenstraftaten[1417] etc..[1418]

[1397] Section 103, Road Traffic Act 1988
[1398] Section 4, Public Order Act 1986
[1399] Section 51, Police Act 1964
[1400] Section 51, Police Act 1964
[1401] Section 1, Street Offences Act 1959
[1402] Section 1, Criminal Damage Act 1971
[1403] Weitere Delikte siehe Hungerford-Welch, Criminal Litigation and Sentencing, 3.18, S. 92
[1404] Letzteres ist nur möglich, wenn der magistrate und der Angeklagte einwilligen
[1405] Section 20, Offences Against the Person Act 1861
[1406] Section 38, Offences Against the Person Act 1861
[1407] Section 6, Sexual Offences Act 1956
[1408] Section 14 (ggü. einer Frau), section 15 (ggü. einem Mann), Sexual Offences Act 1956
[1409] Section 30, Sexual Offences Act 1956
[1410] Section 1, Theft Act 1968
[1411] Section 22, Theft Act 1968
[1412] Section 9, Theft Act 1968
[1413] Section 1, Criminal Damage Act 1971
[1414] Section 2, Road Traffic Act 1988
[1415] Section 3, Public Order Act 1986
[1416] Bzw. alle nach dem Forgery & Counterfeiting Act 1981 strafbaren Taten
[1417] Bzw. alle nach dem Misuse of Drugs Act 1971
[1418] Für weitere Delikte siehe Ashworth, Tabelle 4.1, Hungerford-Welch, Criminal Litigation and Sentencing, 3.17, S. 91 f.

Literaturverzeichnis

Adam, Hansjörg, Ohne Titel, in: Bundesministerium der Justiz (Hrsg.), Neue ambulante Maßnahen nach dem Jugendgerichtsgesetz. Bielefelder Symposium, Bonn 1986, S. 93 ff., (zit.: Adam, 1986)

Albrecht, Hans-Jörg, Legalbewährung bei zu Geldstrafe und Freiheitsstrafe Verurteilten, Freiburg 1982, (zit.: Albrecht, Legalbewährung bei zu Geldstrafe und Freiheitsstrafe Verurteilten, 1982)

Albrecht, Hans-Jörg, Ansätze und Perspektiven für die gemeinnützige Arbeit in der Strafrechtspflege, in: Bewährungshilfe, 32. Jahrg., 1985, S. 121 ff., (zit.: Albrecht, Ansätze und Perspektiven für die gemeinnützige Arbeit in der Strafrechtspflege, 1985)

Albrecht, Hans-Jörg/*Schädler*, Wolfram, Die gemeinnützige Arbeit auf dem Weg zur eigenständigen Sanktion?, in: Zeitschrift für Rechtspolitik, 21. Jahrg., 1988, S. 278 ff., (zit.: Albrecht/Schädler, Die gemeinnützige Arbeit auf dem Weg zur eigenständigen Sanktion?, 1988)

Albrecht, Peter-Alexis, Spezialprävention angesichts neuer Tätergruppen, in: Zeitschrift für die gesamte Strafrechtswissenschaft, 97. Band, 1985, S. 831 ff., (zit.: Albrecht, Spezialprävention angesichts neuer Tätergruppen, 1985)

Allen, Francis Alfred, The Decline of the Rehabilitative Ideal: Penal Policy and Social Purpose, New Haven-London 1981, (zit.: Allen, The Decline of the Rehabilitative Ideal: Penal Policy and Social Purpose, 1981)

Allen, Rob, Out of Jail: The Reduction in the Use of Penal Custody for Male Juveniles 1981-1988, in: The Howard Journal, Vol. 30, 1991, S. 30 ff., (zit.: Allen, Out of Jail: The Reduction in the Use of Penal Custody for Male Juveniles 1981-1988, 1991)

Allmenröder, Karl, Die Tätigkeit des Frankfurter Jugendrichters, in: Freudenthal, B. (Hrsg.), Das Jugendgericht in Frankfurt a. M., Berlin 1912, S. 1 ff., (zit.: Allmenröder, Die Tätigkeit des Frankfurter Jugendrichters, 1912)

Alternativ-Entwurf StGB 1966, Alternativ-Entwurf eines Strafgesetzbuches. Allgemeiner Teil vorgelegt von Jürgen Baumann u.a., Tübingen 1966, (zit.: Alternativ-Entwurf StGB 1966)

Alternativ-Entwurf Wiedergutmachung 1992, Alternativ-Entwurf Wiedergutmachung. Entwurf eines Arbeitskreises deutscher, österreichischer und schweizerischer Strafrechtslehrer (Arbeitskreis AE), vorgelegt von Jürgen Baumann u.a., München 1992, (zit.: Alternativ-Entwurf Wiedergutmachung 1992)

Arbeitsgruppe JGH in der DVJJ, Jugendgerichtshilfe – Standort und Wandel, in: Bundesministerium der Justiz (Hrsg.), Jugendgerichtshilfe – Quo vadis? Frankfurter Symposium. Bonn 1991, S. 85 ff., (zit.: Arbeitsgruppe JGH in der DVJJ, Jugendgerichtshilfe – Standort und Wandel, 1991)

Aschaffenburg, Gustav, Das Verbrechen und seine Bekämpfung. Einleitung in die Kriminalpsychologie für Mediziner, Juristen und Soziologen; ein Beitrag zur Reform der Strafgesetzgebung, 3. Auflage, Heidelberg 1923, (zit.: Aschaffenburg, Das Verbrechen und seine Bekämpfung, 1923)

Ashworth, Andrew, Sentencing and Penal Policy, London 1983, (zit.: Ashworth, Sentencing and Penal Policy, 1983)

Ashworth, Andrew, Reform des englischen Strafzumessungsrechts, in: Zeitschrift für die gesamte Strafrechtswissenschaft, Band 106, 1994, S. 506 ff., (zit.: Ashworth, Reform des englischen Strafzumessungsrechts, 1994)

Ashworth, Andrew/*Beckerlegge*, Elizabeth/*Bobb-Semple*, Colin/*Cox*, Adele/*Hungerford-Welch*, Peter/*Peake*, Robert/*Shapland*, Joanna/*Sprack*, John, Criminal Litigation and Sentencing 1996/97, 8. Auflage, London 1996, (zit.: Ashworth, Criminal Litigation and Sentencing, 1996)

347

Auchter-Mainz, Elisabeth, Zusammenwirken zwischen Justiz und Sozialpädagogik. Entscheidungskompetenz, Zusammenarbeit, Information, in: Bundesministerium der Justiz (Hrsg.), Neue ambulante Maßnahmen nach dem Jugendgerichtsgesetz. Bielefelder Symposium, Bonn 1986, S. 106 ff., (zit.: Auchter-Mainz, Zusammenwirken von Justiz und Sozialpädagogik, 1986)

Ball, Richard A./Huff, C. Ronald/Lilly, J. Robert, House Arrest and Correctional Policy: Doing Time at Home, London 1988, (zit.: Ball/Huff/Lilly, House Arrest and Correctional Policy: Doing Time at Home, 1988)

Bär, Hanns, Die Rechtsprechung des Bayrischen Obersten Landesgerichts in Verkehrsstrafsachen und Bußgeldverfahren, in: Deutsches Autorecht, 57. Jahrg., 1988, S. 361 ff., (zit.: Bär, Rechtsprechung, 1988)

Bauer, Max, Die Nürnberger Jugendgerichtspraxis. Ein Beitrag zur "Erziehung" der Jugendlichen, in: Deutsche Justiz, 7. Jahrg., 1939, S. 505 ff., (zit.: Bauer, Die Nürnberger Jugendgerichtspraxis, 1939)

Baumann, Jürgen, Beschränkung des Lebensstandards anstatt kurzfristiger Freiheitsstrafe, Neuwied-Berlin 1968, (zit.: Baumann, Beschränkung des Lebensstandards anstatt kurzfristiger Freiheitsstrafe, 1968)

Baumann, Jürgen, Die Chance des Art. 293 EGStGB: Freie gemeinnützige Arbeit statt, Ersatzfreiheitsstrafe, in: Monatsschrift für Kriminologie und Strafrechtsreform, 62. Jahrg., 1979, S. 290 ff., (zit.: Baumann, Die Chance des Art. 293 EGStGB: Freie gemeinnützige Arbeit statt Ersatzfreiheitsstrafe, 1979)

Baumann, Jürgen, Über die Denaturierung eines Rechtsinstituts (§ 59 StGB), in: Juristenzeitung, 35. Jahrg., 1980, S. 464 ff., (zit.: Baumann, Über die Denaturierung eines Rechtsinstituts, 1980)

Bemmann, Günter, Für eine Dienstleistungsstrafe, in: Grünwald, G./Miehe, O./Rudolphi, H.-J./Schreiber, H.-L. (Hrsg.), Festschrift für Friedrich Schaffstein zum 70. Geburtstag am 28.7.1974, Göttingen 1975, S. 211 ff., (zit.: Bemmann, Für eine Dienstleistungsstrafe, 1975)

Best, Edmund, Studien über die Anwendung der fakultativ angedrohten Geldstrafen im Deutschen Reiche, Gießen 1932, (zit.: Best, Studien über die Anwendung der fakultativ angedrohten Geldstrafen im Deutschen Reiche, 1932)

Bietz, Hermann, Erziehung statt Strafe? Überlegungen zur Weiterentwicklung des Jugendkriminalrechts, in: Zeitschrift für Rechtspolitik, 14. Jahrg., 1981, S. 212 ff., (zit.: Bietz, Erziehung statt Strafe?, 1981)

Blagg, Harry/Pearson, Geoffrey/Sampson, Alice/Smith, David/Stubbs, Paul, Inter-agency Co-ordination: Rhetoric and Reality, in: Hope, T./Shaw, M. (Hrsg.), Communities and Crime Reduction, London, 1988, S. 204 ff., (zit.: Blagg/Pearson/Sampson/Smith/Stubbs, Inter-agency Co-ordination; Rhetoric and Reality, 1988)

Blau, Günter, Die gemeinnützige Arbeit als Beispiel für einen grundlegenden Wandel des Sanktionswesens, in: Hirsch, H.-J./Kaiser, G./Marquardt, H., Gedächtnisschrift für Hilde Kaufmann, Berlin-New York 1986, S. 189 ff., (zit.: Blau, Die gemeinnützige Arbeit als Beispiel für einen grundlegenden Wandel des Sanktionswesens, 1986)

Block, Petra, Befragung von Vermittlern, Geldstrafenschuldnern und Mitarbeitern der Beschäftigungsstellen zur Praxis der Gemeinnützigen Arbeit, in: Jehle, J.-M./Feuerhelm, W./Block, P., Gemeinnützige Arbeit statt Ersatzfreiheitsstrafe. Forschungskolloquium zu einer bundesweiten Untersuchung. Wiesbaden 1990, S. 97 ff., (zit.: Block, Befragung von Vermittlern, Geldstrafenschuldnern und Mitarbeitern der Beschäftigungsstellen zur Praxis der Gemeinnützigen Arbeit, 1990)

Bockelmann, Paul, Wie würde sich ein konsequentes Täterstrafrecht auf ein neues Strafgesetzbuch auswirken?, in: Materialien zur Strafrechtsreform. 1. Band. Gutachten der Strafrechtslehrer, Bonn 1954, S. 29 ff., (zit.: Bockelmann, Wie würde sich ein konsequentes Täter-strafrecht auf ein neues Strafgesetzbuch auswirken?, 1954)

Böhm, Alexander, Einführung in das Jugendstrafrecht, 3. Auflage, München 1996, (zit.: Böhm, Jugendstrafrecht, 1996)

Böttcher, Reinhard/Weber, Klaus, Erstes Gesetz zur Änderung des Jugendgerichtsgesetzes, in: Neue Zeitschrift für Strafrecht, 10. Jahrg., 1990, S. 561 ff., (zit.: Böttcher/Weber, Erstes Gesetz zur Änderung des Jugendgerichtsgesetzes, 1990)

Bohlander, Michael, Electronic Monitoring – Elektronische Überwachung von Straftätern als Alternative zu Untersuchungshaft und Strafvollzug?, in: Zeitschrift für Strafvollzug, 40. Jahrg., 1991, S. 293 ff., (zit.: Bohlander, Electronic Monitoring – Elektronische Überwachung von Straftätern als Alternative zu Untersuchungshaft und Strafvollzug?, 1991)

Bottomley, Alan Keith, The »Justice Model« in America and Britain, in: Bottoms, A. E./Preston, R. H. (Hrsg.), The Coming Penal Crisis, S. 25 ff., Edinburgh 1980, (zit.: Bottomley, The »Justice Model« in America and Britain, 1980)

Bottoms, Anthony, E., The Suspended Sentence in England, in: British Journal of Criminology, Vol. 21, 1981, S. 1 ff., (zit.: Bottoms, The Suspended Sentence in England, 1981)

Bottoms, Anthony, E., Limiting Prison Use: Experience in England and Wales, in: The Howard Journal, Vol. 26, 1987, S. 177 ff., (zit.: Bottoms, Limiting Prison Use, 1987)

Bottoms, Anthony E./McWilliams, William, A Non-Treatment Paradigm for Probation Practice, in: British Journal of Social Work, Vol. 9, 1979, S. 159 ff., (zit.: Bottoms/McWilliams, A Non-Treatment Paradigm for Probation Practice, 1979)

Box, Stephen, Recession, Crime and Punishment, London 1987, (zit.: Box, Recession, Crime and Punishment, 1987)

Broad, Bob, Punishment under Pressure: The Probation Service in the Inner City, London 1991, (zit.: Punishment Under Pressure: The Probation Service in the Inner City, 1991)

Brownlee, Ian, D., Intensive Probation with Young Adult Offenders – A Short Reconviction Study, in: British Journal of Criminology, Vol. 35, 1995, S. 599 ff., (zit.: Brownlee, Intensive Probation with Young Adult Offenders, 1995)

Brownlee, Ian, D./Joanes, Derrick, Intensive Probation for Young Adult Offenders, in: British Journal of Criminology., Vol. 33, 1993, S. 216 ff., (zit.: Brownlee/Joanes, Intensive probation for Young Adult Offenders, 1993)

Brunner, Rudolf, Jugendgerichtsgesetz, 9. Auflage, Berlin-New York 1991, (zit.: Brunner, JGG, 1991)

Brunner, Rudolf/Dölling, Dieter, Jugendgerichtsgesetz, 10. Auflage, Berlin-New York 1996, (zit.: Brunner/Dölling, JGG, 1996)

Bundesarbeitsgemeinschaft für ambulante Maßnahmen, Leitfaden für die Anordnung und Durchführung der neuen ambulanten Maßnahmen („Mindeststandards"), in: Deutsche Vereinigung für Jugendgerichte und Jugendgerichtshilfen-Journal, 1991, S. 288 ff., (zit.: Bundesarbeitsgemeinschaft für ambulante Maßnahmen, Leitfaden für die Anordnung und Durchführung der neuen ambulanten Maßnahmen („Mindeststandards"), 1991)

Bundesministerium der Justiz (Hrsg.), Neue ambulante Maßnahmen nach dem Jugendgerichtsgesetz. Bielefelder Symposium, Bonn 1986, (zit.: Bundesministerium der Justiz (Hrsg.), Neue ambulante Maßnahmen nach dem Jugendgerichtsgesetz, 1986)

Burney, Elizabeth, A Chance to Change: Day Care and Training for Offenders, London 1980, (zit.: Burney, A Chance to Change: Day Care and Training for Offenders, 1980)

Caemmerer von, Dora, Probation – Aufbau und Praxis des englischen Systems der Bewährungshilfe, Köln 1952, (zit.: von Caemmerer, Probation – Aufbau und Praxis des englischen Systems der Bewährungshilfe, 1952)

Cavadino, Michael, Explaining the Penal Crisis, in: Prison Service Joual, 1992, S. 2 ff., (zit.: Cavadino, Explaining the Penal Crisis, 1992)

Clostermann, Ludwig, Der Verein Bewährungshilfe e. V., in: Bewährungshilfe, 1. Jahrg., 1954, S. 4 ff., (zit.: Clostermann, Der Verein Bewährungshilfe e. V., 1954)

Cohen, Stanley, Visions of Social Control: Crime, Punisment and Classification, Cambridge 1985, (zit.: Cohen, Visions of Social Control: Crime, Punisment and Classification, 1985)

Cormack, Una/McDougall, Kay, Case Work in Social Service, in: Morris, C. (Hrsg.), Social Case-Work in Great Britain, 1950, S. 15 ff., (zit.: Cormack/Dougall, Case Work in Social Service, 1950)

Cremer, Peter Josef, Erlebt die Verwarnung mit Strafvorbehalt – §§ 59 ff. StGB – eine (Re-)Naissance?, in: Neue Zeitschrift für Strafrecht, 2. Jahrg., 1982, S. 449 ff., (zit.: Cremer, Erlebt die Verwarnung mit Strafvorbehalt – §§ 59 ff. StGB – eine (Re-)Naissance?, 1982)

Cross, Alfred Rupert Neale, Punishment, Prison and the Public, London 1971, (zit.: Cross, Punishment, Prison and the Public, 1971)

Cullen, Francis T./Gendreau, Paul, The Effectiveness of Correctional Rehabilitation: Reconsidering the „Nothing Works" Debate, in: Goodstein, L./Mackenzie, D. L. (Hrsg.), The American Prison: Issues in Research and Policy, New York-London, 1989, S. 23 ff., (zit.: Cullen/Gendreau, The Effectiveness of Correctional Rehabilitation: Reconsidering the „Nothing Works" Debate, 1989)

Dallinger, Wilhelm/Lackner, Karl, Jugendgerichtsgesetz mit ergänzenden Rechts- und Verwaltungsvorschriften des Bundes und der Länder, München 1955, (zit.: Dallinger/Lackner, JGG, 1955)

Damian, Hanspeter, Die (anfängliche) Strafaussetzung und die (nachträgliche) Aussetzung des Strafrestes. Grundzüge ihrer Entwicklung bis zum Dritten Strafrechtsänderungsgesetz, in: Kerner, H.-J. (Hrsg.), Straffälligenhilfe in Geschichte und Gegenwart, Bonn 1990, S. 55 ff., (zit.: Damian, Die (anfängliche) Strafaussetzung und die (nachträgliche) Aussetzung des Strafrestes, 1990)

Dammer, Rolf, Kriminalpolitischer Stellenwert gemeinnütziger Arbeit in der Strafrechtspflege, in: Bewährungshilfe, 32. Jahrg., 1985, S. 141 ff., (zit.: Dammer, Kriminalpolitischer Stellenwert gemeinnütziger Arbeit in der Strafrechtspflege, 1985)

Davies, Martin, Community-based alternatives to custody: The right place for the Probation Service, in: Prison Service Journal, Vol. 53, 1984, S. 2 ff., (zit.: Davies, Community-based alternatives to custody, 1984)

Delaquis, Ernst, Einführung in das Gefängniswesen. Rückblick und Ausblick, in: Schweizerische Zeitschrift für Strafrecht, 37. Jahrg., 1924, S. 340 ff., (zit.: Delaquis, Einführung in das Gefängniswesen, 1924)

Delaville, Serge, Un avant propos, Paris 1928, (zit.: Delaville, Un avant propos, 1928)

Deleuze, Gilles, Das elektronische Halsband – Innenansicht der kontrollierten Gesellschaft, in: Kriminologisches Journal, Jahrg. ?, 1992, S. 181 ff., (zit.: Deleuze, Das elektronische Halsband – Innenansicht der kontrollierten Gesellschaft, 1992)

Dencker, Friedrich, Ein Plädoyer für § 59 StGB, in: Strafverteidiger, 6. Jahrg., 1986, S. 399 ff., (zit.: Dencker, Ein Plädoyer für § 59 StGB, 1986)

Deutsche Bewährungshilfe (DBH), DBH-Stellungnahme zum Referentenentwurf eines Ersten Gesetzes zur Änderung des Jugendgerichtsgesetzes (1. JGGÄndG), in: Bewährungshilfe, 35. Jahrg., 1988, S. 240 ff., (zit.: DBH, Stellungnahme zum Referentenentwurf eines Ersten Gesetzes zur Änderung des Jugendgerichtsgesetzes, 1988)

Diemer, Herbert/Schoreit, Armin/Sonnen, Bernd-Rüdeger, Jugendgerichtsgesetz, 2. Auflage, Heidelberg 1995, (zit.: Diemer/Schoreit/Sonnen-Bearbeiter, JGG, 1995)

Dölling, Dieter, Die gemeinnützige Arbeit als eigenständige strafrechtliche Sanktion, in: Deutsche Bewährungshilfe e.V. (Hrsg.), Die 13. Bundestagung. Dokumentation der 13. Bundestagung der Deutschen Bewährungshilfe e.V. (DBH), 18. Bis 21. September 1988 in Marburg, Bonn 1990, S. 363 ff., (zit.: Dölling, Die gemeinnützige Arbeit als eigenständige strafrechtliche Sanktion, 1990)

Dölling, Dieter, Die Weiterentwicklung der Sanktionen ohne Freiheitsentzug im deutschen Strafrecht, in: Zeitschrift für die gesamte Strafrechtswissenschaft, 104. Band, 1992, S. 259 ff., (zit.: Dölling, Die Weiterentwicklung der Sanktionen ohne Freiheitsentzug im deutschen Strafrecht, 1992)

Drakeford, Mark, The Probation Service, Breach and the Criminal Justice Act 1991, in: The Howard Journal, Vol. 32, 1993, S. 291 ff., (zit.: Drakeford, The Probation Service, Breach and the Criminal Justice Act 1991, 1993)

Dreher, Eduard/Tröndle, Herbert, Strafgesetzbuch, 43. Auflage, München 1986, (zit.: Dreher/Tröndle, StGB, 1986)

Dreier, Horst, Rechtsethik und staatliche Legitimität, in: Universitas, 48. Jahrg., 1993, S. 377 ff., (zit.: Dreier, Rechtsethik und staatliche Legitimität, 1993)

Du Cane, Edmund Frederick, The Duration of Penal Sentences, in: Fortnightly Review (new series), Vol. 39, 1883, S. 850 ff., (zit.: Du Cane, The Duration of Penal Sentences, 1883)

Du Cane, Edmund Frederick, Punishment and Prevention of Crime, London 1885, (zit.: Du Cane, Punishment and Prevention of Crime, 1885)

Dünkel, Frieder, Zur Situation und Entwicklung in der Entlassenenhilfe, in: Zeitschrift für Strafvollzug und Straffälligenhilfe, 30. Jahrg., 1981, S. 202 ff., (zit.: Dünkel, Zur Situation und Entwicklung in der Entlassenenhilfe, 1981)

Dünkel, Frieder, Die Geschichte des Strafvollzug als Geschichte von (vergeblichen?) Vollzugsreformen, in: Driebold, R.(Hrsg.), Strafvollzug. Erfahrungen, Modelle, Alternativen, Göttingen 1983, S. 25 ff., (zit.: Dünkel, Die Geschichte des Strafvollzug als Geschichte von (vergeblichen?) Vollzugsreformen,1983)

Dünkel, Frieder, Strafaussetzung zur Bewährung und Bewährungshilfe im internationalen Vergleich, in: Dünkel, F./Spieß G. (Hrsg.), Alternativen zur Freiheitsstrafe, Freiburg 1983, S. 399 ff., (zit.: Dünkel, Strafaussetzung zur Bewährung und Bewährungshilfe im internationalen Vergleich, 1983)

Dünkel, Frieder, Neuere Entwicklungen im Bereich der Bewährungshilfe und -aufsicht im internationalen Vergleich, in: Bewährungshilfe, 31. Jahrg., 1984, S. 162 ff., (zit.: Dünkel, Neuere Entwicklungen im Bereich der Bewährungshilfe und -aufsicht im internationalen Vergleich, 1984)

Dünkel, Frieder, Möglichkeiten der Fortentwicklung der Sozialen Dienste in der Justiz – eine international vergleichende Betrachtung zu Aufgabenstellung un Organisationsstruktur, in: Bewährungshilfe, 33. Jahrg., 1986, S. 129 ff., (zit.: Dünkel, Möglichkeiten der Fortentwicklung der Sozialen Dienste in der Justiz, 1986)

Dünkel, Frieder, Zur Fortentwicklung von Bewährungshilfe und Strafentlassenenhilfe, in: Bewährungshilfe, 37. Jahrgang, 1990, S. 189 ff., (zit.: Dünkel, Zur Fortentwicklung von Bewährungshilfe und Strafentlassenenhilfe, 1990)

Dünkel, Frieder/Rössner, Dieter, Täter-Opfer-Ausgleich in der Bundesrepublik, Österreich und der Schweiz, In: Zeitschrift für die gesamte Strafrechtswissenschaft, 99. Band, 1987, S. 845 ff, (zit.: Dünkel/Rössner, Täter-Opfer-Ausgleich in der Bundesrepublik, Österreich und der Schweiz, 1987)

Dünkel, Frieder/Spieß, Gerhard (Hrsg.), Alternativen zur Freiheitsstrafe, Freiburg 1983, (zit.: Dünkel/Spieß (Hrsg.), Alternativen zur Freiheitsstrafe, 1983)

Dünkel, Frieder/Spieß, Gerhard, Kriminalpolitische Bewertung der Strafaussetzung und Folgerungen für die Praxis in der Bundesrepublik, in: Dünkel/Spieß (Hrsg.), Alternativen zur Freiheitsstrafe, 1983, S. 503 ff., (zit.: Dünkel/Spieß, Kriminalpolitische Bewertung der Strafaussetzung und Folgerungen für die Praxis in der Bundesrepublik, 1983)

Dünkel, Frieder/Spieß, Gerhard, Perspektiven der Strafaussetzung zur Bewährung und Bewährungshilfe im zukünftigen deutschen Strafrecht, in: Bewährungshilfe, 39. Jahrg. 1992, S. 117 ff., (zit.: Dünkel/Spieß, Perspektiven der Strafaussetzung zur Bewährung und Bewährungshilfe im zukünftigen deutschen Strafrecht, 1992)

Ebeling, Albert, Beiträge zur Geschichte der Freiheitsstrafe, in: Strafrechtliche Abhandlungen, Heft 355, Breslau-Neukirch 1935, (zit.: Ebeling, Beiträge zur Geschichte der Freiheitsstrafe, 1935)

Eisenberg, Ulrich, Jugendgerichtsgesetz, 7. Auflage, München 1997, (zit.: Eisenberg, JGG, 1997)

Entwurf StGB 1919, Entwürfe zu einem Deutschen Strafgesetzbuch. Veröffentlicht auf Anordnung des Reichs-Justizministeriums. Zweiter Teil. Entwurf von 1919, Berlin 1920, (zit.: Entwurf StGB 1919)

Entwurf StGB 1935, Entwurf eines Deutschen Strafgesetzbuches. Entwurf der amtlichen Strafrechtskommission, 2. Lesung 1935/36, zusammengestellt nach den Vorschlägen der Unterkommission nach dem Stand vom 1. Juli 1936, (zit.: Entwurf StGB 1935)

Entwurf StGB 1936, Entwurf eines Deutschen Strafgesetzbuches (Dezember 1936), in: Regge, J./Schubert, W. (Hrsg.), Entwürfe eines Strafgesetzbuchs. 1. Teil. Quellen zur Reform des Straf- und Strafprozeßrechts. II. Abteilung. NS-Zeit (1933-1939) – Strafgesetzbuch. Band 1, Berlin-New York 1988, S. 409 ff., (zit.: Entwurf StGB 1936)

Entwurf StGB AT 1958, Entwurf des Allgemeinen Teils eines Strafgesetzbuchs nach den Beschlüssen der Großen Strafrechtskommission in erster Lesung (abgeschlossen im Dezember 1956), mit Begründung, Bonn 1958, (zit.: Entwurf StGB AT 1958)

Entwurf StGB E 1960, Entwurf eines Strafgesetzbuches (StGB), E 1960, mit Begründung, Bundesrat, Drucksache 270/60, Bonn 1960, (zit.: Entwurf StGB E 1960)

Entwurf StGB E 1962, Entwurf eines Strafgesetzbuches (StGB), E 1962 (mit Begründung), Bundestagsvorlage, Bonn 1962, (zit.: Entwurf StGB E 1962)

Entwurf StGB E 1959, Entwurf eines Strafgesetzbuchs nach den Beschlüssen der Großen Strafrechtskommission in erster Lesung zusammengestellt und überarbeitet vom Bundesministerium der Justiz (E 1959), in: Niederschriften über die Sitzungen der Großen Strafrechtskommission. 12. Band. Zweite Lesung des Entwurfs. Bonn 1958, S. 549 ff., (zit.: Entwurf StGB E 1959)

Felisch, Paul, Gutachten über die Frage: Empfiehlt sich hinsichtlich der Geldstrafen a) die Zulassung und Begünstigung des freiwilligen Abverdienens derselben? b) die Androhung des erzwungenen Abverdienens in einer Anstalt (Arbeitshaus) für den Fall, daß der Mangel guten Willens zur Tilgung der Strafe festgestellt ist?, in: Schriftführer-Amt der ständigen Deputation (Hrsg.), Verhandlungen des 23. Juristentages, Berlin 1895, S. 277 ff., (zit.: Felisch, Gutachten, 1895)

Feltes, Thomas, Kriminalität und soziale Kontrolle im 21. Jahrhundert. Ein futuristisches Szenario vor dem Hintergrund aktueller Entwicklungen, in: Bewährungshilfe, 35. Jahrg., 1988, S. 90 ff., (zit.: Feltes, Technologie, Moral und Kriminalpolitik, 1990)

Feltes, Thomas, Technologie, Moral und Kriminalpolitik, in: Bewährungshilfe, 37. Jahrg., 1990, S. 324, (zit.: Feltes, Technologie, Moral und Kriminalpolitik, 1990)

Feuerhelm, Wolfgang, Gemeinnützige Arbeit im Strafrecht – Stellung und Ausgestaltung der gemeinnützigen Arbeit im Strafrecht, Wiesbaden 1997, (zit.: Feuerhelm, Stellung und Ausgestaltung der gemeinnützigen Arbeit im Strafrecht, 1997)

Flynn, Leonard E., House Arrest: Florida's Alternative Eases Crowding and Tight Budgets, in: Corrections Today, Vol. 48, 1986, S. 64 ff., (zit.: Flynn, House Arrest: Florida's Alternative Eases Crowding and Tight Budgets, 1986)

Foerster, Friedrich Wilhelm, Strafe und Erziehung – Sühne und Besserung (1912), in: Schaffstein, F./Miehe, O. (Hrsg.), Weg und Aufgabe des Jugendstrafrechts, Darmstadt 1975, S. 31 ff., (zit.: Foerster, Strafe und Erziehung – Sühne und Besserung, 1913)

Fox, Lionel Wray, The English Prison and Borstal System, London 1952, (zit.: Fox, The English Prison and Borstal System, 1952)

Frehsee, Detlev, Wiedergutmachung statt Strafe, in: Kriminologisches Journal, 14. Jahrg., 1982, S. 126 ff., (zit.: Frehsee, Wiedergutmachung statt Strafe, 1982)

Frehsee, Detlev, Schadenswiedergutmachung als Instrument strafrechtlicher Sozialkontrolle, Berlin 1987, (zit.: Frehsee, Schadenswiedergutmachung als Instrument strafrechtlicher Sozialkontrolle, 1987)

Frehsee, Detlev, Der Ungehorsamsarrest – repressive Antwort auf schwierige Fälle?, in: Deutsche Vereinigung für Jugendgerichte und Jugendgerichtshilfen e.V. (Hrsg.), Mehrfach Auffällige – Mehrfach Betroffene. Erlebnisweisen und Reaktionsformen. Dokumentation des 21. Deutschen Jugendgerichtstages vom 30. September bis 4. Oktober 1989 in Göttingen, Bonn 1990, S. 314 ff., (zit.: Frehsee, Der Ungehorsamsarrest – repressive Antwort auf schwierige Fälle?, 1990)

Frehsee, Detlev/Kröeger-Steffens, Brunhilde, Die Brücke Kiel e.V., in: Marks, E./Rössner, D. (Hrsg.), Täter-Opfer-Ausgleich. Vom zwischenmenschlichen Weg zur Wiederherstellung des Rechtsfriedens, Bonn 1989, S. 283 ff., (zit.: Frehsee, Die Brücke Kiel e.V., 1989)

Frey, Erwin, Ausbau des Strafensystems?, in: Zeitschrift für die gesamte Strafrechtswissenschaft, 65. Band, 1953, S. 3 ff., (zit.: Frey, Ausbau des Strafensystems?, 1953)

Frisch, Wolfgang, Prognoseentscheidungen im Strafrecht. Zur normativen Relevanz empirischen Wissens und zur Entscheidung bei Nichtwissen, Heidelberg-Hamburg 1983, (zit.: Frisch, Prognoseentscheidungen im Strafrecht. Zur normativen Relevanz empirischen Wissens und zur Entscheidung bei Nichtwissen, 1983)

Fritschka, Peter, Weisungen und Auflagen gegenüber Heranwachsenden aus der Sicht des Bewährungshelfers, in: Deutsche Vereinigung für Jugendgerichte und Jugendgerichtshilfen e.V. (Hrsg.), Junge Volljährige im Kriminalrecht. Bericht über die Verhandlungen des 17. Deutschen Jugendgerichtstages in Saarbrücken vom 27. bis 30. September 1977, München 1977, S. 349 ff., (zit.: Fritschka, Weisungen und Auflagen gegenüber Heranwachsenden aus der Sicht des Bewährungshelfers, 1978)

Frost, Sally M./Stephenson, Geoffrey M., A Simulation Study of Electronic Tagging as a Sentencing Option, in: The Howard Journal, Vol. 28, 1989, S. 91 ff., (zit.: Frost/Stephenson, A Simulation Study of Electronic Tagging as a Sentencing Option, 1989)

Fullwood, Cedric, The Probation Service: From Moral Optimism Through Penological Pessimism into the Future, in: Justice of the Peace, Vol 151, 1987, S. 774 ff., (zit.: Fullwood, The Probation Service: From Moral Optimism Through Penological Pessimism into the Future, 1987)

Gable, Ralph Kirkland, Application of Personnel Telemonitoring to Current Problems in Corrections, in: Journal of Criminal Justice, Vol. 14, 1986, S. 167 ff., (zit.: Gable, Application of Personnel Telemonitoring to Current Problems in Corrections, 1986)

Galaway, Burt, Restitutive Justiz. Programme, Strategien und Angebote, in: Janssen, H./Kerner, H.-J. (Hrsg.), Verbrechensopfer, Sozialarbeit und Justiz. Das Opfer im Spannungsfeld der Handlungs- und Interessenkonflikte, Bonn 1985, S. 471 ff., (zit.: Galaway, Restitutive Justiz. Programme, Strategien und Angebote, 1985)

Gegenentwurf StGB 1911, Gegenentwurf zum Vorentwurf eines Deutschen Strafgesetzbuchs. Aufgestellt von Wilhelm Kahl, Karl von Lilienthal, Franz von Liszt und James Goldschmidt, Berlin 1911, (zit.: Gegenentwurf StGB 1911)

Geisler, Werner, Die Sicherungsverwahrung im englischen und deutschen Strafrecht, Berlin 1967, (zit.: Geisler, Die Sicherungsverwahrung im englischen und deutschen Strafrecht, 1967)

Gelsthorpe, Loraine/Tutt, Norman, The Attendance Centre Order, in: Criminal Law Review, 1986, S. 146 ff., (zit.: Gelsthorpe/Tutt, the Attendance Centre Order, 1986)

Gendreau, Paul/Ross, Bob, Effective Correctional Treatment: Bibliotherapy for Cynics, in: Crime and Delinquency, Vol. 25, 1979, S. 463 ff., (zit.: Gendreau/Ross, Effective Correctional Treatment: Bibliotherapy for Cynics, 1979)

Gendreau, Paul/Ross, Bob, Revivification of Rehabilitation: Evidence from the 1980's, in: Justice Quarterly, Vol. 4, 1987, S. 349 ff., (zit.: Gendreau/Ross, Revivification of Rehabilitation: Evidence from the 1980's, 1987)

Gerken, Ulrich, Die gemeinnützige Arbeit auf dem Weg zur eigenständigen Sanktion?, in: Zeitschrift für Rechtspolitik, 22. Jahrg., 1989, S. 72 ff., (zit.: Gerken, Die gemeinnützige Arbeit auf dem Weg zur eigenständigen Sanktion?, 1989)

Gerken, Ulrich/Henningsen, Jörg, Arbeit als strafrechtliche Sanktion? Rechtliche und tatsächliche Aspekte gemeinnütziger Arbeit als strafrechtlliche Sanktion, in: Monatsschrift für Kriminologie und Strafrechtsreform, 72. Jahrg., 1989, S. 222 ff., (zit.: Gerken/Henningsen, Arbeit als strafrechtliche Sanktion?, 1989)

Giller, Henri/Morris, Alison, Supervision Orders: The Routinization of Treatment, in: The Howard Journal, Vol. 17, 1978, S. 149 ff., (zit.: Giller/Morris, Supervision Orders: The Routinization of Treatment, 1978)

Görlich, Richard, Die vorläufige Entlassung, Breslau 1906, (zit.: Görlich, Die vorläufige Entlassung, 1906)

Grant, Elliot N., Electronic Monitoring Trial in Nottingham, in: The Magistrate, Vol. 45, No. 8, 1989, S. 144, (zit.: Grant, Electronic Monitoring Trial in Nottingham, 1989)

Grau, Fritz/Schäfer, Karl, Das Preußische Gnadenrecht, Berlin 1931, (zit.: Grau/Schäfer, Das Preußische Gnadenrecht, 1931)

Grebing, Gerhardt, Die Geldstrafe in rechtsvergleichender Darstellung, in: Jescheck, H.-H./Grebing, G. (Hrsg.), Die Geldstrafe im deutschen und ausländischen Recht, Baden Baden 1978, S. 1183 ff., (zit.: Grebing, Die Geldstrafe in rechtsvergleichender Darstellung, 1978)

Gréus, Ralf, Das Absehen von der Verfolgung jugendlicher Straftäter in der Praxis, Heidelberg 1978, (zit.: Gréus, Das Absehen von der Verfolgung jugendlicher Straftäter in der Praxis, 1978)

Griffiths, Robin, Community Service by Offenders, in: New Law Journal, Vol. 126, 1976, S. 169 ff., (zit.: Griffiths, Community Service by Offenders, 1976)

Grünhut, Max, Penal Reform – A Comparative Study, Oxford 1948, (zit.: Grünhut, Penal Reform – A Comparative Study, 1948)

Grünwald, Gerald, Das Rechtsfolgensystem des Alternativentwurfs, in: Zeitschrift für die gesamte Strafrechtswissenschaft, 80. Band, 1968, S. 89 ff., (zit.: Grünwald, Das Rechtsfolgensystem des Alternativentwurfs, 1968)

Günter, Helmut, Tagung der Strafrechtslehrer in Hamburg, in: Juristenzeitung, 20. Jahrg., 1965, S. 70 ff., (zit.: Günter, Tagung der Strafrechtslehrer in Hamburg, 1965)

Harding, Christopher/Koffman, Laurence, Sentencing and the Penal System, London 1995, (zit.: Harding/Koffman, Sentencing and the Penal System, 1995)

Harris, Victoria, Die lebenslange Freiheitsstrafe in England und Wales, in: Zeitschrift für Strafvollzug und Straffälligenhilfe, 40. Jahrgang, 1991, S. 131 ff., (zit.: Harris, Die lebenslange Freiheitsstrafe in England und Wales, 1991)

Hartmann, Arthur, Begleitforschung für die Modellprojekte in München und Landshut – Rückblick, Ausblick, erste Ergebnisse, in: Marks, E./Rössner, D. (Hrsg.), Täter-Opfer-Ausgleich. Vom zwischenmenschlichen Weg zur Wiederherstellung des Rechtsfriedens, Bonn 1989, S. 134 ff., (zit.: Hartmann, Begleitforschung für die Modellprojekte in München und Landshut – Rückblick, Ausblick, erste Ergebnisse, 1989)

Hegler, August, Die praktische Thätigkeit der Juristenfakultäten des 17. und 18. Jahrhunderts in ihrem Einfluß auf die Entwicklung des deutschen Strafrechts von Carpzov, Tübingen 1899, (zit.: Hegler, Die praktische Thätigkeit der Juristenfakultäten des 17. und 18. Jahrhunderts, 1899)

Heidelberger Kommentar, Hrsg.: Lemke, Michael/Krehl, Christoph/Rautenberg, Erardo Cristoforo/Julius, Karl-Peter/Kurth, Hans Joachim/Temming, Dieter, Strafprozeßordnung, München 1997, (zit.: HK-Bearbeiter, StPO, 1997)

Heinz, Wolfgang, Neue Formen der Bewährung in Freiheit in der Sanktionspraxis der Bundesrepublik Deutschland, in: Vogler, T. (Hrsg.), Festschrift für Hans-Heinrich Jescheck zum 70. Geburtstag, Berlin 1985, S. 955 ff., (zit.: Heinz, Neue Formen der Bewährung in Freiheit in der Sanktionspraxis der Bundesrepublik Deutschland, 1985)

Heinz, Wolfgang, Neue ambulante Maßnahmen nach dem Jugendgerichtsgesetz. Überblick über die neuen ambulanten Maßnahmen, insbesondere über die durchführenden Einrichtungen, über die Häufigkeit des Vorkommens der Maßnahmen sowie über ihre Inhalte, in: Bundesministerium der Justiz (Hrsg.), Neue ambulante Maßnahmen nach dem Jugendgerichtsgesetz. Bielefelder Symposium. Bonn 1986, S. 22 ff., (zit.: Heinz, Neue ambulante Maßnahmen nach dem Jugendgerichtsgesetz, 1986)

Heinz, Wolfgang, Neue ambulante Maßnahmen nach dem Jugendgerichtsgesetz. Empirische Bestandsaufnahme und kriminalpolitische Perspektiven, in: Monatsschrift für Kriminologie und Strafrechtsreform, 70. Jahrgang, 1987, S. 129 ff., (zit.: Heinz, Neue ambulante Maßnahmen nach dem Jugendgerichtsgesetz, 1987)

Heinz, Wolfgang, Neues zur Diversion im Jugendstrafverfahren – Kooperation, Rolle und Rechtsstellung der Beteiligten, in: Monatsschrift für Kriminologie und Strafrechtsreform, 76. Jahrgang, 1993, S. 355 ff., (zit.: Heinz, Neues zur Diversion im Jugendstrafverfahren, 1993)

Heinz, Wolfgang/Spieß, Gerhard, Alternativen zu formellen Reaktionen im deutschen Jugendstrafrecht, Ein Forschungsvorhaben zu §§ 45, 47 JGG und erste Ergebnisse, in: Kerner, H.-J./Kury, H./Sessar, K. (Hrsg.), Deutsche Forschungen zur Kriminalitätsentstehung und Kriminalitätskontrolle, Teilband 2, Köln-Berlin-Bonn-München 1983, S. 869 ff., (zit.: Heinz/Spieß, Alternativen zu formellen Reaktionen im deutschen Jugendstrafrecht, 1983)

Heinz, Wolfgang/Huber, Martina, Ambulante sozialpädagogische Maßnahmen für junge Straffällige. Eine Bestandsaufnahme, in: Bundesarbeitsgemeinschaft für ambulante Maßnahmen nach dem Jugendrecht in der DVJJ (Hrsg.), Ambulante sozialpädagogische Maßnahmen für junge Straffällige. Zwischenbilanz und Perspektiven, 2. Auflage, München 1986, S. 37 ff., (zit.: Heinz/Huber, Ambulante sozialpädagogische Maßnahmen für junge Straffällige, 1986)

Heinz, Wolfgang/Storz, Renate, Diversion im Jugendstrafverfahren der Bundesrepublik Deutschland, in: Bundesministerium der Justiz (Hrsg.), Diversion im Jugendstrafverfahren der Bundesrepublik Deutschland, Bonn 1994, S. 3 ff., (zit.: Heinz, Diversion im Jugendstrafverfahren der Bundesrepublik Deutschland, 1994)

Hellwig, Albert, Jugendgerichtsgesetz. Mit Einleitung und Erläuterungen, Berlin 1923, (zit.: Hellwig, Jugendgerichtsgesetz, 1923)

Hellwig, Albert, Das Geldstrafengesetz. Die Verordnung über Vermögensstrafen und Bußen vom 6.2.1924, 3. Auflage, München 1924, (zit.: Hellwig, Das Geldstrafengesetz, 1924)

Hering, Eike/Sessar, Klaus, Praktizierte Diversion – Das "Modell Lübeck" sowie die Diversionsprogramme in Köln, Braunschweig und Hamburg, Pfaffenweiler 1990, (zit.: Hering/Sessar, Praktizierte Diversion, 1990)

Hilbers, Marlene/Lange, Wolf, Abkehr von der Behandlungsideologie?, in: Kriminologisches Journal, 5. Jahrg., 1973, S. 52 ff., (zit.: Hilbers/Lange, Abkehr von der Behandlungsideologie?, 1973)

Hilse, Jürgen, Zur Umsetzbarkeit des Diversionsgedankens im Jugendgerichtsgesetz, in: Kury, H. (Hrsg.), Ambulante Maßnahmen zwischen Hilfe und Kontrolle, Köln-Berlin-Bonn-München 1984, S. 150 ff., (zit.: Zur Umsetzbarkeit des Diversionsgedankens im Jugendgerichtsgesetz, 1984)

Hine, Jean, Trying to unravel the Gordian Knot: an evaluation of community service orders, in: Mair, G. (Hrsg.), Evaluating the Effectiveness of Community Penalties, Aldershot 1997, S. 96 ff., (zit.: Hine, Trying to unravel the Gordian Knot: an evaluation of community service orders, 1997)

Hippel, R. von, Die geschichtliche Entwicklung der Freiheitsstrafe, in: Bumke, E. (Hrsg.), Deutsches Gefängniswesen. Ein Handbuch, Berlin 1928, S. 1 ff., (zit.: Hippel, Die geschichtliche Entwicklung der Freiheitsstrafe, 1928)

HM Inspectorate of Probation, Report on a Thematic Inspection of Community Service, London 1988, (zit.: Home Office, Report on a Thematic Inspection of Community Service, 1988)

Holtz, Günter, Aus der Rechtsprechung des BGH in Strafsachen, in: Monatsschrift für Deutsches Recht, 30. Jahrg., 1976, S. 632 ff., (zit.: Holtz, Rechtsprechung, 1976)

Holzschuh, Karl, Geschichte des Jugendstrafrechts bis zum Ende des neunzehnten Jahrhunderts, Mainz 1957, (zit.: Holzschuh, Geschichte des Jugendstrafrechts bis zum Ende des neunzehnten Jahrhunderts, 1957)

Home Office, A Review of Criminal Justice Policy, London 1976, (zit.: Home Office, A Review of Criminal Justice Policy, 1976)

Home Office, Criminal Statistics England and Wales, London, annually, (zit.: Home Office, Criminal Statistics England and Wales)

Home Office, Green Paper „Punishment, Custody and the Community", London 1988, (zit.: Home Office, Green Paper „Punishment, Custody and the Community", 1988)

Home Office, Green Paper „Strengthening Punishment in the Community", London 1995, (zit.: Home Office, Green Paper „Strengthening Punishment in the Community", 1995)

Home Office, Green Paper „Supervision and Punishment in the Community", London 1990, (zit.: Home Office, Green Paper „Supervision and Punishment in the Community", 1990)

Home Office, White Paper, „Crime, Justice and Protecting the Public", London 1990, (zit.: Home Office, White Paper, „Crime, Justice and Protecting the Public", 1990)

Home Office, Memorandum on the Probation System as at Present in Force in the United States of America, London 1907, (zit.: Home Office, Memorandum on the Probation System as at Present in Force in the United States of America, 1907)

Home Office, National Standards for the Supervision of Offenders in the Community, 1995, London 1995, (zit.: Home Office, National Standards for the Supervision of Offenders in the Community, 1995)

Home Office, Prison Statistics England and Wales, London, annually, (zit.: Home Office, Prison Statistics England and Wales)

Home Office, Report of the Commissioners of Prisons, London, annually, (zit.: Home Office, Report of the Commissioners of Prisons)

Home Office, Prisons and the Prisoner, London 1977, (zit.: Home Office, Prisons and the Prisoner, 1977)

Home Office, Probation Service in England and Wales: Statement of National Objectives and Priorities, London 1984, (zit.: Home Office, Probation Service in England and Wales: Statement of National Objectives and Priorities, 1984)

Home Office, Report of the Departmental Committee on Prisons (Gladstone Report), London 1895, (zit.: Home Office, Gladstone Report, 1895)

Home Office, Report of the Departmental Committee on the Probation of Offenders Act 1907, London 1909, (zit.: Home Office, Report of the Departmental Committee on the Probation of Offenders Act 1907, 1909)

Home Office, Report of the Departmental Committee on the Social Services in Courts of Summary Jurisdiction, London 1936, (zit.: Home Office, Report of the Departmental Committee on the Social Services in Courts of Summary Jurisdiction, 1936)

Home Office, Report of the Work of the Prison Department, London, annually (1963 – 1983), (zit.: Home Office, Report of the Work of the Prison Department)

Home Office, Tackling Offending: An Action Plan, London 1988, (zit.: Home Office, Tackling Offending: An Action Plan, 1988)

Home Office, The Adult Offender, London 1965, (zit.: Home Office, The Adult Offender, 1965)

Home Office, The Community Service Order Rules, Statutory Instrument, London 1988, (zit.: Home Office, The Community Service Order Rules, Statutory Instrument, 1988)

Home Office, The Probation Service in England and Wales, 4. Auflage, London 1964, (zit.: Home Office, The Probation Service in England and Wales, 1964)

Home Office, Probation Service in England and Wales: Statement of National Objectives and Priorities, London 1984, (zit.: Home Office, Probation Service in England and Wales: Statement of National Objectives and Priorities, 1984)

Home Office, The Sentence of the Court – Handbook for Courts on the Treatment of Offenders, 3. Auflage, London 1978, (zit.: Home Office, The Sentence of the Court, 1978)

Home Office/Advisory Council on the Penal System, Non-custodial and Semi-custodial Penalties, London 1970, (zit.: Home Office/Advisory Council on the PenalSystem, Non-custodial and Semi custodial Penalties, 1970)

Home Office/Advisory Council on the Penal System, Young Adult Offenders, London 1974, (zit.: Home Office/ Advisory Council on the Penal System, Young Adult Offenders, 1974)

Home Office/Advisory Council on the Penal System, Sentences of Imprisonment, London 1978, (zit.: Home Office/Advisory Council on the Penal System, Sentences of Imprisonment, 1978)

Home Office/Advisory Council on the Treatment of Offenders, Suspended Sentence. 1952, in: Advisory Council on the Treatment of Offenders: Alternatives to Short Terms of Imprisonment. 1957, London 1957., (zit.: Home Office/Advisory Council on the Treatment of Offenders, Suspended Sentence, 1952)

Home Office/Brody, Stephen Robert, The Effectiveness of Sentencing, Home Office Research Study No. 35, London 1976, (zit.: Home Office/Brody, The Effectiveness of Sentencing, 1976)

Home Office/Carlisle Committee, The Parole System in England and Wales – Report of the Review Committee, London 1988, (zit.: Home Office/Carlisle Committee, The Parole System in England and Wales, 1988)

Home Office/Ellis, Tom/Hedderman, Carol/Mortimer, Ed, Enforcing Community Sentences: Supervisors´ Perspectives on Ensuring Compliance and Dealing with Breach, Home Office Research Study No. 158, London 1996, (zit.: Home Office/Ellis/Hedderman/Mortimer, Enforcing Community Sentences, 1996)

Home Office/Fairhead, Suzan/Wilkinson-Grey, Julia, Day Centres and Probation, Home Office Research Unit Paper 4, London 1981, (zit.: Home Office/Fairhead/Wilkinson-Grey, Day Centres and Probation, 1981)

Home Office/Folkard, M. S./Smith, D. E./Smith, D. D., IMPACT: Intensive Matched Probation and After-Care Treatment, Vol. II: The Results of the Experiment, London 1976, (zit.: Home Office/Folkard/Smith/Smith, IMPACT: Intensive Matched Probation and After-care Treatment, Vol. II: The Results of the Experiment, 1976)

Home Office/Mair, George, What Works – Nothing or Everything? Measuring the Effectiveness of Sentences, in: Home Office Research Bulletin No. 30, 1991, S. 3 ff., (zit.: Home Office/Mair, What Works – Nothing or Everything? Measuring the Effectiveness of Sentences, 1991)

Home Office/Mair, George/Mortimer, Ed, Curfew Orders with Electronic Monitoring, Home Office Research Studies No. 163, London 1996, (zit.: Home Office/Mair/Mortimer, Curfew Orders with Electronic Monitoring, 1996)

Home Office/Mair, George/Nee, Claire, Electronic Monitoring: The Trials and their Results, Home Office Research Study No. 120, London 1990, (zit.: Home Office/Mair/Nee, Electronic Monitoring: The Trials and Their Results, 1990)

Home Office/Mortimer, Ed/May, Chris, Electronic monitoring in practice: the second year of curfew orders, Home Office Research Study No. 177, London 1997, (zit.: Home Office/Mortimer/May, Electronic monitoring in practice: the second year of curfew orders, 1997)

Home Office/Pease, Ken/Billingham, S./Earnshaw, I, Community Service Assessed in 1976, Home Office Research Study No. 39, London 1977, (zit.: Home Office/Pease/Billingham/Earnshaw, Community Service Assessed in 1976, 1977)

Home Office/Pease, Ken/Durkin, P./Earnshaw, I./Payne, D./Thorpe, J., Community Service Orders, London 1975, Home Office Research Study No. 29, (zit.: Home Office/Pease/Durkin/Earnshaw/ Payne/Thorpe, Community Service Orders, 1975)

Home Office/Phillpotts, G. J. O./Lancucki, L. B., Previous Convictions, Sentence and Reconviction, London 1979, Home Office Research Study No. 53, (zit.: Home Office/Philpotts/Lancucki, Previous Convictions, Sentence and Reconviction, 1979)

Hood, Roger, Borstal Re-Assessed, London 1965, (zit.: Hood, Borstal Re-Assessed, 1965)

Horn, Eckhard, Ist die Verwarnung mit Strafvorbehalt noch zu retten?, in: Neue Juristische Wochenschrift, 33. Jahrg., 1980, S. 106 ff., (zit.: Horn, Ist die Verwarnung mit Strafvorbehalt noch zu retten?, 1980)

Horn, Eckhard, Neuerungen der Kriminalpolitik im deutschen Strafgesetzbuch 1975, in: Zeitschrift für die gesamte Strafrechtswissenschaft, 89. Band, 1977, S. 547 ff., (zit.: Horn, Neuerungen der Kriminalpolitik im deutschen Strafgesetzbuch 1975, 1977)

Horn, Eckhard, „Bewährungsstrafe": Bewährung, sonst Strafe, in: Zeitschrift für Rechtspolitik, 23. Jahrg., 1990, S. 81 ff., (zit.: Horn, „Bewährungsstrafe": Bewährung, sonst Strafe, 1990)

Horn, Eckhard, Empfehlen sich Änderungen und Ergänzungen bei den strafrechtlichen Sanktionen ohne Freiheitsentzug?, in: Juristenzeitung, 47. Jahrg., 1992, S. 828 ff., (zit.: Horn, Empfehlen sich Änderungen und Ergänzungen bei den strafrechtlichen Sanktionen ohne Freiheitsentzug?, 1992)

House of Commons, Third Report from the Home Affairs Committee: State and Use of Prisons, London 1987, (zit.: House of Commons, Third Report from the Home Affairs Committee: State and Use of Prisons, 1987)

Howard, John, The State of Prisons in England und Wales with Preliminary Observations and an Account of Some Foreign Prisons and Hospitals, London 1777, (zit.: Howard, The State of Prisons in England und Wales with Preliminary Observations and an Account of Some Foreign Prisons and Hospitals, 1777)

Hoyer, Arbeitsauflagen, ein wertvolles Zuchtmittel des Jugendrichters. Besonderheiten für die Alpen- und Donau-Reichsgaue, in: Deutsche Justiz, 10. Jahrg., 1942, S. 807, (zit.: Hoyer, Arbeitsauflagen, ein wertvolles Zuchtmittel des Jugendrichters, 1942)

Huber, Barbara, Community Service Order als Alternative zur Freiheitsstrafe, in: Juristenzeitung, 35. Jahrg., 1980, S. 638 ff., (zit.: Huber, Community Service Order als Alternative zur Freiheitsstrafe, 1980)

Humphrey, Christopher/Pease, Ken, Effectiveness Measurement in Probation: A View from the Troops, in: The Howard Journal, Vol. 31, 1992, S. 31 ff., (zit.: Humphrey/Pease, Effectiveness Measurement in Probation, 1992)

Hungerford-Welch, Peter, Criminal Litigation and Sentencing, 2. Auflage, London 1995, (zit.: Hungerford-Welch, Criminal Litigation and Sentencing, 1995)

Hutchings, John, Soziale Dienste im Justizsystem von England und Wales, in: Bewährungshilfe, 43. Jahrg., 1996, S. 275 ff., (zit.: Hutchings, Soziale Dienste im Justizsystem von England und Wales, 1996)

Isola, Horst, Alternativen zum Strafvollzug, in: Recht und Politik, 14. Jahrg., 1978, S. 35 ff., (zit.: Isola, Alternativen zum Strafvollzug, 1978)

358

Janssen, Helmut, Neuere Trends und Modellversuche in der Bewährungshilfe in den USA, in: Bewährungshilfe, 30. Jahrg., 1983, S. 105 ff., (zit.: Janssen, Neuere Trends und Modellversuche in der Bewährungshilfe in den USA, 1983)

Jensen, Ulrike, Gemeinnützige Arbeit: Bewährungsauflage mit Hürden, in: Bewährungshilfe, 40. Jahrg., 1993, S. 209 ff., (zit.: Jensen, Gemeinnützige Arbeit: Bewährungsauflage mit Hürden, 1993)

Jescheck, Hans-Heinrich, Lehrbuch des Strafrechts – Allgemeiner Teil, 3. Auflage, Berlin 1978, (zit.: Jescheck, Lehrbuch des Strafrechts, 1978)

Jescheck, Hans-Heinrich, Die Krise der Kriminalpolitik, in: Zeitschrift für die gesamte Strafrechtswissenschaft, 91. Band, 1979, S. 1037 ff., (zit.: Jescheck, Die Krise der Kriminalpolitik, 1979)

Jescheck, Hans-Heinrich/Weigend, Thomas, Lehrbuch des Strafrechts – Allgemeiner Teil, 5. Auflage, Berlin 1996, (zit.: Jescheck/Weigend, Lehrbuch des Strafrechts, 1996)

Jolin, Annette/Rogers, Robert, Elektronisch überwachter Hausarrest: Darstellung einer Strafvollzugsalternative in den Vereinigten Staaten, in: Monatsschrift für Kriminologie und Strafrechtsreform, 73. Jahrg., 1990, S. 201 ff., (zit.: Jolin/Rogers, Elektronisch überwachter Hausarrest: Darstellung einer Strafvollzugsalternative in den Vereinigten Staaten, 1990)

Jung, Heike, Fortentwicklung des strafrechtlichen Sanktionssystems, in: Juristische Schulung, 26. Jahrg., 1986, S. 741 ff., (zit.: Jung, Fortentwicklung des strafrechtlichen Sanktionssystems, 1986)

Jung, Heike, Anmerkung zur Rechtsstellung des Bewährungshelfers, in: Kerner, H.-J./Kaiser, G. (Hrsg.), Kriminalität – Persönlichkeit, Lebensgeschichte und Verhalten, Festschrift für Hans Göppinger zum 70. Geburtstag, Berlin-Heidelberg 1990, S. 511 ff., (zit.: Jung, Anmerkung zur Rechtsstellung des Bewährungshelfers, 1990)

Kaiser, Günther, Resozialisierung und Zeitgeist, in: Herren, R./Kienapfel, D./Müller-Dietz, H. (Hrsg.), Kultur-Kriminalität-Strafrecht, Festschrift für Würtenberger, Berlin 1977, S. 359 ff., (zit.: Kaiser, Resozialisierung und Zeitgeist, 1977)

Kaiser, Günther, Kriminologie. Ein Lehrbuch, 3. Auflage, Heidelberg 1996, (zit.: Kaiser, Kriminologie, 1996)

Kaiser, Günther/Kerner, Hans-Jürgen/Schöch, Heinz, Strafvollzug. Ein Lehrbuch, Heidelberg 1992, (zit.: Kaiser/Kerner/Schöch, Strafvollzug, 1992)

Kaufmann, Arthur, Dogmatische und kriminalpolitische Aspekte des Schuldgedankens im Strafrecht, in: Juristenzeitung, 22. Jahrgang, 1967, S. 553 ff., (zit.: Kaufmann, Dogmatische und kriminalpolitische Aspekte des Schuldgedankens im Strafrecht, 1967)

Kaufmann, Arthur, Das Schuldprinzip. Eine strafrechtlich-rechtsphilosophische Untersuchung, 2. Auflage, Heidelberg 1976, (zit.: Kaufmann, Das Schuldprinzip, 1976)

Kausch, Erhard, Der Staatsanwalt – Ein Richter vor dem Richter? Untersuchungen zu § 153a StPO, Berlin 1980, (zit.: Kausch, Der Staatsanwalt – Ein Richter vor dem Richter? Untersuchungen zu § 153a StPO, 1980)

Kawamura, Gabriele, Elektronisch überwachter Hausarrest – Alternative zum Strafvollzug?, in: Neue Kriminalpolitik, 10. Jahrg., 1998, S. 10 ff., (zit.: Kawamura, Elektronisch überwachter Hausarrest – Alternative zum Strafvollzug?, 1998)

Kawamura, Gabriele/Schreckling, Jürgen, Täter-Opfer-Ausgleich – eine professionelle soziale Intervention? Überlegungen zur Arbeitsmethodik vor dem Hintergrund der Waage-Fallpraxis, in: Marks, E./Rössner, D. (Hrsg.), Täter-Opfer-Ausgleich. Vom zwischenmenschlichen Weg zur Wiederherstellung des Rechtsfriedens, Bonn 1989, S. 77 ff., (zit.: Kawamura/Schreckling, Täter-Opfer-Ausgleich – eine professionelle soziale Intervention? Überlegungen zur Arbeitsmethodik vor dem Hintergrund der Waage-Fallpraxis, 1989)

Kenny, Courtney Stanhope, Outlines of Criminal Law, 14. Auflage, Cambridge 1933, (zit.:. Kenny, Outlines of Criminal Law, 1933)

Kerner, Hans-Jürgen/Hermann, Dieter, Belastungen des Probanden, Situation des Bewährungshelfers und Bewährungserfolg, in: Bewährungshilfe, 31. Jahrg., 1984, S. 136 ff., (zit.: Kerner/Hermann, Belastungen des Probanden, Situation des Bewährungshelfers und Bewährungserfolg, 1984)

King, Joan F. S., Unterschiedliche Formen der Strafaussetzung zur Bewährung und Bewährungshilfe in England und Wales, in: Dünkel, F./Spieß, G. (Hrsg.), Alternativen zur Freiheitsstrafe, Freiburg 1983, S. 196 ff., (zit.: King, Unterschiedliche Formen der Strafaussetzung zur Bewährung und Bewährungshilfe in England und Wales, 1983)

Kleinheyer, Gerd, Freiheitsstrafen und Strafen mit Freiheitsentzug, in: Zeitschrift der Savigny-Stiftung für Rechtsgeschichte – Germanistische Abteilung, Band 107, 1990, S. 102 ff., (zit.: Kleinheyer, Freiheitsstrafen und Strafen mit Freiheitsentzug, 1990)

Kleinknecht, Theodor/Meyer-Goßner, Lutz, Strafprozeßordnung, 42. Auflage, München 1995, (zit.: Kleinknecht/Meyer-Goßner, StPO, 1995)

Kleinschrod, Gallus Aloys, Über die Strafe der öffentlichen Arbeiten, Würzburg 1789, (zit.: Kleinschrod, Über die Strafe der öffentlichen Arbeiten, 1789)

Kober, Eva-Maria, Bewährungshilfe und Ursachen des Widerrufs, München 1986, (zit.: Kober, Bewährungshilfe und Ursachen des Widerrufs, 1986)

Köhler, Michael, Zur Kritik an der Zwangsarbeitsstrafe, in: Goltdammer's Archiv, 1987, S. 145 ff., (zit.: Köhler, Zur Kritik an der Zwangsarbeitsstrafe, 1987)

Kommissionsentwurf StGB 1913, Entwürfe zu einem Deutschen Strafgesetzbuch. Veröffentlicht auf Anordnung des Reichs-Justizministeriums. Erster Teil. Entwurf der Strafrechtskommission (1913), Berlin 1920, (zit.: Kommissionsentwurf StGB 1913)

Krahl, Matthias, Der elektronisch überwachte Hausarrest, in: Neue Zeitschrift für Strafrecht, 17. Jahrg., 1997, S. 457 ff., (zit.: Krahl, Der elektronisch überwachte Hausarrest, 1997)

Kreischer, Otmar R., Die Aussetzung der Verhängung der Jugendstrafe (§ 27 JGG) in ihrer praktischen Bedeutung, Heidelberg 1970, (zit.: Kreischer, Die Aussetzung der Verhängung der Jugendstrafe (§ 27 JGG) in ihrer praktischen Bedeutung, 1970)

Kreutzer, Arthur, Arbeit in Strafrecht, Strafvollzug und Bewährungshilfe, in: Soziale Arbeit, 34. Jahrg., 1985, S. 490 ff., (zit.: Kreutzer, Arbeit in Strafrecht, Strafvollzug und Bewährungshilfe, 1985)

Krieg, Hartmut/Löhr, Annegret/Lücke, Uwe/Meissner, Christl/Rufert, Wilfried/Schumann/Angela, Weil du arm bist, mußt du sitzen, in: Monatsschrift für Kriminologie und Strafrechtsreform, 67. Jahrg., 1984, S. 25 ff., (zit.: Krieg/Löhr u.a., Weil du arm bist, mußt du sitzen, 1984)

Kriegsmann, Hermann, Einführung in die Gefängniskunde, Heidelberg 1912, (zit.: Einführung in die Gefängniskunde, 1912)

Kruse, Hans, Jugendgerichtshilfe. Erfahrungen und Vorschläge aus der Praxis, In: Zeitschrift für die gesamte Strafrechtswissenschaft, 56. Band, 1937, S. 523 ff., (zit.: Kruse, Jugendgerichtshilfe, 1937)

Kühne, Hans-Heiner, Zeugnisverweigerungsrecht im Strafprozeß – neue Wege für die Anwendung von Grundrechten? – BVerfGE 33, 367, in: Juristische Schulung, 13. Jahrg., 1973, S. 685 ff., (zit.: Kühne, Zeugnisverweigerungsrecht im Strafprozeß – neue Wege für die Anwendung von Grundrechten? – BVerfGE 33, 367)

Kühnlenz, Fritz, Die Arbeitsauflage in der Praxis des Jugendgerichts, in: Deutsche Justiz, 11. Jahrg., 1943, S. 336 ff., (zit.: Kühnlenz, Die Arbeitsauflage in der Praxis des Jugendgerichts, 1943)

Kümmerlein, Heinz, Arbeitsauflagen, ein wertvolles Zuchtmittel des Jugendrichters, in: Deutsche Justiz, 10. Jahrg., 1942, S. 806 f., (zit.: Kümmerlein, Arbeitsauflagen, ein wertvolles Zuchtmittel des Jugendrichters, 1942)

Kümmerlein, Heinz, Reichsjugendgerichtsgesetz. Textausgabe mit kurzen Erläuterungen, Berlin 1944, (zit.: Kümmerlein, Reichsjugendgerichtsgesetz, 1944)

Kunert, Karl-Heinz, Alternativen zum Freiheitsentzug nach deutschem Recht, in: Bewährungshilfe, 25. Jahrg., 1978, S. 23 ff., (zit.: Kunert, Alternativen zum Freiheitsentzug nach deutschem Recht, 1978)

Kunz, Karl-Ludwig, Soziales Lernen ohne Zwang, in: Zeitschrift für die gesamte Strafrechtswissenschaft, 101. Band, 1989, S. 75 ff., (zit.: Kunz, Soziales Lernen ohne Zwang, 1989)

Lackner, Karl, Strafgesetzbuch, 21. Auflage, München 1995, (zit.: Lackner-Bearbeiter, StGB, 1995), 22. Auflage, München 1997, (zit.: Lackner-Bearbeiter, StGB, 1997)

Laubenthal, Klaus, Strafvollzug, Berlin 1995, (zit.: Laubenthal, Strafvollzug, 1995)

Lawson, Colin, The Probation Officer as Prosecutor: A Study of Proceedings for Breach of Requirement in Probation, Cambridge 1978, (zit.: Lawson, The Probation Officer as Prosecutor, 1978)

Leipziger Kommentar, Hrsg: Jähnke, Burkhard/Laufhütte, Heinrich Wilhelm/Odersky, Walter, Strafgesetzbuch, Band II: §§ 32-60, Auflage, Berlin-New York 1985, (zit.: LK-Bearbeiter, StGB, 1985), 9. Lieferung: §§ 56-60, 11. Auflage, Berlin-New York 1993, (zit.: LK-Bearbeiter, StGB, 1993)

Lenz, Adolf, Die anglo-amerikanische Reformbewegung im Strafrecht, Stuttgart 1908, (zit.: Lenz, Die anglo-amerikanische Reformbewegung im Strafrecht, 1908)

Lilly, J. Robert, Tagging Reviewed, in: The Howard Journal, Vol. 29, 1990, S. 229 ff., (zit.: Lilly, Tagging Reviewed, 1990)

Lindenberg, Michael, Anstaltsdamen, Begleitschützer, Fährtensucher, elektronische Überwachung. Der britische Versuch mit Untersuchungsgefangenen, in: Kriminologisches Journal, 24. Jahrg., 1992, S. 187 ff., (zit.: Lindenberg, Anstaltsdamen, Begleitschützer, Fährtensucher, elektronische Überwachung, 1992)

Lindenberg, Michael, Neues aus dem Technoland, in: Neue Kriminalpolitik, 5. Jahrg., 1993, S. 18 ff., (zit.: Lindenberg, Neues aus dem Technoland, 1993)

Lippenmeier, Norbert/Sagebiel, Felizitas, Gruppenarbeit in der Bewährungshilfe der Bundesrepublik, in: Dünkel, F./Spieß, G. (Hrsg.), Alternativen zur Freiheitsstrafe – Strafaussetzung zur Bewährung und Bewährungshilfe im internationalen Vergleich, Freiburg 1983, S. 50 ff., (zit.: Lippenmeier/Sagebiel, Gruppenarbeit in der Bewährungshilfe der Bundesrepublik, 1983)

Lipton, Douglas/Martinson, Robert/Wilks, Judith, The Effectiveness of Correctional Treatment: A Survey of Treatment Evaluation Studies, New York-Washington-London 1975, (zit.: Lipton/Martinson/Wilks, The Effectiveness of Correctional Treatment, 1975)

Liszt, Franz von, Kriminalpolitische Aufgaben (1889-1892), in: Liszt, F. v., Strafrechtliche Aufsätze und Vorträge, Erster Band, Berlin 1905, S. 290 ff., (zit.: Liszt, Kriminalpolitische Aufgaben (1889-1892), 1905)

Liszt, Franz von, Bedingte Verurteilung und bedingte Begnadigung, in: Birkmeyer, K. v. (Hrsg.), Vergleichende Darstellung des deutschen und ausländischen Strafrechts. Vorarbeiten zur deutschen Strafrechtsreform. Allgemeiner Teil, III. Band, Berlin 1908, S. 1 ff., (zit.: Liszt, Bedingte Verurteilung und bedingte Begnadigung, 1908)

Lloyd, Philip M., What ist the Place of Combination Orders at Magistrates' Courts?, in: Justice of the Peace, Vol. 158, 1994, S. 149 ff., (zit.: Lloyd, What ist the Place of Combination Orders at Magistrates' Courts? 1994)

Löwe-Rosenberg, Die Strafprozeßordnung und das Gerichtsverfassungsgesetz, Band II: §§ 112-197, 24. Auflage, Berlin-New York 1989, (zit.: LR-Bearbeiter, StPO, 1989)

Ludwig-Mayerhofer, Wolfgang/Rzepka, Dorothea, Diversion und Täterorientierung im Jugendstrafrecht, in: Monatsschrift für Kriminologie und Strafrechtsreform, 81. Jahrg., 1998, S. 17 ff., (zit.: Ludwig-Mayerhofer/Rzepka, Diversion und Täterorientierung im Jugendstrafrecht, 1998)

Maeck, Manfred, Weisungen und Verpflichtungen gegenüber 18-20jährigen Straftätern, in: Deutsche Vereinigung für Jugendgerichte und Jugendgerichtshilfen e.V. (Hrsg.), Junge Volljährige im Kriminalrecht. Bericht über die Verhandlungen des 17. Deutschen Jugendgerichtstages in Saarbrücken vom 27. bis 30. September 1977, München 1977, S. 364 ff., (zit.: Maeck, Weisungen und Verpflichtungen gegenüber 18-20jährigen Straftätern, 1977)

Maelicke, Bernd, Brauchen wir ein Bundesresozialisierungsgesetz?, in: Zeitschrift für Rechtspolitik, 19. Jahrg., 1986, S. 203 (204), (zit.: Maelicke, Brauchen wir ein Bundesresozialisierungs-gesetz?, 1986)

Mair, George/Nee, Claire, Day Centre Reconviction Rates, in: British Journal of Criminology, Vol. 32, 1992, S. 329 ff., (zit.: Mair/Nee, Day Centre Reconviction Rates, 1992)

Marks, Erich, Das Modell Brücke – Ein Versuch, mehr pädagogische Hilfen im Rahmen des Jugendgerichtsgesetzes zu realisieren, in: Deutsche Vereinigung für Jugendgerichte und Jugendgerichtshilfen e.V. (Hrsg.), Die jugendrichterlichen Entscheidungen – Anspruch und Wirklichkeit. Bericht über die Verhandlungen des 18. Deutschen Jugendgerichtstages in Göttingen vom 29. September bis 3. Oktober 1980, München 1981, S. 269 ff., (zit.: Marks, Das Modell Brücke, 1981)

Marks, Erich, Entstehung und Praxis des Projektes Brücke Köln e.V., in: Bewährungshilfe, 29. Jahrg., 1982, S. 126 ff., (zit.: Marks, Entstehung und Praxis des Projektes Brücke Köln e.V., 1982)

Martinson, Robert, What works? Questions and Answers about Prison Reform, in: The Public Interest, Vol. 35, 1974, S. 22 ff., (zit.: Martinson, What works? Questions and Answers about Prison Reform, 1974)

Mathiesen, Thomas, The Future Control Systems – the Case of Norway, in: Garland, D./Young, P. (Hrsg.), The Power to Punish, 1983, S. 130 ff., (zit.: Mathiesen, The Future Control Systems, 1983)

Maurach, Reinhart/Gössel, Karl Heinz/Zipf, Heinz, Strafrecht Allgemeiner Teil – Teilband 2, 6. Auflage, Heidelberg 1984, (zit.: Maurach/Gössel/Zipf, Strafrecht Allgemeiner Teil – Teilband 2, 1984), Strafrecht Allgemeiner Teil – Teilband 2, 7. Auflage, Heidelberg 1989, (zit.: Maurach/Gössel/Zipf, Strafrecht Allgemeiner Teil – Teilband 2, 1989)

May, Tim, Probation, Politics, Policy and Practice, Milton Keynes 1991, (zit.: May, Probation, Politics, Policy and Practice, 1991)

Mayer, Hellmuth, Strafrechtsreform für heute und morgen, Berlin 1962, (zit.: Mayer, Strafrechtsreform für heute und morgen, 1962)

Mc Williams, Bill, Community Service National Standards: Practice and Sentencing, in: Probation Journal, Vol. 36, 1989, S. 121 ff., (zit.: McWilliams, Community Service National Standards: Practice and Sentencing, 1989)

McIvor, Gill, Evaluative Research in Probation: Progress and Prospects, in: Mair, G. (Hrsg.), Evaluating the Effectiveness of Community Penalties, Aldershot 1997, S. 1 ff., (zit.: McIvor, Evaluative Research in Probation: Progress and Prospects, 1997)

McIvor, Gill, Sanctions for Serious or Persistent Offenders: A Review of the Literature, Stirling 1990, (zit.: McIvor, Sanctions for Serious or Persistent Offenders: A Review of the Literature, 1990)

McWilliams, William/Pease, Ken, Probation Practice and an End to Punishment, in: The Howard Journal, Vo. 29, 1990, S. 14 ff., (zit.: McWilliams/Pease, Probation Practice and an End to Punishment, 1990)

Meyer, Doris/Hassemer, Elke, 10 Jahre Arbeit der Brücke-Projekte: Standort undPerspektiven, in: Deutsche Vereinigung für Jugendgerichte und Jugendgerichtshilfen-Journal, 1990, S. 36 ff., (zit.: Meyer/Hassemer, 10 Jahre Arbeit der Brücke-Projekte: Standort undPerspektiven, 1990)

Middleton, Kath, Community Alternatives Reconsidered, in: The Howard Journal, Vol. 34, 1995, S. 1 ff., (zit.: Middleton, Community Alternatives Reconsidered, 1995)

Miehe, Olaf, Verfassungsrechtliche Grenzen jugendrechtlicher Weisungen, in: Schöch, H. (Hrsg.), Wiedergutmachung und Strafrecht, München 1987, S. 112 ff., (zit.: Miehe, Verfassungsrechtliche Grenzen jugendrechtlicher Weisungen, 1987)

Miller, Nigel, Electronic Monitoring in North Tyneside, in: Justice of the Peace, Vol. 153, No. 46, 1989, S. 733 ff., (zit.: Miller, Electronic Monitoring in North Tyneside, 1989)

Mohr, Harald, Neue ambulante Maßnahmen nach dem Jugendgerichtsgesetz, insbesondere Arbeitsweisungen, in: Bundesministerium der Justiz (Hrsg.), Jugendstrafrechts-reform durch die Praxis. Symposium vom 6.-9. Oktober 1988 in Konstanz, Bonn 1989, S. 197 ff., (zit.: Mohr, Neue ambulante Maßnahmen nach dem Jugendgerichtsgesetz, 1989)

Moloney, Niamh, Combination Orders: Their History, Use and Impact, Norwich 1995, (zit.: Moloney, Combination Orders: Their History, Use and Impact, 1995)

Morrison, Arthur Cecil/Hughes, Edward, The Criminal Justice Act 1948, 2. Auflage, London 1952, (zit.: Morrison/Hughes, Criminal Justice Act 1948, 1952)

Mrozynski, Peter, Offene Fragen der gemeinnützigen Arbeit Straffälliger, in: Juristische Rundschau, 1987, S. 272 ff., (zit.: Mrozynski, Offene Fragen der gemeinnützigen Arbeit Straffälliger, 1987)

Müller, Siegfried/Otto, Hans-Uwe, Sozialarbeit im Souterrain der Justiz. Plädoyer zur Aufkündigung einer verhängnisvollen Allianz, in: Müller, S./Otto, H.-U. (Hrsg.), Damit Erziehung nicht zur Strafe wird, Bielefeld 1986, S. VII ff., (zit.: Müller/Otto, Sozialarbeit im Souterrain der Justiz. Plädoyer zur Aufkündigung einer verhängnisvollen Allianz, 1986)

Müller-Dietz, Heinz, Zur Entwicklung von Alternativen zum strafweisen Freiheitsentzug, in: Recht und Politik, 14. Jahrg., 1978, S. 28 ff., (zit.: Müller-Dietz, Zur Entwicklung von Alternativen zum strafweisen Freiheitsentzug, 1978)

Muncie, John, „A prisoner in my own Home": The Politics and Practice of Electronic Monitoring, in: Probation Journal, Vol. 37, No. 2, 1990, S. 72 ff., (zit.: Muncie, „A prisoner in my own Home": The Politics and Practice of Electronic Monitoring, 1990)

Mutz, Jürgen, Alternativen zur Freiheitsstrafe. Situation der Bewährungs- und Straffälligenhilfe in 11 europäischen Ländern im Jahre 1983, in: Bewährungshilfe, 30. Jahrg., 1983, S. 258 ff., (zit.: Mutz, Alternativen zur Freiheitsstrafe. Situation der Bewährungs- und Straffälligenhilfe in 11 europäischen Ländern im Jahre 1983, 1983, S. 258 ff.)

NACRO, The Real Alternative – Strategies to Promote Community Based Penalties, London 1989, (zit.: NACRO, The Real Alternative, 1989)

NACRO, The Electronic Monitoring of Offenders, London 1989, (zit.: NACRO, The Electronic Monitoring of Offenders, 1989)

Nellis, Mike, The Electronic Monitoring of Offenders in England and Wales: Recent Developments and Future Prospects, in: British Journal of Criminology, Vol. 31, 1991, S. 165 ff., (zit.: Nellis, The Electronic Monitoring of Offenders in England and Wales, 1990)

Niederschriften 1, Niederschriften über die Sitzungen der Großen Strafrechtskommission. 1. Band. Grundsatzfragen. 1. bis 13. Sitzung, Bonn 1956, (zit.: Niederschriften 1-Redner, 1956)

Niederschriften 12, Niederschriften über die Sitzungen der Großen Strafrechtskommission. 12. Band. Zweite Lesung des Entwurfs, Bonn 1959, (zit.: Niederschriften 12-Redner, 1959)

Niederschriften 4, Niederschriften über die Sitzungen der Großen Strafrechtskommission. 4. Band. Allgemeiner Teil. 38. bis 52. Sitzung, Bonn 1958, (zit.: Niederschriften 4-Redner, 1958)

Offenders Tag Association, „Publicity Material" (ohne Titel), London 1988, (zit.: OTA, Publicity Material, 1988)

Ortner, Hellmut/Wetter, Reinhard, Plädoyer für eine „befreiende Sozialarbeit". Gegen Sozialtechnik im Strafvollzug, in: Ortner, H. (Hrsg.), Freiheit statt Strafe, 2. Auflage, Frankfurt 1986, S. 120 ff., (zit.: Ortner/Wetter, Plädoyer für eine „befreiende Sozialarbeit". Gegen Sozialtechnik im Strafvollzug, 1981)

Ostendorf, Heribert, Bewährung ohne Freiheitsstrafe – eine Falltür im Jugendstrafrecht?, in: Neue Juristische Wochenschrift, 34. Jahrg., 1981, S. 378 ff., (zit.: Ostendorf, Bewährung ohne Freiheitsstrafe – eine Falltür im Jugendstrafrecht?, 1981)

Ostendorf, Heribert, Anmerkung zu BVerfG, Beschluß vom 13.1.1987 – 2 BvR 209/84, in: Lemke, M. (Hrsg.), Entscheidungssammlung zum Straf- und Ordnungswidrigkeitenrecht, Neuwied (Stand) 1988, § 10 Nr. 1 JGG, S. 20 ff., (zit.: Ostendorf, Anmerkung zu BVerfG, Beschluß vom 13.1.1987 – 2 BvR 209/84, 1988)

Ostendorf, Heribert, Jugendgerichtsgesetz, 4. Auflage, Köln-Berlin-Bonn-München 1997, (zit.: Ostendorf, JGG, 1997)

Ostendorf, Heribert, Die „elektronische Fessel" – Wunderwaffe im „Kampf" gegen die Kriminalität?, in: Zeitschrift für Rechtspolitik, 30. Jahrg., 1997, S. 473 ff., (zit.: Ostendorf, Die „elektronische Fessel" – Wunderwaffe im „Kampf" gegen die Kriminalität?, 1997)

Palmer, Ted, Martinson Revisited, in: Journal of Research in Crime and Deliquency, Vol. 12, 1975, S. 133 ff., (zit.: Palmer, Martinson Revisited, 1975)

Paparozzi, M. A., Electronic Monitoring in Parole Supervision: Passive Versus Active Systems, in: Journal of Probation and Parole, Vol. 17, 1986, S. 9 ff., (zit.: Paparozzi, Electronic Monitoring in Parole Supervision: Passive Versus Active Systems, 1986)

Pease, Ken, Tags: The Future, in: The Magistrate, Vol. 53, 1997, S. 204 f., (zit.: Pease, Tags: The Future, 1997)

Pease, Ken, Community Service and the Tariff, in: Criminal Law Review 1978, S. 269 ff., (zit.: Pease, Community Service and the Tariff, 1978)

Pease, Ken/McWilliams, William, Community Service by Order, Edinburgh 1980, (zit.: Pease/McWilliams, Community Service by Order, 1980)

Peterich, Petra, Entscheidungskriterien bei der Anordnung und inhaltliche Ausgestaltung der ambulanten Maßnahmen, in: Bundesministerium der Justiz (Hrsg.), Neue ambulante Maßnahmen nach dem Jugendgerichtsgesetz. Bielefelder Symposium, Bonn 1986, S. 78 ff., (zit.: Peterich, Entscheidungskriterien bei der Anordnung und inhaltliche Ausgestaltung der ambulanten Maßnahmen, 1986)

Peters, Karl, Die kriminalpolitische Stellung des Strafrichters bei der Bestimmung der Strafrechtsfolgen, Berlin 1932, (zit.: Peters, Die kriminalpolitische Stellung des Strafrichters bei der Bestimmung der Strafrechtsfolgen, 1932)

Peters, Karl, Jugendgerichtsgesetz vom 16. Februar 1923 mit ergänzenden Gesetzen, Verordnungen und Verwaltungs-vorschriften auf dem Gebiete des Jugendstrafrechts, Berlin 1942, (zit.: Peters, Jugendgerichtsgesetz vom 16. Februar 1923, 1942)

Peters, Karl, Werdendes Jugendstrafrecht. Gedanken, Entwurf und Begründung zur Neugestaltung des Jungendgerichtsgesetzes, Bonn 1947, (zit.: Peters, Werdendes Jugendstrafrecht, 1947)

Pfeiffer, Christian, Kriminalprävention im Jugendgerichtsverfahren, 2. Auflage, Köln-Berlin-Bonn-München 1989, (zit.: Pfeiffer, Kriminalprävention im Jugendgerichtsverfahren, 1989)

Pfeiffer, Christian, Ambulante Maßnahmen nach dem JGG. Erfahrungen, Entwicklungstendenzen und kriminalpolitische Perspektiven, in: Bundesministerium der Justiz (Hrsg.), Neue ambulante Maßnahmen nach dem Jugendgerichtsgesetz. Bielefelder Symposium, Bonn 1986, S. 44 ff., (zit.: Pfeiffer, Ambulante Maßnahmen nach dem JGG, 1986)

Pfeiffer, Gerd/Fischer, Thomas, Strafprozeßordnung, München 1995, (zit.: Pfeiffer/Fischer-Bearbeiter, Strafprozeßordnung, 1995)

Pfohl, Michael, Gemeinnützige Arbeit als strafrechtliche Sanktion – Eine Rechtsvergleichende Untersuchung unter Berücksichtigung der britischen Community Service Order, Berlin 1983, (zit.: Pfohl, Gemeinnützige Arbeit als strafrechtliche Sanktion, 1983)

Pfohl, Michael, Entwicklung und Perspektiven der gemeinnützigen Arbeit als strafrechtliche Sanktion, in: Bewährungshilfe, 32. Jahrg., 1985, S. 110 ff., (zit.: Pfohl, Entwicklung und Perspektiven der gemeinnützigen Arbeit, 1985)

Pfohl, Michael, Gemeinnützige Arbeit als strafrechtliche Sanktion – Eine Rechtsvergleichende Untersuchung unter Berücksichtigung der britischen Community Service Order, Berlin 1983, (zit.: Pfohl, Gemeinnützige Arbeit als strafrechtliche Sanktion, 1983)

Pitts, John, The End of an Era, in: The Howard Journal, Vol. 31, 1992, S. 133 ff., (zit.: Pitts, The End of an Era, 1992)

Potrykus, Gerhard, Kommentar zum Jugendgerichtsgesetz mit ergänzenden Gesetzen, Verordnungen und Verwaltungsvorschriften auf dem Gebiet des Jugendstrafrechts, der Jugendpflege und des strafrechtlichen Jugendschutzes, 2. Auflage, Nürnberg-Düsseldorf 1952, (zit.: Potrykus, Kommentar zum Jugendgerichtsgesetz)

Potrykus, Gerhard, Weitere Zweifelsfragen nach dem neuen Jugendgerichtsgesetz, in: Neue Juristische Wochenschrift, 7. Jahrg., 1954, S. 821 ff., (zit.: Potrykus, Weitere Zweifelsfragen nach dem neuen Jugendgerichtsgesetz, 1954)

Preis, Wolfgang, Verfassungsmäßigkeit strafrechtlicher Arbeitsauflagen?, in: Bewärungshilfe, 37. Jahrg., 1990, S. 159 ff., (zit.: Preis, Verfassungsmäßigkeit strafrechtlicher Arbeitsauflagen?, 1990)

Radzinowicz, Leon/Hood, Roger, Judicial Discretion and Sentencing Standards: Victorian Attemps to Solve a Perennial Problem, in: University of Pennsylvania Law Review, Vol. 127, 1979, S. 1288 ff., (zit.: Radzinowics/Hood, Judicial Discretion and Sentencing Standards, 1979)

Radzinowicz, Leon/King, Joan, The Growth of Crime, London 1977, (zit.: Radzinowicz/King, The Growth of Crime, 1977)

Raynor, Peter, Probation as an Alternative to custody, Aldershot 1988, (zit.: Raynor, Probation as an Alternative to custody, 1988)

Raynor, Peter, Evaluative Probation: A Moving Target, in: Mair, G. (Hrsg.), Evaluating the Effectiveness of Community Penalties, Aldeshot 1997, S. 19 ff., (zit.: Raynor, Evaluative Probation: A Moving Target, 1997)

Read, Gordon, Electronic Monitoring is a Costly Distraction, in: The Magistrate, Vol. 46, No. 8, 1990, S. 145, (zit.: Read, Electronic Monitoring is a Costly Distraction, 1990)

Reid, William J./Hanrahan Patricia, The Effectiveness of Social Work: Recent Evidence, in: Goldberg, M./Connelly, N. (Hrsg.), Evaluative Research in Social Work, London 1981, S.1 ff., (zit.: The Effectiveness of Social Work: Recent Evidence, 1981)

Rietzsch, Otto, Die Strafen und Maßregeln der Sicherung, Besserung und Heilung, in: Gürtner, F. (Hrsg.), Das kommende deutsche Strafrecht. Allgemeiner Teil. Bericht über die Arbeit der amtlichen Strafrechtskommission, 2. Auflage, Berlin 1935, S. 118 ff., (zit.: Rietzsch, Die Strafen und Maßregeln der Sicherung, Besserung und Heilung, 1935)

Robra, Rainer, Referat, in: Ständige Deputation des Deutschen Juristentages (Hrsg.), Verhandlungen des 59. Deutschen Juristentages, Band II (Sitzungsberichte), Teil O, München 1992, S. O7 ff., (zit.: Robra, Referat – Sitzungsbericht über die Verhandlungen des 59. Deutschen Juristentages, 1992)

Rorvik, David Michael, As man becomes Machine: The Evolution of the Cyborg, London 1979, (zit.: Rorvik, As man becomes Machine, 1979)

Rosenfeld, Ernst, Welche Strafmittel können an die Stelle der kurzfristigen Freiheitsstrafe gesetzt werden?, in: Liszt, F. v. (Hrsg.), Abhandlungen des kriminalistischen Seminars, Zweiter Band, Berlin 1890, (zit.: Rosenfeld, Welche Strafmittel können an die Stelle der kurzfristigen Freiheitsstrafe gesetzt werden?, 1890)

Rosenfeld, Ernst, Die Regelung der Geldstrafe, in: Mitteilungen der Internationalen Kriminalistischen Vereinigung, Berlin 1892, S. 135 ff., (zit.: Rosenfeld, Die Regelung der Geldstrafe, 1892)

Rössner, Dieter, Eine konstruktive Alternative zu Geld- und Freiheitsstrafe, in: Bewährungshilfe, 32. Jahrg., 1985, S. 105 ff., (zit.: Rössner, Eine konstruktive Alternative zu Geld- und Freiheitsstrafe, 1985)

Rössner, Dieter, Strafrechtsfolgen ohne Übelszufügung? Zur Reform der Sanktionen ohne Freiheitsentzug, in: Neue Zeitschrift für Strafrecht, 12. Jahrg., 1992, S. 409 ff., (zit.: Rössner, Strafrechtsfolgen ohne Übelszufügung?, 1992)

Rössner, Dieter, Wiedergutmachung als Aufgabe der Strafrechtspflege. Auswertung des Tübinger Gerichtshilfe-Projekts und kriminalpolitische Folgerungen, in: Hering, R.-D./Rössner, D. (Hrsg.), Täter-Opfer-Ausgleich im allgemeinen Strafrecht, Bonn 1993, S. 99 ff., (zit.: Rössner, Auswertung des Tübinger Gerichtshilfe-Projekts, 1993)

Rotthaus, Karl Peter, Die Gefängnisunruhen in England April 1990, in: Zeitschrift für Strafvollzug und Straffälligenhilfe, 40. Jahrgang, 1991, S. 195 ff., (zit.: Rotthaus, Die Gefängnisunruhen in England April 1990, 1991)

Roxin, Claus, Zur Entwicklung der Kriminalpolitik seit den Alternativ-Entwürfen, in: Juristische Arbeitsblätter, 12. Jahrg., 1980, S. 545 ff., (zit.: Roxin, Zur Entwicklung der Kriminalpolitik seit den Alternativ-Entwürfen, 1980)

Rumgay, Judith, Talking Tough: Empty Threats in Probation Practice, in: The Howard Journal, Vol. 28, 1989, S. 177 ff., (zit.: Rumgay, Talking Tough: Empty Threats in Probation Practice, 1989)

Rüping, Hinrich, Grundriß der Strafrechtsgeschichte, 3. Auflage, München 1998, (zit.: Rüping, Grundriß der Strafrechtsgeschichte, 1991)

Sachs, Michael, Gemeinnützige Arbeit durch Bewährungsauflage, in: Juristische Schulung, 31. Jahrg., 1991, S. 770, (zit.: Sachs, Gemeinnützige Arbeit durch Bewährungsauflage, 1991)

Schädler, Wolfram, Das Projekt „Gemeinnützige Arbeit" – die nicht nur theoretische Chance des Art. 293 EGStGB, in: Zeitschrift für Rechtspolitik, 16. Jahrg., 1983, S. 5 ff., (zit.: Schädler, Das Projekt „Gemeinnützige Arbeit" – die nicht nur theoretische Chance des Art. 293 EGStGB, 1983)

Schädler, Wolfram, Der „Weiße Fleck" im Sanktionensystem, in: Zeitschrift für Rechtspolitik, 18. Jahrg., 1985, S. 186 ff., (zit.: Schädler, Der „Weiße Fleck" im Sanktionensystem, 1985)

Schaffstein, Friedrich, Nationalsozialistisches Strafrecht. Gedanken zur Denkschrift des Preußischen Justizministers, in: Zeitschrift für die gesamte Strafrechtswissenschaft, 53. Band, 1934, S. 603 ff., (zit.: Schaffstein, Nationalsozialistisches Strafrecht, 1934)

Schaffstein, Friedrich/Beulke, Werner, Jugendstrafrecht, 12. Auflage, Stuttgart-Berlin-Köln 1995, (zit.: Schaffstein/Beulke, Jugendstrafrecht, 1995)

Schall, Hero, Die Sanktionsalternative der gemeinnützige Arbeit als Surrogat der Geldstrafe, in: Neue Zeitschrift für Strafrecht, 5. Jahrg., 1985, S. 104 ff., (zit.: Schall, Die Sanktionsalternative der gemeinnützige Arbeit als Surrogat der Geldstrafe, 1985)

Schirach, Baldur von, Jugend vor dem Richter. Rede vor dem Jugendrechtsausschuß der Akademie für Deutsches Recht, gehalten am 13. März 1939, in: Deutsche Vereinigung für Jugendgerichte und Jugendgerichtshilfen-Journal, 1993, S. 65 ff., (zit.: Schirach, Jugend vor dem Richter, 1939)

Schmidt, A. K., The Use of Electronic Monitoring By Criminal Justice Agencies, Washington 1988, (zit.: Schmidt, The Use of Electronic Monitoring By Criminal Justice Agencies, 1988)

Schmidt, Eberhard, Einführung in die Geschichte der deutschen Strafrechtspflege, 3. Auflage, Göttingen 1965, (zit.: Schmidt, Einführung in die Geschichte der deutschen Strafrechtspflege, 1965)

Schöch, Heinz, Möglichkeiten und Grenzen der Behandlung Straffälliger in Freiheit, in: Kury, H. (Hrsg.), Ambulante Maßnahmen zwischen Hilfe und Kontrolle, Köln-Berlin-Bonn-München 1984, S. 29, (zit.: Schöch, Möglichkeiten und Grenzen der Behandlung Straffälliger in Freiheit, 1984)

Schöch, Heinz, Empfehlen sich Änderungen und Ergänzungen bei den strafrechtlichen Sanktionen ohne Freiheitsentzug? – Gutachten C für den 59. Deutschen Juristentag, in: Ständige Deputation des Deutschen Juristentages (Hrsg.), Verhandlungen des 59. Deutschen Juristentages, Band I: Gutachten, München 1992, S. C1 ff., (zit.: Schöch, Empfehlen sich Änderungen und Ergänzungen bei den strafrechtlichen Sanktionen ohne Freiheitsentzug? – Gutachten C für den 59. Deutschen Juristentag, 1992)

Schönke, Adolf/Schröder, Horst, Strafgesetzbuch, 22. Auflage, München 1985, (zit.: Schönke/Schröder-Bearbeiter, StGB, 1985), 24. Auflage, München 1991, (zit.: Schönke/Schröder-Bearbeiter, StGB, 1991), 25. Auflage, München 1997, (zit.: Schönke/Schröder-Bearbeiter, StGB, 1997)

Schreckling, Jürgen, Täter-Opfer-Ausgleich nach Jugendstraftaten in Köln, Bonn 1990, (zit.: Schreckling, Täter-Opfer-Ausgleich nach Jugendstraftaten in Köln, 1990)

Schreckling, Jürgen, Ausgleichsverläufe und -erfolg bei der „Waage" Köln, in: Bundesministerium der Justiz (Hrsg.), Täter-Opfer-Ausgleich. Zwischenbilanz und Perspektiven. Symposium vom 19. – 21. Juni 1989 im Wissenschaftszentrum, Bonn 1991, S. 88 ff., (zit.: Schreckling, Ausgleichsverläufe und -erfolg bei der „Waage" Köln, 1991)

Schreckling, Jürgen/Pieplow, Lukas, Täter-Opfer-Ausgleich: Eine Zwischenbilanz nach zwei Jahren Fallpraxis beim Modellprojekt „Die Waage", in: Zeitschrift für Rechtspolitik, 22. Jahrg., 1989, S. 10 ff., (zit.: Schreckling/Pieplow, Täter-Opfer-Ausgleich: Eine Zwischenbilanz nach zwei Jahren Fallpraxis beim Modellprojekt „Die Waage", 1989)

Schultze, Wolfgang, Der Täter-Opfer-Ausgleich im Jugendstrafrecht, in: Deutsche Vereinigung für Jugendgerichte und Jugendgerichtshilfen e.V. (Hrsg.), Jugendgerichtsverfahren und Kriminalprävention. Bericht über die Verhandlungen des 19. Deutschen Jugendgerichtstages in Mannheim vom 3. Bis 7. Oktober 1983, München 1984, S. 387 ff., (zit.: Schultze, Der Täter-Opfer-Ausgleich im Jugendstrafrecht, 1984)

Schünemann, Hans-Wilhelm, Bewährungshilfe bei Jugendlichen und Heranwachsenden, Braunschweig 1971, (zit.: Schünemann, Bewährungshilfe bei Jugendlichen und Heranwachsenden, 1971)

Schwind, Hans-Dieter/Best, Peter, Alte und neue Wege in der Entlassenenhilfe, erläutert am Beispiel von Niedersachsen, in: Zeitschrift für Strafvollzug und Straffälligenhilfe, 30. Jahrg., 1981, S. 4 ff., (zit.: Schwind/Best, Alte und neue Wege in der Entlassenen-hilfe, erläutert am Beispiel von Niedersachsen, 1981)

Schwitzgebel, Robert K., Electronic Alternatives to Imprisonment, in: Lex et Scientia, Vol. 5, 1968, S. 99 ff., (zit.: Schwitzgebel, Electronic Alternatives to Imprisonment)

Schwitzgebel, Robert K., Issues in the Use of an Electronic Rehabilitation System with Chronic Recidivists, in: Law and Society Review, Vol. 3, 1969, S. 597 ff., (zit.: Schwitzgebel, Issues in the Use of an Electronic Rehabilitation System with Chronic Recidivists, 1969)

Seelmann, Kurt, Zum Verhältnis von Strafzwecken und Sanktionen in der Strafrechtsliteratur der Aufklärung, in: Zeitschrift für die gesamte Strafrechtswissenschaft, 101. Band, 1989, S. 335 ff., (zit.: Seelmann, Zum Verhältnis von Strafzwecken und Sanktionen in der Strafrechtsliteratur der Aufklärung, 1989)

Shaw, Roger, Electronic Monitoring: What are the Real Issues?, In: Justice of the Peace, Vol. 161, 1997, S. 620 f., (zit.: Shaw, Electronic Monitoring: What are the Real Issues?, 1997)

Sherlock, Michael, The Suspended Sentence: What Has Gone Wrong?, in: New Law Journal, Vol. 120, 1970, S. 1144 ff., (zit.: Sherlock, The Suspended Sentence: What Has Gone Wrong?, 1970)

Siegert, Karl, Grundzüge des Strafrechts im neuen Staate, Tübingen 1934, (zit.: Siegert, Grundzüge des Strafrechts im neuen Staate, 1934)

Skinns, C. D., Community Service Practice, in: British Journal of Criminology, Vol. 30, 1990, S. 65 ff., (zit.: Skinns, Community Service Practice, 1990)

Smartt, Ursula, Privatisierung im englischen Strafvollzug: Erfahrungen mit englischen Privatgefängnissen, in: Zeitschrift für Strafvollzug, 1995, S. 290 ff., (zit.: Smartt, Privatisierung im englischen Strafvollzug: Erfahrungen mit englischen Privatgefängnissen, 1995)

Smith, J., The Community Service Order, in: Blom Cooper, L. J. (Hrsg.), Progress in Penal Reform, S. 245 ff., Oxford 1974, (zit.: Smith, Community Service Order, 1974)

Sollte, Christian, Rechtspflege und praktische Umsetzung des Täter-Opfer-Ausgleichs durch die Staatsanwaltschaft unter besonderer Berücksichtigung des Jugendstrafrechts, in: Hering, R.-D./Rössner, D. (Hrsg.), Täter-Opfer-Ausgleich im allgemeinen Strafrecht, Bonn 1993, S. 213 ff., (zit.: Sollte, Rechtspflege und praktische Umsetzung des Täter-Opfer-Ausgleichs durch die Staatsanwaltschaft, 1993)

Sonderausschuß V, 1966-69, Beratungen des Sonderausschusses für die Strafrechtsreform, Deutscher Bundestag, 5. Wahlperiode, Bonn 1966-69, (zit.: Sonderausschuß V, 1966-69)

Sonnen, Bernd-Rüdeger, Elektronische Fessel und Grundgesetz, in: Neue Kriminalpolitik, 10. Jahrg., 1998, S. 4 ff., (zit.: Sonnen, Elektronische Fessel und Grundgesetz, 1998)

Sparks, Richard, Can Prisons be Legitimate? Penal Policies, Privatization, and the Timeliness of an Old Idea, in: British Journal of Criminology, Vol. 34, 1994, S. 14 ff., (zit.: Sparks, Can Prisons be Legitimate? Penal Policies, Privatization, and the Timeliness of an Old Idea, 1994)

Sparks, Richard, The Use of Suspended Sentence, in: Criminal Law Review 1971, S. 384 ff., (zit.: Sparks, The Use of Suspended Sentence, 1971)

Spieß, Gerhard, Strafaussetzung und Bewährungshilfe in der Bundesrepublik Deutschland, in: Dünkel, F./Spieß, G. (Hrsg.), Alternativen zur Freiheitsstrafe – Strafaussetzung zur Bewährung und Bewährungshilfe im internationalen Vergleich, Freiburg 1983, S. 23 ff., (zit.: Spieß, Strafaussetzung und Bewährungshilfe in der Bundesrepublik Deutschland, 1983)

Stacey, Tom, Tracking Tagging – The British Contribution, in: Russel, K./Lilly J. R. (Hrsg.), The Electronic Monitoring of Offenders, Leicester 1989, S. 57 ff., (zit.: Stacey, Tracking Tagging – The British Contribution, 1989)

Stacey, Tom, Why Tagging Should be Used to Reduce Incarceration, in: Social Work Today, April 1989, S. 18 ff., (zit.: Stacey, Why Tagging Should be Used to Reduce Incarceration, 1989)

Staeter, Joachimfritz, Erfahrungsbericht über die Arbeit der Jugendstaatsanwälte in Braunschweig im Rahmen des Bundesmodellversuchs, in: Deutsche Vereinigung für Jugendgerichte und Jugendgerichtshilfen e.V. (Hrsg.), Jugendgerichtsverfahren und Kriminalprävention. Bericht über die Verhandlungen des 19. Deutschen Jugendgerichtstages in Mannheim vom 3. bis 7. Oktober 1983, München 1984, S. 219 ff., (zit.: Staeter, Erfahrungsbericht über die Arbeit der Jugendstaatsanwälte in Braunschweig im Rahmen des Bundesmodellversuchs, 1984)

Statistisches Bundesamt, Rechtspflege, Fachserie 10, Reihe 3: Strafverfolgung, Wiesbaden (Jährlich), (zit.: Statistisches Bundesamt, Rechtspflege, Fachserie 10, Reihe 3: Strafverfolgung)

Stemmildt, Frank, Jugendgerichtshilfe als sozialpädagogisches Angebot für mehrfach benachteiligte Jugendliche mit signifikant delinquentem Verhalten, in: Deutsche Vereinigung für Jugendgerichte und Jugendgerichtshilfen e.V. (Hrsg.), Mehrfach Auffällige – Mehrfach Betroffene. Erlebnisweisen und Reaktionsformen. Dokumentation des 21. Deutschen Jugendgerichtstages vom 30. September bis 4. Oktober 1989 in Göttingen, Bonn 1990, S. 166 ff., (zit.: Stemmildt, Jugendgerichtshilfe als sozialpädagogisches Angebot, 1990)

Stern, Vivien, Ein Auge ist, das alles sieht..., in: Bewährungshilfe, 37. Jahrg., 1990, S. 335 ff., (zit.: Stern, Ein Auge ist, das alles sieht..., 1990)

Stock, Ulrich, Die Strafe als Dienst am Volke. Der Ausgleichsgedanke in seiner Bedeutung für das Strafrechtssystem, Tübingen 1933, (zit.: Stock, Die Strafe als Dienst am Volke, 1933)

Stöckel, Heinz, Referat, in: Ständige Deputation des Deutschen Juristentages (Hrsg.), Verhandlungen des 59. Deutschen Juristentages, Band II (Sitzungsberichte), Teil O, München 1992, S. O23 ff., (zit.: Stöckel, Referat – Sitzungsbericht über die Verhandlungen des 59. Deutschen Juristentages, 1992)

Streng, Franz, Strafrechtliche Sanktionen, Stuttgart-Berlin-Köln 1991, (zit.: Streng, Strafrechtliche Sanktionen, 1991)

Streng, Franz, Die jugendstrafrechtlichen Sanktionen in der Reformdiskussion – Ein Rückblick auf die Beratungen des AK V/3 beim 22. Deutschen Juristentag, in: Deutsche Vereinigung für Jugendgerichte und Jugendgerichtshilfen-Journal, 1993, S. 138 ff., (zit.: Streng, Die jugendstrafrechtlichen Sanktionen in der Reformdiskussion, 1993)

Systematischer Kommentar, Hrsg.: Rudolphi, Hans-Joachim/Horn, Eckhard, Strafgesetzbuch, Band 2: §§38-79b, Stand der Nachlieferung: Mai 1998, Neuwied-Kriftel-Berlin 1998, (zit.: SK-Bearbeiter, StGB, 1998)

Thorpe, David H./Smith, D./Green, C. J./Paley, John H., Out of Care: The Community Support of Juvenile Offenders, London 1980, (zit.: Thorpe/Smith/Green/Paley, Out of Care: The Community Support of Juvenile Offenders, 1980)

Tildesley, W. M./Bullock, W. F., Curfew Orders: The Arguments For, in: Probation Journal, Vol. 30, 1983, S. 139 ff., (zit.: Tildesley/Bullock, Curfew Orders: The Arguments For, 1983)

Timko, Francis M., Electronic Monitoring – How It All Began: Conversations with Love and Goss, in: Journal of Probation and Parole, Vol. 27, 1986, S. 15 ff., (zit.: Timko, Electronic Monitoring – How It All Began: Conversations with Love and Goss, 1986)

Tögel, Siegfried, Frühformen der Strafaussetzung und der Strafentlassenenhilfe in: Bewährungshilfe, 32. Jahrg., 1985, S. 157 ff., (zit.: Tögel, Frühformen der Strafaussetzung und der Strafentlassenenhilfe, 1985)

Tröndle, Herbert, Strafgesetzbuch, 48. Auflage, München 1997, (zit.: Tröndle, StGB, 1997)

Tudor Rees, John/Graham, Ernest, Criminal Justice Act 1948, London 1949, (zit.: Tudor Rees/Graham, Criminal Justice Act 1948, 1949)

Üebele, Hans, Gemeinnützige Arbeit – doppelt bestraft?, in: Bewährungshilfe, 34. Jahrg., 1987, S. 201 ff., (zit.: Uebele, Gemeinnützige Arbeit – doppelt bestraft?, 1987)

Ulsamer, Gerhard, Auflagen und Weisungen bei der Strafaussetzung zur Bewährung, Freiburg 1962, (zit.: Ulsamer, Auflagen und Weisungen bei der Strafaussetzung zur Bewährung, 1962)

Umhauer, Erich, Vorläufige Entlassung und Beurlaubung auf Wohlverhalten (bedingter Erlaß eines Strafrestes), in: Bumke, E. (Hrsg.), Deutsches Gefängniswesen. Ein Handbuch, Berlin 1928, S. 392 ff., (zit.: Umhauer, Vorläufige Entlassung und Beurlaubung auf Wohlverhalten, 1928)

Vass, Antony A., Alternatives to Prison: Punishment, Custody and the Community, London 1990, (zit.: Vass, Alternatives to Prison: Punishment, Custody and the Community, 1990)

Vass, Antony A., Community Service, Areas of Concern and Suggestions for Change, in: The Howard Journal, Vol. 25, 1986, S. 100 ff., (zit.: Community Service, Areas of Concern and Suggestions, for Change, 1986)

Vass, Antony A., The Marginality of Community Service and the Threat of Privatisation, in: Probation Journal, Vol. 35, 1988, S. 48 ff., (zit.: Vass, The Marginality of Community Service and the Threat of Privatisation, 1988)

Vass, Antony A./Weston, Alan, Probation Day Centres as an Alternative to Custody: A „Trojan Horse" Examined, in: British Journal of Criminology, Vol 30, 1990, S. 189 ff., (zit.: Vass/Weston, Probation Day Centres as an Alternative to Custody, 1990)

Vass, Antony A./Menzies, Ken, The Community Service Order as a Public and Private Enterprise, in: British Journal of Criminology, Vol. 29, 1989, S. 255 ff., (zit.: Vass/Menzies, The Community Service Order as a Public and Private Enterprise, 1989)

Verhandlungen des 59. Deutschen Juristentages, Band I – Gutachten, Hrsg.: Ständige Deputation des Deutschen Juristentages, Verhandlungen des 59. Deutschen Juristentages – Hannover 1992, Band II – Gutachten, München 1992, (zit.: Verhandlungen des 59. Deutschen Juristentages, Band II – Gutachten, 1992)

Verhandlungen des 59. Deutschen Juristentages, Band II (Sitzungsberichte), Hrsg.: Ständige Deputation des Deutschen Juristentages, Verhandlungen des 59. Deutschen Juristentages – Hannover 1992, Band II (Sitzungsberichte), München 1992, (zit.: Verhandlungen des 59. Deutschen Juristentages, Band II (Sitzungsberichte), 1992)

Viehmann, Horst, Für ein neues Jugendkriminalrecht, in: Bundesministerium der Justiz (Hrsg.), Grundfragen des Jugendkriminalrechts und seiner Neuregelung. Symposium an der Kriminologischen Forschungsstelle der Universität zu Köln, 1.-4. Oktober 1990, Bonn 1992, S. 436 ff., (zit.: Viehmann, Für ein neues Jugendkriminalrecht, 1992)

Viet, Friedemann, Der Täter-Opfer-Ausgleich in der Jugendgerichtshilfe Braunschweig. Eine kurze Darstellung aus der Praxis, in: Marks, E./Rössner, D. (Hrsg.), Täter-Opfer-Ausgleich. Vom zwischenmenschlichen Weg zur Wiederherstellung des Rechtsfriedens, Bonn 1989, S. 59 ff., (zit.: Der Täter-Opfer-Ausgleich in der Jugendgerichtshilfe. Braunschweig, 1989)

Vogt, Hans-Günter, Strafaussetzung zur Bewährung und Bewährungshilfe bei Jugendlichen und Heranwachsenden, Göttingen 1972, (zit.: Vogt, Strafaussetzung zur Bewährung und Bewährungshilfe bei Jugendlichen und Heranwachsenden, 1972)

Vorentwurf StGB 1909, Vorentwurf zu einem Deutschen Strafgesetzbuch. Bearbeitet von der hierzu bestellten Sachverständigen-Kommission. Veröffentlicht auf Anordnung des Reichs-Justizamts, Berlin 1909, (zit.: Vorentwurf StGB 1909)

Vosgerau, Renate, Elektronische Überwachung: Auf dem Weg zur Abschaffung von Freiheitsstrafen oder in die totale Kontrolle?, in: Bewährungshilfe, 37. Jahrg., 1990, S. 166 ff., (zit.: Vosgerau, Elektronische Überwachung, 1990)

Wade, Andrew, The Electronic Monitoring of Offenders, Norwich 1988, (zit.: Wade, The Electronic Monitoring of Offenders, 1988)

Wagnitz, H.B., Historische Nachrichten und Bemerkungen über die merkwürdigsten Zuchthäuser in Deutschland, Halle 1791, (zit.: Wagnitz, Historische Nachrichten und Bemerkungen über die merkwürdigsten Zuchthäuser in Deutschland, 1791)

Wahl, Alfons, Zur Einführung der Bewährungshilfe vor 25 Jahren, in: Bewährungshilfe, 25. Jahrg., 1978, S. 5 ff., (zit.: Wahl, Zur Einführung der Bewährungshilfe vor 25 Jahren, 1978)

Wahlberg, Wilhelm Emil, Die Strafmittel, in: Holtzendorff, F. v. (Hrsg.), Handbuch des deutschen Strafrechts, Zweiter Band: Die allgemeinen Lehren, Berlin 1871, S. 431 ff., (zit.: Wahlberg, Die Strafmittel, 1871)

Waite, Ian, Die Bewährungshilfe in England und Wales und Gruppenarbeit mit inhaftierten Sexualdelinquenten, in: Bewährungshilfe, 1995, S. 228 ff., (zit.: Waite, Die Bewährungshilfe in England und Wales und Gruppenarbeit mit inhaftierten Sexualdelinquenten, 1995)

Walker, Nigel David, Sentencing in a Rational Society, London 1969, (zit.: Walker, Sentencing in a Rational Society, 1969)

Walter, Michael, Strafvollzug, Stuttgart-München-Hannover 1991, (zit.: Walter, Strafvollzug, 1991)

Walter, Michael, Elektronisch überwachter Hausarrest als neue Vollzugsform?, In: Zeitschrift für Strafvollzug und Straffälligenhilfe, 48. Jahrg., 1999, S. 287 ff., (zit.: Walter, Elektronisch überwachter Hausarrest, 1999)

Weigend, Thomas, „Neoklassizismus" – ein transatlantisches Mißverständnis, in: Zeitschrift für die gesamte Strafrechtswissenschaft, 94. Band, 1982, S. 801 ff., (zit.: Weigend, „Neoklassizismus" – ein transatlantisches Mißverständnis, 1982)

Weigend, Thomas, Strafzumessung durch den Staatsanwalt?, in: Monatsschrift für Kriminologie und Strafrechtsreform, 16. Jahrg., 1984, S. 8 ff., (zit.: Weigend, Strafzumessung durch den Staatsanwalt?, 1984)

Weigend, Thomas, Privatgefängnisse, Hausarrest und andere Neuheiten, in: Bewährungshilfe, 36. Jahrg., 1989, S. 289 ff., (zit.: Weigend, Privatgefängnisse, Hausarrest und andere Neuheiten, 1989)

Weigend, Thomas, Sanktionen ohne Freiheitsentzug, in: Goltdammer's Archiv, 1992, S. 345 ff., (zit.: Weigend, Sanktionen ohne Freiheitsentzug, 1992)

Wheeler, John, Electronic Monitoring: A Humane Way of Keeping People Out of Prison, in: The Magistrate, Vol. 46, No. 8, 1990, S. 144, (zit.: Wheeler, Electronic Monitoring: A Humane Way of Keeping People Out of Prison, 1990)

Wilkins, Leslie T., A Small Comparative Study of the Results of Probation, in: British Journal of Deliquency, Vol. 8, 1958, S. 201 ff., (zit.: Wilkins, A Small Comparative Study of the Results of Probation, 1958)

Wills, Andrew, Community Service and the Tariff – A Critical Comment, in: Criminal Law Review 1978, S. 540 ff., (zit.: Wills, Community Service and the Tariff, 1978)

Witjes, W./Nießen, Ingrid/Bergschneider, Franz, Implementation von Täter-Opfer-Ausgleich – Ein Versuch, Ausgleichsmaßnahmen systematisch und geplant in die Praxis einzuführen, in: Marks, E./Rössner, D. (Hrsg.), Täter-Opfer-Ausgleich. Vom zwischenmenschlichen Weg zur Wiederherstellung des Rechtsfriedens, Bonn 1989, S. 223 ff., (zit.: Witjes/Nießen/Bergschneider, Implementation von Täter-Opfer-Ausgleich, 1989)

Wittstamm, Katja, Elektronischer Hausarrest? Zur Anwendbarkeit eines amerikanischen Sanktionsmodells in Deutschland, Baden-Baden 1999, (zit.: Wittstamm, Elektronischer Hausarrest?, 1999)

Wolf, Erik, Das künftige Strafensystem und die Zumessungsgrundsätze, in: Zeitschrift für die gesamte Strafrechtswissenschaft, 54. Band, 1935, S. 544 ff., (zit.: Wolf, Das künftige Strafensystem und die Zumessungsgrundsätze, 1935)

Wolff, Jörg, Jugendliche vor Gericht im Dritten Reich. Nationalsozialistische Jugendstrafrechtspolitik und Justizalltag, München 1992, (zit.: Wolff, Jugendliche vor Gericht im Dritten Reich, 1992)

Young, Warren, Community Service Orders, London 1979, (zit.: Young, Community Service Orders, 1979)

Zimmermann, Dieter, Tilgung uneinbringlicher Geldstrafen durch Arbeit, in: Bewährungshilfe, 29. Jahrg., 1982, S. 113 ff., (zit.: Zimmermann, Tilgung uneinbringlicher Geldstrafen durch Arbeit, 1982)

Zipf, H., Anmerkung zum Beschluß des OLG Düsseldorf vom 28.7.1987, in: Juristische Rundschau, 42. Jahrg., 1988, S. 292 ff., (zit.: Zipf, Anmerkung zum Beschluß des OLG Düsseldorf, 1988)

Zwinger, Georg, Außergerichtlicher Tatausgleich als „Pädagogik"?, in: Hammerschick, W./Pelikan, C./Pilgram, A. (Hrsg.), Ausweg aus dem Strafrecht – Der „außergerichtliche Tatausgleich", Baden-Baden 1994, S. 161 ff., (zit.: Zwinger, Außergerichtlicher Tatausgleich als „Pädagogik"?, 1994)

STUDIEN UND MATERIALIEN
ZUM STRAF- UND MAßREGELVOLLZUG

○ *Hürlimann, Michael*
Informelle Führer und Einflußfaktoren
in der Subkultur des Strafvollzugs
Band 1, 1993, 232 + LXVII S., ISBN 3-89085-643-X, 58,– DM / 29,65 €

○ *Steller, Max / Dahle, Klaus-Peter / Basqué, Monika (Hg.)*
Straftäterbehandlung
Band 2, 1993, 318 S., ISBN 3-89085-873-2, 58,– DM / 29,65 €
(vergriffen)

○ *Müller-Dietz, Heinz / Walter, Michael (Hg.)*
Strafvollzug in den 90er Jahren.
Perspektiven und Herausforderungen. Festgabe für Karl-Peter Rotthaus
Band 3, 1995, 260 S., ISBN 3-8255-0029-2, 68,– DM / 34,77 €

○ *Weber, Florian*
Gefährlichkeitsprognose im Maßregelvollzug.
Entwicklung sowie Reliabilitätsprüfung eines Prognosefragebogens
als Grundlage für Hypothesenbildung und langfristige Validierung
von Prognosefaktoren
Band 4, 1996, 140 S., ISBN 3-8255-0056-X, 58,– DM / 29,65 €

zusätzlich:
○ *Weber & Leygraf:*
Prognosefragebogen nach Weber & Leygraf
1996, 12 S., ISBN 3-8255-0164-7, 100,– DM / 51,13 €
(1 Einheit = 50 Fragebögen)

○ *Rassow, Peter*
Bibliographie Gefängnisseelsorge
Band 5, 1998, 300 Seiten, ISBN 3-8255-0196-5, 59,80 DM / 30,58 €

○ *Ommerborn, Rainer / Schuemer, Rudolf*
Fernstudium im Strafvollzug
Band 6, 1999, 244 S., ISBN 3-8255-0232-5, 49,80 DM / 25,46 €

○ *Lösel, Friedrich / Pomplun, Oliver*
Jugendhilfe statt Untersuchungshaft.
Eine Evaluationsstudie zur Heimunterbringung
Band 7, 1998, 196 S., ISBN 3-8255-0247-3, 59,80 DM / 30,58 €

CENTAURUS VERLAG

STUDIEN UND MATERIALIEN
ZUM STRAF- UND MAßREGELVOLLZUG

◐ *Pecher, Willi*
Tiefenpsychologisch orientierte Psychotherapie im Justizvollzug. Eine empirische Untersuchung der Erfahrungen und Einschätzungen von Psychotherapeuten in deutschen Gefängnissen
Band 8, 1999, 300 + X S., ISBN 3-8255-0234-1, 59,80 DM / 30,58 €

◐ *Bundesarbeitsgemeinschaft der Lehrer im Justizvollzug (Hg.)*
Justizvollzug & Pädagogik.
Tradition und Herausforderung
Band 9, 2. Auflage 2001, 200 S., ISBN 3-8255-0270-8, 39,80 DM / 20,35 €

◐ *Walther, Jutta*
Möglichkeiten und Perspektiven einer opferbezogenen Gestaltung des Strafvollzugs
Band 10, 2001, ca. 330 S., ISBN 3-8255-0303-8, ca. 70,– DM / 35,79 €

◐ *Rehn, Gerhard / Wischka, Bernd / Lösel, Friedrich / Walter, Michael (Hg.)*
Behandlung „gefährlicher Straftäter".
Grundlagen, Konzepte, Ergebnisse
Band 11, 2001, 420 S., ISBN 3-8255-0315-1, 69,80 DM / 35,69 €

◐ *Mandt, Brigitte*
Die Gefährdung öffentlicher Sicherheit durch Entweichungen aus dem geschlossenen Strafvollzug. Eine empirische Untersuchung am Beispiel des Landes Nordrhein-Westfalen in den Jahren 1986 – 1988
Band 12, 2001, 350 S., ISBN 3-8255-0321-6, 59,80 DM / 30,58 €

◐ *Ross, Thomas*
Bindungsstile von gefährlichen Straftätern
Band 13, 2001, 200 S., ISBN 3-8255-0329-1, 46,– DM / 23,53 €

◐ *Mechthild Böhmer*
Forensische Psychotherapieforschung:
Eine Einzelfallstudie
Band 14, 2001, 140 Seiten, ISBN 3-8255-0336-4, 39,80 DM / 20,35 €

CENTAURUS VERLAG

If you have any concerns about our products,
you can contact us on
ProductSafety@springernature.com

In case Publisher is established outside the EU,
the EU authorized representative is:
Springer Nature Customer Service Center GmbH
Europaplatz 3, 69115 Heidelberg, Germany

Printed by Libri Plureos GmbH
in Hamburg, Germany